HOW TO MAKE MORE

MONEY

BY MARKETING

王立新 李为为——著

立新说·营销的本质与未来

钱从哪里来？

华夏出版社
HUAXIA PUBLISHING HOUSE

图书在版编目（CIP）数据

钱从哪里来？：立新说·营销的本质与未来 / 王立新，李为为著. --
北京：华夏出版社，2017.11
ISBN 978-7-5080-9311-6

I.①钱…　II.①王…②李…　III.①营销策划　IV.①F713.50

中国版本图书馆CIP数据核字（2017）第 224197 号

钱从哪里来？：立新说·营销的本质与未来

作　　者	王立新　李为为
策　　划	陶　鹏
责任编辑	魏　霞

出版发行	华夏出版社
经　　销	新华书店
印　　刷	三河市兴达印务有限公司
装　　订	三河市兴达印务有限公司
版　　次	2017 年 11 月北京第 1 版
	2017 年 11 月北京第 1 次印刷
开　　本	720mm×1000mm　1/16
印　　张	27.5
字　　数	415 千字
定　　价	59.00 元

华夏出版社　　地址：北京市东直门外香河园北里 4 号　邮编：100028
网址：www.hxph.com.cn　　电话：（010）64618981
若发现本版图书有印装质量问题，请与我社营销中心联系调换。

献给

彼得·费迪南德·德鲁克先生
Peter Ferdinand Drucker
（1909 年 11 月 19 日—2005 年 11 月 11 日）

活着照顾好我们的肉体，
死后要留下我们的思想！

与好友分享　立新说

麻辣立新说
嗨皮学赚钱

各界推荐

唐辉兵

（四川阿坝自治州汶川县威州镇汶味私房面店主）

我经营一家小吃店，以前卖早餐都是问顾客："来碗豆浆要不要？来个锅盔要不要？"听了《立新说》的"你是要一个蛋还是两个蛋"这期节目后，从第二天开始问顾客："你要大杯豆浆还是小杯的？锅盔刚烤好的，来一个还是两个？"效果特别好，每天光早餐至少多卖 200 多元。用立新老师讲的知识赚钱管用！

陈刚

（北京大学新闻与传播学院教授、博导，北京大学现代广告研究所所长）

一个学哲学的诗人去研究广告，最后讨论互联网＋营销的未来，独特的优势就是洞察和表达。从"价值感知"和"信息精准匹配"的角度分析营销的变革，把智能科技的颠覆聚焦在"自时代"的剖析上，值得一读。

郑毓煌

（清华大学经济管理学院营销学博导、营创学院院长）

在国务院刚刚设立"中国品牌日"的时代，营销得到了前所未有的重视。究竟应该如何学营销、做营销？立新兄的《钱从哪里来？》一书用诙谐幽默的语言和案例，告诉你营销的本质和未来。这是一本改变营销思维的书，也是一本洞察商业本质的书，不可不读！

诺埃尔·凯普

（全球营销大师、关键客户营销之父，哥伦比亚大学商学院教授）

营销在中国一直都是个热门的话题，但大多数人却都没能正确理解营销的本质。王立新教授的这部著作恰恰填补了这个空白，通过深入探讨营销的本质和未来，让我们能够更加透彻地把握营销。对所有企业家和经理人来说，这是一本不容错过的书！

张利痒

（中国人民大学教授、博士生导师）

立新不仅有精辟的理论观点，更是一位实战派人物，对"互联网+传统产业"变革的见解更是令人耳目一新。有趣、实用、创新是本书的三大特点。

郝演苏

（中央财经大学教授、博士研究生导师，全国保险专业研究生教育指导委员会副主任，2016年入选中国当代经济学家百人榜）

我与立新相识15个年头了，每年都要数次与立新小酌。酒过三巡，诗人气质和真性情的立新顿时成为主角。既有川江号子的激昂，也有凝视解放碑的思考。立新会用诗词的韵律娓娓道来他为中国移动设计的广告创意，也会用震惊四座的言语颠覆传统营销的理念，更会用出神入化的构思解读市场运作的真谛。茶余饭后，静心读立新的书，咏立新的诗，看立新说，不仅长见识，还会找到营销自我、营销世界、营销天地的乐趣！

李春伟

（中国企业评价协会秘书长、国务院发展研究中心《管理世界》杂志社副社长）

立新——亦如其名，永远的立异标新；这位高等学府的另类"叫兽"，不刻意追求所谓的"高雅"，不介意被视为"世俗"，精耕于商业法规和赚钱之道的神髓，他是未来趋势的预言者，更是充满诗意的摇滚斗士。国研·斯坦福学堂里有着他传道与咆哮、智慧与野蛮之印记；只有顺其自然、心融于天、率性而为却不放纵，心法自然而无人为，才可谓"大雅大俗"，立新如也！

陈汉文

（对外经济贸易大学教授、博导，原厦门大学学术委员会秘书长、会计系主任）

阅读立新教授的诗，我会感动；聆听立新教授的报告，我会震动。立新教授具有我们巴蜀侠士之风，其风格为我所敬重。我相信立新的书会给你带来震撼，带来收获，同时祝愿《钱从哪里来？》为当今社会带来一股清醒之风、厚重之风、财富之风。

吕廷杰
（教授、博导，原北京邮电大学经济管理学院执行院长，中国联通独立董事）

立新的课经常被人形容为全程无尿点，现在他在微信上开《立新说》，不仅免费，而且想尿就尿！当年我推荐他到中国移动当营销策划顾问，他推出了"中国移动通信，移动信息专家"等策划，直接定位了中国移动从一个中国电信分出来的只能做移动通信的小规模的运营商，成为世界 500 强中的强者身份。把复杂的事情说得非常简单，这是立新教授的长项，他绝对做到了！

沈浩
（中国传媒大学新闻学院教授，博士生导师；中国市场研究行业协会会长）

眯着眼，喝着酒，脸朝天，吹牛皮，我能想象与立新老友小酌情景，但牛皮不是吹的，他可是一个学哲学的诗人，教营销和广告的学者。践行营销理念，聊赚钱，尽在《钱从哪里来？》！

杨义先
（北京邮电大学信息安全中心主任，教授、博导，公共大数据国家重点实验室主任，连任三届全国政协委员，畅销书《安全简史》作者）

您若悟透了此书，便可实实在在、浩浩荡荡、舒舒服服、明明白白地赚钱。作为博古通今、文理兼备的狂野"叫兽"，立新奇招妙计频出，标新立异观点独到：不信你就读！

辛颖
（清华大学附属中学副校长、清澜山分校校长）

立新师兄是一位跨界、创新人才，他正在用他的演讲、他的诗歌、他的著作影响着更多的人，正在通过影响更多的人而影响这个世界。

王明夫
（和君集团创始人、董事长，和君商学院院长）

立新是我大学同学，我了解他，他是一个精神剑客，有锋芒，一直保持着挺立和狂野的状态。他非常有思想，尤其对信息文明下的商业很有洞察和远见。他的《立新说》我每天都听，经常推荐给和君总裁班的学员。立新，你很有料！

江南春
（分众传媒创始人、董事长。股票代码 002027）

立新用诗人的想象力＋哲学专业的思辨去策划市场，风格独特！

程宗玉
（深圳市名家汇科技股份有限公司董事长。股票代码 300506）

名家汇以灯光美化世界，《立新说》用智慧点亮财富。

万卫方
（吴通控股集团股份有限公司董事长。股票代码 300292）

处处跨界思维，篇篇实战总结。钱观还需破旧，劝君读读立新。

钱建林
（江苏亨通光电股份公司董事长。股票代码 600487）

授人以鱼不如授人以渔，追逐财富的道路永无止境，如何能够成为金钱的主人而不是做金钱的奴隶，这本书中也许就有您所寻找的答案。当然，要想实现您的财富理想，必须做到知行合一。

徐达
（新奥特集团董事长。股票代码 8280HK。曾任中国移动集团公司市场部总经理、上海移动总经理）

价值、态度、定位、商业模式、品牌、招术、信息化……立新的新作如曲径通幽，每一个章节都是用"钱"来串核心词"营销"，各个章节又都把这个营销的核心点做了最清晰的诠释；书中辩证法无处不在，场景化沟通新颖犀利，问题悬疑式带动读者阅读情绪与思考，直面人生、直击要害、直视"钱"！真有立新说之气势！

刘东海
（迪信通科技创始人、董事长。股票代码 06188HK）

通讯营销怪才，江湖奇葩！

谢世康

（重庆长安民生物流股份有限公司董事长。股票代码 01292HK）

听立新教授讲课，纵横捭阖，酣畅淋漓，拍案叫绝，麻辣鲜香胜"火锅"，霸道霸道；读立新教授文章，旁征博引，意透纸背，爱不释手，引人入胜无"尿意"，甚好甚好！

常学群

（亿阳信通股份有限公司前董事长。股票代码 600289）

王立新教授是我非常喜欢的老朋友，他的许多营销观点和教学理念在实践中都得到了正确的验证。他对互联网文明的发展有着独到的见解，对大数据和云计算等新技术在实践中的应用有着深邃的观察和犀利的视角。"仰天大笑出门去，我辈岂是蓬蒿人"，这种万丈豪情在立新的言行中体现得非常充分。

龙峻

（北京国创富盛通信股份有限公司董事长。股票代码 430313）

立新老师是一个非常纯粹和有底蕴的人，他没有当过官，却是各级政府领导追逐的对象；他没有经过商，却做过万达集团、中央电视台、中国移动等大型单位和企业集团的高级顾问；他从不人云亦云，我们总是能在课堂的欢声笑语当中领悟到一些独特而深刻的道理。不想当屌丝，请天天关注"立新说"。

席利宝

（北京宝联之星科技股份有限公司董事长。股票代码 870595）

立新老师的课，接地气，重案例，独具"新"格，嬉笑怒怼中启示深刻。立新老师的人，有激情，讲义气，犹如邻家兄长，是绝对好"基友"。《钱从哪里来？》以营销为核心，讲本质，讲未来，精彩之外有惊喜，值得拥有，值得品味！

刘云龙

（北京信维科技股份有限公司董事长。股票代码 430038）

听立新说，犹如在单口相声的诙谐和智慧中涨知识。看立新书，更似在麻辣火锅的激情和通透里悟大道。立新兄以古今中外活生生的案例映照赚钱密码，更以诗人的敏感和学者的深度揭示营销学问。不会说相声的诗人不是好"叫兽"。

江汉
（深圳市新国都技术股份有限公司董事兼常务副总经理。股票代码300130）

偶遇立新兄，便觉此公不俗：言语诙谐幽默，举止豪爽大方，但却无论如何不能将其与名牌大学教师的形象对应起来。再读《钱从哪里来？》，便更觉此公神奇：摒弃了传统学术文章的晦涩艰深，更多的是通过无数身边的小例，于通俗的故事中，把作者的思想装进了读者的脑袋中。期盼此书成为2017年的爆款！

邓凯
（天音通信集团副总裁、天音移动首任CEO。股票代码000829）

立新老兄，纵横通信、互联网、地产、传媒产业独此一神，写诗情深意切、讲课语惊四座、营销出神入化，《钱从哪里来？》精彩绝伦。读此书，诙谐里透着深刻、戏谑中见到本质、嗨皮时学到赚钱！

Mark de Kock
（澳大利亚最大能源公司Energy Action非独立董事，澳大利亚上市公司Vocus网络运营公司创始人）

我认识王立新是27年前从英国来北京做访问学者的时候。我被他的天才和真诚吸引，从此成为了兄弟。他善于捕捉人们的需求和愿望，交流特别有趣有效，在营销方面很有才华。读他写的书一定会有收获，从中能悟出智慧，做生意能财源广进，甚至能提升你的人生。

王璞
（北大纵横管理咨询公司创始人、总裁，北京纵横联合投资公司董事长）

立新吾友，非科班出身的名教授，常出没于企业高管圈子，人送咆哮哥美誉。由此可推导出本书理论功底扎实，文风活跃，极具实战价值。

黄永庆
（隆安律师事务所高级合伙人，中央电视台《今日说法》《社会与法》法律顾问）

立新其人，其人立新。每当好友相聚，始则静坐聆听，略带羞涩；继而口若悬河，滔滔不绝；终则激情澎湃，语惊四座。其人，其诗，其讲座，就像一座活的火山，偶尔的静止下面，不停地爆发出麻辣的语言、闪光的思想和桀骜的人格。

伍刚
（央广网副总裁）

本书是王立新教授驰骋世界第二大经济体广阔市场将独具魅力的营销理论与实践结合成功标本，是一个将中国传统价值观与全球化趋势愿景完美结合的方法论案例集锦！

刘波
（夏雨诗人、畅销书作家、企业家、投资人，中国首创《网络英雄传》系列互联网创业商战小说作者）

从夏雨诗人、MBA教授到营销策划大家，立新兄一直以他永远燃烧的激情和与时俱进的创见感染着身边每一个人。他不只叫王立新，更应该叫立新王。

张亚莉
（北京中视闻声文化发展有限公司董事长，原中央电视台新闻中心记者）

立新老师才华横溢、性情豪爽。听他的课是洗脑、是享受、是幸福。他是闭着眼睛讲真话的好老师。

武旭阳
（万达集团"百年人寿"保险公司辽宁分公司总经理）

《钱从哪里来？》立意深刻，视角独特，堪称营销社会学里的世说新语，广告媒体界的菜根谭。言简意赅解读市场营销本质，嬉笑怒骂皆成创意文章！点赞！

文荣
（北京今目标信息技术有限公司创始人、CEO）

立新很特别，如果不事先介绍，很难相信他是北京邮电大学的MBA教授。说是"叫兽"我信，说是传销教主我更信！立新有一双铁肺，爆发力惊人。初次相见我们在会议室讨论，外面的同事听到立新激昂的声音以为里面打起来了。然而，读立新的诗却让我感动地看到一颗诗心。《钱从哪里来？》是融合了立新多年经验和思考的用心之作，铁肺诗心实干，一定有价值！

赵铮
（深圳金雅福珠宝集团有限公司执行董事，原私募投资小牛资本合伙人）

读其书先要知其人。立新是真正有水准、有料的商业策划人和诗人。他特立独行、精神超拔，却又热情似火、坦率真诚，MBA教授、策划人和诗人的身份似乎都束缚不了他的思想。有幸与他相识，第一次感受到一个人能把深刻的商学、管理学知识用通俗的方式变成一种有娱乐感的艺术。相信这本书会让阅读者领略其精妙文字的同时获得丰富深刻的启示。

小柯
（著名音乐人,《北京欢迎你》《因为爱情》等歌曲词曲作者）

我给立新取过一个名字叫作"疯狂叫兽立新说"，因为他除去是一个知识渊博的教授之外，还是一位诗人。诗人就有很强烈的激情，每次讲课他都会不停地咆哮，而每次咆哮也正是他讲课的重点。所以听他的讲课一定不要回避他的咆哮，要听清他咆哮的每一个字，那才是你真正应该去掌握的知识。立新的学说和他的知识应该去影响更多人!

丁晟
（电影导演，作品《解救吾先生》《硬汉》《警察故事2013》等）

在我的广告导演生涯里很多时候是跟王立新交锋，我们共同创作了一批很有特点的电视广告作品。我印象最深的是中国移动的"全球通"海难篇，这是一支非常成功的广告。立新很像一个春秋战国时期游走于各个国家表达自己思想的古人，他穿越到现在说他的思想，我们要来好好听一听、看一看。

黄珂
（"黄门宴"主人、美食家）

以前只能在我家的"流水席"上听立新神侃他的奇思妙想，现在他出书了，各位黄友可以买来看看：讲金钱，智慧最值钱!

第四章　谁能？ // 093

营销与态度

立新说：
知它可为不可为,
忘我所欲无所欲,
顺其自然。

第七章　向神圣致敬 // 197

营销与品牌

立新说：
点石成金叫产品营销，
点石成神是品牌营销。

第八章　肉搏的武器 // 245

营销与招术

立新说：
一把枪的价值在于，
你用它打中了什么。

第九章　自时代 // 297

营销与信息化

立新说：

IT 就是 I TIME。

用智慧科技创造"自时代"：

自我为核心，自由为追求，

自主做选择，自造是方向。

第十章　创意未来 // 335

营销与互联网 + 创意

立新说：

用"互联网 +"，

一切地面之物都会升空，

一切空中之物都要落地，

能将两者融合，便是通向未来的最大商机。

第十一章　营销你自己 // 387

营销与人生

立新说：
人只有先成为上帝的工具，
才有可能在被利用的过程中
寻找到自我的意义与目的，
最终成为自己的"上帝"。

由 来

王立新

好心人一直劝我这本书应该改个名字，《钱从哪里来？》，多俗啊，一看就不是一本严肃的学术著作，对我在大学报科研成果、评职称肯定没什么好处。

自 1988 年 6 月起，我从上海华东师范大学政治教育系分配到北京邮电大学教书育人也快三十年了，其实很少有人相信我是个大学正牌的老师：穿衣不像，说话不像，做事不像，交友不像，写书不像……许多同事都私下认为我是个叛逆的摇滚"叫兽"。

记得在给中国移动通信集团公司当市场咨询顾问的时候，有一次在北京中国会馆开一个有波士顿咨询公司、奥美广告等许多海内外高层人士参加的研讨会，投票表决其高端客户品牌全球通的口号"我能！"我用极其猛烈的语言表示反对，差点激动地跳到桌子上去恳请大家最好赞同我的建议把口号改成"你能！"，结果中国移动集团公司分管市场的领导鲁向东副总经理指着我问大家："知道我们的这个顾问正式的职业是什么吗？"老外纷纷摇头。他叹了一口气对我说："立新啊，如果我不介绍，今天谁会相信你是北京邮电大学教MBA的教授啊！"更有意思的是某学生在毕业二十周年的聚会上见到我时禁不住惊讶地说："王老师您居然还在学校教书呀？我以为学校早就把您开除了！"还有一次我去四川讲课，有十几个北邮毕业的校友晚上一起陪我吃饭，有位通信工程毕业的兄弟问："王老师，您教过我们什么课吗？"这一下让我想起微信上流传的一张某大学奇葩的考试卷子，第一题叫门槛题，答对了不得分，答错了直接扣除41分（就不可能得60分及格了），问题其实特别简单，请问教这门课程的老师叫什么名字？于是我脱口而出："我靠！凡是听过我讲课的学生哪会有忘记的？"那位兄弟一愣，忽然兴奋地捉住我的手使劲摇晃着说："想起来了，想起来了，我靠！当年你在燕郊校区教我们班《形势政策》课就是这么讲的：我靠！邓小平，改革开放牛逼呀！"……也许我讲的具体内容几十年后你早就忘记了，但我自信你很难忘记我讲课的方式与个性，在一个同质化相互模仿的时代，唯有那些1%不同的鲜明个性，才带给大家99%的魅力震撼，1%的差异化最终创造出了99%的高附加价值。

我天生就是一个善良而充满摇滚激情的人。

从本科考入哲学专业到成为二十世纪八十年代有名的夏雨诗社社长，从教各种政治公共学科课程到教《诗歌欣赏》《电影欣赏》《汉语写作》《组织行为学》《公共关系学》《广告学》《营销策划》《创新管理》《互联网＋商业模式变革》……我一直在跨界，这给了我一种重新整合和打通不同领域知识的可能性，也给了我像一个演员一样穿越多种人生角色的体验。写诗、思考哲学、写微博和微信、办"立新说"自媒体、当大学教师，顺便在业余时间参与社会实践，投资经营广告公司、咨询公司、大数据公司……尽力去尝试生命的各种可能，争取比别人多活几辈子的人生。一个在商学院讲市场营销课程的老师如果没有去亲身经历和体验一下如何赚钱的过程，只会照本宣科，尤其对于那些已经担任了企业中高级管理职务的EMBA（在职工商管理硕士）学生而言，是很容易被嘘下讲台去的。我正是在一批MBA学生罢课的嘘声中被当时的北邮管理学院院长舒华英先生、副院长忻展红先生破格从社会科学系聘来做MBA课程教授的。的确，知行合一才是求知与生活的根本方式，市场管理学科更应如此，企业家很难从纯粹的书本学习中诞生。

我已年近半百，所谓知天命就是明白了生命如此短暂，是躲不掉的死亡时刻在逼迫我们要活出痛快与精彩！再套用我所欣赏的俄罗斯作家陀思妥耶夫斯基的名言句式就是：我只担心一件事，我怕我自己配不上自己所生活的这个时代，配不上自己热爱的那些人和事物。我知道自己战胜死亡的唯一方法只能是通过这些文字的传承活在未来的人心中，活在书本里，活在图书馆和互联网上！

思考、演讲与写作是我终生的自我拯救。如果这些行为偶然有益于触动别的心灵，那种共鸣应该是我的福分。

你可以从各种角度来思考生命和解释这个世界，我个人最喜欢两个角度：死亡与金钱！死亡代表了人类终极的恐惧，金钱代表了世俗人心的欲望！

从小到大，折磨我心灵的有两个问题：什么是善恶的标准？什么是进步的标准？今天我终于找到了可以说服自己的回答，仅仅属于我自己的回答：

> 凡是能带给人类希望的一切就是善，凡是让人类绝望的一切都是恶！宗教就是以永生的希望让人从死亡的恐惧里解脱出来，宗教是大善的慈悲！这是属于灵魂与精神的事业！

> 凡是能降低人类生存与发展成本的创新，无论是技术还是制度，这就是进步！凡是加大了人类生存与发展成本的一切行为，无论以什么新花样出现，都是历史的倒退！

"互联网＋"消灭一切中介，降低了全社会的交易成本，当然是文明的进步。用不着杀人流血的民主选举制度比起封建专制武力革命的改朝换代方式，不死人了自然也是一种进步。当金钱取代世袭的权力，主导人类平等自愿的交易，人类就向公平与自由又迈进了关键的一步。金钱的悲剧不是源自金钱本身，而在于我们把人类在赚钱、分钱、花钱过程中所产生的罪恶全都归咎于金钱的魅力，这种荒谬有如把强奸的罪恶归罪于被强奸的女子过于美貌诱人。

本书既是我个人多年在市场实战中赚钱心得的总结，也是这二十多年来我为北京邮电大学工商管理硕士开设的《营销策划》课程内容的浓缩。就管理学而言，我心中引我入门的导师是彼得·德鲁克。他评论教师时说：你怎么教学生的才是学生真正该好好学习的内容。意思就是一个学生应该学习老师教学过程中的方法和讲解的角度。这比知识和答案重要。知识和答案是怎么来的？其实好的教师讲解的过程和方式就是对当时原创者的复盘。这才是举一反三的根本。不去注意过程和方法，学生只能就事论事。我想教你如何能在这世上的每件事物中都灵敏地嗅到金钱的气息，能创造性地挖掘出每样事物商业价值的最大化的思维方法和对钱的态度，这才是我教学的核心内容所在。营销人员的智慧最终要体现在如何"少出钱少出力（成本低）又能多赚钱（利润率高），赚大钱（市场规模扩大），能把一次性赚钱变成可以持续性赚钱"。同时更重要的目的是，我希望你在学习赚钱的过程当中还能看见人性的欢乐与痛苦的挣扎，而你一旦不能成为金钱的主人，你就必然成为金钱的奴隶！

如果金钱从人的工具变成了人的目的，商人就真的成了奸商，营销学就真是罪恶邪说。

是为自序。

第一章

从钱看世界
营销与金钱

钱就是利益交换平台，
人类发明的第一个虚拟平台，
钱是信用、武力和欲望的结合。

1.会赚钱才叫长大了

大家好！这里是立新说。今天我们要开始第一个主题：金钱观。金钱也是世界观！

前不久我在我的新浪微博下面发现一个网友给我留言说：你作为一个大学老师，一个知识分子，整天叨逼叨逼在自媒体"立新说"里面讲如何赚钱，三句话离不开钱，你丢不丢人啊，庸不庸俗啊?! 我看了觉得极其可笑。为什么呢？

首先，我已经在我的微博认证上说了，王立新是北京邮电大学市场营销、MBA（工商管理硕士）专业课的老师，职业就是教人如何赚钱、如何经商。所以三句话不离本行，谈赚钱，这就是我的本行啊！你连这个都没有看清楚，你在下面胡说八道什么呀？

从更深层次讲，这个留言代表了一种什么思想？中国几千年来教育最大的缺陷就是把君子正义的"义"、仁义的"义"和利益的"利"割裂开来，对立起来，认为钱是人类的一切罪恶之源。在逻辑上就是把赚钱的手段、赚钱的过程和花钱的方式所产生的罪恶，所产生的道德罪恶感归结到了金钱这个工具上面。所以中国人一直没有正确的金钱观。我们的孩子从幼儿园一直读到大学，都没有接受过正确的商业头脑培训，一开始就错误地觉得谈钱是低级的，后来又极其变态地在内心崇拜金钱。对于几千年来许多中国知识分子这种表面与内在分裂的伪善金钱观我概括就两个字：穷酸！又穷又酸。他们只读"四书五经"，然后把自己的知识技能卖给帝王家，离开了帝王，不去给封建朝廷当一条狗，他自己连活都活不下去。从这个意义上说，一个人要成为真正思想自由、人格独立的人，他必须先得有一技之长，能够赚到钱来养活自己。如果连这点赚钱的本事都没有，你怎么去生存？怎么去发展？你哪有机会去谈诗和远方？今天我们的很多孩子大学毕业后，买房、结婚、买车都得伸手向自己的父母要钱，这是中国教育的耻辱。

记得 20 世纪 90 年代初，我跟着一个英国留学生马克·德·科克（Mark de Kock）去跟他父母在北京饭店吃饭，吃完后他自己掏出钱来付我们俩这一份钱，他父母付自己的那一份钱。事后他告诉我这叫 AA 制。为什么西方人喜欢各付各的钱？他说：每个人都要独立，我要自主选择自己的生活方式，那我 18 岁以后就要自己挣钱来养活自己，这样即使在父母面前我们也是真正平等的。欧美的观念与中国最大的不同在于，你与其欠别人永远还不清的人情，还不如按市场价格来支付对方为你提供的帮助和服务，这样一来，复杂的人际关系反而变得简单透明了。这时我第一次明白：能赚钱养活自己才是自主生活、人格独立的基础。

中国父母之所以能理直气壮地干涉子女的入学专业选择、就业和婚恋，因为他们是一直出钱的人，是子女的股东。你真正长大成人其实是从自己能独立赚钱开始的，这和你的年纪大小没有多大关系！你是在几岁那年自己第一次赚到钱的？那种快乐的自我满足感还记得吗？

我是在九岁那年收集了一堆别人丢掉的水果罐头玻璃瓶子，洗得干干净净背到镇上在赶集的时候当成装调料的容器卖给了山区的农民叔叔们，这比卖给废品收购站就值钱得多，大约是赚了 5 元钱，按 30 年后的实际购买力计算应该值 1 275 元，这就是我人生的第一桶金。

金钱如同阳光，一直照耀我们成长，但阳光下最显赫的是阴影。

2.钱邪恶吗？

有人问我：在这个世界上你最佩服的企业家是谁？国外企业家我最佩服的是

微软公司创始人比尔·盖茨! 中国企业家我最佩服的就是曹德旺, 福耀玻璃公司的老板。一个是连续十多年的世界首富, 另一个曾经当过中国首富。他们有什么值得我佩服的呢?

第一, 他们赚钱的最高目的是为了证明自我的价值。

他们赚钱不仅仅是为了满足自己对物质的欲望, 不是为了赚钱而赚钱, 而是发自内心很热爱自己所从事的工作。因为这种真诚的热爱, 他们所从事的工作才变成了另外一个高大上的名词叫"事业"。所以, 在这一点上他们和普通人是很不一样的。大多数人挣钱本质是为了满足自己的欲望, 能活下去, 能买好车好房, 常常被贪婪的欲望所驱使。

第二, 就是他们赚钱的方式, 赚钱的整个过程是造福于顾客, 造福于社会, 甚至造福于整个人类, 是推动这个时代进步的。

如果是损害别人的利益, 损害公众的利益, 通过制造假货坑蒙拐骗的方式赚钱才是充满罪恶的。赚钱的方式给别人带来的影响和后果才是企业家与奸商的本质区别。这就是传说中美国哈佛大学商学院规定有一门课学生不选就不让毕业的原因, 这门课叫《商业伦理学》。

第三, 更重要的是什么? 无论是作为世界首富的比尔·盖茨先生, 还是作为曾经是中国首富的曹德旺先生, 他们赚到成千上亿的金钱后, 他们的钱主要花在什么地方? 主要不是拿来吃喝玩乐, 甚至不像一般的中国老板, 要把赚的钱留给自己的后代 (这是他们本人的正当权利, 应予以法律保护), 他们两人基本都是裸捐了。

比尔·盖茨捐出了600多亿美金, 曹德旺先生也捐了80亿人民币。他们最主要的花钱方式是做慈善事业。不仅能靠本事赚钱成为首富, 更能舍得把钱捐光以利天下: 这才是商业领域最牛的大写的人! 所以, 花钱用来干什么, 这一点也决定了一个企业家、一个富人的人生品位与境界。如果把钱花在自己贪婪的欲望上, 甚至花在罪恶的地方, 这是可耻的。如果把钱花在自己的爱心上面, 而且也只有把钱花在爱心上面的时候, 钱才是最有价值的。

如何看待金钱? 用什么手段去赚钱? 以及怎么花钱? 这几点决定了你本人的善恶。钱本身没有善恶, 但钱代表的是它背后的主人的价值观。你是只做有利于人的好事赚钱，还是通过做有损于人的坏事赚钱？这就叫企业核心价值观！

3.钱世金身

要想赚钱，必须先搞明白什么是钱。

小时候，我的母亲给了我一张十元钱的纸币，拿着这张被称之为钱的纸我买到了自己想要的糖、鸡蛋、猪肉、文具。当时我觉得钱特别神奇，一张纸居然能换来你想要的一切。实际上，这时我认为钱是什么？钱就是能满足自己一切欲望的神器。这就是产生拜金主义的根源所在：误以为钱是万能的上帝。

等我长大了，学点金融学才知道，钱的诞生是因为你有羊，他有牛，他有鸡，他有鸭，他有鸡蛋，他有布匹，他有大米……所有人要各取所需进行商品交换，换算起来太复杂，于是大家就约定一件物品成为一般等价物来进行统一结算，大家要换别的东西先换成这件物品，再拿这件物品去换自己想要的东西，这不就省事了么。所谓"这件物品"就是钱，也叫货币。

在人类历史上金钱可以分成四种不同的表现形式：实物货币、称量货币、纸币、电子货币。

最古老的叫实物货币，从贝壳、石头、粮食、布匹、毛皮到工具、陶瓷器、家畜、甚至装饰品都曾经充当过这种货币。

称量货币主要指金、银、铜、铁等金属货币，不论造成什么形态，都属于称量货币。特征是能长期保存，不易损坏，本身就具有商业价值，俗称硬通货。缺点是材料稀罕笨重，不易携带。

纸币是一种印在纸上的价值符号，是由国家、政权、单位发行的一种有时限、有地域限制的货币，最早出现在中国北宋时期今天四川成都一带，叫交子。优点是容易制造和携带，成本低，比如印制一张百元美钞成本仅需九分钱。缺点是容易被造假，容易贬值。目前全世界还在使用的纸币有 200 多种。

电子货币是人类发明的最新的货币形式，比如，银行卡、支付宝、比特币就是其中最典型的代表。

　　实际上每一次货币形式的颠覆都代表着一种新文明的到来，从原始社会的实物，到农耕文明的金属铸钱，再到工业文明的印钞金融，最终彻底进入以互联网编码为核心的纯虚拟货币，这个漫长的过程揭示出钱的本质就是交易者之间的契约和信用的量化。只要大家都承认和相信，任何东西，包括狗屎都可以成为钱。阿里巴巴近来推出"空支付"方式，买东西不仅可以刷脸，也可以刷任何你事先指定的物品，也就是任何你自己指定的物品都可以是你发行的"钱"。互联网智能技术使每一个人拥有了像政府央行一样发行"自货币"的权力，未来区块链技术将会使这种权力更加安全和普及。虚拟的比特币的命运最终就是互联网时代财产避险的"黄金"，它作为投资、投机和货币贬值时的网络避风港，以跨国家、匿名、天然信任、限量保值的方式难以被外界力量摧毁和操控。支撑比特币的区块链技术将对人类一切传统模式产生颠覆性改变：从自货币到自组织、自信仰……一个以自时代自主为特征的科技虚拟权力模式正在取代传统的权力系统。去国家化现象尤其值得各国政府提前研究和关注。"区"就是大数据集合的保密区隔，"块"是大数据集合的特定主题与事件，"链"是相关历史不可分割的联系。分布式与去中心化是区块链的灵魂。

　　所以钱的本质其实是发行人的信用。"一诺千金"讲的就是这个道理：因为季布本人信用极高，大家都相信他，他承诺的话就是契约，就是他发行的个人货币。钱世可以千奇百怪，而金身只有信用。是你的信用使别人有了信心去相信你所"发行"的那个物品是钱，那个物品才可以在交易中成为"一般等价物"。

　　当然，人类货币发展的四个阶段也不是完全断代相续的，我们今天仍然在某些地方使用称量货币，纸币和电子货币如今也在混用。由此可见，新老货币的更新，有一个很长的"交接"过程。但纸币最终逃脱不了被电子货币彻底取代的命运，未来印钞厂、运钞车、ATM机和绝大多数银行实体营业厅都会消失。由此带来的是金融业大裁员，人人都无法逃税，即使有人要行贿也只有送字画古董，银行营业厅再也无钱可抢，连金融犯罪都只能由黑客上网实施，拼的不再是蛮力，而是攻防双方的网络智力。

表1-1　货币类型

序号	形式	产生条件	问题	说明
1	实物货币	分工与交换	不标准，难以分割，容易损耗	比如：粮食、布匹、毛皮、工具、陶瓷器、家畜、贝壳、石头、装饰品。
2	金属货币	耐用、便携、标准化的货币	笨重，不便携带	称重货币：金属块、金锭、银锭。 马克思：金银天然不是货币，但货币天然是金银。 铸币。 铜是中国历史上的真正货币材料。 格雷欣定律：劣币驱逐良币。
3	纸币	政府信用和负债，法律强迫人民接受	容易超发贬值，容易造假	交子，在中国发现的世界上最早的纸币。 政府发行纸币，比如人民币、美元。 银行券，比如香港的中国银行和汇丰银行发行的港币钞票。 本位制：金本位制，货币有法定含金量；纸币本位制，只是价格标准和支付手段。
4	电子货币	观念中的货币	信息安全是关键	政府法定货币的电子化形式，不由中央银行发行，而是由银行发行。 比如：银行卡、支付宝、空支付。 基于区块链技术的区中心化公共信用。 比如：比特币、莱特币。

4.枪和钱

　　人类究竟是用什么魔法把纸变成了钱？网上的这个段子给出了答案：美国某军校的毕业典礼。一位身材瘦高一身戎装的老爷子一瘸一拐地走上台来，他摘下印有四颗星的军帽，目光像鹰一般，深眼窝，尖鼻子，噘腮，满脸皱纹。老将军哆哆嗦嗦地从兜里掏出一张纸，大声问："崽子们，谁知道这张该死的纸是什么？对！这是他妈的一百美元！你们知道美国花多少钱就能印出这张擦屁股都不够用的纸吗？"老将军问。"才花我们几美分，对了，是他妈的九美分。"老爷子高举着一百美元接着说："美国用九美分一张擦屁股纸，换回别的国家好几百块钱，换回一大堆的东西，这他妈公平吗？答案是他妈的不公平。可是，可是，为什么别的国家要咬着牙来接受这种不公平呢？——就因为你们。"全场鸦雀无声。老将军鹰一般的眼睛环视着场下，台下坐着五百名军装笔挺即将奔赴各大战区的军校毕业生。"崽子们，你们给我记住了。谁要敢挑战我们这张擦屁股纸，你们就该去打仗了。"老将军说完，用右手的两根手指横着敬了个军礼，把那一百美元叠好，装进兜里，然后转过身，在一片口哨掌声和欢呼声中一瘸一拐地走下台。北美崔哥说，我见过无数宣传和洗脑，但是我从没见过如此露骨赤裸血腥幽默的宣传洗脑。老将军这一番话，让我明白了所有美国和中国对着干的动机和纠结。归纳成一点，就是中国的人民币，开始对美国那张擦屁股纸形成威胁了！

世界各国政府之所以能指定自己的中央银行不断地把纸印成钱，最主要的信用并不是来自他们的黄金储备有多少，而是政府掌握了人类最硬的硬通货：枪！因为枪杆子里面出政权，所以各国政府就可以通过合法收税和不断地印制钞票这两种方式弄到钱。美元为什么能成为全球贸易通用的世界货币？还不是经过第一和第二次世界大战美国凭借枪杆子趁火打劫，打造出了世界第一的综合实力。1944 年布雷顿森林会议召开，1945 年参加会议各国正式签订了《布雷顿森林公约》，美国以 130 亿美元的援助欧洲计划为先导，以战争中积累的 2 万吨黄金储备（占当时全世界黄金总储备四分之三）做担保，通过美元与黄金挂钩，美国财政部部长助理怀特提出的方案击败了英国经济学家凯恩斯的提议，成功地从英国手上接管了金融霸权，从此美元取代英镑成为全球第一坚挺的流通纸币，美元就是全世界人民最相信、最敢接受使用的钱。美国就此控制世界经济贸易，也顺势成为世界货币基金组织和世界银行的实际操纵人。到了 1972 年，由于越南战争耗光了美国的财富，黄金储备不够了，法国总统戴高乐首先要求把法国政府手中的美元找美国换成黄金，美国尼克松政府被迫宣布美元与黄金脱钩。这时候世界各国都担心美元贬值，为解决信用危机，美国又想了一招，通过支持沙特阿拉伯王室成功说服欧佩克石油组织（OPEC），无论谁来买石油你只收美元。从此美元又跟石油挂钩，继续维持其世界货币的地位。

因此，人民币能否取代美元成为世界货币，这就要看中国如何运用自己的综合实力去打造人民币国际化的信用体系。

枪能为钱开路，钱是枪的后盾，两者互为因果、相辅相成，可以实现良性互动的循环。人类最古老的政治法则一直是枪在指挥钱，而所谓的欧美现代政治进步只不过是变成了钱在左右枪。其实，枪和钱都只是人类发明的工具，如果不能维持世界各阶层利益的平衡，任何只想自己吃独食的组织和个人都无法实现可持续的霸权，因为信用最终不是来自枪，也不是来自钱，信用的终极源头是人心的公正与信仰。这就是中国人所讲的"王道"必会胜于"霸道"。天道循环的核心在于"适"：你是否具备适应世界变化的能力、你能否定位准适合自己的目标、凡事是否有一个适度的界限，而盛极必衰便是一切霸权主义者的最终结局。

5.贫穷的亿万富豪

为什么有的人腰缠万贯实际上还是穷人呢？钱除了消费还有另外一个功能是什么呢？什么叫财产？什么叫资产？什么叫正资产？什么叫负资产？钱和资本到底有什么本质的不同？这些其实都是讲的同一个问题：你手上的钱到底用来干什么了？

比如，拿王立新举例子。当我身无分文的时候，1988 年在北京邮电学院（1993 年更名为北京邮电大学）一个月拿 68 元的工资，我当然是个标准的穷人。但是当我今天在北京有了一套价值上千万的房子，表面资产过千万，我是不是个有钱人呢？不一定哦！关键看我这一千多万的房子能不能每天、每个月、每年给我带来利润和现金收入。实际上这套房子没有给我带来任何现金收入。这套价值上千万的房子是我自己的住所，我每到冬天要交采暖费，每个月要交物业管理费，还要长期请保姆来打扫卫生，说不定将来还要向国家交房产税……说白了，这上千万的房子只是我的财产，但并不是我的正资产，因为这个房子不但没有给我带来利润，相反我还要每年为它付出十多万的现金去支付各种服务，这种不带来利润却要耗费你现金的财产就是负资产。

再比如说，你买了一辆奔驰 S600，作为财产值两百多万，但那也是你的负资产，因为你要交停车费、汽车保险、汽油钱、每年折旧……却没有给你带来一分钱的回报。所以同样也是赔本的财产，这样的负资产越多，即使账面上你拥有几个亿，你也只是一个拥有亿万财产的穷人，如果现金流断了，你会马上破产。只有把你的奔驰变成滴滴、快的、易道专车，变成出租车，变成能够给你赚钱的工具，它才能转化成你的正资产。

怎么衡量一个人是真正的富人呢？不是看他的财产有多少，而是要看他的财产当中，用来投资赚钱的资产有多少，在资产当中又有多大的比例是真正能够替他赚钱的正资产。当钱能够直接去赚钱的时候，这个钱才不仅仅是钱，而叫投资的工具，也就是资本！要成为一个富人，一定要善于理财，要把自己的金钱更多地放到投资当中去，而不是用在奢侈品花费上！这个道理当然也可以用到对一个公司的资产评估上，许多拥有庞大资产的公司其实是个垃圾公司，因为它缺少能带来丰厚利润的优质资产。想想看，你自己家里的财产有多少是负资产？又该如何调整自己的资产结构呢？

虚荣心既是赚钱的动力，也是理财的大敌。用钱赚钱比人赚钱更省力，因为变成资本的钱就是财富惯性增值的发动机。

表1-2　财产和资产

序号	概念	说明	示例
1	财产	拥有所有权、使用权、处置权的物质财富，维护消耗资金。	通过银行按揭贷款购买一辆轿车。
2	资产	正资产：能带来现金流入的金融财富。	轿车除了自用，还加入滴滴专车赚取收入利润。
		负资产：通常指变现价格低于银行贷款，也指不能带来利润且不断耗费资金的财产。	轿车需要支付银行按揭贷款，此外使用车要付油费、维修养护费等。这时转手卖车，车价往往已经下降，并且有折旧，卖车所得不够偿还贷款。这辆轿车就是负资产。

6.如何避免255万变成1万

在人民币贬值的情况下，该如何让自己的资产保值、增值？北京师范大学的钟伟教授曾经做过一个研究报告：三十年前1万元人民币到今天能值多少钱？他的结论是按实际购买力相当于今天的255万人民币！按照这个测算，在过去三十年当中人民币大概每年以8%~9%的速度在贬值，每一百块钱每年贬掉至少八块多钱。稳定人民币币值，它到底是跟什么在挂钩呢？它的贬值升值到底是怎么来调节的呢？

第一，大家都知道过去纸币的信用主要是跟黄金、白银、铜这样的贵重金属硬通货挂钩。但中国的人民币根本不是这样的，我们的人民币实际上首先是在国内跟土地挂钩，跟房地产挂钩。因为中国情况比较特殊，跟古代和国外不一样，我们960万平方公里的土地是归国家所有，是独家垄断的国有资产。1997年政府取消了城市单位的免费分房福利，城里的人必须挣钱来买房子住，一下就创造了一个巨大的刚性需求。那农民怎么办？给你宅基地，就是白送给你土地使用权，让你自己建房。但城里的人没有宅基地，住宅需求巨大，土地定价权又控制在国家手里，用房地产老板潘石屹的话说，房价这么高不能怪房产开发商，我就相当于卖面包的，我要做面包先要向政府买面粉，面粉就是土地，面粉都比面包还贵了，我这面包能不涨价么？房子为什么涨价，就是因为政府财政收入主要靠卖土地，推高土地价格，房价就会涨上去。房价猛涨，又是人生必需的消费，实际上我们一生挣的钱就以当房奴的方式货币回笼了，人民币在房价面前就贬值得厉害了。20世纪80年代，一个哥们把自己北京什刹海的四合院三万块钱就卖出去了，现在他在北京二环买个四合院要两三个亿，三万块钱在北京二环以内只能买0.5平方米。当钱不值钱时，只有中国核心城市的土地房产能聊以保值，这就是北上广深房价老是要涨的原因。把中国房价想象成日元，你是不是就恍然大悟了？镇里、县里、市里、省里的房价之所以不涨，是因为村里打工的乡亲们跳过这些城镇直接去北上广深啦。

第二，在国际上人民币又绑定什么呢？我们直接绑定全世界的通用货币美元。凭什么？由于人民币贬值，中国劳动力成本又低，我们可以低价向全世界大量倾销自己生产的商品，全球贸易出口咱一不小心成第一，占全球总贸易额市场份额的18%，超过美国啦。贸易顺差赚了多少钱呢？中国赚外国人的钱最多的时候是四万亿美元的外汇储备。2016年8月份降下来一点，现在还有3.185万亿美元的外汇储备。有了这么多本钱人民币就牢牢地绑定美元了，再买几万亿美国国债，当美国为了打击中国商品出口美国，想迫使人民币升值，咱这几万亿美元的外汇储备就死跟你啦，美元贬，人民币也贬，你美元升值我人民币还未必跟，所以你没有办法。

第三，美国如果想借美元利率为杠杆来剪羊毛，像对付东南亚，对付泰国一样，来恶意攻击炒作人民币怎么办？中国又祭出了一招叫外汇管制，不管哪来的热钱，进来容易出去难啊。说白了，就不允许你随便把人民币换成美元带走。现在政府只允许每个人一年换五万美元的外汇，这就是一个金融安全防火墙，你索罗斯也好，无论谁用什么手段来攻击我，我有金融长城，可以关门打狗。不久前中国政府在深圳就捣毁了几个地下钱庄，没收企图出逃的人民币2 300亿元。

当然，这一招马上也可能不能用了，因为中国想逐步把人民币打造成和美元一样的世界通用货币。2016年10月1日，国际货币基金组织正式批准人民币继美元、欧元、英镑、日元后成为第五种具有国际储备功能（特别提款权）的货币。这就极大地提升了人民币在国际货币当中的信用和地位，为人民币走向世界奠定了基础。但条件是什么？条件是逼迫中国政府逐步取消人民币外汇管制，要允许人民币跟世界货币自由兑换、自由地流进流出，实际上就是要把你这堵防火墙打掉。

因此在未来不确定的情况下，我个人判断中国为了维持人民币的信用，短期内不会让人民币大幅度贬值，但是长期来看，我觉得人民币还是会有一个逐步贬值的过程，因为这是中国经济对出口依赖的需要。如果你有闲钱，较好的保值投资是什么？

第一，北上广深一线城市的房地产还是值得投资的。中国内地这四个一线的国际化城市房价当然会超过东京、纽约、伦敦、巴黎、香港，除非出台特殊政策。

第二，如果你有一定的投资眼光，当然应该进行股权投资，就是对一些有希望的创业企业，项目不错、人也可靠的公司进行风险投资，让能干的人替你赚钱，这是资产增值保值的最好的办法。当然风险也会很高，能成功上市的创业公司大约是百分之一，但回报也很可观，阿里巴巴的原始投资上市时就升值超过一万倍。

第三个投资是什么呢？海外投资。买一些美元在手上，或者在英国、澳大利亚、美国买些资产，尤其是遇到国外经济崩溃的时候，你可以趁火打劫去抄底。别人贪婪你抛弃，别人恐惧你得便宜。李嘉诚先生卖掉香港千亿资产选择投资脱欧的英国就非常有眼光。

第四，也可以买一些纸黄金、债券和目前掉价厉害的稀缺矿产资源。

第五，我觉得对你的子女进行投资，把钱花到你孩子的教育培养上，让他们有一技之长，让他们有一个好的学历和能力，这才是你人生最大的增值保值的投资，让一代更比一代强。

7.你值多少钱?

为什么我们要用钱来看待这个世界？因为钱是仅次于死亡，观察人生、观察人和世界关系的一个最佳的角度。死亡代表的是终极的恐惧，什么都没有了，一切都会消失，死亡令人绝望。而钱代表的是人活着的欲望。你要看到一个人的本质，要么在他面临死亡的时刻，看他是什么表现，要么就是看他面对金钱是什么态度。所有人性的欲望，光明的或者是黑暗的，都会在死亡和金钱面前展现出来。

更重要的是：钱还是能公正地衡量万事万物价值的一个标准尺度。比如王立新，你说你讲课讲得好，那么有多少人请你讲课？关键是每一小时愿意付你多少钱？比如说文森特·梵高，你说你的画画得好，何以证明？开始只要200法郎一幅都卖不掉。后来他为什么这么知名呢？他的一幅画现在能拍卖到七八千万美元。钱是一个价值衡量的尺度，最伟大的艺术品和文物最终随时间的流逝会越来越昂贵，越老越值钱，而靠人为炒作价格虚高的劣作则会随时间跌回原形。反过来，一切科技产品是越新越值钱，越老越是垃圾废品。从这个意义上来讲，钱才是价值的试金石，钱是比拼爹更公平更进步的交换工具。

当然，从另一个角度看，人生最珍贵的是什么？一定是那些连钱都买不到的东西。全世界最著名的绘画珍品《蒙娜丽莎》就没有保险。为什么没有保险呢？因为没有任何人能测算出这幅画如果被偷了，被毁了，被烧掉后到底该赔多少钱。没有一个参照的价格标准。《蒙娜丽莎》值多少钱？无价！人的健康和生命值多少钱？无价！发自内心对你的爱值多少钱？钱买不到。只有钱买不到的东西才是人生最珍贵的。

在朋友圈里你值多少钱？这不是指你的生命，而是指你在这个社会中的信用。现在，你可以向你所有的朋友打电话借钱，有几个人真会借钱给你？你能借到多少钱，你的信用就值这些钱。不信你试试！

8.向钱学习赚大钱

钱的本质对你赚钱有什么启示？

钱的诞生是因为专业化分工后，生产能力提升，每个行业剩余的产品需要进行交换，交换起来比较麻烦，所以需要一个标准的一般等价物作为统一换算的标准，这样大家做买卖，整个交易成本下降了，做生意方便了。实际上我可以告诉大家，从交换意义上来讲，钱就是利益交换的平台，用钱来进行利益各方之间的交换，钱就形成了一个以利益相关为核心的价值链，连接人类社会利益关系的就是钱。什么叫既得利益集团？就是因为钱而捆绑在一起的一个利益关系平台，他们垄断了某个时间或某个领域的利益，共同阻止别的人来分钱。因此，人类创造的最早的第三方信用平台模式就是钱，只不过今天在互联网上被马云换了一个名字叫支付宝。因此，凡是某个领域需要不同的交易对象进行利益的交换，那么一定就会出现一个跟金钱相类似的第三方平台。如果你能在某个领域打造好这样一个利益交换的平台，你的商业模式就值大钱了。

对我们来讲，这样的模式有什么值得借鉴的？比如全世界有 400 多个电信公司，他们的用户出国之后必须进行互联互通业务的交换，上网漫游的流量，长途电话，发短信……这种互联互通交易在 400 多个公司之间进行起来会很麻烦，要互相去谈判，一个中国移动要跟 400 多个电信公司谈判业务如何结算，我的用户到你那漫游、打电话，费用是多少？你怎么跟我结账？我该不该补你钱？这个交易谈判成本就非常高。于是有人就成立了一个公司，花了 5 000 万美元，买了很多服务器打造了一个第三方平台，然后说，只要你们 400 多个电信公司跟我谈判，跟我签个结算协议，你的客户就可以在全世界漫游，互联互通。这个通信界的国际业务结算平台跟钱一样，它极大降低了各方的交易成本，开展国际业务方便了，参加各方都有利可图。所以这个公司只有 130 多个人，一年的利润将近 1 亿港币。

目前商界流行的顾客积分也是一大机会，现在不同的企业发行不同的积分，只能在自己的业务中使用，如果谁来做一个第三方积分交易平台，那么就可以成为一个以积分为核心的超级会员通平台，这个业务的上市价值也可以超过 1 000 亿美金。

你还能发现一个这种需要第三方信用交易平台的机会吗？

9.赚钱花钱：哪个更快乐？

你内心是一个真正的商人吗？真正的商人跟一般人有什么本质区别？

1999 年，我在大连万达给王健林先生做兼职策划的时候，他说了一段话，让我深刻地体会到真正的老板跟我这样的人有什么本质的不同。王健林董事长当时说：我不喜欢节假日，最怕过周末。同志们都回家，我多么的寂寞。人生要是不放假，每天大家都在一起工作，那该多好啊。听完这个话，我立刻知道我们跟那些企业家、商人最本质的区别是什么。人家唯一的兴趣，或者最核心的兴趣，不是打扑克，也不是去谈恋爱，也不是去花钱享受，而是把赚钱的过程、工作的过程，当成自己人生最大的享受，是他们生命中最大的兴趣爱好所在。这就像有的人打了一通宵麻将，一整夜没睡觉，结果输赢才一块钱，但是这个过程，打麻将的这个过程，才是他们最大的快乐，输赢多少并不重要。

所以要真正成为一个专业的商人，以下几点很重要：

第一，你是不是把赚钱的过程视为人生最高级的享受？

第二，在你眼里钱是作为投资的资本以钱生钱，还是把拿到的钱拿出去挥霍，作为个人享受消费的工具？

对王健林先生来说，赚钱的过程本身是他最幸福的享受，花钱的过程，如果花的钱没有赚回来更多的钱，这是他最痛苦的。而对我们这样的普通人来讲，赚钱的过程，也就是工作的过程，上班的过程，是最痛苦的。反过来，我们只有花钱的过程，吃喝玩乐的过程，花钱消费满足欲望的时候才是最快乐的。钱对于商人更多的是赚钱的资本，而对于我们这些一般人来讲更多的是消费的工具。如果你不崇拜金钱，你内心并不真正的热爱和珍惜金钱，那你不可能成为一个职业的商人，或者更进一步，成为一个伟大的企业家。

10.老板心态

在金钱观里面很重要的一点叫老板心态。我经常在想，像我这样一个普通的人，为什么没有成为一个特别有钱的大老板？为什么我在商业上不是特别成功呢？难道是我的智商不够么？勤奋不够么？受的教育程度不够么？人脉不够么？其实我仔细想想，都不是。真正的原因在哪？就是我长期形成了打工者的心态。

什么叫打工者的心态？就是你的上级、你的老板和领导让你做什么，你就去做什么。你做这些事情跟赚钱有什么关系？从来没有考虑过。心里面想的就是我能把领导和老板布置给我的工作做好就行了，在任何一个场景里面都没有主动去想过此时此刻有什么机会能够为公司挣到钱。等我自己创业，先后成立了两三个公司，广告公司，咨询公司，包括今天的立新说自媒体商业培训公司，一旦请全职人员了，有七八个员工，最多的时候我们咨询公司有四十多个员工，这时候就发现自己傻眼了。为什么？租房子每个月都要付房租，四五十个员工每月发工资。这时候时刻都在琢磨，有什么机会能够把钱赚回来？至少得把公司的开销赚回来吧，从此之后我就发现自己的心态改变了，我从一个打工仔的心态变成了老板的心态。

所谓老板的心态就是无时无刻不在敏锐地观察，认识眼前这个人，看见这件事，赚钱的机会在哪？比如说经常有人给我打电话问我，他的孩子要高考、要选专业、要选学校，该怎么选？这时我就突然想到，能不能投资让人做一个高考学生和出国留学的人选专业选大学的精准适配的软件数据库服务？只要你把孩子的兴趣爱好、平时成绩……相关数据资料填写进去，首先你就能够通过计算机软件发现他适合学什么专业；其次在这个专业里面哪些学校的录取分数跟你的水平是相匹配的；最后是这个专业、这些学校的毕业生在过去十年里面找工作的情况，就业率怎么样？工作几年后工资水平怎么样？这就是一个互联网＋教育服务的赚钱机会。随时随地把赚钱的敏锐变成你的一个本能，一种习惯性的意识，像老板一样去思考才有可能成为老板。命运和角色的转换其实是从心态的改变开始的。

当然，老板心态还包含了欲望、责任与冒险的勇气。市场的基本法则就是：风险有多大，利润才有多高。要赚大钱，第一条就要看你的欲望有多大。如果你是一个小富即安的人，欲望不够大，对金钱的兴趣不够强烈，你也挣不到大钱。我就是一个小富即安的人，也没想过要成为亿万富翁，只希望做自己热爱的事，比如讲课、写作、当顾问，顺便赚点小钱过个中产阶级的生活，从没想过要用金钱来证明自己的人生。

第二条就是胆子要大，用万达王健林董事长的话讲就是，清华北大，不如胆大。什么风险都没有的机会和项目，肯定就没有高额的利润回报。我的胆子是比较小的。当年王健林先生请我从北京邮电大学辞职，专职跟着他干，还愿意给我股份，结果我胆小，舍不得放弃大学老师的这个铁饭碗，只愿意在万达兼职做策划。后来我又想到一个赚钱的主意，带着团队去跟王健林先生谈，想和他成立一个合资公司。干什么？就是想整合全国各地 140 多个万达广场的广告位，组成一个大卖场的互动广告公司，用 LED 流媒体、灯箱、路牌这样的方式与手机互动，向来万达广场的顾客做精准互动营销。现在每年有 20 多亿人次的顾客在全国各个万达广场逛街，这么大的线下人流量，即使按照 1 000 人次注意力可以有 200 元的广告收入计算，全年光是广告费就有 4 亿多的收入。而这种商场的广告实际上就是精准广告，都是给那些来逛万达广场的顾客看的，商场里卖货的各种品牌厂商很愿意到你这儿来投放广告。这个创意是很好的，以万达广场在全国的规模数量是足以支撑这个公司以新媒体精准会员营销平台去上市的，市值未必不如万达影院。但是王健林董事长说，立新啊，这回你必须冒险，我给你们团队 30% 的股份，但是你自己必须出现金投入。当时要我出多少钱呢？要出 100 多万元人民币。我说当老师穷，没钱。王董事长就说，我可以借钱给你，你给我写个借条。后来我跟家里一商量，家里也害怕欠债，不同意借钱入股。所以万达广告公司就没有做成。如果做成了，到今天跟万达影院一样，也可能上市了。王健林董事长说：你们这些知识分子，聪明，有眼光，但是没有胆量和勇气，舍不得冒险，连 100 万都不敢出。先赚他一个亿的小目标也就泡汤了。

没有老板心态，永远当不了老板。

11. 艺术与金钱

前不久（2016 年 9 月 30 日）我去参加了崔健的演唱会，然后从商业的角度讲了一次摇滚乐怎么赚钱。结果有一个崔健的铁粉（其实我也是崔健的铁粉）给我留言说：老师，不要玷污了摇滚乐艺术，艺术跟金钱应该没有什么关系。

我个人以为没有金钱一定不会有艺术，因为艺术之美往往是没有实用的价值，无用之美才是艺术。无用之美要靠什么养活？艺术家是需要金钱支持的，需要被有文化品位的富人包养。画家梵高如果没有他的弟弟提奥每个月给他发生活费，他就不可能画出那么多感人至深的杰作。没有美第奇家族支持，也就没有米开朗琪罗的伟大。没有梅克夫人这样的赞助人，也不可能有柴可夫斯基的交响曲。没有玛丽侯爵夫人的赞助，也不可能有里尔克的诗歌《杜伊诺哀歌》。因此从这个意义上来讲，艺术必须由金钱支撑。

第二，艺术家如果一门心思想去赚钱，那他创造的作品一定不是艺术。纯艺术和艺术商品有什么区别？我个人认为所有的纯艺术首先是发自艺术家本人的内心感受，是一种对自我的表达，就是他理解了这个时代，这个人，这个世界，这个景色，这个事件，给他带来的直觉感受转化成独特的作品。而艺术商品是什么？艺术商品是无论画什么，唱什么，写什么，都是为了主动迎合顾客的需求去创作。比如说我写商业小说，从一开始我就要知道现在消费者喜欢什么主题和套路，年轻人喜欢读什么，女人喜欢读什么，我要照着他们的需求去写。凡是为了迎合别人的需求而创作的都是艺术商品。现在的电影基本上都是艺术商品，都是为了票房去创作的，《泰囧》《港囧》……这些东西，谈不上是什么艺术，但是受观众喜欢的娱乐产品，它是采用电影艺术形式的一个消费品。而梵高当年画画的时候，他绝没有想到说我画这向日葵是为王立新画的，王立新会喜欢吗？王立新愿意出多少钱买？梵高才不管自己的作品卖不卖得掉，他就是为自己画，他进入了自我的痴迷状态，进入了内心痛苦的状态，他必须画，必须写，必须做，才能够使自己的心灵从现实中解脱出来，这就叫艺术的自我表达。纯艺术是作品，产生过程是极其个人化的创造。艺术商品是产品，生产过程是标准套路化的复制。

当然，所有的艺术品，它的价值最后能否被承认还是要借助金钱。比如，梵高在绘画艺术史上的地位最直观的衡量标准就是他的作品能拍卖到 7 000 万美元还是 8 000 万美元一幅。比如说毕加索，随便一幅画可以卖上亿美元。你也可以看出，在人类历史上，大家对艺术家的评价最终还是把金钱作为一个公平的评估尺度，虚假的炒作可以形成市场泡沫，但百年后艺术价值终会回归到合理的价位上。而最牛的，比毕加索还牛的画家是谁啊？那就是达·芬奇。达·芬奇画了《蒙娜丽莎》，没法估价。到底值多少钱，太珍贵了，给不出价格来，无价！你有再多的钱也买不到。所有的艺术家必须要通过自己的经纪人，经过专业的市场运作，才能够使自己的艺术品通过金钱走向世界，向更多的人展示，被欣赏和收藏，最终得以流芳百世。范曾当年就是借光郭沫若先生为他的诗作画来成功运作自己。张大千运作自己就是借光了毕加索，借毕加索的赞美抬升了自己的江湖地位。其实每一个艺术家背后除了艺术评论家、策展人的支持,更需要资本家的欣赏。比如吴冠中先生,那就是得到了王健林先生的财力支持,收购了吴冠中先生七十多幅画,然后为他举办世界巡展,吴冠中先生的画才火起来了。现在王健林先生又盯上了另一个国画家叫石齐,正在进行新一轮资本对艺术的运作。王健林先生手中的艺术收藏品至少也升值超过了百亿人民币。

社会的艺术审美价值和金钱的商业价值是不能割裂开来看的,艺术与金钱其实是相辅相成的关系。

从更高的层面看,金钱运行本身就是人类创造的顶级流通艺术。我写本书的目的就是希望能用通俗的语言把赚钱的艺术展示出来,供大家借鉴。

12.无聊是社会进步

北京电视台"锐观察"栏目请我当评论嘉宾,谈到互联网上流行的各种八卦段子、娱乐、游戏,参加节目的主持人和其他嘉宾显得很无奈。但我提出了一个新观点,叫"无聊经济学"。

我个人认为,一个国家、一个社会越来越多的人喜欢八卦,喜欢追星,喜欢打游戏,大家越来越无聊,这其实是一个社会进步的标志。什么样的人可以无聊呢?首先是能解决温饱的人。其次没有枪对着你,没有白色恐怖。无论是经济压力,还是政治上的压力,都解套了,有一定自由度了。不像过去,饭也吃不饱,每天还要去挣饭钱,挣饭票,你不可能无聊。如果天天开会搞阶级斗争,开会批斗你,你也不可能无聊。所以当无聊成为一个社会的主要的生活状态的时候,我觉得这个社会进步了。这是第一点。

第二点,无聊是一个巨大的商机。实际上我个人认为吃零食也是为了打发无聊,女孩子就因为无聊才喜欢吃零食。而男孩子无聊了怎么办呢?抽烟。几个月之前我给河南省烟草公司的烟厂厂长讲课,我跟他们开玩笑说,你们知道未来搞死香烟的竞争对手是哪种产品么?他们说,不知道。我认为互联网时代搞死香烟的一定是手机和计算机上的电子游戏。抽烟跟打游戏有共同点:都是为了打发无聊,都会上瘾。现在我儿子这一代人天天打游戏,两只手都腾不出空来,哪有时间抽烟啊。所以我对烟厂的厂长们说：你们不好好研究互联网电子游戏时代的营销，香烟恐怕就生存不下去了。香烟的竞争对手是电子游戏，这是你用传统思维想不到的吧。因为这两者都是为了打发无聊，针对的需求对象是一样的，所以才形成了跨产业的竞争。必须透过产品看需求的本质才能理解自己的工作到底是什么。

无聊产业将会成为人类未来最大的赚钱机会，因为无聊，所以大家必须要有趣。如何在娱乐风格之上为无聊经济加入健康、环保、社交、生活、慈善的融合是关键。比如说你可以跑步，跑马拉松，把跑步变成生活的一部分，像美国电影中的阿甘一样跑出人生意义。你可以打羽毛球，下围棋，做慈善，读书，旅行……到了最后，只有有趣才能打发无聊，只有热爱才能摆脱枯燥，只有娱乐才是人类最后的工作。

如果有人到互联网上来骂你，在无聊经济学里你应该感谢这些无聊的人，因为他们骂你给你带来了宝贵的流量和关注度，出名也是生产力。我的老乡罗玉凤就利用这个方式而成名，改变了自己的命运，值得敬佩。

13. 推荐天堂，先看地狱

我常常问自己一个有趣的问题：对于人类而言信仰为什么很重要？这个时代比较缺乏的是什么？不是金钱与物质，而是我们的信仰。

大家可以看到，人类所创造的一切组织、机构、政权，很少有超过300年的。中国企业的平均寿命不到五年。人类延续时间最长的能代表人类文明的宗教平均都延续了两千多年。为什么信仰的力量、宗教的力量这么厉害，这么强大，这么源远流长？这就牵扯到宗教的本质是什么。

我个人认为，信仰，一切宗教，它的本质就是给人以希望。这才是人类至善的根本。因为对人类来讲，最大的绕不开的刚需是什么？就是人都是要死的，生命都是要结束的。生老病死，死亡是最大的恐惧，死亡的问题不解决，人类就会永远活在恐惧的内心，活在绝望和虚无当中。不知死，焉知生？对待死亡的态度直接影响到了人类活着的幸福。

人跟动物之间最大的区别，其实不是制造工具和会使用工具。人是因为内心的恐惧和绝望会去跳楼自杀的生物，而猪吃饱了喝足了，身体没有毛病，绝不会去撞墙撞死。因此从这个意义上来讲，宗教的本质就是给人以希望。宗教通常认为生命的本质是灵魂，当你的肉体消失后，你的灵魂还可以不断地轮回转世，生生不息。如果你坏事做多了，你会转到十八层地狱里去。如果你好事做得多，你就可以进入天堂。

天堂是按需分配，想什么就有什么，欲望都可满足，永远只有快乐，没有生死与痛苦。因此什么叫大善？能够给别人的内心带来希望就是大善。你心中有希望，处处都是天堂。你心中绝了，处处都是地狱。希望便是天堂，绝望就是地狱。只有能化解绝望穿过地狱的人才能在自己的内心进入天堂。

我们中国最好赚钱的生意就是和孩子相关的产品服务。因为在没有别的信仰的时候，孩子就是我们看得见的信仰，就是我们下一世的轮回，就是我们人生最大的希望所在。生儿育女传香火正是中国文化的核心，是今生普世的"宗教"。赚孩子的钱就是赚希望的钱。中国影响力极大的慈善事业是帮助贫困孩子上学，邓小平先生为它题写的名字很准确：希望工程。

就我查到的资料，全世界寿命最长久的企业在日本，是一个世代相传的家族企业，有 1 400 多年历史了，叫金刚组。这个企业为什么能活这么长时间？因为它是专为神服务的，专门建造和修缮佛教寺庙，它的成立是从中国的佛教传入日本开始的。只有具有宗教信仰一样神圣价值观的企业才有可能传承百年，基业长青。这也是一切人类组织生存发展的核心模式。

人类最高境界的价值经营其实就是向人类的心灵注入希望。时间犹如漫长的黑暗，生命就是如何渡过这黑暗的河流。只有当思想的闪电一瞬间撕开黑暗照亮真实的自我，觉悟让我们得以解脱，生命由盲从转向自觉：穿过地狱的苦难，在希望中到达灵魂的天堂。

宗教才是人类境界至高至善的"营销"！

14. 书中还有黄金屋？

最近在互联网上又有一种新的论调，叫新读书无用论。说你费了半天劲儿，考上一个烂大学，学了一堆垃圾知识，头脑也僵化了，最后未必能成功。你看像乔布斯、比尔·盖茨，包括我们中国的首富王健林先生都没有正规的大学文凭，他们不是照样很成功么？当年连毛泽东同志也引用一句古诗说"自古刘项不读书"，刘邦和项羽也不喜欢读书，甚至看不起当时读书的知识分子儒生，经常摘下他们的帽子往里撒尿。

但是，中国也有一句老话：书中自有颜如玉，书中自有黄金屋。

你该怎么理解呢？读书有用还是无用，这是一个常常被拿来评价教育方式的关键问题，其本质是要讨论成功和读书之间的关系。

首先我问你，什么叫读书？

最简单的理解就是有一个正规的学校，一个正规的教育机构，你考进去了，你拿到了文凭，取得了某种混社会的资格，这是第一层含义。

第二层含义是什么？人的一辈子随时随地在看书学习，活到老，学到老，朝闻道而夕死可矣。要不断地终生学习，这也叫读书。

第三层含义是什么？也许你一个字都不识，跟朱元璋一样没上过学，是文盲或半文盲。中国唐朝有个惠能大和尚，是禅宗第六代祖师。他就不识字，靠悟性口述创作了佛学经典《六祖坛经》，还口占名偈：菩提本无树，明镜亦非台，本来无一物，何处惹尘埃？

这样的人拥有的不是现成的知识，而是能参悟事物本质的智慧与方法。他们读的是什么？读的是生活的书，社会的书，江湖的书，人性的书，悟性的天书。

因此从这三个层次上来讲，第一，如果你要拿一个大学文凭的话，除非你拿到名校的文凭，北大、清华、牛津、剑桥、斯坦福、哈佛，考进这些名校实际上就进入了一个高平台人脉圈，不仅有最好的老师，还有最好的同学校友和最好的人脉资源，很容易获得各种机会，那么你就很容易成功。名校的文凭是一张通行证，这是一个金光闪闪的品牌和平台。

第二，如果你考不上这种一流的名校，那就必须选一个好的专业，学点实用的技能。野鸡大学千万别上了。你可以去学怎么养猪养鸡，怎么做饭当厨师，怎么美发美容，怎么修汽车，有一门手艺可以养家糊口，对多数人而言，行行出状元也是一种最基本的生存之道。

第三，就是你要不断地保持自己的学习状态和悟性，不仅三人行必有我师，而且在任何劳作中都可以从中悟道，这就是所谓：世事洞明皆学问，人情练达即文章。

我从一个学哲学的诗人转型做营销顾问和MBA老师，经常给学生讲这两句话：

> 学习靠悟性，实战出真知。

第二章

值吗？
营销与价值

1.钻石恒久远

钻石是什么？地质学家说钻石是地球上既稀少又最硬的石头。化学家说钻石和煤炭一样同为碳元素物质，只是原子排列结构不同。做装修的说钻石是划玻璃的工具。戴比尔斯公司说钻石是男女之间爱的信物，代表忠贞、浪漫与永恒。如果说无酒不成席，那么无"钻"就不能婚。对女人用浪漫的爱情洗脑，然后让追求女人的男人来买单，这就是钻石的商业模式。

1888年戴比尔斯公司成立，长期控制全球钻石产量的一半以上，甚至一度超过90%。不仅如此，戴比尔斯的实际控制者奥本海默家族花费巨额广告费不遗余力地营造钻石文化，用"4C标准"定义钻石的外表，用爱情定义钻石的灵魂——钻石稀有、璀璨、历久弥新，象征永恒的爱情。1950年戴比尔斯提出了对女人致命诱惑的广告语：A Diamond is Forever。香港才子黄霑把它译为：钻石恒久远，一颗永流传。至此，戴比尔斯不但控制着钻石的供应，还控制着钻石的需求，钻石从富人阶级的奢侈，逐渐成为每个女人的心头所爱，被洗脑的女人认定更大更好的钻石是表达更强烈的爱意，要知道爱得有多深，就看钻戒上的钻石有几克拉。钻石成为求爱和婚姻生活不可分割的一部分，要永远珍藏。即使转卖也没有人要，因为这颗钻石代表的爱情是你的，不是我的。从此，一种原本只适合用来划玻璃的石头成为了满足人类虚荣心的奢侈品。理论上讲，70多亿地球人一生中都必须拥有一颗婚姻的钻石，这简直是无中生有创造需求和提升价值的经典营销案例。戴比尔斯的广告还强调钻石应该与惊喜结合，男人主动默默买好钻戒，然后在精心安排的场合突然送到女人眼前，让女人极度喜悦，又没有主动索取的负罪感，保持了纯真。连戴比尔斯自己都说：感谢上帝，创造了钻石，同时也创造了女人。戴比尔斯还策划英国女王、摩洛哥王妃、瑞典公主、众多电影明星们佩戴精美钻石饰品，将钻石与毕加索（西班牙现代派画家）、德兰（法国野兽派画家）、达利（西班牙超现实主义画家）、杜飞（法国野兽派画家）等人的名画在一起展示，表达钻石和名人、名画一样高贵且独一无二。在李安的电影《色戒》中，王佳芝潜伏在特务易先生身边原本是要暗杀他，几经周折，都已经把易先生引入包围圈，没想到易先生在关键时刻掏出钻石"鸽子蛋"，更重要的是他说，我太太早就想要我买给她，我都没有舍得买。王佳芝瞬间崩溃，立马叛变，推易先生说快走。汉奸易先生逃过了暗杀，包括王佳芝在内的爱国志士们全部被他枪毙了。这部电影的关键可以概括为一句话：都是钻石惹的祸！戴比尔斯赋予钻石爱情、财富、权力的普世认同，将几乎没有实用价值的石头，塑造成了世俗生活的必需品。钻石本身没有大的实用价值，也一定有比钻石更加稀有的宝石，但钻石被改变定位和价值，创造出了更神圣的心理需求和更大的商业价值，这就是钻石的价值，更体现出营销策划的价值。

懂得钻石是碳在高温高压下生成的金刚石、可人工制造的是科学家。忽悠钻石恒久远，一颗永流传，让男人付高价买去讨好女人，赚大钱的是商人。能把钻石做成各种美妙绝伦首饰的是艺术家。最终能把钻石皇冠戴到自己头上并霸占钻石矿产的是权力。用自己生命去挖掘钻石的却是矿工。

对人类而言，离开了需求，一切事物都不存在价值。商业的本质就是用更好的方式去发现、创造和满足需求。同一产品满足的顾客不同，满足的需求和用途不同，它的商业价值真的是天差地别。

"钻石恒久远，一颗永流传"的本质其实是：希望爱情恒久远，所以钻石才值钱！

2.价值新说

大家经常说不要动不动就打价格战，要向客户强调自己的价值，降价也只是提升客户价值感知的多种手段中的一种。但究竟什么是商业价值呢?

一个人要满足自己的欲望和需求，一定要付出代价。这个代价有可能是时间、风险、精力，当然最主要的代价是为购买付出的金钱。客户付出了这个代价，得到了一个产品和服务，使用过后内心一定会有一个主观判断，我用了这个东西，我得到的好处和我付出的代价相比是不是值得。如果他觉得值，那么这个东西就有价值。如果他觉得不值，那么就没有价值。因此影响消费者是否愿意购买一个产品和服务的根本就是他的这种心理价值感知。

营销策划无非从两个方向来思考，一个是如何降低客户付出的客观代价，另一个是如何想尽一切办法提升客户内心主观的价值感知。不论你怎么做，最终就是要让消费者回答一个问题：是值，还是不值?

比如我们花一块钱生产了一瓶水，拿到活佛手中去开光，一个信徒愿意出1万块钱来买这瓶水，他觉得是圣水值1万块，那么毛利润就是9 999块。反过来，我们花了1万块钱生产了一瓶水，但是消费者喝了后闹肚子觉得只值1块钱，那你的利润就是负的9 999块。

假设王健林先生、比尔·盖茨先生参加沙漠挑战赛，由于某种情况已经三天没有水喝。你用直升机吊着一瓶水在他们上空拍卖，让他们两个人竞标，理论上讲他们会把自己所有的财产和身家拿出来换这瓶水，因为这时候这瓶水对这两位首富的价值感知就是自己的生命。他们的生命当然比自己拥有的钱财更宝贵。

我们如何提升消费者的价值感知，如何降低他们的交易成本和使用成本，这才是成功营销的关键。比如名牌战略就是典型的价值提升战略。一个包包，如果它只是一个实用功能的包，那么它的价值感知就不会那么高。如果用洗脑的传播方式打造成名牌，比如这个包是路易威登，再加上限量版，消费者就会出到四五十万元来买这么一个包。所以，营销学本质就是心理学。我对利润的定义是：客户主观的价值感知减去企业的综合成本才叫利润。这也是完全相同的物质产品为什么售出的价格可以相差百倍千倍的原因所在，因为客户受到各种营销手段的影响，对相同的产品产生了完全不同的价值感知。

最好的例子是：如果你不能向客户"证明"，让他相信这幅画是毕加索画的，即使客观上这幅画的确是毕加索本人画的，那么这幅画的价格一定会跌落千万倍。"我是谁"对自我的认知固然重要，但在商业上"客户认为你是谁""客户相信你是谁"更重要。

营销的本质不是经营产品、技术和服务，而是在经营客户的价值感知，是在经营一种符合人性的价值观，甚至是信仰。

3. 价值的四大来源

市场营销我总结为几句话：

需求就是市场，销售就是沟通，定位决定价值，整合创造优势，赚钱才是目的。

其中，需求是整个市场营销的核心起点和终点，营销从发现和创造客户需求开始，到满足客户需求结束，需求是一切商业价值的源泉，供需关系是决定客户价值感知的根本。

商业价值主要来自四个维度：

第一，需求。你的产品和服务对人有什么用处，能解决他的哪个痛点问题。

第二，稀缺。这并不是指某个物品在自然界中稀缺，本质是指你的产品和服务在市场上供不应求，短缺紧俏。

第三，信用。你的产品和服务能跨地域、长时间、大规模被更多的人认可，流通范围越广泛，它的商业价值越高。

第四，增值。你的产品和服务给人未来还会更贵的预期，大家愿意把它作为自己投资获利的对象。

钻石的价值策划完全符合以上四个维度。第一，创造需求，包装成了永恒爱情的信物，全世界每个人一生中至少得买一次。第二，利用天然稀有，人为制定质量标准和控制产量，保持一种供不应求的市场饥饿状态。第三，伴随宗教、婚礼文化而流行,从西方流入东方,扩大全球流通范围。第四,通过拍卖等方式炒作投资价值,形成和黄金一样保值、增值的地位。这四条中最重要的是第一条,必须发现和创造出市场的需求。宇宙的矿石中一定有比钻石更稀缺的品种,但是没有被创造出像钻石一样的全球性的大众需求,因此没有产生巨大的商业价值。我们完全可以写一篇好论文:《从钻石看商业价值的创造》。

4.需求与分类

网上有个段子说,有对夫妇逛商场,妻子看中一套高档餐具,坚持要买,丈夫嫌贵,不肯掏钱。营业员一看,悄悄对丈夫说了句话,他一听马上掏钱买下了餐具。是什么让他立马改变想法?营业员对这个丈夫说:“这么贵的餐具,你太太是不会舍得让你洗碗的。”可见人的观念没有什么不可改变,关键是角度,要善于分辨客户的核心需求。

1943年美国心理学家亚伯拉罕·马斯洛在论文《人类激励理论》中提出人类的需求按层次像阶梯一样从低到高分为五种,分别是:生理需求、安全需求、社交需求、尊重需求和自我实现需求。这是应用广泛也是最权威的需求划分理论。

当今中国各阶层各领域共同的核心需求是什么?这是讲《营销策划》课程时我向学生提出的一个问题。其实答案概括起来很简单:安全感!

在解决温饱问题之后,现在中国的最大痛点就是安全的需求,这也是符合马斯洛需求层次理论的。如何解决食品安全、医疗健康安全、环境的安全、社会秩序的安全、社会保障体系的安全、国家的安全、网络信息的安全……安全问题是我们各阶层和社会各领域面临的根本问题,抓住安全这个主要矛盾,你就可以抢占市场先机。

我个人把需求分成两个层面:一个是被动的、必需的、生理的、实用的、不变的需要,英文可以译为need。另一个是主动的、个性化的、精神的、可变的要求或者叫欲望,英文可以译为want。比如“民以食为天”,这就是人人都离不开的需要,但四川人要求吃麻辣口味的川菜,法国人要求吃鲜嫩的西餐牛排。吃的需要是一样的,但具体味道要求各不同。正是这种一样的需要决定了一个产业的存在,也正是那些各自不同的要求和欲望决定了市场竞争的差异与创新。

同时，越是满足生理和实用需求的商品和服务，客户越是会斤斤计较和你讨价还价，反过来越是那些用来满足心理精神需求的商品和服务，客户对价格不太敏感。所以在菜市场上你可以看见一个主妇为几分钱和摊主砍价半天，但在买名牌包包、在寺庙里烧香的时候她却不会太计较价格，因为这是虚荣心和信仰的满足。如何把你的生意从某种实用性满足提升到对客户的精神性满足，这是商业策划赚钱的飞跃。

从应用领域的角度来看，需求和业务对应又可以从另一个维度划分为四大类：工作类需求、生活类需求、学习类需求、娱乐类需求。比如桌子这种产品就可以按满足不同需求的用途分为办公桌、饭桌、课桌和麻将桌。

从客户支付能力的角度看，需求又可以分为有效的商业需求和无效的商业需求。比如说我是卖宝马七系列豪华轿车的，我把这个车生产出来后去做广告、搞促销，结果来了一堆工薪阶层的朋友，让他们体验免费试驾这个车，花了很多营销成本，最后问大家说：你对这个车喜欢吗？他们说：喜欢呀！多少钱能买一辆？一听裸车价要一百多万，人家根本买不起。结果你忙活了半天，貌似找到了需求，但是顾客没有支付能力，钱不够，买不起。这样的需求，就被称为商业上的无效需求。既想要，客户又有钱能买得起的需求才是真正有效的需求。所以奢侈品品牌一般不会在大众媒体上广而告之，因为那是针对无效需求在浪费资源。只有一种目的除外，让普通人知道这是名牌，有钱人用时才有羡慕的目光，被人羡慕才是名牌使用者价值感知的来源。

依据"需求就是市场"的理论，一切产品和服务的市场分类可以按以下原则来思考：

一是按客户属性分类：它是最适合哪一类人的业务？适合男士还是女士的业务，适合老年人还是年轻人的业务，适合北方人还是南方人的业务，适合富人还是普通人的业务？这是所有业务分类的第一法则。

二是按客户用途分类：它满足这一种客户的什么需求？一切产品和服务的用途概括起来分为四大类：生活用品、工作用品、学习用品、娱乐用品。

三是按产品服务对企业的价值分类：它对本企业的核心价值是什么？属于面向未来需要培育的新生业务，还是成长性和利润俱佳的明星型业务，还是已经发展到市场顶点的现金牛业务，还是应该更新换代马上杀掉的瘦狗业务？

表 2-1　市场的分类

序号	类别	说明	示例
1	按客户属性分类	适合哪一类人的业务	适合男士还是女士的业务 适合老年人还是年轻人的业务 适合北方人还是南方人的业务 适合富人还是普通人的业务
2	按满足客户需求 的用途分类	生活用品	饭桌
		工作用品	办公桌
		学习用品	书桌
		娱乐用品	麻将桌
3	按产品服务对企业 的核心价值分类	新生业务：孵化	新人
		明星型业务：推广	人气王
		现金牛业务：掘金	巨星
		瘦狗型业务：替代	过气明星

5.烧掉更值钱

营销学上的稀缺并非是指自然界中的稀缺，而是供需关系中需求大于供给，满足需求的差距越大、商品价值越高，价格越高。反之，无论产品质量有多好，功能有多实用，服务有多完美，只要是供给超过了市场需求，价格一定会降下来。所以人为制造市场稀缺往往成为一种独特的营销手段。

1840 年世界上最早的邮票"黑便士"在英国诞生，由于工作人员的失误，部分邮票比安排时间提早 4 天发售。100 多年后，美国一家拍卖行公开拍卖仅有存世的两枚提早发售的"黑便士"，底价 10 万美元，竞价到 50 万美元时，一位买家直接出价 200 万美元拍得这两枚稀世珍品。更令人目瞪口呆的是，在拿到两枚"黑便士"的现场，这位买家当着众人掏出打火机，毫不犹豫地烧掉了其中一枚。这个疯子，烧掉了 100 万。买家扬起手中世间仅存的那枚"黑便士"，高声喊道：在座的各位都是见证人，从今天开始，全世界 5 月 2 日版的"黑便士"只有这一枚了，绝世无双。我宣布它的价格为 400 万美元，欲购从速。没多久，这枚"黑便士"以 500 万美元的价格被一名富商买走。一加一大于二是一种智慧，二减一大于二是一种更高的智慧。如果中国邮政每款纪念邮票都发行千万张，让它完全没有升值潜力,邮市当然会低迷,因为多是贬值,而少才会升值。

据说劳斯莱斯汽车每一款车型只限量生产 350 辆,这才具有收藏价值。这种制造稀缺的手法一直确保了劳斯莱斯作为"值得收藏的汽车艺术品"的品牌形象。当人们彻夜排队等候苹果新手机上市,每个人限购两台的时候,苹果这个品牌才显得如此神奇,才得以维持它高端品牌的光环。当今天库克宣布苹果手机开始进军中国农村低端市场的时候,苹果必然沦为"街机"。其实,库克另外塑造一个新品牌去做低端市场才是苹果公司更明智的选择。

6.为啥要讲信用

价值还来自人们内心的信心,这个信心就是人心的认同,就是信用。

我去美国旅游曾经专门做过一次试验:把一张一百元的人民币送给一个乞丐,无论我怎么解释他就是不要,他只认美元。因为全世界都相信美元的信用,美元就可以在全世界流通。互联网时代,如果有一天全世界的商家和顾客都相信比特币不会像政府发行的纸币一样贬值,比特币就有可能取代美元,各国的中央银行就会失去印钞票的权力。

在中国的女演员当中,章子怡和范冰冰、李冰冰过去的出场价为什么不一样?比如说,章子怡的出场价可以达到拍一部电影至少 500 万美元。不是因为章子怡比范冰冰、李冰冰长得漂亮。我认为她们长得都挺漂亮的,而且更重要的是情人眼里出西施,各有所好。其实不在于谁漂不漂亮,而是从章子怡的外号你就能看出来其中的道理,她叫国际章。章子怡当年和国际知名的导演李安合作拍了一部电影《卧虎藏龙》,获得了当年的奥斯卡最佳外语片奖,轰动了全世界。因此无论是在欧洲各国,还是在美国,只要你提到中国女演员谁最美,谁最厉害,大家都知道章子怡。尽管范冰冰、李冰冰也长得漂亮,也演了很多好的片子,但是她们"信用"的流通范围主要局限在国内或者华语地区,影响力没有得到欧美市场的认同,所以她们当年的出场费就比章子怡低。

因此,流通范围的大小,你在什么样的区域有多少人认同你、知道你、接受你、愿意去看你的电影、愿意接受你的产品、品牌,甚至是货币,这种信用的高低就决定了你的价值高低。

　　我个人认为，从更高层面来看，今天中国社会最稀缺的资源并不是资金、土地、矿产和能源，甚至也不是人才和科学技术，我们最缺的是人与人之间的相互信任，是社会信用。一个没有信用的人、没有信用的企业、没有信用的国家是根本不可能成为世界领袖的。网上曾经有人说美国人特别傻，在美国商场里你只要把一件标价 20 美元的衬衣和一件标价 1 000 美元的大衣标签互换，收银员只顾扫标签上的条形码，你就可以轻松自如地用 20 美元买走一件价值 1 000 美元的大衣。这在中国是不可能的事情，因为我们每个人都很精明，都会用各种"高成本"的管理措施来防止这种事情的发生，因为互相不信任、相互算计和提防才是我们的"正常心态"。恰恰是这种社会信用缺失的危机造成了我们一切交易成本和管理监控成本居高不下。如何利用互联网云计算、大数据等手段建立精准的征信系统，如何通过法律加强对失信者的惩罚力度才是健全中国法治化市场机制的核心所在。

　　是信用在降低社会的运行成本，是信用在创造你我的流通价值。

7.投资与投机

　　一件商品、一种技术、一个企业是否具有增值机会？是否具有投资价值？这其实是考验你对未来预期的判断。

　　凡是科技产品，越新就越值钱，越老代表越过时，越不值钱，因为老的科技总是被更好的新科技替代。比如智能手机，刚推出新品时 5 000 元一台，18 个月后可能只值 2 500 元，因为所有电子产品都符合"摩尔定律"，每 18 个月电子芯片运算速度提升一倍，就必然连同软件和硬件都要更新换代。速度是科技的核心驱动力，可以低成本进行批量复制是科技产品贬值的原因。科技最大的价值来自于新，没有对创新价值的专利保护，高风险投入的科研必然会停滞，当大家都希望通过窃取别人的科研成果来获利时，科技创新必然是空谈。反过来，古董字画这些值得收藏的文物珍品，却是越老越有投资价值，因为经过时间的沉淀，它们越来越稀有，并且不可复制。永远不可替代的东西才具备永恒的价值。

　　其实，增值可以分为投资与投机两种行为方式：

第一，投资是看到某物的自身价值被低估，或是预判随着趋势发展某物会迎来需求激增，提前投资就有升值的可能。听长辈说我的外曾祖父因为懂气象学，曾经精准预判来年会连降数月暴雨，洪水之后必有瘟疫流行，于是提前大量低价收购相关的中草药，结果在瘟疫流行时高价卖出赚了一笔"黑心钱"，成了当地的大地主。同样，在1997年国家最后一次分房时就能预期北京土地稀缺的人，只要在2004年之前闭着眼睛在北京五环内随便买几套房就比投资什么生意都赚钱。找对象也是同样的道理，选准一个有发展潜力的人做配偶，当"黑马"成为"白马"的时候，你自然就成功拥有了"白马王子"。

第二，投机则是通过人为炒作某物，使别人对该物的心理预期产生幻想误判，形成短期的"泡沫化"升值幻象，最终如同击鼓传递被点燃的炸药包，总会在某人手上爆炸，这就叫泡沫破灭，一切都被打回原形。20世纪80年代，长春曾兴起了一场丧失理性的"君子兰"倒卖运动，一盆君子兰从几百元炒到一百万、两百万，最后崩盘，击鼓传花最后接盘的人为前面所有的人买单。荷兰历史上也曾经炒作过郁金香。在这种投机行为中，君子兰和郁金香，既不是卖观赏价值，也不是卖药用的使用价值，而是在卖人性中赌徒式的贪婪和欲望。从理论上讲，在贪婪的驱使下，任何物品和事情都可以成为投机炒作行为的赌博对象。

表2-2 价值的四大来源

序号	来源	说明
1	需求	解决某个痛点问题。
		马斯洛需求层次：生理需求、安全需求、社交需求、尊重需求、自我实现需求。
		需要need：被动的、必需的、生理的、实用的需求。 要求want：主动的、个性化的、精神的、可变的欲望。
		实用需求：容易被比较，价格敏感。 精神需求：不容易被比较，价格不敏感。
		有效商业需求：客户有需求，且有支付能力。 无效商业需求：客户有需求，但没有支付能力。
		四大应用领域：生活、学习、工作、娱乐。
2	稀缺	商业上的稀缺，供不应求，短缺紧俏。
3	信用	跨地域、长时间、大规模，流通范围越广价值越高
4	增值	投资：自身价值被低估，或者随着趋势发展，将来有升值的预期。
		投机：人为炒作，让市场产生幻想误判。

投机的本质就是因为信息不对称才非理性地赌一把！

我们还可以用"倒啤酒"来类比人的投资行为：把你投资的项目当成啤酒，倒啤酒的速度如果过快，一定会形成泡沫的虚假繁荣。但没有一丁点泡沫的啤酒又一定不是好啤酒。泡沫破灭之后剩下的才是啤酒。我们想喝的不是泡沫，而是好啤酒。要让好啤酒泡沫别太多只有一个办法，必须小心把握好倒啤酒的时机、速度、节奏和角度！

8. 你会送礼吗？

要想赚钱，先学会送礼物。

记得有一年我给MBA学生出的考试题目是：给你1 000块钱的限额，你策划给王立新老师送一件什么样的礼物，会让我感到最高兴？这道题目实际上是在考什么呢？第一，是要考查学生对目标客户需求和欲望的洞察能力。你听了我一学期的课，我喜欢什么你能准确把握吗？投其所好是送礼也是做市场的基本法则。你连客户喜好什么都看不出来，你当然不知道该送什么礼。第二，如果不设资金上限，你送5 000万一套的别墅我当然高兴。但是做生意赚钱首先要讲投入产出比，现在只有1 000块钱的本钱，你怎么才能使我的价值感知最大化？

交上来的"送礼答案"五花八门，但得最高分数的这个学生的预算只花了500块钱就让我十分满意。他先花10块钱去街上买了一张"奖状"，拿回来写上："献给我们最优秀的导师王立新，您的讲课开拓了我们的思维，改变了我们的人生，我们会成为您思想的传承者！"然后是全体同学的亲笔签名。最精彩的策划是再花490块钱请几个民间艺人敲锣打鼓带着同学们一起把这个"礼物"，不是给王老师，而是送到北京邮电大学校长办公室去。我立刻给了他全班最高分，并且批注说：我非常感动，知行合一很重要，你不要光说不做，请赶快执行！

我也曾经到山东去讲课，当地的同志非常热情，我离开的时候他们说县里没有什么好送的，拿了两捆大葱，非要送给我。其实他们不知道，山东寿光的大葱虽然出口日本很有名，但我是南方人，并不喜欢吃大葱。而且我还要坐飞机去另外一个城市讲课，如果扛着这两捆大葱，会是什么样子？但我又不好推却。等他们把我送到机场离开之后，我赶紧把这两捆大葱倒手就送给了一个扫地的清洁工。这就是热情可嘉，但是送礼没有送准，其实还不如不送。

我再举一个案例。"大中华"作为高级香烟要卖 600 块一条。如果规定卖一条中华烟你只能赠送顾客两元钱的促销礼物，你准备送什么？大多数人的答案就是送两元钱一个的打火机。抽烟需要火，从相关性的角度看送打火机是正确的。但值两块钱的打火机质量能行吗？做工能好吗？肯定不是一流的。买中华烟的顾客一定是追求档次的高端人士，他肯定看不上两块钱的打火机。万一这种打火机一打，打不着，甚至一打爆炸了，把他的手指头炸伤了，还不如不送。那送什么才好呢？一种方案是送顾客两块钱的彩票，万一中奖了就是一个意外的惊喜，即使没中奖顾客也不会介意。但更聪明的方案是送什么？送两块钱一盒的火柴。你去找一个生产火柴的厂家说，我要做两块钱一盒的火柴做促销礼品。厂家肯定会说我们从来只做两毛钱一盒的火柴，没做过两块钱的。但是你现在要求他必须发挥想象力做出两块钱一盒的火柴来，那一定是世界上最豪华、顶级的火柴，这和中华香烟的高端品牌形象是相匹配的。当你把这种出乎顾客意料之外的火柴送给他的时候，顾客都舍不得用，因为他从来没有见过这么豪华的火柴，希望作为纪念品收藏。从此，每当看见这盒火柴，他都会想起中华牌香烟，这两块钱的营销价值就被充分体现出来了。

所以，送礼除了投其所好，更应该只送比正常的行业成本高 10 倍的东西。用两块钱送一般只要两毛钱就能生产的东西，两百块钱就送通常只要二十块钱就能做的东西。千万不要送一个二十块钱的东西，却是通常在价值两百块钱的礼品里面那个档次最低的，这是既花了钱，还没有讨到好。

精准地迎合对方需求，必须是同类产品中最极致的档次，最后还要有特别的纪念意义，这三点才是送礼的核心原则。

营销学归根到底是心理学。任何客观物品的商业价值本质上是客户的主观心理感知和感受。如何提升客户对你的价值感知？用哲学的语言讲，我们做的一切外因的营销努力都是为了促使客户内在的主观认知发生价值提升的转变。换而言之，营销活动是外因，必须通过客户的内因感知才能起作用。

9.什么叫质量好?

什么叫好产品? 关键是看卖给谁用。钛合金造飞机、火箭、导弹就是好材料,用来造文具盒就可能卖不动。所谓"好"的标准是由目标顾客的核心需求和体验感知决定的。产品和技术的优点与不同用户的需求痛点能匹配上才叫好产品!

摔不坏的文具盒为什么卖不掉? 曾经有一个文具厂家,采用航空航天材料钛合金制作文具盒,文具盒又轻巧又结实,从 100 米高的楼层摔下去都不坏。这么好的文具盒当然材料成本很高,可能要卖 200 元一个才能赚钱。结果可想而知,根本卖不动。消费者说我不需要航天级的钛合金文具盒,我只需要把文具盒放在桌子上,顶多 3 米高摔下去不坏就可以了。

消音的环保摩托车为何不受欢迎? 日本本田是做摩托车起家的,能生产重型摩托车,是行业老大。早年本田摩托车曾受潮流影响认为重型摩托车也要顺应环保趋势,于是花了大量经费,用了九牛二虎之力研发新技术,在重型摩托车发动机里安装了一套消音器,从此一踩油门悄无声息就能开走。结果呢,这种新型环保摩托车根本卖不动。为什么消费者不买账? 因为买重型摩托车的人都是青春期的飙车族,他们最享受的就是开着重型摩托车,一路发出这种刺激的轰鸣声,一听到这个响声他们自己就开心兴奋,路人一听这个声音也都知道飙车族来了,纷纷侧目躲闪,这些年轻人的虚荣心也得到极大满足。而现在环保型重型摩托车一踩油门咻咻咻,一点感觉都没有了,被以环保名义剥夺了驾驶摩托车的乐趣,飙车族当然不买账。

我也开过一辆雷克萨斯城市越野车,每次猛踩油门听到发动机的咆哮声居然是用行车电脑模拟出来的假音,它的发动机其实已经实现了环保静音,只不过害怕开越野车喜欢刺激的车主不接受才用电脑特意制造出令人兴奋的"噪音"。看来丰田汽车公司要比本田摩托车公司高明得多。

什么叫质量好? 不是按照科学的、物理的标准来评价,那是技术专家的想法。我们应该按照消费者价值感知的心理标准来判断所谓的质量与服务的好坏。

你做过多少种客户不买账的"好产品"?

10.饭馆和食堂

在影响人类行为的价值感知研究中,心理学家赫芝伯格(Frederick Herzberg)所提出的双因子理论十分重要。该理论认为组织成员的工作态度对绩效有决定性的影响,内在因素(激励因子)与工作满意相关,外在因素(保健因子)与工作不满相关。具体而言,保健因素就是你做不好,你的顾客、员工、合作伙伴最容易产生抱怨、罢工、投诉、闹事。但是你做得再好,把这些因素解决得再好,他工作也不玩命,也不创造新价值,没有增加新的营业收入,没有创造新的利益。因此在保健因素上最好的标准就是60分万岁,只要过得去、合格达到60分,让他们别闹事儿,这就可以了,不要花过多的精力。另一个因子叫激励因素,这些因素能够激发人的勤奋和创造力,激励到位,员工会玩命帮你创造价值、创造财富,而消费者就会多买你的东西。

举一个具体的案例,我们投资开一个饭馆,什么是饭馆的保健因素?什么是饭馆的激励因素?

饭馆的保健因素:第一就是卫生清洁条件,比如说你饭馆的客人在汤里面吃到苍蝇了,看见有一只死老鼠在饭馆里面,顾客一定要掀桌子,不付钱,还要求你赔钱,还要到消费者协会告你。第二是环境好坏,是否装修高雅,风景独特。第三是交通和停车是否方便。第四是服务人员的态度如何。这些因素我们都称为保健福利因素。即使你这几个方面做到极致,哪怕员工态度好到跪在地上求人来吃饭,顾客也未必会来。

那什么是饭馆的激励因素?第一是饭菜味道特别好,同样是回锅肉,你的回锅肉的味道比别人的回锅肉好。第二是你有招牌菜,别的地方没有,土豪都想吃。所以,不论多远,无论怎么排队,不管价格有多高,甚至服务也不好,他们都愿意来,因为这属于核心激励因素:他好这口,只有这儿有。

反过来,如果你是办员工食堂,那你更应该明白,这只是影响员工吐槽的保健福利因素,即使你天天请大家吃山珍海味,他们也未必努力干活。所以,只要营养搭配恰当,干净卫生,价格合理即可。千万不能像开饭馆一样花高工资去请特级厨师来。那谷歌为什么又炫耀自己的员工食堂投资巨大,冠绝天下?亲,那不是在办员工食堂，谷歌是在借自己另类的员工食堂给自己打一个很牛的企业形象公关广告。

双因子理论对我们的启示就是，商家吸引顾客主要看激励因素，所以要把主要的精力、主要的资源、主要的投入放在激励因素上，保健因素的投入要适可而止。

11. 价值尺度

客户付出的代价与得到的利益感知进行主观对比，才会得出是否值得的判断，这就是商业价值的本质。

是哪些因素在影响客户的价值感知？主要包括七个尺度：感知度、快速度、简便度、试用度、可分度、相容度、易得度。

价值尺度一：为什么保险难卖？

我们从价值"感知度"来看，最难卖的业务是服务业，因为它不同于实体物质产品，既看不见，又摸不着，完全是一种心理体验式的消费过程。服务业里面最难卖的是保险，投保人如果在灾难中死亡，他根本没有机会来感受到保险的实际价值，保险是商业中价值感知度最难的行业。一个能把保险卖出去的人基本上就什么都能卖了！

保险起源于4 000多年前对地中海上运输的海损进行共同分担的行规：一人为众，众人为一。这种设计是天才式的商业模式，利用人对风险"不怕一万，就怕万一"的恐惧，卖一个化整为零、能互助分摊风险的服务给你。实际上，你买了保险后，保险公司对你基本就没什么服务了，它的赢利重点是赶紧拿你交的保险费去为自己投资增值，只有你出事了，甚至人都死了，相关权益人才能享受到买保险的好处。每一个买彩票的人都希望自己能够中奖，而每一个买保险的人其实都不希望自己被"理赔"，因此要让老百姓接受保险，要在灾难没有发生时就让客户感受到保险的价值，是非常困难的。

早年，台湾有一家人寿保险公司刚成立，它怎么让消费者，尤其是农村市场的消费者，能理解和感受到保险的价值？这个老板姓蔡，很聪明。他请一帮农村的基层干部保长、村长吃饭，请求说，你们能不能回去注意一下村里面哪些人得了重病快死了？保长村长问：你知道这个有什么用？蔡老板回答：我们保险公司刚成立要做善事，希望给那些得了重病的人免费赠送保险。有些保长村长回去后果然给这个保险公司打电话说：我们了解了，村里张三得了重病，快死了，家里又很穷。于是这个保险公司就敲锣打鼓来看望这个张三，给他送营养品，还宣布给他上一份保险，不用交保费，出了事，我们来赔。结果没多久，这个张三果然死了。这时候保险公司拿着花圈，满脸悲切地来到村里，来到病逝的张三家里，按保单条约规定送上了保险金！这时候家属特别感动，事情也迅速传遍了台湾的各个乡镇，所有人都说，这家保险公司特别有爱心、讲信用、特别好。于是这家保险公司就迅速拓展了市场，因为它以做慈善的方法让村民们直观地感知到了保险能带给自己什么好处。

如何让人在出事前就感受到出事后的保险价值？关键在于保险推销员的沟通能力。可以说最好的销售人员在保险界，整个保险行业最大的成本就是人力成本，你交的全部保险费用有大约一半是要作为奖励分给那个销售人员的，这下你终于知道保险推销员的服务态度为什么那么好了吧？当然，保险商业模式的核心是对风险概率的把控，核心竞争力是精算师，他通过数学模型对数据的计算，对每一种风险进行精准的概率管理，然后设计出各种业务、制定保险规则、理赔规则，保险公司才能永赚不赔。保险业的本质就是风险大数据管理。未来的保险业将会被云计算时代的大数据实时监控所颠覆，现在即未来，提供量身定制的保险服务是方向，让投保人永远不出事，公司永远不理赔才是核心竞争力所在。

在中国，保险业刚刚起步，我个人认为把爱的情感作为保险价值感知的切入点更能打动投保人。"不仅要爱，更要会爱"这是当年我为一家人寿保险公司写的广告语。当时的广告创意是一个刚刚一岁的小孩子爬过去抓周，在各种笔、算盘、钱币、玩具中，孩子一把抓牢了一份人寿保险单，然后冲着父母开心地笑，看来他是喜欢父母给的这一份爱的。

什么叫会爱？就是有一种方式能让你即使死了对亲人还能继续呵护关爱，这就是保险的爱的价值所在，它提升了每个人的责任感，不仅在自己活着的时候能呵护亲人,还要在自己去世后也为所爱的人考虑。

未来谁先整合保险与互联网大数据服务,谁就会成为保险界的新巨头:马云、马明哲、马化腾合资成立的众安保险,这是中国首个获得互联网保险专业牌照的公司。众安保险业务流程全程在线,全国均不设任何分支机构,完全通过互联网进行承保和理赔服务。但在大数据对传统保险业按个体化差异服务创新上仍然没有实质性突破。如果能按天、按个体不同提供保险的按需服务,那对客户的价值感知提升将是颠覆性的。

提升价值感知度需要瞄准用户的痛点、兴趣点、兴奋点、欲望焦点,变无形为有形,化隐性为显性,从后台走到观众聚焦的前台,这就是导演也必须明星化运作的根本原因:提升观众对你的价值感知。

从营销学角度看,别人内心没有感知到你对他的作用,你对他而言就不存在让他愿意付费的价值。

价值尺度二:苹果检测手机靠幼儿园?

要提升消费者的价值感知,第二个非常好的突破点就是"简便度":简单、方便、傻瓜化、智能化、自动化。

日本人的家电在傻瓜化方面的突破做得最好。比如当年的照相机都需要掌握光圈大小、曝光、速度,不学个半年,没有专业技术就不会用,这是一门手艺。结果日本人研发出数码傻瓜照相机,索尼、尼康、佳能都推出全自动傻瓜相机,口号就是:只需按下快门,其他的交给我们,一下就畅销全世界。紧接着日本人把傻瓜化用到汽车上,过去的汽车又是离合、又是挂挡,手动操作很复杂。日本人把汽车变成无级变速自动挡,傻瓜化。一个人坐上去只要问清油门在哪、刹车在哪,一下就能开出去。所以,日本汽车也抢占了全世界的市场,成为最受欢迎的汽车。

手机里面简便度最好的就是苹果智能手机。乔布斯比诺基亚聪明在哪?诺基亚的手机也好,摩托罗拉手机也好,有那么厚一本产品说明书,谁有耐心去看?诺基亚的智能手机为了上网,还专门弄了一个键盘。计算机键盘又长又宽,很容易打字,手机这么小,弄一个键盘,让我们这些小胖手、近视眼、老同志怎么能够打对字呢？如果说卖给年轻人、学生能用键盘输入的，他们又没有钱，五六千块钱一部的智能手机当时谁买得起啊？我给诺基亚市场人员讲课的时候就说，你们的智能手机太复杂，将来死定了，最好取消键盘改成手写。当时还不知道有触摸屏技术呢。结果没多久乔布斯用了触摸屏技术，每个用户简直就是直接"指点"江山了！据说，乔布斯把自己的智能终端手机、平板电脑，全部放到幼儿园去让3~6岁的小朋友无师自通地玩，一个星期后乔布斯带着人来了，把孩子们召集起来问：会用了么？打个电话、上个网、下个汤姆猫给我看看。如果孩子们都会用了，该款产品马上上市，如果孩子们不会就打回去重新设计。苹果智能终端是当时唯一没有说明书的手机。我孩子从小玩 iPad 长大，3 岁时有一天我把一个好几年没有打开过的大电视机打开看足球赛，结果小孩子冲过来说：爸爸，大 iPad！然后用手去抚摸点击想滑动电视屏幕，结果看画面不动，哇哇大哭，以为大 iPad 坏了。你看，乔布斯的傻瓜化策略多么成功啊！

谷歌的无人驾驶汽车于 2009 年正式推出，在装载 24 个传感器的雷克萨斯车中进行上路测试，通过雷达、照相机、激光定位器、GPS 定位系统等"看"路，使用详细地图导航，从未发生重大交通事故。2012 年 5 月 8 日，在美国内华达州允许无人驾驶汽车上路 3 个月后，机动车驾驶管理处为谷歌的无人驾驶汽车颁发了一张合法车牌。2014 年 5 月 28 日，谷歌发布了一款自己设计的最新无人驾驶汽车，没有方向盘、油门和刹车，只有"启动"、"停止"两个物理按钮。未来，我们不需要驾校、不需要驾照，因为都乘坐无人驾驶汽车，自动操控，想闯红灯都不让。将来，乘坐无人驾驶汽车，交通事故是否会免责？谁将承担交通事故的责任？世界的法律、道德都将在信息文明下重建。

未来的一切产品都是简便程度完全傻瓜化的操作，消费者甚至只需要张口说出自己的命令，人工智能机器就会去执行。云计算的后台越智慧，前台终端越简便。以人工智能技术为核心的机器人的"聪明度"才是客户价值感知"简便度"的主要驱动力。

也许未来人类的智慧只能体现在能向机器人提出"新的问题"了。会提问才是大智慧？

价值尺度三:中医会死吗?

快速度与顾客价值感知有什么关系?

大家想过没有,为什么中医会输给西医?为什么中式餐饮业会输给麦当劳、肯德基这样的西式快餐?答案只有一个,那就是服务的速度。

我小时候一直在想,那么小一个子弹头为什么就可以打死人呢?你拿一个子弹头砸在人身上死不了啊。但是从枪膛里射出来就不一样,这个不一样是速度越快,能量越大。生命的本质实际上就是时间,而速度的提高为顾客节省时间,就等于延长人的生命,高速度、快节奏有助于我们生命价值的提升。

中医从效果上看是以一种更贴近自然的系统方式在治病救人,但不吃几十副中药很难实现人体的阴阳调和,治疗周期很长,比西医见效慢。更何况一副药就要熬好几个小时,一般年轻人根本就没这耐心,所以中医输在了治疗速度上。

当年我曾经预测,四川、广东那么喜欢吃美食的省份,麦当劳、肯德基不可能有市场,但这成了我为数不多的几次没说准的预言。广东和四川现在也早被麦当劳、肯德基占领了。为什么?核心就是利用标准化实现快速度服务,迎合了快节奏的社会发展,当然还有年轻时尚化的风格。所谓专业化主要有三个标准:反应快、反应准、标准化。

快速度作为这个信息化时代的标志当然是制造电脑芯片的公司英特尔。英特尔的副总裁戈登·摩尔在 1965 年提出了著名的摩尔定律,当价格不变时,集成电路上可容纳的元器件的数目,每隔约 18 个月便会增加一倍,运算速度也将提升一倍。换言之,每一美元所能买到的电脑性能,将每隔 18 个月翻一倍以上。我个人认为"摩尔定律"早该获得诺贝尔奖,因为这一定律揭示了信息技术进步的速度,阐明了硬件、软件、整个产业链和虚拟经济的发展规律。英特尔以前推出的486、586 芯片有力带动了微软的 Windows 升级,也带动了电脑硬件的更新换代,拉动了整个电子消费产业的发展。智能运算速度就是英特尔乃至这个时代的灵魂!

互联网时代的速度代表新的商业模式,快鱼吃慢鱼取代了大鱼吃小鱼。某种程度上来讲,速度快就是"互联网+"线上吃线下的另外一个新的商业发展趋势,因为互联网可以跨越时间和空间。你在网上随时随地都可以买到你想买的全世界的商品，这是过去的技术条件无法达到的速度。传统的营销是4P理论，把产品策略、价格策略、渠道策略、促销策略进行专业细分研究，符合传统的顾客消费行为。而在互联网电商时代，你想要什么，马上就能看到，看到就能体验到，体验到就能马上下单买到，很快送货上门就能用到。这种所想即所见，所见即所得的购物新方式已经实现了营销4P的一体化过程，也体现出了互联网消费的低成本与高速度。

同时，互联网上用户规模的高速度发展是任何企业转型为平台的核心策略。大企业的生死存亡点或许真的只有几个月时间，这是传统产业竞争完全无法想象的，真正可以称之为"生死时速的年代"。

价值尺度四：从试用到永远免费

一个人是不是愿意买一个新产品、采用新技术，主要取决于他的风险意识。鲁迅先生曾经说，第一个吃螃蟹的人非常伟大。伟大在哪呢？你不知道这螃蟹到底好还是坏，吃了会不会中毒死人。在所有的成本里面，消费者最敏感的就是风险成本，他的决策机制是先排除这个产品、这个技术对他的风险影响，然后他才会有胆量去试用这个产品。最经典的研究来自2002年诺贝尔经济学奖获得者、心理学家卡尼曼，他提出了"前景理论"（关于预期与行为决策），主要包括三个特点：一是大多数人在面临获得时是风险规避的，害怕冒险，越成功越保守；二是大多数人在面临损失时是风险偏爱的，越输越敢孤注一掷；三是人们对损失比对获得更敏感，所以人生感受到的痛苦比快乐多。

如何降低消费者的购买风险？最好的办法就是让顾客免费试用，体验营销。比如传统促销活动就包括化妆品试用装、宜家家居、苹果体验店、软件试用版……过去卖皮鞋是不可能让消费者免费试穿的，而现在所有的鞋一定有各种尺码的样品让你免费试穿合不合脚。当然商家早已把免费试穿的样板鞋作为促销费用打到成本里面去了。

更厉害的试用方式是什么？就是今天的互联网商业模式，干脆永远免费使用。有人问我移动互联网的特点是什么。我说概括起来就是同一个单词free，代表了两层含义。第一层含义是自由，移动电话、移动互联网，没有线，自由自在。第二层含义就是免费。互联网最重要的是抓到一个好的服务、一个好的应用,通过免费的方式让你们随便用。你做得好,做到极致、专注、免费,那么所有竞争对手全死掉,成千上亿的人都用你的产品。这时候你经营的是这群人的注意力和他们大数据背后的所有需求的规模。这时候羊毛不能出在羊身上,使用者不需要出钱,那么羊毛就可以出在狗身上,让猪、让牛、让马把单买了。美国《连线》杂志前主编克里斯·安德森写了一本书就叫《免费》,这本书告诉我们,从试用到永远免费对价值感知的提升上升到了什么样的境界。

我个人认为未来所有网上的应用和内容都是免费的,包括上网的流量也是免费的,但量身推荐、点评、道具这样的增值服务可能要钱。而且任何一种愿意支付云平台内容服务的智能终端也会免费,包括手机、电视机、冰箱、桌子、马桶,甚至是汽车都会白送给你。因为商业模式被颠覆了:以前饭馆筷子要收钱,现在你点一只龙虾主菜,筷子、米饭全都可以免费了。

传统试用是为了降低顾客购买风险,通过放心试用来提升他们的心理价值感知,而互联网让使用者永远免费,经营的则是使用者的注意力和他们大数据背后的需求规模,用新的商业模式赢利。

价值尺度五:让顾客有适合自己的选择

怎么让顾客有适合自己的选择从而提高消费者价值感知?这叫可分度。

记得当年我第一次请我的女朋友在北京邮电大学旁边的一个饭馆吃饭,有一件事情给我的感触特别深。因为第一次请女朋友吃饭不能点菜点少了,所以一口气点了四个菜一个汤。当时我刚从上海华东师范大学毕业分到北京来工作,上海的每一道菜都是很小一份的,所以我按照上海模式点了四个菜一个汤,没想到北京餐馆的第一盘菜就那么大,这一盘菜我们两人根本吃不完,更何况有四道这样的菜加一份汤。当时我就把老板叫来说:老板,你这个菜单里的这些菜有没有小份、中份啊?结果老板说:你们这些南方人一点都不实在,不像我们北方人实在,只有大份,没有中份和小份。北方人是粗犷的,他们敢于生活却未必精于生活:没有可分度的选择!

还有一次到德国,冬天很冷带的衣服不够,但是逛遍了德国所有卖服装的商场都没有我这小个子能穿的衣服,因为德国人牛高马大。德国朋友跟我说,你到儿童服装店去才能买到你穿的衣服。果真到了儿童服装店,买了一件 13 岁的小孩穿的皮夹克穿在我身上正好。这说明什么呢?德国的成人服装没有考虑到像王立新这样的身材。衣服没有特小号、小号、中号、大号、加大号,也是没有可选择的余地,可分度差。

可分度还可以是,你怎么给你的老板、给你的顾客提供产品推荐或者策划解决方案,有没有上策、中策、下策?给消费者提供适合自己的选择,他的价值感知就越大。但也不能过多,消费者也会产生选择困难,最好的可分度是精准到个体的私人定制服务。

可分度推动房地产业飞速发展。一套房卖 800 万元、600 万元、500 万元一套,让一个刚刚毕业没多久的上班族一次性出这么多钱根本没有可能。但是有人想出一个办法,第一次首付 30%,后面分 20 年、30 年来分期付款,这样就可以提前买到你想住的房子。

不同的消费者有不同的需求,因此替消费者分类,增加消费者的选择,才能提高消费者的价值感知。可分度可以按规格、按款式、按价格、按数量、按支付、按时间、按租售、按质量、按地区等不同维度进行差异化设计。这样一种营销方式极大地促进了各行各业的发展,也极大地提升了顾客的自主消费权和满意度。

价值尺度六:习俗、信仰、角色匹配吗?

影响客户价值感知的相容度,就是你的产品、服务、品牌所主张的价值观、你的利益卖点,跟消费者、使用者的传统习俗、文化背景、宗教信仰以及所担当的社会角色之间,是否不经意间发生了价值观的冲突,不相容了。

当年某可乐饮料进入泰国的时候,精心打造了一支广告。一个外国人拿着一瓶这种饮料到泰国旅游逛寺庙,然后在庙里喝了一口,把剩下的饮料放在窗台上,忘了拿走。镜头一转,晚上人去楼空,整个庙里只剩下释迦牟尼的塑像和一瓶可乐。这时候意想不到的事情发生了,释迦牟尼这尊塑像睁开了眼睛,盯着可乐心动了,然后站起来走过去,拿起这瓶可乐喝完,然后开始跳霹雳舞。最后闪出一句话:挡不住的诱惑!

从创意的角度来讲,这是一个非常好的广告,但是电视广告播出一个星期之后成千上万的泰国老百姓上街游行,反对这种饮料,砸毁了卖这种饮料的商店。为什么?因为泰国是一个信仰佛教的国家,你作为一种商品广告拿人家神圣的信仰开玩笑,他们当然不答应。

除了这个以外还有一个著名的例子,就是世界著名的宝洁公司推出了婴儿纸尿布帮宝适。帮宝适纸尿布卖给母亲,那它以哪个角色定位才能跟母亲的社会角色相匹配呢?当时有两种不同的营销主张。第一种的口号是:用帮宝适,给妈妈节约时间,重享生活的快乐。广告中的妈妈洗尿布、给婴儿擦屁股累得不行,这时候有人打电话来说:珍妮,我给你买了一张迈克尔·杰克逊演唱会票,去看看演唱会怎么样?叫珍妮的妈妈说:孩子撒尿又在哭,哪有时间去?这时候旁白说:为什么不用帮宝适?把孩子交给我们照顾,你去尽情欢乐!这个广告一播,没有人去买帮宝适。为什么?因为父亲不答应,说只有坏女人,贪图享乐的妈妈,才去买帮宝适。宝洁公司没办法,又请同一个女主角重新拍广告,叫:帮宝适,比妈妈更体贴宝贝的健康成长。妈妈累得睡着了,孩子撒了尿但有帮宝适,让小屁股永远干干爽爽。

从只有贪玩的坏妈妈才去买帮宝适,到不买帮宝适就不是好妈妈,宝洁公司成功地把自己产品的价值主张从对一个女人有利变成了对一个孩子有利。这就使得自己的价值观与一个妈妈的角色更加吻合,可见相容度对顾客的价值感知影响是致命的。这就要求我们产品服务的卖点永远不能与顾客的价值观发生冲突,只有顺应普世价值观、尊重民俗习惯,与购买者的身份角色、产品定位相匹配,才能拥有市场。

价值尺度七:先亏反而赚大钱?

易得度的营销策划也会影响消费者的价值感知。所谓易得度,就是消费者接触到你的产品时是不是觉得门槛很高,如果他觉得你的门槛很高,那么他就很难购买。营销里面最重要的办法是首先要把消费者最关注的那部分产品或服务用赔本的方式提供,让他觉得特别容易接受,有占了大便宜的惊喜,等他接受之后再从不起眼的地方通过细水长流赚取到高额的利润。

吉列剃须刀就是最典型的案例。吉列剃须刀的刀架很便宜,吉列的所有刀架几乎是低于成本价卖给你。那它的要害是什么呢?就是让你觉得这个刀架便宜!那它怎么赚钱呢?就是你用了它的刀架,必须买与刀架唯一匹配的原装标准刀片。这个刀片是每刮若干次胡子就要换一片,这叫日耗品。所以吉列90%以上的利润都是来自刀片,刀片的单项利润率可能超过200%。

还有一个产品是大家都知道的已经死掉的柯达胶卷。柯达胶卷为了让人更多地使用胶卷,从胶卷上赚钱,有一段时间直接送柯达照相机。送给你柯达的照相机,但是这个照相机只能用柯达胶卷。商业模式就是:从胶卷上赚钱,傻瓜照相机不要钱。让你觉得很划算,很容易接受这个方案。

还有惠普打印机,打印机很便宜卖给你,不挣钱,打印机的墨盒、专用打印纸赚高额利润。

重庆火锅同样如此。锅底免费,吸引消费者先坐下。如果反过来,锅底先要收100元,顾客的感知是:什么都还没吃先付100元,太贵,还是到隔壁吃炒菜。坐下后,开始问,白菜要吗?要。多少钱? 8元。成本8毛,900%的利润率。羊肉要吗?要。多少钱? 15元。成本2元,650%的利润率。每一道涮菜都是百分之几百的利润率。当然还要喝酒水和各种饮料。这就是在顾客不知不觉中把钱赚了。

拍立得相机也是如此。宝丽来当年有一支广告:40多岁的老同学们聚在一起,回忆往昔,旁边咔嚓、咔嚓拍照,最后的镜头是大家围坐在一起看照片。画外音:情感还在心中,照片已到手上,宝丽来拍立得照相机。我当时就被吸引,心里估计这台照相机一定很贵,得卖2 000元以上。一天进商场,偶然看到拍立得照相机标价才498元,简直不敢相信。大大超预期的便宜。三分钟就决定:买!售货员说,光有相机没用,还得买专用胶片,买!痛快地花了2 000元回家。然后,咔嚓咔嚓拍得过瘾。一个月以后发现,咔嚓一下五六元,不知不觉已经咔嚓掉了上千元。

芭比娃娃的方法更绝。把最漂亮的娃娃标低价10美元,让家长无法拒绝孩子的购买请求,然后把孩子登记成会员:先是向孩子推荐一款芭比娃娃的夏装,到了秋天打电话让孩子花钱给自己的娃娃买秋装,到冬天又推荐一个娃娃伴侣,然后是结婚小房子、各种小家具……10 美元开始的生意,1 000 美元也未必能结束。

怎么按易得度来设计我们的商业模式?在那些消费者认为应该会贵的地方,你出乎他的意料,价格便宜、甚至白送,让顾客感觉占了大便宜,感到惊喜,很快成交。粘上他后在后续的服务、保养、日耗材料、零配件上挣他的钱,或者向产业链上下游,或者横向跨行业,向第三方收费。重庆火锅、吉列剃须刀、惠普打印机、拍立得照相机、芭比娃娃,以及今天的互联网用户免费都是符合易得度价值感知的商业模式。

表 2-3　提升价值感知的七个尺度

序号	尺度	说明	示例
1	感知度	瞄准用户的痛点、兴趣点、兴奋点、欲望焦点,变无形为有形,让消费者感知到商品的价值。	保险是最难被感知的商品,让保险人在事前感受到事后的价值。
2	简便度	简单、方便、傻瓜化、智能化、自动化。	傻瓜相机、苹果产品、无人驾驶汽车。
3	快速度	(1)见效快,立竿见影。 (2)"摩尔定律"代表的信息化时代速度。	西医治疗、快餐店等。 智能设备每 18 个月更新换代。 互联网平台用户规模几何倍数增长。
4	试用度	(1)可试用,降低购买风险。 (2)永远免费使用,互联网最大商业模式。找对大量有需求的人,第三方付费买单。	试用:电影片花、化妆品试用装。 体验:宜家家居、苹果体验店、软件试用版。 免费:百度、微信、喜马拉雅、腾讯视频。
5	可分度	(1)分梯度的选择。 (2)化整为零,降低获取难度。	分梯度:大中小号、上中下策。 整化零:银行按揭贷款。
6	相容度	产品、服务、品牌所主张的价值观、利益卖点,与消费者、使用者的传统习俗、文化背景、宗教信仰以及所担当的社会角色之间没有冲突。	帮宝适,比妈妈更关心孩子的健康成长。
7	易得度	降低获取成本,然后在后续服务或耗材上获取高收益。	主件便宜、配件贵:重庆火锅、拍立得相机、吉列剃须刀、惠普打印机。 以租代买。

第三章

开发帽子下的宝藏
营销与思维

1.最值钱的"地皮"：2 250 平方厘米

人类跑不过猎豹，力气不如大象，灵活不如猴子……为什么我们能战胜所有的动物成为万物之长，能主宰这个世界？人类的核心竞争力是什么？

我曾经写过一个公益广告，题目就叫"开发每一顶帽子下面的宝藏"。帽子下面是什么？就是人的大脑！人的大脑只有 3 斤重，里面有 1 000 亿个神经元，其中有 140 亿个是创造力的主要源泉。把这 1 000 亿个神经元连成线大概有 1 000 公里长。人脑里面又有脑沟、脑回，褶皱的形状像山地一样。如果你把它扯开，人脑的褶皱大概只有半张报纸大的面积，仅有 2 250 平方厘米。就这么巴掌大的一个地方，却能够每天让每个人处理运算 8 600 万条信息，而且信息传递速度能够达到每小时 400 公里的速度。

人类的大脑又分为两个不同的部分，左脑和右脑。人跟动物最大的区别就是源自左脑。左脑是负责解决语言能力、阅读能力、下定义的能力、推理的能力。所以左脑是人最具有竞争力的部分。

那么人的右脑负责干什么？解决图形处理问题，还有对空间结构的认知，从不迷路的人一定右脑发达。右脑还负责处理音乐，音乐的欣赏靠右脑。

人的思维能力有以下特点：随着压力的增加而减弱，压力越大，人越笨。人越老越会感觉到幸福。晚上最具有创造力。越运动，脑子越机灵。像爱因斯坦这样的天才之所以智慧过人，并不在于他们的大脑比别人重、神经元比别人多，而是他们的脑神经信息传递不是单向串联，而是一点对多点的交叉多向传递，这是想象力培训的结果。

对于人类来讲核心竞争力就是脑子好，人的思维能力能够无中生有，通过对知识的创造和传承，我们改变了世界，也成就了自己。只有人脑潜藏的智慧才是人类永远不会枯竭的资源，把它开发好了就能够在缺少资源的情况下依然创造出各种奇迹。

以色列和日本就是这样的典范。

以色列有850万人口，犹太人为主体。只有2.5万平方公里的土地，主要是沙漠和戈壁，平均319人/平方公里（中国为138人）。缺少矿产资源，常年处于和周边阿拉伯国家的战争状态。但是，以色列是全世界排名第三位的受教育程度最高的国家（第一美国，第二荷兰），以色列贡献了14个诺贝尔奖获得者。以色列在这么贫瘠的沙漠戈壁上居然还是全世界著名的农产品出口国，人均GDP（国民生产值）3.67万美元（全球排名22名）。遗传学、计算机、军事工业、物理学、农业、医学等领域的科技世界领先。

日本国土面积37.79万平方公里，比云南省小。人口1.26亿，每平方公里大概要容纳337人的生存，基本没有矿产资源。但是日本却是世界第三大经济强国，人均GDP为3.3万美元（全球排名25名）。精密农业产出世界第一。截至2015年有22人获得诺贝尔奖，仅次于美国。

由此可见，比自然资源更可贵也更可靠的是人的思维创造力，我总结为四大思维方式：一是抽象概括思维，二是发散思维，三是形象思维，四是战略思维。这里面既有智商，也有情商。

无论是生活还是赚钱，都应该培养和开拓自己的思维方式：向智慧投资，才是最大的投资智慧。

2.哪张桌子值 4.2 万亿人民币？

钱是靠头脑想出来的，所以头脑的想法最值钱。

第一种"想"的方式叫概括思维，或者叫抽象思维，就是寻找事物的本质是什么，也就是要具备上帝的能力：给万事万物下定义。

上帝最牛的权力就是给这个世界下定义。上帝说光是好的，于是有了光。

什么是爱？终极的爱就是无私的奉献、就是信仰！

如何在纷繁复杂的具体事物当中概括出这些事物相关的联系，抽象出共同的本质，定义一个概念，让世界变得简单而且清楚，创造财富就容易了。

门捷列夫就很厉害，他从化学的角度找到了物质的本质，发现了元素周期表：氢氦锂铍硼碳氮氧氟氖，钠镁铝硅磷硫氯氩钾钙……我们因此知道了煤炭跟钻石实际上是同一种元素，只是分子排列结构不一样，因此我们就可以取代大自然用人工方法把煤批量生产成钻石，我们也可以把煤变成石油和电，这就产生了新的石化能源产业和火力发电产业。

谁第一次写出 1＋1=2 ？这也是一次抽象思维的伟大飞跃。过去原始人看到一棵树，又看到一棵树，他最好的描述是：这里有两棵树。看见跑过去一只羊，又跑过去一只羊，他只能说：跑过去了两只羊。他的认知只能到具体的树和羊，没法抽象出一个公式。终于有人领悟到：只要是性质相同的一类事物，无论是树、羊，还是苹果、野猪……1 个＋1 个永远是 2 个。能够说出"1＋1=2"的就是天才，这就是概括能力的伟大成果。

所以，大智慧是能够看到这个世界的本质，能总结出某种规律，自然的规律，社会的规律，人性的规律。

我曾问学生：桌子是什么？桌子与赚钱有什么关系？世界上最值钱的桌子叫什么？大多数人的回答是：桌子就是由平面与支撑腿组成的一种家具。有一条腿的，有三条腿的，有四条腿的；有长条的，有方的，有圆的；有石头做的，有木头做的，有金属做的……

实际上，这样的答案并没有概括出桌子的本质，没有抓住各种桌子表面现象背后的相同点。不管什么具体形状和什么材料做的，桌子的本质概括起来就叫

"平台"。桌子的用途是什么? 操作平台! 用于哪些领域? 用于学习、生活、工作、娱乐的操作平台,比如:课桌、饭桌、办公桌、麻将桌,这就是给桌子下了一个定义,提出了一个概念。

当你知道了桌子的定义,那你就知道,现在世界上最赚钱的平台是什么呢?美国微软公司创造的Windows操作平台! 整个计算机90%的操作平台市场份额都是由比尔·盖茨的Windows占有,这张桌子最高市值就是4.2万亿人民币。比尔·盖茨因此发财,连续14次成为世界首富。微软视窗实际上就是做了一张电脑时代的大桌子,全球数以亿计的人每天在Windows上打麻将娱乐,在Windows上工作办公,在Windows上采购生活用品,在Windows上学习各种知识。但比尔·盖茨的Windows桌子现在要死了! 为什么? 因为他没干过另外两张桌子,他没有把Windows这张桌子成功搬到智能手机上。未来手机就是最大的平台,手机操作系统才是全人类最大的桌子,现在最赚钱的桌子叫iOS,是苹果手机操作系统,而普及率最高的移动互联网的桌子是谷歌的安卓。当我们发现无论是木头做的、石头做的、金属做的,还是软件做的操作平台都叫桌子的时候,我们就知道了人类的发财之道:平台为王! 不抢占各个领域的平台,绝对发不了大财!

这就是概括思维的威力! 无论你想做什么,必须要有抽象的能力!

3.铁锄、蒸汽机、电脑

抽象概括思维的关键在哪里?

第一,能否换个独特的角度,去找到那些表面上毫不相关的事物有什么内在的联系。关系和联系就是世界的本质:能重新定义事物的关系就会创造出一片全新天地。

比如:铁锄、蒸汽机、电脑这三个东西表面看是风马牛不相及的。但你从材料的角度看,锄头、蒸汽机、电脑的共同点是都要用到金属铁。锄头是铁做的,给铁锄头加上活塞发动机就成了蒸汽拖拉机,耕地就不用人力和牛马了。铁锄加上发动机,再加上电脑,无人驾驶拖拉机的概念就出现了,耕地时不仅能解放人的体力,还能解放人的脑力,所以计算机被称为电脑,就是要逐步取代人脑。铁是这三者存在的共同基础。

　　同时，你从工具的角度看，这三个东西都是非同凡响的人类历史上的大工具。铁锄是取代石器把人类从原始游猎部落带入农耕文明的核心工具，蒸汽机是把人类从农耕文明带入工业化大生产的核心工具，电脑则是把人类从工业文明带入智能化信息文明的核心工具。这三种工具的本质联系就显现出来了："它们是颠覆人类文明的工具。"它们改变的不是社会的某一个领域，它们改变了人类所有的领域，它们改变的是人类文明。这三种工具（技术）对人类社会进步的颠覆性影响是其他任何发明都无法比拟的。

　　从独特的角度出发，抓住核心的内在联系，这是概括抽象思维的本质。这种本质联系就可以重新定义事物，这种本质联系就是新定义、新概念的灵魂，专业术语叫"内涵"。"三大文明核心工具"就是铁锄、蒸汽机、计算机的内涵。

　　第二，找到事物之间彼此的用途是什么，它们有什么相互依存或对抗的作用。这将决定一个定义和概念的影响范围，这个定义和概念的外延和边界在哪里？它所带来的危机（危险与机会）是什么？你又该如何去把握和利用这种危机开创一个崭新的事业？

　　同样以铁锄、蒸汽机、电脑来做分析：铁锄的用途是耕地，靠的是人力，耕地的产业叫农业，耕地的人就叫农民，主要生产对象是土地，劳动成果叫粮食，拥有土地和粮食的人就是富人，俗称地主。自从有了铁锄之后，靠石器打猎为生的猎人就必然会失业，被猎取的动物就不再是主要的社会财富，人一定会从居无定所转向安居乐业。越早发现这个危机的猎人就越容易抢先转型成为成功的大地主，或者最大的地主，叫皇帝。铁锄作为农业文明核心工具的内涵开创了一个新的时代！

　　蒸汽机的本质是发动机，它的用途是解放体力劳动，为人类提供动力，它创造的生产方式是机械化的工业大生产，它需要的是能源，先是煤炭，然后是烧油气，后来是靠电力，最后是太阳能这样的清洁环保能源。这就是工业4.0版本的本质。工业的劳动者叫工人，它的劳动对象从土地变成土地下面的矿产和能源，它的劳动成果不叫粮食，统称为商品，不是用来自给自足，主要是用来买卖交易赚钱的。主要的富人也不叫地主，而叫资本家、煤炭大王、石油大亨、面粉皇帝。

从此之后，铁锄必然被拖拉机消灭，农民必然会转型为农民工（工人）。越早看清这个趋势的农民和地主也就越容易转型成功。不会使用拖拉机，过去再能干的农民都会在竞争中失败。铁锄作为农业文明核心工具的外延就此结束了，蒸汽机的内涵开始发力了！地主和农民也必然被资本家、农民工替代而消亡！这比农民起义"打土豪，分田地"消灭地主要彻底得多！

电脑的用途是消灭信息不对称，通过人工智能解放人的脑力劳动，实现供需交易各方精准匹配的量身定制服务。运算能力比发动机的动力更重要，劳动对象从矿产转向信息大数据，劳动者既不叫农民，也不叫工人，先是叫程序员和数据工程师，俗称"码农"或"程序猿"，最终叫AI人工智能，俗称机器人。劳动成果叫软件。富人叫IT新贵，俗称比尔·盖茨或者马云。业务通常对用户免费，主要是从股民身上赚钱。

未来最大的改变是：人类唯一的工作就是娱乐和生活！

全人类要么靠剥削机器人生活，要么被机器人统治！

最大的可能就是机器与人合二为一：分不清是人还是机器。传统意义上纯正的工作与娱乐，纯正的人与机器，从内涵到外延都被电脑的云计算所颠覆，这种人与物的融合就是天人合一！当然这个过程也许需要上百年。

第三，抽象思维能力最终将从人完全转交给计算机（云计算），或许人类将能保留自己的情感直觉思维能力。过去讲：人类一思考，上帝就发笑。以后是：人类一流泪，机器人就蒙圈。

以上所有推断均来自本人的抽象思维。

爱因斯坦的"相对论"就是靠自己的抽象思维"想"出来的。很多年以后，人们终于证明了 $E=mc^2$ 是正确的。未来是"想"出来的，你相信吗？

4.你看穿自己的业务是什么吗？

我曾问一个生产汽车轮胎的老板：轮胎属于什么产业？

他回答：用的是橡胶，应该是化工产业。

我又问：那轮胎是用来干什么的？

他马上反应过来答：轮胎应该是汽车工业，对吧?!

我又反问他：米其林是干什么的？

他很不理解地望着我说：谁都知道米其林是生产轮胎的。

我笑着对他说：那米其林大厨、米其林餐厅、米其林宾馆又是谁的？

他先是有点发愣，然后就笑了说：米其林不只是生产轮胎，它还跨界到服务业抢生意。

我哈哈大笑说：米其林为什么不跨界去抢电脑的生意?

他又有点蒙：对呀！米其林到底是干什么的？

我正经八百地对他说：米其林是高端旅游和出行的综合服务商，因为它对轮胎有更本质的理解。世界上有多少企业生产轮胎，但绕过自己最大的甲方客户，也就是汽车厂家，直接向全社会打自己轮胎品牌广告的有几家？

他问：这又是为什么呀？

我说：因为米其林不想永远被汽车厂家控制，当个赚小钱的零件配套商，所以它要通过品牌塑造去直接控制消费者。它把自己定位为旅游出行服务的解决方案提供者，而不是一个为汽车厂生产轮胎的小伙伴！

这就是发明人类第一条轮胎的公司对自己是谁的本质内涵的理解，由这个"出行服务"的内涵它才拓展到与之相关的外延"跨界"业务上去。就我看来，根据米其林对轮胎的"出行"服务定义，其实它并没有跨界，仍然在"出行"的界内。这就是具有概括本质能力的企业给自己做出的正确发展战略：不要把自己的业务和产品局限在表面的用途上，而要从它最后满足顾客的终极需求和愿望入手。满足需求的手段是常常在变的技术和产品，而永远不变的是那种需求。每一个业务背后的本质都有一个不变的需求，看准这个需求，你才能从经营自己的产品转向经营顾客的需求，才能产品代代新，事业永不变。

请看百度上的米其林公司介绍：

米其林集团是全球轮胎科技的领导者，逾百年前于法国的克莱蒙费朗建立。在漫长的历程中，米其林集团自 1889 年发明首条自行车可拆卸轮胎与 1895 年发明首条轿车用充气轮胎以来，在轮胎科技与制造方面发明不断。除了轮胎以外，米其林集团还生产轮辋、钢丝、移动辅助系统（如 PAX 系统）、旅游服务（如 Via

Michelin，GPS）、地图及旅游指南，其中地图与指南出版机构是该领域的领导者。著名的米其林指南截至 2000 年已有 100 岁。

米其林集团不该定位自己是全球轮胎科技的领导者，因为这个定义完全没法整合它非轮胎业务的价值。米其林百度百科第一句应改为"米其林集团是以轮胎为核心业务延伸到出行综合服务的全球领导者"。

再举一个失败的案例：1880 年成立的伊士曼柯达公司，一直把自己的事业理解为以胶卷产品为核心的服务提供商，在不需要胶卷的数码照相机出现之前，它牢牢控制着全球超过 70% 的胶卷产业上下游的市场。这么一个绝对垄断市场的产业巨头却于 2012 年 1 月宣布破产保护。核心原因就是它并没有理解自己本质上不是一个胶卷公司，甚至都不只是一个摄影服务公司，它应该把自己概括为"以影像服务满足人类记忆的领导者"，业务可分为科学客观记录的求真和情感记忆服务的求美。摄影技术会永远发展改变，人类对影像记忆的需求才是永恒不变的。摄影就曾经取代过历史悠久的绘画客观记录，画家们只好重新定义自己为"用画笔颜料表达自我主观印象的艺术家"，所以才有了现代印象派、象征主义绘画。对图片概念更深刻的本质理解其实应该是"挣脱时间和死亡的控制，让生命在图像里永恒"。一个八十岁的老奶奶用什么向孙女证明自己美丽过？只有十八岁时的照片和视频。美通过摄像头永恒！

因为胶卷高额利润的既得利益舍不得放弃，不能自己革自己的命，柯达死在了胶卷这个产品上。更具讽刺意义的是，1975 年在纽约罗切斯特实验室，正是柯达公司的科学家史蒂文·塞尚发明了人类第一台不需要胶卷的数码照相机。

只有能抽象出自己业务本质价值的企业才会基业长青，长命千岁！

请问你的工作本质是满足什么需求？有哪些新的技术和模式正要让你破产失业？要么抢先拥抱它，要么你就等死吧！

5. 势市事是

把营销策划的本质概括起来有四个字：势、市、事、是。

该如何来理解"势"？我的大学同学、和君集团董事长王明夫先生在讲股市投资时曾经说过：分析股市一年能翻十倍以上的股票一定符合以下几个特征，一是宏观经济形势整体是在往上走，大势趋好，股市活跃。二是这些股票所处的行业是朝阳产业，是整个资本市场投资的风口和热点。三是这些股票在自己的行业中又是市场份额高、最具代表性的龙头企业。四是这个龙头企业正好处在自己市场成长周期的黄金"丰收季"，收入与利润进入井喷状态。这四种因素集于一身的股票，实质就是不同层面的各种"大小运势"汇聚到了这个点上，这种"势能叠加"所爆发出的力量是足以排山倒海的。这其实就是"时势造牛市"在投资中的精彩体现。

势的第一层含义是"形势"。形势就是当前现实存在的状态与格局，对形势的分析是成功的开始，目的是为了准确地找到现在的核心问题是什么，主要矛盾是什么，利益冲突的焦点是什么，冲突各方的力量对比是什么，谁是新兴力量的代表。

势的第二层含义是"势能"。势能是颠覆旧格局的动力，是存在于形势中的矛盾冲突：河流能发电是因为有地势上高与低的落差，把一块大石头用火烧烫然后马上泼冷水让它炸开，是利用热与冷的温差；一粒子弹能打死人，力量是来自由慢到快的速度；弓之所以能把箭射出去是利用了紧与松的转换……高低、冷热、快慢、松紧、多少、贫富、大小、刚柔，这些矛盾的对立转化过程就会产生巨大的能量，这就是势能。

新的势能作为一种骚动的力量必然影响到旧格局的事物向新的方向和新的状态发展，由此出现了势的第三层含义叫"趋势"。对未来趋势的判断才是布局"市场"的关键所在，抢占先机是做"市"的领先之道。影响市场的趋势包含了科技发展的趋势、人口变化的趋势、社会流行的趋势、消费者行为变化的趋势、国家政治变化的趋势、市场迭代的趋势……这些趋势在根本层面上决定着一个产业的市场变化，决定着相关企业的生死存亡。汽车科技的出现决定了马车运输的衰败，人口老龄化的趋势决定着一个新兴的养老市场和机器人产业的崛起，大量家庭迈入中产阶层的趋势决定了产品质量与服务的提升成为必然、休闲娱乐与健康产业会飞速发展，房产税、遗产税要开征的趋势必然使房市泡沫破灭，特朗普减税放权的宽松政策走势当然会提振美国经济的信心……所有的"势"在决定和制约着"市"的发展方向、速度、节奏、危机与核心焦点。

同时,市场本身也存在着自身的规律和走势,比如产品处在什么样的市场周期,这会导致营销策略的制定完全不同:导入期以打广告提升知名度为目标,快速成长期以促销手段抢占市场份额为目标,饱和期就是以刺激存量用户重复购买为目标,衰退期则应该以规划新产品去取代老产品或对老产品升级换代为目标。

运用趋势与市场这两个维度的交叉参照对比,我们才知道什么样的"事"是现在必须当成重点来干的,什么样"事"可以放在未来干的,什么样的"事"是完全没有必要去干的。这些事就是指项目、工作任务。先干价值大又很容易干的事叫智慧,再干容易干而价值小的事叫聪明,最后干价值大而难度也大的事叫有勇气和魄力,凡是去干毫无价值的事都叫愚蠢。想想你每天都在干什么屁事儿?客户和你的领导觉得你这么干,值吗?

最后这个字叫"是",实事求是的"是",指的是规律。就是希望你能从具体事情和工作经验、工作压力教训中概括出共同的原则,发现普遍的规律。这是大智慧的体现,能去伪存真、由表及里、举一反三,所谓君子不贰过、顺势而为就是指利用规律实现"庖丁解牛,游刃有余"的自由。

人与人的差距在于,一个普通人只会关心今天的"事",一个聪明的商人会关心明年的"市",一个领袖必须关心十年以后的"势",只有伟大的思想家才会去关心自然亘古不变的"是"。实事求是就是明白天道循规律。能"实事求是"就可以因势利导进行造势营销,整个造势活动包括以下过程:识势、入势、蓄势、破势、立势。

所以,我自己的人生格言就是:"知它可为不可为,忘我所欲无所欲。顺势而为!"

这就是通过抽象概括思维来总结赚钱的营销哲学。

表 3-1　势哲学

序号	势		说明	示例
1	势	形势	状态格局，核心矛盾，力量兴衰。	全球未来二十年的主要矛盾是中国与美国的博弈。双方经济成败的关键在德国，军事成败的关键在俄罗斯。所以美德关系与美俄关系才是决定全球未来的根本。中德与中俄关系都取决于美国的态度。美国依然拥有主动权。
		势能	颠覆旧格局的力量。	高低、冷热、快慢、松紧、多少、贫富、大小、刚柔这些矛盾对立转化过程产生巨大能量。
		趋势	旧格局向新格局的发展方向。	科技发展的趋势、人口变化的趋势、社会流行的趋势、消费者行为变化的趋势、国家政治变化的趋势、市场迭代的趋势。
2	市	市场趋势	未来"趋势"决定和制约着"市"的发展方向、速度、节奏、危机与核心焦点。	汽车科技的出现决定了马车运输的衰败，人口老龄化的趋势决定着一个新兴的养老市场和机器人产业的崛起，大量家庭迈入中产阶层的趋势决定了产品质量与服务的提升成为必然、休闲娱乐与健康产业会飞速发展，房产税、遗产税要开征的趋势必然使房地产泡沫破灭，特朗普减税放权的宽松政策走势会提振美国经济的信心。
		市场规律	市场自身的规律和走势。	产品生命周期理论：导入期以打广告提升知名度为目标，快速成长期以促销手段抢占市场份额为目标，饱和期就是以刺激存量用户重复购买为目标，衰退期则应该以规划新产品去取代老产品或对老产品升级换代为目标。
3	事	项目	必须做的事	正确的事，符合市场发展趋势。	第一，做价值大，又容易做的事。第二，做价值不那么大，但容易做的事。第三，做价值很大，但难度也很大的事。第四：不做没有价值的事。
			不必做的事	毫无价值的事。	战略就是知道不做什么。
4	是	规律	规律和真谛。	读MBA目的不是看案例，而是通过案例分析找到企业成败的规律，尤其注意人的核心作用。

6. 三岁孩子告诉你爱是什么

我们来讲第二种思维方式：发散思维能力的培养。

先让大家看这个符号"9"，请问这是什么？大家一看说，简单嘛，这是小学生都知道的，数学中的阿拉伯数字 9 啊。那么现在要告诉大家一个非常重要的思维方式：当你回答它是"9"的时候，记住，任何答案都不重要，重要的是我们要想明白，每一个答案是怎么来的，你为什么得出了这个答案？这个答案在什么条件下才能成立？还有没有别的角度可以得出不同的答案？你为什么认为这个答案是"9"而不是"6"？其实是有两个前提条件决定了这个答案。首先是看事物的空间角度，当你的空间位置正好坐在这个符号的正前方，这是从屁股决定脑袋的角度来看。第二你是站在数学这门学科的角度，而且还是印度人发明的阿拉伯数字、十进制的数学的角度，而不是计算机二进制的角度在评判这个符号。当你从空间和数学这两个角度去看它，你才认为它是"9"。那么换个角度，如果你的屁股坐在"9"这个符号的头顶上方，同样从阿拉伯数字的角度看，正确答案就不是9，应该是6。因为你看它的空间角度改变了。如果你的空间角度在它正前方不变，但你从英文学科的角度看，它就是 Q 的小写"q"。

这就是心理学推崇的发散思维，又称辐射思维、放射思维、扩散思维或求异思维，是指大脑在思维时呈现的一种扩散状态的思维模式，它表现为思维视野广阔，思维呈现出多维发散状。如"一题多解"、"一事多写"、"一物多用"等方式。不少心理学家认为，发散思维是创造性思维的最主要的特点，是测定创造力的主要标志之一。我们的教育之所以培养不出创造力极强的学生，就是因为不鼓励发散思维，所有的考试题目必须按照唯一的标准答案来答，否则就被淘汰，经过十多年这种标准答案式的系统教育压抑之后当然是听话的"奴才"居多，很少能出创意卓越的"天才"，因为思维方式都已经模板化、惯性化了。

当年我儿子 3 岁的时候，我就问他，你爱我吗？他说爸爸我很爱你。爱其实是很抽象的概念。我就跟他说，我感觉不到你有多么爱我，你要用不同事物做比喻讲给我听才行啊。最后把他逼急了，小孩子指着我的头发说："我爱你像你的头发那么多。"我鼓励他继续说，儿子终于放开说："我爱你像子弹那么快，我爱你像玫瑰花那么香，我爱你像阳光那么灿烂，我爱你像金箍棒那么重，我爱你像冰那么冷，我爱你像雪那么白，我爱你像天那么高、那么蓝。"当他讲出这些话的时候，我就说你是天才呀，你是诗人李白呀。他把一个抽象的爱通过速度、重量、颜色、温度、高低等各种角度的比喻转化成了一首生动有趣的诗歌。

怪不得拿破仑曾经说："想象力来了，千万支军队都难以阻挡。"

想象力就是生产力！

7.赚钱的时机

从营销策划的运用来讲，发散思维要从四个角度来分析问题：第一个要从时间发展的角度看，第二个要从空间的角度看，第三个要从不同文化背景的角度看，第四个最关键的是要从利益的角度来看待问题。

时间是事物发展的进程，事物处在不同的时间阶段，它所表现出来的特征也有所不同，你不可能在不同的时间踏入同一条河流。从时间的角度来研究市场，首先要看你的企业、你所处的行业、你所处的时代是什么发展状态。其中，市场供需关系是我们要研究的核心问题。

第一，从宏观层面看，任何行业它目前到底是属于供不应求的短缺经济阶段，还是已经发展到了供过于求，要去库存的盲目生产的经济危机阶段？这对企业制定经营战略的影响是决定性的。

当年广东顺德的容声冰箱每年卖几百万台冰箱，市场营销人员才十几个人，因为那时候中国的家电市场是处在供不应求的短缺状态，是所谓的"卖方"市场。买家用电器都要"凭票"供应，经销商用麻袋装着现金排队在工厂门口等着抢"冰箱"，即使质量有些小毛病的冰箱都有人抢着要，皇帝的女儿不愁嫁，不需要市场营销，厂家的痛苦是如何才能尽快提高生产能力。可惜好景不长，通过激烈的竞争，今天中国的冰箱市场早已是供过于求的"买方"市场，大量的产能过剩，厂家主要的精力从抓生产转向了抓市场营销，顾客成了上帝。厂家要想尽各种办法去满足顾客的需求才能消化库存，使企业活下去。2016 年中国市场冰箱总销量大约是 3 824 万台，其中海尔、西门子、容声、美菱、三星、美的等前六大品牌就占据了 73% 的市场份额，平均利润率在 10% 左右，可见市场竞争很惨烈。

同样，我们可以看到中石油、中石化、国家电网这样的国企，它们更关心生产能力、管理能力，不太关心市场营销，不太关心消费者的需求。而同样是国企，中国移动、中国电信、中国联通，它们现在非常关心消费者的需求，不仅打价格战，提升服务，甚至市场竞争激烈到出现了竞争双方拿刀砍人的事件。为什么同为国企的能源行业和通信行业处境相差这样大呢？核心是石油、电力能源行业仍处于供不应求的卖方市场阶段，而三家通信运营商的网络能容纳 30 亿用户，中国却只有 13.59 亿人口，所以通信市场供过于求了，必须注重消费者的满意度提升，必然打价格战。

第二，从微观层面看，新产品导入市场一定有它的时间的周期性可循。新产品进入市场分为导入期、成长期、饱和期、衰退期。产品在不同生命周期的营销管理策略当然也是各有侧重：

在市场导入期，营销重点就是要放在知名度的提升上，要用千奇百怪的广告、抽奖、名人代言效应、优惠活动等方式迅速让消费者知道你，消除他们的风险意识，刺激他们的欲望，愿意购买体验你的新产品。

快速成长期的重点是要采用模板复制的方式进行地域扩张，拼速度抢占市场份额。

下一阶段就达到了市场的饱和期，就是该买的人都买了，这时候产品没有更大的、潜在的销量提升空间了，从增量市场转向存量市场的经营，重点刺激每个顾客反复购买的数量，要注重现金流和利润的挖掘。

最后一个阶段叫市场衰退期，产品陈旧过时，顾客购买欲显著下降，营销重点就是榨干这个产品的最后一滴油，尽早用新产品来替代这款老产品。

第三，体现在产品规划上面，我们要注意规划面向未来的有问题的"小孩"产品，对它进行培育性的市场投入，把它培养成"明星"产品，实现名利双收。当明星产品衰老后，它就变成了"现金牛"产品，榨干现金牛就是我们的主要利润来源。最后现金牛产品就变成"瘦狗"。对于瘦狗产品，既无增长空间，又无利润，亏损严重，只有一个办法：杀掉！这就是波士顿咨询公司提出的按时间角度分析产品周期价值的矩阵模型。

第四，体现在人生的不同阶段，你如何去赚小孩子的钱，如何赚青少年的钱，如何赚成年人的钱，如何赚老年人的钱。就中国市场而言，独生子女的钱最好赚；进入老年社会将有 4.5 亿老年人需要照顾，所以未来 10 年中国市场最大的需求就是医疗健康与养老。

最终时间与市场的融合就是要把握好赚钱的"时机",入市太早容易成为烈士,入市太晚又丧失了先机。需求、时机、节奏巧妙协同配合才能成为市场操盘的高手。

8.空间的影响力

我们来谈谈发散思维的第二个角度,如何从空间的角度去分析问题。

中国人强调做事情要成功,就是"天时、地利、人和"三大因素都处于最有利的交融状态就能无往而不胜。我们已经从时间的维度分析了"天时",现在来看看"地利",也就是空间维度是如何影响成败的。

大家可以看到中国历史上,除了蒋介石的北伐成功以外,历朝历代的统治者征服中国都是从北方往南方打更容易成功。为什么这样呢?这是由中国的地理空间环境决定的。中国的西北是青藏高原,然后经过山脉、丘陵,逐渐降低海拔高度,到了华北、东南都是广阔的平原。所以从北方往南打,从高往低,越打越容易。反过来,从南往北打,越打越艰难。当年蒋百里先生写《国防论》就明确提出,如果今后中日开战,我们必须采取"以空间换时间"的持久战策略拖垮日本。我们必须诱使日本军队主力从淞沪会战,从江南往西南方向打,通过由平原向高原越打越难来消耗日本的有生力量。特别要避免日本关东军从东北进入华北后采取从北往南打的方式征服中国。最终抗战八年我们成功实施了蒋百里先生的战略,用空间且战且退的方式换取了时间,赢得了抗日战争的胜利。

毛泽东主席也是伟大的战略家,在全球冷战时期,他通过对世界各国实力在空间形态中的不均衡分布的剖析,独具慧眼提出了"三个世界划分的理论",认为苏联与美国是两个超级大国争霸,是第一世界;欧洲和日本属于经济发达国家,是第二世界;而我们中国一定要联合亚非拉发展中国家形成与之抗衡的第三世界,才能维护自己的利益。中国最终就成了亚非拉的领袖,靠非洲黑兄弟投票把我们送入了联合国。这是中国利用地缘政治进行恰当的自我定位营销所取得的重大成功。

那么对我们有什么借鉴意义呢?即使在今天中国的企业进入国际市场也要看你是先做亚非拉欠发达国家的市场,还是先做欧洲和日本的市场,或者干脆就直捣黄龙先进攻美国市场。华为的国际化战略就是先从亚非拉开始，然后是欧洲和日本，希望把美国市场作为最后的进攻目标。

就我们国内市场而言，从空间区域的角度看，实际上必须分为三个不同类型的市场：北京、上海、广州、深圳属于特别发达的地区，老少边穷的西部属于特别落后的地区，剩下的可以称为平均水平的中部地区。经济、文化、科技、教育等各个方面的发展程度不同，市场特征也会不同。如果你要进军全国市场，就至少应该制定三种不同的市场策略和考核体系，才能实现差异化的营销。

即使从一个市县来看，你也可以把市场分为不同的区域：你是先做这个城市的核心城区，还是先做它的城乡接合部，还是先做发达的新农村，或者放弃最贫困的老农村呢？针对这四种不同的区域市场，你的营销策略有什么不同？你的考核指标有什么不同？你的促销手段又有什么不同？只有严格地针对不同地区不同的需求，进行差异化的营销，我们才有可能取得成功。

而且有些行业更是受到地域决定性作用的限制，很难实现跨地区的发展。例如石油煤炭为代表的能源、矿产业，还有以土地经营为核心的房地产业，以及受政策主导的水电和电信运营商产业，它们就很少能够形成跨国经营、通吃全球各国的大公司。

9. 文化之争

发散思维的第三个维度是从文化的角度看营销。

汇丰银行 2002 年做了一个广告，主题是"环球金融，地方智慧"。它要表达自己在全世界 80 个国家和地区开了一万多个金融服务分支机构，既能够为每个人每个企业提供全球范围的金融服务解决方案，同时它要特别表明自己懂得每个国家和地区文化当中的风俗、习惯、需求和智慧。为了说明这一点，汇丰银行做了一个广告，就是一个人用两个手指敲桌面。它说在中国文化中有人给你倒水倒酒的时候，你一定要用这个动作向别人表示感谢。而同样这个手势在西方的一些国家却是代表不耐烦，对服务不满意表达愤怒。同样，当你伸出一只手，将食指和大拇指搭成圆圈，在美国这个手势表示"OK"，是"赞扬和允诺"之意；在印度，表示"正确"；在泰国，表示"没问题"；在日本、缅甸、韩国，表示"金钱"；在法国，表示"微不足道"或"一钱不值"；斯里兰卡的佛教用右手做同样的姿势，放在颔下胸前，同时微微欠身颔首，以此表示希望对方"多多保重"；在巴西、希腊和意大利的撒丁岛，这是一种令人厌恶的污秽手势；在马耳他，则是一句无声而恶毒的骂人语。所以，只有懂得世界各地风俗、手势、习惯、文化的不同，拥有这种"地方智慧"，才能实现"环球金融"服务。

另一个案例是日本有一种清酒，它的名字发音在日语里就是好喝，味道好。但是在南美一些国家的语言里面这个名字的发音就代表"马尿"，发音一样，意思完全不同：谁会买一瓶"马尿"来喝呢？

同样，当日本丰田越野车陆地巡洋舰进入中国市场的时候，它取了一个中文名字叫"霸道"，还拍了一辆"霸道"从一座桥上开过，桥上石狮子都在颤抖的广告。这个广告一播出就激起了中国老百姓的愤怒。为什么？因为大家想到了卢沟桥事变，想到了日本侵略中国的历史。最终日本丰田汽车只好把自己所有品牌名字由带有军事色彩的中文"意译"立刻变成只"音译"，避免陷入意想不到的"误会"。比如"landcruiser"不再译为"陆地巡洋舰"，直接按读音译为"兰德酷路泽"。PRADO也不再译为"霸道"，按读音取名为"普拉多"。

其实，一切国家的、民族的、企业的竞争，最高境界就是文化的竞争。历史上蒙古族和满族打到中原来占领了汉族的地盘，统治中国上百年，他们最后都学了汉语，全面遵从孔子的儒家之道，被中原的"汉文化"同化了。因此，比武力更有力的是文化思想。文化是软件，它能主导社会的硬件。

一个伟大的企业家一定是思想家。像苹果公司的创始人乔布斯、华为公司的创始人任正非都很有思想。文化的最高境界第一层就是宗教信仰和核心价值观。第二层就是要把这种思想价值观转化成一种制度来约束人的行为规范。第三层才是转化成产品、艺术品。

一个企业要塑造自己的文化，必须做企业形象策划：第一就是明确自己的理念价值观是什么，什么是可以做的，什么是不可以做的？什么是对的，什么是不对的？第二就是建立自己的市场营销制度、研发制度、员工管理制度。这是让理念价值观能被执行的行为规则。第三如何通过名字、图案、颜色、声音、口号等识别系统的标准化管理来传递自己的价值观和品牌形象。这三点在本质上就代表了一个企业的"心灵美、行为美、形象美",这正是企业文化建设的核心工程。

10.要和客户"结婚生孩子"

发散思维最后一个角度,也是最重要的一个角度,从利益的角度来看营销。实际上你要获得利益,就必须知道如何先给予别人利益。地狱和天堂有什么不同?所有人都拿着一双超长的筷子围着一桌丰盛的饭菜,每个人都拼命只想往自己嘴里夹菜又永远够不着,饿得哇哇乱叫,这就是地狱;每个人都积极主动用长筷子夹菜喂对面的人,大家都在互助中吃到美味佳肴的就是天堂。企业和员工的关系,企业和顾客的关系,企业和合作伙伴的关系,归根到底是一种相辅相成的利益关系,而各方利益的平衡才是营销的根本。

华为为什么成功呢?

创始人任正非先生只占有整个华为股份的 1.4%,华为有近十万员工都是华为的股东,你在华为拿到了奖金,三五年以后你就有资格买华为的股份。而且你还必须买华为的股份,如果你不买华为的股份就说明你不愿跟华为这个企业的利益绑在一起,不相信华为有未来。当你成为华为的股东后,你会有三份收入,第一份是你的工资,第二份是根据你当年业绩表现发的奖金,第三份是你在华为所占股份的分红。据说这三份钱都是差不多的,因此在华为让你加班,你当然不会抱怨,因为你在为自己打工。如果企业里每个人都是在为自己干活,那么工作积极性是最高的。

在所有人际冲突当中,最核心的冲突是利益冲突。要避免利益冲突,唯一的办法就是打造相互之间的共同利益。让双方之间的利益捆绑得越深、越牢、越持久、增值越大,关系就越紧密。我经常开玩笑说,在婚姻关系当中,最重要的是多生几个孩子,不管你因为什么矛盾冲突要离婚的时候,钱可以分,股票可以分,房子也可以分,只有最宝贵的孩子站在你们两者中间说,怎么分啊?你们能拿个斧头来把孩子劈成两半?有了孩子这样核心的、不可分割的共同利益是稳定一切关系的根本。当年华为最大的客户是各省的邮电局,怎样才能和自己最大的客户建立更紧密的利益关系呢？华为想出一个办法，就是和邮电单位的三产企业成立共同的合资公司，相当于和客户结婚联姻，把客户变成了一家人，风险共担，利益共享，这对早期华为的市场拓展是出奇制胜的绝招。

其实，国与国之间、人与人之间、企业与客户之间，归根到底是以共同利益扩大化、持久化为基础，以感情的交流为纽带的互动关系。没有永远的朋友，也没有永远的敌人，因为核心利益才是划分朋友与敌人的根本标准。

冷战时期，美国为了遏制苏联，可以抛开意识形态的不同，迅速和中国结盟。苏联解体之后，因为失去了共同的敌人，美国马上把中国当成最具威胁的对手，美中关系又迅速恶化，因为不同时期双方共同利益的基础发生了改变。未来的中美关系也只有尽力追求双方利益的"大同"才能维持一种长期的"竞合"并存的平衡关系。

同样，企业要留住人，无非做到三句话：有利，有用，有情。让优秀的人在你的平台上有利可图，有施展才华的用处，有真诚的情感沟通，他当然会同心同德和你一起奋斗。没有这"三有"，就很难吸引人才和留住人才。

当然，还有一种办法，叫"投名状"，就是反向利益捆绑，你为对方做一千件好事，还不如跟他共同做一件坏事。因为一起做了坏事，谁也不能背叛谁，这样的关系也比较牢靠。《水浒传》中走投无路的林冲被逼上梁山当土匪，头领王伦就让他必须杀个人，把人头献上来，你身上背了命案就很难背叛了，这种利益捆绑方式就是"投名状"。

在这个世界上有很多事情从表面上看是很不合理的，但是你从利益的角度去思考就会发现这些不合理的"存在"有一个最大的合理之处：它符合有关各方利益分配最合理化的原则。

11. 以情动人

第三种创造力思维叫形象思维，也可以称为艺术性思维，它是用直观形象和表象解决问题的思维。就是把人的内心感情和外在的场景、客观的事物融为一体，用一种直观的、生动的意象来传情达意。

我曾经把谷歌机器人的视频给我 10 岁的儿子看，没想到他看完后说了一句话：爹，人工智能再厉害，他们连狗都不如！为什么？养条狗它都会对你产生感情，机器人根本没有感情啊！

人跟目前水平的机器不同的地方是人具有感情，人的行为未必都是理性的选择，非理性的消费在女性购物中更是随时可见。大多数情况下我们不是被逻辑推理说服的，我们其实更容易被一种形象的情感力量所感动。"如何以情动人"在营销方面必须采用形象思维来进行策划，这是商业从娱乐化向更高级的艺术化境界进化的必然。用艺术化的方式营销就必须注重"情景和场景"的交融。

我最喜欢《诗经》当中几句情景交融的诗歌：

> 昔我往矣，杨柳依依。今我来思，雨雪菲菲。行道迟迟，载渴载饥。我心伤悲，莫知我哀。

通过短短的几句白描的诗句，你就能联想到这是一个人在沉思中回忆那年春天，年轻的自己意气风发走出村口，春风得意中怀着巨大的梦想和希望，想去远方做一番大事业。结果呢？在冬天回来的时候漫天大雪，道路泥泞，内心伤悲，却没有人能理解自己的悲哀。诗歌并没有具体描述这个人在外面遭受的挫折，只是通过这样的情和景，把自然景观与人内心主观的感受进行了感人的对比，就让我们产生了强烈的感情共鸣，一种美就形象直观地产生了。

在营销中如何以情动人？必须记住八个字："将心比心，等同身受"。只有能够将自己全身心拟化为目标顾客，去体验顾客的心态与情感，这种等同身受才会产生"己所不欲，勿施于人"的判断，你才能够做到"老吾老以及人之老，幼吾幼以及人之幼"的真心与诚意。中国移动在宣传自己 4G 网络的时候，老说自己快人一步，每秒钟能达到 100M（兆）的传输速度，结果很多吃瓜群众问我 100M 是 100 米/秒么？实际上专业术语对普通顾客没有意义，你站在技术角度不会让消费者产生内心共鸣，达不到营销的目的，市场推广的资金就打水漂了。我给他们出过一个宣传创意：一位白领女性生完孩子后，每天晚上唱着外婆教她的古老的摇篮曲拍着孩子入睡，天天如此，养成习惯，孩子很快就入睡了。镜头一转，这个女员工被派到国外出差去了，结果年轻的父亲晚上怎么拍这孩子也不睡，又哭又闹，当爹的十分狼狈。这时候旁白说：为什么不用中国移动和4G？镜头再一转，那边的妈妈打开了自己的4G手机摄像头对着镜头哼那首摇篮曲。这边孩子躺在摇篮里，父亲用一个大屏幕的手机让他看。孩子突然听到熟悉的母亲的声音，看到妈妈的形象，破涕为笑，很快就甜蜜入睡。夫妻双方通过手机视频相视而笑。马上出口号："看得见的速度，看得见的爱！中国移动和4G。"这就是形象思维的策划：以情动人。

形象思维有三个特征：第一是非逻辑性，第二是只能定性不能定量，第三是丰富的想象力。

第一个特征是非逻辑性，这是相对于科学推理思维而言的。记得我一个侄子上小学的时候写作文，其中有两句话让我觉得他是个天才，马上奖励了他20块钱。结果没想到这两句话被语文老师狠批了一顿。说他这两句话狗屁不通，不符合逻辑和语法规则。分不出哪个是主语，哪个是谓语，哪个是宾语。这两句话是怎么写的呢：

> 秋天丰收金黄色，
>
> 唯独冬天梅花开。

其实意境很高，语言很美啊。结果不及格。这孩子现在就成了专业开车的司机，本来可以成为一个诗人的，被老师的标准化教育模式害了，天真的想象力被压抑了。

形象思维的第二个特征是只能定性不能定量，只能表达直观的感受。假如我要给重庆火锅做一个宣传推广，你拿科学的"斯高威尔"单位来形容说重庆火锅非常辣，标准达到了138万个斯高威尔。顾客能听懂吗？什么叫斯高威尔？那是1912年美国化学家斯高威尔提出的一个对辣的程度的计量单位，用他的名字命名。"一单位斯高威尔"的辣度是指可以用100万滴清水稀释掉的辣味。138万个斯高威尔的辣度就是全球最辣的辣椒的辣度，是产于英国的娜迦毒蛇辣椒。你这么宣传虽然很科学准确，消费者却不可能找到吃火锅的感觉。我的宣传创意是：拍一个性感的美女的脸，拍出她很性感、表情很陶醉的镜头。从她性感的嘴唇慢慢拉开，然后听到她陶醉的呻吟声，啊～嘶～哦～嘶～啊～最后镜头再一拉开，原来跟你想的不一样，她不是在爱爱，她正在吃重庆火锅。口号"麻辣刺激，爱到高潮。立新牌重庆火锅"。大家马上就看懂了，吃火锅原来很酷很性感哦！

形象思维的第三个特征就是要有想象力，要超越现实，形成美的夸张。"燕山雪花大如席""飞流直下三千尺，疑似银河落九天"，这是具有想象力的诗歌。把手机做到几毫米薄，机身可以弯曲，可以用手指点击操作，这是苹果公司创始人乔布斯的产品设计的想象力。

大胆地想象，小心地求证；从高处着眼，从细处着手。借用当年中国联想那句口号来问问你自己吧：人类失去联想，世界将会怎样？

12.战略和找对象有关系吗？

第四种思维叫战略思维。

无论大事情，还是小事情，都可以运用战略思维去思考，战略的本质并不是你所思考的事情是大还是小，而是指一种处理问题的思考方式。具体讲它包括三个核心维度：全局观、重点观、未来观。

从英文战略Strategy这个单词来看，它来自希腊语Strategos。希腊语里面战略Strategos首先是行政长官、军事将领为了决定战争当中的计划而采用的一种谋略。但是实际上从谋略的角度看，战略作为一种可以培养训练的思维方式，可以大小事情通用。

如果你要找个对象结婚，就不能一美遮百丑，光想着找一个高颜值的容易出问题。男人爱漂亮女人，女人爱帅哥当然无可厚非，但从战略思维来考虑就应该全面地来看问题。第一是双方总体是否匹配，这是一个基本原则，世上没有最好，只有最适合自己的。第二要全面看问题，从性格、期望、爱好、价值观，到生活习惯、身体健康、家庭条件等应该综合考虑。爱情是神奇的，婚姻生活却是平淡的，过日子是实实在在的，应该全面考量。第三抓住重点来看问题：在全面考量当中你自己对婚姻最看重的因素有哪几点，核心期望是什么？如果别的条件满足不了你可以忽略，但最后你必须坚持的底线是什么？例如孝心、价值观、性格等，这与你对婚姻的核心需求是相关的。第四是要以发展的、面向未来的眼光来看待对方，即使现在他/她不是完全符合你要求的人，但能看到对方具有发展的潜力和可塑性，也是值得考虑的。

全局观、重点观、未来观，凡事从这三个维度来考虑，你就是一个具有战略头脑的人。从小事上就以这种三观思维来谋划，可以说是举轻若重的训练，等到你要处理大事情时就可以举重若轻了。

在战略思维中，全局观是核心中的核心。要培养自己的全局观最好的方法就是学习下围棋。2016年3月谷歌的机器人AlphaGo（阿尔法狗）以4比1战胜了获得过十几次世界围棋冠军的韩国棋手李世石，全世界震惊。为什么呢？因为中国围棋是人类发明的变化最复杂、最考验智慧的游戏。围棋用棋盘上横着的19条线与竖着的19条线构成了361个交叉点，在这个有限的空间里面却能像黑洞一样穷尽人类的智慧，就像当年中央电视台的那句广告口号所言"有形世界，无限风光"，在有形中可以实施无限的变化。那么围棋有多少种变化的可能呢？第一步可以下的有361个点，第二步则是360个点可以选择，这样理论上就是$361 \times 360 \times 359 \times 358 \times \cdots \cdots \times 3 \times 2 \times 1$个变化的可能，这个值是$1.44 \times 10^{768}$。这个数字据说可以囊括全宇宙的原子总数。在跟李世石下棋之前，AlphaGo已经集中学习了半年，谷歌给其输入了3 000万步人类围棋大师的走法，让其自我对弈3 000万局，积累胜负经验，同时它还要在自我对弈的训练中形成全局观，并对局面做出评估。可以肯定地说李世石将是人类最后一个曾经战胜过机器人的围棋选手，今后不会再有了。围棋的核心就是对全局的把握能力。日本棋手武宫正树发明了"宇宙流"的下法，打破了传统的金角、银边、草肚皮的思维定式，以抢占中腹为目标，开始看每一手棋之间毫无联系，到后来大势已成才知道，原来在看似不经意的飘逸落子中，点与点之间构成线，线与线相呼应围成了面。处理好每一个点和全盘的关系，处理好有棋子的实与空白的虚之间的关系，处理好局部的舍与全局的得之间的关系，处理好轻重与缓急之间的关系……这才是经营全局之道。

我把全局观的本质概括为：依据时间先后延续性的关系（眼前利益与长远利益），依据空间局部与整体的关系（小目标与总目标），依据政治、经济、文化、军事等不同维度的利益平衡关系。延续性、整体性、平衡性是评判全局观的三大维度。

伟大的企业，比如谷歌，它只以 10% 的员工来解决眼前的利益问题，用广告赚今天的钱养活自己，90% 的员工都在干今天不赚钱的事，而是为未来的长远利益做研究和投入。而一个经营艰难的企业可能 100% 的员工与资源都只能全部投入到眼前利益上，根本不可能去关心未来长远的利益。如何嘴里吃一个，手上夹一个，锅里煮一个，心里还能想一个，这就是用战略思维去规划自己的业务。

从局部利益和整体利益来看，中国移动其实也非常的危险，因为它只注重赚钱，只关心经济效益，不关心怎么分钱，不关心其他维度的得失。它在移动通信领域的市场份额高达 70% 以上，还在迅猛进军固网业务，估计很快就可以全面打垮中国电信和中国联通。但是它没有从全局思考中国联通和中国电信都是同一个股东国资委下属的企业，三家运营商都属于同一个爹妈，都是国有资产，你老大真的把两个弟弟打死了，父母会高兴吗？这就叫经济上、市场上成功了，但是政治上未必是成功。这就叫作没有全局观的国企。如果中国移动能创新转型升级，积极开拓新的蓝海市场，像当初推出短信、彩信、彩铃等增值新业务一样，把整个行业带向一个新市场，带着弟弟开辟一个更大的发展空间，而不是在传统通信的红海市场抢收入，自然会赢得各方的支持与尊重。

13. 决定生死的"塔山"在哪?

1897 年，意大利经济学者帕累托偶然发现：社会上 20% 的人占有 80% 的社会财富，这表明财富在人口中的分配是不平衡的。这就是有名的二八定律的由来。

然后有人又发现：20% 的重度消费客户给一个企业带来了 80% 的利润和收入，一个企业里面 20% 的优秀员工创造了 80% 的效益，一个企业 20% 的业务带来了 80% 的收入，一个企业 20% 的区域市场带来了 80% 的收益，甚至全中国 20% 的省市（广东、江苏、浙江、山东、上海、北京）创造了 80% 的 GDP 收入。

更有网友对生活中的二八关系进行了有趣的发挥：

20% 的重要软件需要 80% 的时间去测试；

20% 的人成功，80% 的人不成功；

20%的人用脖子以上赚钱，80%的人用脖子以下赚钱；

20%的人正面思考，80%的人负面思考；

20%的人买时间，80%的人卖时间；

20%的人找一个好员工，80%的人找一份好工作；

20%的人支配别人，80%的人受人支配；

20%的人做事业，80%的人做事情；

20%的人重视能力，80%的人重视学历；

20%的人认为行动才有结果，80%的人认为知识就是力量；

20%的人想我要怎么做才有钱，80%的人想我要有钱我就怎么做；

20%的人爱投资，80%的人爱购物；

20%的人有目标，80%的人爱瞎想；

20%的人在问题中找答案，80%的人在答案中找问题；

20%的人把握机会，80%的人错失机会；

20%的人计划未来，80%的人早上起来才想今天干什么；

20%的人按成功经验行事，80%的人按自己的意愿行事；

20%的人把复杂的事做简单，80%的人把简单的事搞复杂；

20%的人明天的事情今天做，80%的人今天的事情明天做；

20%的人爱记笔记，80%的人忘性快；

20%的人受成功人的影响，80%的人受失败人的影响；

20%的人状态很好，80%的人态度不好；

20%的人相信自己会成功，80%的人不愿改变环境；

20%的人永远赞美鼓励，80%的人永远批评谩骂；

20%的人会坚持，80%的人会放弃；

20%的人认为他们应该做到以上各项的80%，80%的人觉得上面说的我能做到20%就好。

总而言之，在原因和结果、投入和产出、努力和报酬之间存在的这种不平衡关系（当然未必事事都正好是精准的二八比例），说明世上可分为两种不同类型：多数，它们只能造成少许的影响；少数，它们造成主要的影响。关注那些能产生主要影响的少数（20%），这才是战略思维中的重点观。

从重点观出发，如何抓住适合你的重点客户，找到他们的重点需求，找到他们分布的重点地区，用与之匹配的重点产品和重点的合作伙伴进行重点投入的推广，这就是重点营销。

华为创始人任正非当年就提出了一个压强策略，就是在战略当中看到一个适合自己的关键点，这个点最好像针尖这么小，然后聚集自己所有的资源，孤注一掷进行投入。华为崛起靠的这个关键点就是 C & C08 万门程控交换机，任先生借了两亿多人民币孤注一掷投入，甚至公开宣称："失败了，我就跳楼。"最后他干成了，华为从此走上了科技兴企的发展道路。

如果把市场比喻成一座有一百个桥墩的大桥，而你只有十包炸药，你怎样才能炸毁这座桥？随便选十个桥墩，每个桥墩绑一包炸药？最后炸药包用光了，就像放了十响鞭炮，桥未必能垮。因此重要的是什么？找到整座大桥的核心支撑点在哪里，把所有的炸药包都绑在那儿，把它炸倒了，桥就垮了。

同样，解放战争打了几万次战斗，到底哪一次战斗才是决定国共两党成败的关键点？实际上我们把结果反推回去复盘，你就能看到这个重点：三大战役是重点决战，其中辽沈战役又是重中之重。在辽沈战役当中，最重要的点是锦州。蒋介石也看到锦州是战略重点，亲自调动了十七万部队从葫芦岛登陆去增援锦州。这时林彪的队伍三面受敌，必须坚决阻止葫芦岛之敌，快速拿下锦州才能险中求胜。从葫芦岛到锦州只有一个小村子能卡住山海之间的通道，这个村子西边的白台山是制高点，但海拔也仅有 200 米。林彪派出两个纵队 8 万精兵强将，不惜一切代价坚守该村整整 6 昼夜，顶住了国民党 11 万人马的攻击，双方死伤一万余人，解放军终于迎来了夺取锦州的胜利。这个小村子叫塔山，其实既没有塔，也没有高山。这场决定国共两党命运的关键性战斗就叫塔山阻击战。

其实，商场如战场。每个企业、每个人在自己的发展过程当中一定要追问：你的"塔山"在哪里？你是否有决心不惜一切代价坚守或攻下"塔山"？

14. 诸葛亮只能算小聪明

首先问一个问题：如何理解"细节决定成败"？

我猜很多人都以为这句话是告诉大家要去关注每一个细节才能确保成功。这样其实会分散掉你的精力，分散掉你的资源，分散掉你的投入，你去关注所有的细节，恐怕很难成功。我的观点是大多数细节都决定不了成败，在所有细节当中，只有那些能够影响未来的细节，能够影响全局的关键的细节，才能影响成败。能够敏锐地发现这种"关键性"的细节，才是我们作为老板、作为管理人员应该去关注的。这是战略思维重点观的又一种形式的体现。

因此，以这个标准看，诸葛亮就不是一个称职的一把手，就不是一个伟大的政治家。他事无大小，全部都要去关注，甚至亲力亲为，弄得部下很难发挥自己的才干，很难快速成长，所以才有了"蜀中无大将，廖化做先锋"的说法。《三国演义》里面说他还亲自去设计木牛流马，亲自设计孔明灯，一个管理国家政务的丞相难道该去抢木匠技工的活吗？我以为正是受到这些分外琐碎事务的骚扰，使他不能沉下心来考虑大事情，去制定蜀国的国家大战略。在魏蜀吴三个国家中，综合实力最强的是北方的魏国，实力最弱的是蜀国，诸葛亮本应利用蜀道之难来取对外据险扼守边关，对内休养生息积累实力，但他反而六出祁山、九伐中原，主动去进攻强大的魏国，其实就是好大喜功、穷兵黩武、以卵击石、空耗国力而已。即使大战略是错误的，当魏延建议他出奇兵通过子午谷突袭长安时，他又以谨慎拒绝冒险。人类军事史上所有以弱胜强，哪个不是以奇制胜的？至于误用马谡而失街亭，自己以空城计幸运没当俘虏，更显示出他识人用人的水平远低于刘备。最后，这个以为一切细节都会决定成败的统帅，因为事必躬亲终于累死在五丈原，以悲剧实践了"鞠躬尽瘁，死而后已"的名言。所以，从战略思维来评价诸葛亮，他只是一个忠臣，而非良臣；他有小聪明，而无大智慧；他适合做谋士，而不能做统帅。

管理者只应该去做自己职务需要你做的事，而不是抢着去做本该别人做的事。诸葛亮这种凡事关注细节而不知道工作重点的人，自己越是勤奋危害就越大。

朱元璋就不一样。朱元璋乞丐出身，斗大的字不识几个，割据南京，在跟陈友谅、张士诚争天下的时候他曾问手下说：陈友谅有八十万人马，张士诚有四十万人马，我有四十五万人马，我们应该先打谁？几乎所有部下都说，我们应该先打实力弱的张士诚，胜利之后再回头去打陈友谅，这样把握比较大。朱元璋却说：你们想害死我呀！你们完全没有看出陈友谅的性格、胸怀和张士诚是不一样的。陈友谅枭雄也，性格彪悍，又想拥有天下。而张士诚只是一个追求小富即安的土财主。如果我听你们的去打张士诚，他必拼死抵抗，而陈友谅必倾巢而出，攻击我的后方，去突袭南京。我腹背受敌，必完蛋！因此我只能先跟陈友谅决战，而依张士诚性格绝对会坐山观虎斗，绝不会出兵来偷袭我，等我干掉了陈友谅，再回头收拾张士诚，那就易如反掌。

历史最终验证了这个有大智慧的半文盲的判断，能从不同主帅性格的"细节"差异中看清自己的战略重点，天下的确应该是朱元璋的。

记住：不是所有的细节都能决定全局和未来的成败！

15. 总能起死回生的IBM

我个人总结的"战略思维"里面最后一观叫未来观。

什么是未来观？就是要用未来发展趋势来管理我们今天该做什么，不该做什么。换一句简单的话就是："以终为始"，用未来的最终目标来管理现在，好有一个正确的开始。能制定既适应未来发展趋势，又适合自己的正确目标才是管理的首要任务。制定正确的目标，制定实现目标的正确计划，这两者共同构成了管理的重点。正如管理大师彼得·德鲁克所言："做正确的事"比"正确地做事"更重要。我观察众多的企业失败其实就是因为制定了一个错误的目标所导致的根源性的失败。要么是目标偏离了未来的社会发展大趋势，要么是目标大大超出了目前自己拥有的能力。

我的妈妈在我小的时候就经常说："你现在不努力，将来就只有去讨饭做乞丐。只有今天受得苦中苦，未来你才能够做人上人，希望你将来能生活在一个有电灯和自来水的地方。"从小我们就受到这种面向未来的教育，其实在那种艰难的处境中这种话特别能激发我希望出人头地的奋斗精神。

一个人也好，一个企业也好，要真正面向未来，另一个最重要的因素就是要敢于抛开过去的成就，要敢于放弃过去已经取得的优势和利润最丰厚的业务，要敢于自己挑战自己，自己革自己的命。大家经常说"失败是成功之母"，其实对绝大多数成功的企业，甚至对曾经十分伟大的企业而言，今天的成功才是未来失败之母。那些庞然大物为什么突然间就死掉了，就是因为舍不得放弃既得利益，或者是过于傲慢，不知危险将至。

我有一段话是："你开车前行的时候，不要老看着后视镜，因为后视镜里看不见前途，只能看到谁正在超车。"

很多年前，业绩正如日中天的诺基亚公司请我去讲课，有个主管问我最敬佩哪个IT企业。我不假思索脱口回答："我认为IBM才是过去100年最伟大的IT企业。"下面诺基亚公司的学员们发出一阵哄笑，因为那时候IBM正处于经营巨额亏损状态，甚至有媒体宣称它未必能起死回生。但对于伟大的评判，我有自己的标准：一是能够从大失败中重新站起来的，二是能在最成功的顶峰果断地革自己命的，三是能不断引领我们进入一个新时代的。IBM公司就是一个符合这三条的伟大的公司，它自己的口号也能体现出这种非同凡响的气质：不仅追求庞大，更追求伟大。这个伟大的公司一开始是做计算尺和打卡机的，才只有十来个员工的小公司竟然就敢取名叫"国际商用机器设备公司"，当然志存高远。等计算机被发明之后，20世纪50年代它差点错失良机被替代。但它迅速转型做计算机，革自己的命，还果断地请计算机之父冯·诺依曼做他们的首席科学家，把自己打造成了蓝色计算机的巨无霸。这是第一次成功转型。后来受到个人电脑苹果MAC的挑战，它又联合英特尔和微软组成了一个开放的PC联盟击败乔布斯再次赢得胜利。当个人的智能手机正在变成电脑的时候，它又成功把个人电脑硬件业务卖给了联想，自己去做"四海一家解决之道"的系统集成服务，第三次转型成功。当系统集成服务走到末路的时候，它马上又提出电子商务的概念。当大家都在做电子商务的时候，它又推出了云计算和智慧地球的概念。当大家都在讲云计算的时候，它又提出了有认知的机器人的人工智能概念，推出了具备理解、推理和学习能力的Watson认知技术平台。几乎是"九死还能一生"，而每一次它的死里逃生，又能引领人类进入一个更高的信息化的文明的层面。一个把自己定义为Think（思考）和Service

（服务）的公司，一个敢于平衡现在的利益和未来利益的公司，一个率先提出核心价值观是"顾客至上、追求卓越、以人为本"的公司，当然伟大。我很幸运自己人生读到的第一本有关商业的图书就是写IBM的。

最后，依据未来发展观，当你在选择自己核心业务的时候，一等业务就是对现在的利润增长有好处，又能对未来发展打基础，这叫一等特优业务。二等业务是对现在没有什么好处，但是对未来非常有益。三等业务是对现在有好处，对未来没有伤害。最难让你决策的是四等业务，对未来有巨大伤害，现在却是财源滚滚，你想做这种业务吗？拒绝第四等业务是需要很大的定力与勇气的！

16.看未来百年三大商机

未来百年科技主要向三个方向突破性发展：一是对内认识生命，深入生命内部剖析基因编码，甚至修改生命遗传数据，重新造物，解决生命数据信息不对称问题。二是对外认识宇宙，进入太空探索人类新的栖息地和资源矿藏，人类进入星际大航海时代，涌现新的哥伦布，解决太空数据信息不对称问题。三是解决这两种信息不对称的工具，也就是信息技术，所以信息技术、人工智能是核心龙头科技产业。这应验了哲学家康德所说：有两种东西，我对它们的思考越是深沉和持久，它们在我心灵中唤起的惊奇和敬畏就会日新月异，不断增长，这就是我头上的星空和心中的道德定律。

第一大科技领域是人工智能，给万物智慧。

信息文明的本质是让世界上所有物体成为有智慧的计算机，把思想、智慧灌入物体，成为智慧机器、智慧城市、智慧地球。信息化的三部曲是：用手掌控世界，用声音命令世界，用意念遥控世界。第一步，手机是人类最具颠覆性的工具，它具备其他工具不具备的集成融合能力，它就是万能遥控器。第二步，未来十年智慧语音识别技术自学习能力成熟，人类将进入只动嘴不动手的时代，用声音命令世界。智能语音识别公司科大讯飞这样的企业将是下一个BAT（百度、阿里巴巴、腾讯），它的核心竞争力是庞大的语音数据库和语音识别技术，能对自然语言包括方言，做出准确判断和指令传递。第三步，更长远看，把人脑接入互联网，实现人的思维神经网络与互联网的互联互通互动，结局是用你的意念遥控世界，或者你被云平台遥控。最终，要么是在人身体中内嵌芯片，把人变成活的机器。要么是把人的思维编成软件程序装到机器里，把机器变成人。这两种方式将真的实现天人合一，据说爆发点是 2049 年前后。把握住每一次匹配机会，你就是马云、马化腾、马克·扎克伯格。把握不住宇宙万物的精准匹配，你就不懂什么是"自时代"的互联网。

我们的商机在哪里？从国家信息化安全考虑，我国政府从 2014 年开始大力扶持民族 IT 企业，政府采购名单完全剔除外企。比如芯片，国家组建规模超过 1 000 亿元的国家集成电路产业投资基金，向清华紫光直接投资 100 亿元，还授信清华紫光 3 000 亿元的投资额，在全世界收购领先芯片技术，打造"中国芯"。未来 50 年，芯片、IT 集成、智慧操作系统、云存储、云计算、信息安全、机器人等领域，我国将至少诞生 10 多个价值千亿级的伟大公司，买股票一定要买最领先的民族 IT 公司。

未来值得就业的信息智能科技（网络资料）：

（1）物联网

代表性技术包括微电子机械系统（MEMS）、无线通信、电源管理技术。

实际应用有海量数据分析、亚洲物联网联盟、医疗实时监测。

（2）机器人与自动化系统

代表性技术包括机器学习、传感器与控制系统、人机交互。

实际应用有 AlphaGo、机器人神经系统、微软聊天机器人 Tay。

（3）智能手机与云端计算

代表性技术包括高效无线网络、近场通信与低能耗网络、电池优化。

实际应用有数据流动性、移动端恶意软件、云端移动处理器。

（4）智能城市

未来的智能城市将利用信息和通信技术（ICT），通过大数据以及自动化来提高城市的效率和可持续性。

（5）量子计算

代表性技术包括量子纠错、量子编程、后量子密码学。

实际应用有MIT量子叠加研究、IBM云端量子计算服务、量子通信卫星。

（6）混合现实

代表性技术包括消费级硬件、沉浸式体验、交互技术。

实际应用有谷歌Cardboard、混合现实软硬件市场规模预测、手术现场流媒体直播。

（7）数据分析

代表性技术包括可视化、自动化、自然语言处理。

实际应用有深度学习超级计算机、犯罪预测、新加坡国家智能平台。

（8）人类增强

代表性技术包括可穿戴计算设备、外骨骼与假肢、药物增强。

实际应用有机械外骨骼、生化手指、自我量化。

（9）网络安全

代表性技术包括用户身份鉴定技术、自我进化型网络、下一代解密技术。

实际应用有美国网络司令部、Oceans 00001011、网络隐私与安全。

（10）社交网络

代表性技术包括区块链技术、应用社会科学、网络身份与名誉管理。

实际应用有区块链技术的商业应用，社交媒体与心理健康。

（11）先进数码设备

代表性技术包括软件定义一切、自然用户界面、脑机接口。

实际应用有聊天机器人、Neuroverse脑波监测、软件定义网络。

第二大科技是生命信息化领域的生物遗传基因工程，人类将取代上帝，自己重新创造物种。

达尔文说："万物竞争，优胜劣汰，适者生存。"本质上讲，生命的竞争就是一场永无休止的信息化扩张的战争，是不同物种或同一物种不同族群和个体之间基因复制、进化的资源争夺。基因的灭绝和传承代表着绝望与希望。交配生育是最伟大而原始的信息产业。从信息传承角度理解人生的成功模式只有两种：一是生育更多子女，让你的DNA在尽可能多的肉体中进化延续。标志性人物是成吉思汗，专家统计有1 600万男性是他的后人。二是创造美好的知识和思想名垂青史，让你的精神DNA在更多的心灵记忆中传递。榜样人物是孔子，他创造的儒家思想主导中华文明2 000多年，至今孔子学院仍在世界各国传道。

2003年4月14日，美国、英国、德国、法国、中国、日本6个国家协同2 800多个科学家终于画出了人类23对染色体基因的测序图谱，这被称为生命科学的"登月计划"。我个人认为这是继1869年俄罗斯科学家门捷列夫画出第一张元素周期表，说明物质世界的本质是什么之后，我们终于又探测出了生命的本质是什么。基因图谱是上帝编的程序，你的寿命、性格、天赋这些决定命运的东西都在你的基因图谱里。

2010年5月20日，美国生物学家克雷格·文特尔用计算机软件编了一段生命DNA的程序，注入一个生物细胞里并繁殖成功了，取名为辛西娅（Synthia），也就是人造儿。克雷格·文特尔取代上帝造出了新的物种，上帝也要失业了！2016年美国一对夫妇通过基因检测发现所生孩子得白血病的概率高达80%，于是他们引入了第三方妇女的基因注入他们的受精卵中，生出了健康的孩子，这是生命数据精准匹配的惊人案例。但孩子带有三个人的遗传基因，这也带来了新的伦理问题，比如，这个女志愿者是不是孩子的母亲？他们之间是否存在法定继承权利？

未来只需要100元钱，抽你一滴血，或者一根头发、一口唾液就能检测你的生命基因图谱，苏格拉底"了解你自己"的名言通过生物技术终于可以实现，这是未来最赚钱的伟大事业，教育、健康、医疗、婚恋、伦理学、法律等各个领域都会产生翻天覆地的变化。

但是在欢呼的同时我们又感到这个领域的科技进步，其实对人的威胁非常大，尤其恐怖主义者也能胡乱修改生命的基因，造出来的新物种对人类的威胁有多大？不知道！不知道就是恐惧之源。崔永元先生坚决反对转基因农产品就是源于这样的恐惧与慈悲之心。如何控制？唯有立法来趋利避害。

第三大科技领域是航天科技，寻找太空新"地球"。

北宋时期中国人发明了罗盘，就是指南针，实际上就是古代的LBS信息化位置服务，相当于今天的GPS卫星定位、北斗卫星导航系统引导的谷歌地图、百度地图、高德地图。没有指南针就不会出现15世纪东西方最伟大的航海事业的蓬勃发展，就不会有郑和七次下西洋从海上一直走到了非洲，也不可能有哥伦布发现美洲新大陆（当时错把美洲当印度就是地理位置信息不对称），也不可能有麦哲伦第一次实现航海环游地球。这种看似偶然的个人冒险行为实际对人类历史影响深远：第一，为人类开辟了成本最低的海运途径；第二，打开了人类的全球化视野和意识，用眼界改变了封闭的思维；第三，让不同文化有了进一步交流融合的可能；第四，出现了繁荣的国际贸易，比如中国的海上丝绸之路，把瓷器丝绸卖到全世界，直到今天一带一路都是继承了这个文化遗产。

　　未来50年以后全世界的人口将超过100亿，地球生存空间有限，这时人类必须从航海变成航天，到太空寻找新的适合人类居住的星球。2015年7月24日NASA举办媒体电话会议，宣布开普勒空间望远镜的最新发现：天文学家发现迄今最接近"另一个地球"的系外行星，该行星名称为Kepler 452b，直径比地球大60%，该星球跟地球的相似指数为0.98，是至今为止发现的最接近地球的"孪生星球"，有可能拥有大气层和流动水。

　　到太空去旅游、去移民、去开矿，以低成本的安全方式解决星际运输问题，这将决定人类未来的命运。埃隆·马斯克的SpaceX实验室、理查德·布兰森的维珍银河太空探索公司正在进行可贵的试验。

表3–2　营销策划思路

说明：以智慧社区服务运营商西安景兆信息科技有限公司为例。景兆科技为上市公司江苏亨通光电子公司，专业经营社区平台服务和宽带网络接入，旗下"社区人"APP和线下体验店为社区居民提供智能、安全、便捷的智慧社区生活服务。

序号	要点	要点说明	示例说明
1	目标	为什么要做这事？	居民家庭需求和社区周边商业服务没有对接平台，比如上班族收快递是痛点。
2	可能	你凭什么能做？	景兆科技前身公司经营小区宽带接入业务十年，熟悉社区相关业务。
3	对象	你为谁做？	社区家庭、写字楼、封闭式公司园区。
4	价值	你对他有什么用？	社区一站式服务，省事、省时、省钱。
5	人物	谁来做更适合？	社区合伙人，如社区小卖部等。
6	策略	怎么做更好？	景兆科技提供软件平台和技术支持，社区合伙人提供场地、人员，以代收快递为切入点发展社区居民用户。
7	激励	怎么分钱？	与城市合伙人、社区合伙人按发展用户数、业务收入分成。
8	模式	如何赚钱？	景兆科技未来收取平台交易佣金。
9	壁垒	可持续吗？	智能平台和商业模式已经成熟，全国快速规模复制。

如何解决太空信息不对称，如何用新能源发射火箭，让火箭像飞机一样能够反复利用，这样的技术是值得投资的，也是选工作、选股票的方向。

从了解内在生命DNA的自我，到探索遥远的星空，都离不开信息智慧的科技，但我们更应牢记哲学家康德的话：世界上有两件东西能震撼人们的心灵，一件是我们心中崇高的道德标准，另一件是我们头顶上灿烂的星空。什么是道德？自然法则是天道，知道顺应自然，科技要以人为本才叫德。

表3-3　四种思维之一：概括思维

序号	分解	示例说明
	给事物下定义	铁锄、蒸汽机、计算机是什么关系？
1	独特角度找到内在联系	从材料的角度看共同点是都要用到金属铁。
2	不同事物的内在本质联系，即内涵	分别是农业文明、工业文明、信息文明的核心工具。
3	用途	铁锄的用途是耕地，靠的是人力，耕地的产业叫农业。耕地的人就叫农民，主要生产对象是土地，劳动成果叫粮食，拥有土地和粮食的人就是富人，俗称地主。自从有了铁锄之后，靠石器打猎为生的猎人就必然会失业，被猎取的动物就不再是主要的社会财富，人一定会从居无定所转向安居乐业。越早发现这个危机的猎人就越容易抢先转型成为成功的大地主。
4	相互依存与对抗作用	
5	外延、边界、载体	蒸汽机的本质是发动机，用途是解放体力劳动，为人类提供动力，它创造的生产方式是机械化的工业大生产，它需要的是能源，先是煤炭，然后是烧油气，后来是靠电力，最后是太阳能这样的清洁环保能源。工业的劳动者叫工人，它的劳动对象从土地变成土地下面的矿产和能源，它的劳动成果为商品，主要是用来买卖交易赚钱。主要的富人叫资本家、煤炭大王、石油大亨、面粉皇帝。从此之后，铁锄必然被拖拉机消灭，农民必然会转型为农民工（工人）。地主和农民也必然被资本家、农民工替代而消亡！
6	带来哪些危机（危险与机会）	
7	开创新事业	电脑的用途是消灭信息不对称，通过人工智能解放人的脑力劳动，实现供需交易各方精准匹配的量身定制服务。劳动对象从矿产转向信息大数据，劳动者先是叫程序员和数据工程师，最终叫AI（人工智能机器人）。劳动成果叫软件。富人叫IT新贵，俗称比尔·盖茨或者马云。通常对用户免费，主要是从股民身上赚钱。

表 3-4 四种思维之二：发散思维

序号	分解	示例说明
1	时间角度	从宏观层面看，处于不同经济发展阶段的市场策略不同。 任何行业目前到底是属于供不应求的短缺经济阶段，还是已经发展到了供过于求，要去库存的盲目生产的经济危机阶段，决定企业如何制定经营战略。 从微观层面看，新产品进入市场分为导入期、成长期、饱和期、衰退期，营销管理策略各有侧重。导入期以打广告提升知名度为目标，快速成长期以促销手段抢占市场份额为目标，饱和期以刺激存量用户重复购买为目标，衰退期则应该以规划新产品去取代老产品或对老产品升级换代为目标。
2	空间角度	根据地域发展状况不同分为不同类别市场，采用不同营销策略。 华为的国际化战略就是先从亚非拉开始，然后是欧洲和日本，希望把美国市场作为最后的进攻目标。 有些行业受到地域决定性作用的限制，很难实现跨地区的发展。例如石油煤炭为代表的能源、矿产业，还有以土地经营为核心的房地产业，以及受政策主导的水电和电信运营商产业，很少能够形成跨国经营、通吃全球各国的大公司。
3	文化角度	文化的最高境界第一层就是宗教信仰和核心价值观。第二层就是要把这种思想价值观转化成一种制度来约束人的行为规范。第三层是转化成产品、艺术品。 企业形象系统：明确理念价值观（心灵美），建立行为规则（行为美），建立识别系统（形象美）。 汇丰银行广告"环球金融，地方智慧"。
4	利益角度	打造不可分割的核心共同利益。企业和员工的关系，企业和顾客的关系，企业和合作伙伴的关系，归根到底是一种相辅相成的利益关系，而各方利益的平衡才是营销的根本。有利、有用、有情。华为公司全员持股，创始人任正非先生只占整个华为股份 1.4%。 反向利益捆绑。共同做一件坏事，谁也不能背叛谁。《水浒传》中林冲杀人向土匪头领交"投名状"。

表 3-5 四种思维之三：形象思维

序号	特点	示例说明
1	非逻辑性	诗歌语言天马行空，不遵循语法，超越常规逻辑。
2	只能定性不能定量	如何通过广告表现重庆火锅的辣与爽？138 万个斯高威尔的辣度消费者看得懂吗？
3	丰富的想象力	超越现实，美得夸张。 把手机做到几毫米薄，机身可以弯曲，可以用手指点击操作，这是苹果公司创始人乔布斯的产品设计的想象力。

表 3-6　四种思维之四：战略思维

序号	分解	示例说明
	大小事情通用，人人都需要	用战略思维找对象： 第一是双方总体是否匹配，这是一个基本原则，世上没有最好，只有最适合自己的。 第二要全面看问题，从性格、期望、爱好、价值观，到生活习惯、身体健康、家庭条件等应该综合考虑。 第三抓住重点来看问题：在全面考量当中你自己对婚姻最看重的因素有哪几点，核心期望是什么，必须坚持的底线是什么？例如孝心、价值观、性格等。 第四是要以发展的眼光来看待对方，即使现在他/她不是完全符合要求，但能看到对方具有发展的潜力和可塑性，也是值得考虑的。
1	全局观	本质：依据时间先后延续性的关系（眼前利益与长远利益），依据空间局部与整体的关系（小目标与总目标），依据政治、经济、文化、军事等不同维度的利益平衡关系。 三大维度：延续性、整体性、平衡性。
2	重点观	二八定律：抓住适合你的重点客户，找到他们的重点需求，找到他们分布的重点地区，用与之匹配的重点产品和重点的合作伙伴进行重点投入的推广，这就是重点营销。 华为"压强策略"：在战略当中看到一个适合自己的关键点，然后聚集自己所有的资源，孤注一掷进行投入。 决定命运的"塔山"：解放战争三大战役中辽沈战役的塔山阻击战是决定国共两党命运的关键战斗。每个企业、每个人在自己的发展过程当中一定要追问：你的"塔山"在哪里？你是否有决心不惜一切代价坚守或攻下"塔山"？
		关键性细节：细节决定成败？只有那些能够影响未来的细节，能够影响全局的关键的细节，才能影响成败。 诸葛亮事必躬亲，然而在国家战略上误国误民，有小聪明、无大智慧。
3	未来观	用未来发展趋势来管理我们今天该做什么，不该做什么。制定正确的目标，制订实现目标的正确计划。
		业务的四个等级： 一等业务：对现在利润增长有好处，又能为未来发展打基础。 二等业务：对现在没有什么好处，但是对未来非常有益。 三等业务：对现在有好处，对未来没有伤害。 四等业务：对未来有巨大伤害，但现在却是财源滚滚。拒绝第四等业务需要定力与勇气！
		未来百年最大商机：第一是支撑信息文明的第一产业，叫智慧化产业。第二是生物基因编码和人工合成工程。第三是航天科学技术。

第四章

谁能？
营销与态度

知它可为不可为，
忘我所欲无所欲，
顺其自然。

1.葡萄、狗屎、如来、鞋

人生态度其实是一种超越智商的大智慧。

当年苏东坡和一个老和尚佛印争论一件事，争论到苏东坡内心火起，显然修养还不够。于是就破口大骂佛印说："你不要跟我争了，你在我心目当中就是一堆臭狗屎！"

没想到佛印却微微一笑说："东坡居士，请少安毋躁。你在我心中就是佛祖如来，伟大又可爱。"

苏东坡一听觉得很难理解，心里想："这是什么和尚逻辑，不通嘛！"于是回家问他妹妹，我骂这个和尚在我心中是臭狗屎，他却说我在他心中是如来佛，你帮我解释一下，这如何理解？

苏小妹说："连这个你都不懂，你还学佛？佛家认为一切皆由心生，一个人心中是什么，他看到的世界就是什么。如果说你心中堆满了狗屎，你的心就是狗屎，那么即使你看到如来佛你也以为是狗屎。反过来，人家佛印心中有佛，心中是如来，看到狗屎也是如来。"苏东坡感觉很惭愧。

人与人的差距不仅在于相貌、财富、地位和智商，更重要的差距是内心的境界。我们经常看到在为人处世的人际关系当中，有的人只知道挑剔别人身上的缺点，从来看不见别人的优点。为什么？因为这种人的内心充满了缺陷，他们所能感受到的世界也只能是丑陋的。那些心中充满了希望与慈善的人，就更多地看到别人的长处，更多地看见这个不完美世界中阳光的一面。如果心是黑暗的，世上一切都会熄灭。能用自己内心的光明去关爱和照亮身外的世界才是人生的大智慧。这种关于人的心态理论似乎与哲学家王阳明提出"心外无物、心外无事、心外无理"的心学是一脉相通的。

从这个意义上来讲，世界是不变的，而你的心态变化决定着你怎么感知这个世界。当年禅宗六祖惠能大师说"既不是风在动，也不是旗在动，而是我们的心在动"，也在佛学认知层面提出了主观世界对客观世界的认知智慧。

人生态度的重要性，还可以通过下面这个生活小故事来给大家开悟，做一个启示：假如我送你一筐葡萄，你以什么样的态度去吃这些葡萄？你吃葡萄的态度不同，最后得出的评价和结论也完全不一样。

比如，你以悲观主义的态度来吃葡萄，内心自卑，对未来不看好，没有自信心，总希望把好的部分留在最后来享受，于是先选最小最酸最烂的葡萄吃，然后又在剩下的葡萄里选第二颗最小最酸的吃，然后是选第三颗最小最酸的吃……你每一次都选筐里最小最酸的葡萄，吃到最后，剩下那颗本来是最大最甜的葡萄，但因为是最后一颗，所以在你心目当中也是最小最酸的。用这种悲观的态度吃完了一整筐葡萄后，人家问你味道如何呀。你会痛苦地回答：我的命苦啊，吃到的每一颗葡萄都是最小最酸的。

如果换一种态度，你以自信的乐观主义态度，相信明天会更好的态度来吃同一筐葡萄，一定先选大的，先选甜的葡萄吃，当吃到最后一颗其实是最小最酸的时候，在你心中也是最大最甜的葡萄。

这个"葡萄"就是世界，就是你的人生，就是你要面对的各种客观环境，你是以乐观主义态度，还是以悲观主义的态度来为人处世？在改变世界之前，先改变自己的内心，通过内心积极态度的改变去改变世界，世界也许就真的被改变了。

在市场营销案例中也有一个故事，有个鞋厂老板曾派一个员工去太平洋某个与世隔绝的岛上开发市场。不久，这个员工沮丧地回来报告说，岛上那一百万原始居民从祖上开始就世世代代习惯了赤脚行走，根本不需要鞋，所以这个岛不存在鞋产品的市场。老板一生气又派了另外一个员工去岛上开拓市场，结果这个员工成功了:首先他认为穿鞋是人类进步共同的需要,这个岛上一百万从没穿过鞋的人是一个巨大的市场机会,有一百万人"没鞋穿"而不是"不穿鞋"。营销策略是先送一批鞋给岛上部落的酋长穿,让酋长体验到穿鞋的舒适和对脚的安全保护之后,所有人都愿意用淘到的黄金来买鞋了。这就是两种不同的认知态度对市场推广的影响:

用积极的态度去培养和创造需求才是开拓新市场的好态度。

2.四种态度

一个社会有三大底线:司法守卫公正、医疗保障健康、教育培养未来。这三个领域烂掉了,社会就没希望了。教育的核心又包含三个方面:"思维能力的拓展、处世态度的形成、知识技能的掌握。"中国教育最大的问题就是既不重视思维训练,也不关心态度的修炼,一味用死记硬背标准答案的方式向学生灌输知识,甚至连实用的动手技能都被忽略了。

那么态度是什么?态度就是你如何评价自己,如何评价别人,如何处理自己与世界的关系。苏联的心理学家维果茨基曾经说过,人之所以会变成他自己,是以他人作为参照系来对照自己的行为后果。因此,态度是把握人类各种关系的判断标准和参照尺度。

人与世界的主要关系包含了什么?第一是人跟自然是什么关系,第二是人跟人是什么关系,第三是人和组织是什么关系,第四是你的心灵与肉体是什么关系。这些关系之间如何达成动态平衡?对这些问题的回答就代表了个人的世界观,代表了一个人的价值观,代表了一个企业的核心理念和企业文化。

实际上通过化繁为简,人类一共有四种最基本的处世态度:

第一种基本态度叫"我能。你不能"。

这种态度重在肯定自我,否定他人。从正面来看就是属于自信的人生态度。但是从负面角度看,只要往前走一小步,夸张一点这种态度就成了自大和狂妄。用俗语评价就是"自大一点,人人讨厌",因为狂妄之徒散发出的是"臭"味。拥有这种人生态度的人具有强烈的攻击性,希望能够征服别人,改变世界。这种态度关键是难以把握"自信"与"自大"的区别。实际生活中就应该是肯定自己，但不要去否定别人，不能把自信建立在别人的自卑之上。对一个企业而言，就是在肯定自己的时候，不要去刻意攻击自己的市场竞争对手。

第二种基本态度叫"我不能。你能"。

从正面的角度来看，这种态度叫谦虚，从负面的角度来看，这叫自卑。其实，持这种人生态度的人分三种情况：第一种情况是自己真的"不能"，客观上勇于承认别人"你能"。知道自己"不能"去做哪些事，能够扬长避短、有选择地规划自己的人生和事业，这种态度应该点赞。当然也可以是知道自己不能，然后向别人学习，争取最后超越别人，这就叫"知耻而后勇"，也是人生的自我激励。第二种情况是受到挫折之后的自卑，完全丧失了信心，破罐破摔。认为对方什么都能，自己什么都不能，最后成为扶不上墙的"阿斗"。还有第三种情况是自己"很能"，但是为了表示谦虚，或者是为了欺骗对方而故意示弱，作为一种处世和竞争的谋略，这是智慧。

第三种基本态度是"我不能，谁也别想能"。

这就叫作本·拉登同归于尽的、自杀式袭击的人生态度，也是人类最坏的处世态度：无底线，不求回报，只要能搞死对方便是成功。如果人类未来会因为自己的原因而灭亡的话，最大的可能就是因这种极端的态度而导致的。

这种态度的标志性事件就是发生在美国的"9·11"恐怖袭击事件。2001年9月11日上午，两架被恐怖分子劫持的民航客机分别撞向美国纽约世界贸易中心一号楼和世界贸易中心二号楼，两座建筑在遭到攻击后相继倒塌，世界贸易中心其余5座建筑物也受震而坍塌损毁。9时许，另一架被劫持的客机撞向位于美国华盛顿的美国国防部五角大楼，五角大楼局部结构损坏并坍塌。"9·11"事件是发生在美国本土的最为严重的恐怖袭击行动，遇难者总数高达2 996人。对于此次事件的财产损失各方统计不一，联合国发表报告称此次恐怖袭击对美经济损失达2 000亿美元，相当于当年生产总值的2%。此次事件对全球经济所造成的损害甚至达到1万亿美元左右。我个人认为"9·11"事件对人类发展所产生的负面影响远远被低估了，无底线残杀平民的超限战已经成为冲突的常态，人类互相信任和包容的基础遭受严重打击，全球孤立主义和保守主义浪潮开始反转。中东一系列动乱、英国脱离欧盟、特朗普当选美国总统，其实都是"9·11"事件所决定的，也都从战略上符合了本·拉登对行动的预期。

商战与战争最根本的不同是，商业的本质是为了利益最大化，而不是一定要搞死对手。

第四种基本态度是"我能，你也能"。

这是我们倡导的、求同存异、共赢互利的合作态度。即使从物竞天择、优胜劣汰的竞争角度看，一切竞争在本质上都是一种相辅相成的合作关系，天敌以冷酷无情的死亡帮助你优选进化，天敌才是你最公正的生存合作伙伴，竞合关系才是共赢的基础。正如我写的诗句：

> 死亡为希望筛选出，
>
> 货真价实的种子，
>
> 哦，多么慈祥的仇恨，
>
> 在亲爱的敌人的残酷中。

3. 知己与知彼

中国的大智慧写在一本书里，我认为这本书是全世界最智慧的书，就是《道德经》。当然大家都知道这是老子，也就是李聃写的。《道德经》共有五千多个字，分上下两部分。上半部分叫道经。道经是讲什么？就是宇宙天道，类似于今天我们讲的"自然规律"。下半部分叫德经。德经主要讲大到人类社会、小到个体人生应该怎么去顺应宇宙天道。所谓道一以贯之，如何使天人能够合一。能顺应天道而干人事，我以为这才是"道德"的本来含义。人的欲望来自人性，人性其实就是天道在人身上的体现，人欲就是天理，人欲既可以激发人的创造力，也可以因为过度贪婪而毁灭人。所以一切反人性的言行就是反自然的，也是违背天理的，灭人欲是愚蠢的。这是中国文化的一大污点。但反过来，西方文艺复兴后则过多地强调人欲的放纵，把人凌驾于宇宙万物之上，以征服的态度来处世，这是另一种污点。

老子关于人生态度有极其精彩的论述："知人者智，自知者明。胜人者有力，自胜者强。知足者富，强行者有志，不失其所者久，死而不亡者寿。"（详见《老子校本》）译成今天的大白话就是，能了解他人的人聪明，能了解自己的人明智。能战胜别人的人是有力量的，能战胜自己的人更加强大而不可战胜。知道满足的人才是富有的人。坚持力行的人有志向。不丧失本分的人就能长久，身虽死而"道"犹存的人，才算真正的长寿。

你既知道别人的长处与短处，又知道自己的优势与劣势，在对比当中正确了解和评价自己，这就是有"自知之明"，这就叫明智。用大白话说就是我们要努力从别人身上看到他值得学习的优点，也要从他的身上看到自己的缺点。

但是，是了解自己重要，还是了解别人更重要？了解自己和了解别人之间究竟是什么关系？

我经常问别人，在《孙子兵法》里有两句非常有名的话，是"知己知彼，百战不殆"，还是"知彼知己，百战不殆"？你心里面一定认为是"知己知彼，百战不殆"。几乎90%以上的人都是这样认为的。实际上，马王堆出土的孙子兵法原文是"知彼知己，百战不殆"。这不是一字之差咬文嚼字的抬杠，也不是我要显示自己读书多么认真仔细，而是它表明了一个很重要的道理：人生认识自我就像照镜子，如果没有一面镜子 你就看不清自己的脸，看不清你是谁。所以唐太宗李世民一直把魏徵当成他的一面镜子来反观自己为人为政的对错与得失。因此从这个意义上来讲，不知道"彼"怎么可能知道"己"呢？

所以在认识自我与世界的关系中必须先知彼而后才能知己。唯有"知彼知己"，才能"百战不殆"。

那么在营销上来讲，这种把认知世界放在认知自我之上的态度对市场研究有什么启示？

第一，所有市场营销策略都必须建立在了解客观现实的基础上，你应该做什么，你能够做什么，你想要做什么，都必须从市场竞争格局中寻找答案，也就是要先知彼。第二，营销中最重要的"彼"是谁？首先是顾客选择与分析，你要知道什么人才是适合你的顾客，他需要的核心是什么，痛点是什么。其次，你要知道谁才是你的竞争对手，竞争对手在满足顾客的需求上比你强的是什么，比你弱的又是什么。最后你要知道谁才是你的朋友和合作伙伴，你们互补合作的共同利益基础在哪里。

只有清楚地了解了顾客、对手和伙伴，你才能知道自己应该干什么，应该怎么干，这就是市场营销分析的四大角度：为谁服务，和谁竞争，跟谁合作，我扮演什么角色？

4.征服与顺应

东西方文化最根本的不同是什么？

公元前 47 年，凯撒大帝在小亚细亚吉拉城大获全胜，欣喜的凯撒给罗马报捷时只用了三个拉丁语："Veni！ Vidi！ Vici！"翻译过来就是："我来了!我看见了!我征服了!"这段名言广为流传，十分霸气，充分体现了西方文化一脉相承的世界观：征服世界，征服自然。

我们的老子讲的是什么？无为而治，顺应自然。庄子则提出了"天人合一"，提出了中国人最基本的认知世界的思维方式，具体表现在人与天的关系上。它认为人与天不是一种主体与对象的关系，而是一种部分与整体、扭曲与原貌或为学之初与最高境界的关系。季羡林先生说："我曾说天人合一论是中国文化对人类最大的贡献。天人合一是人与大自然要合一，要和平共处，不要讲征服与被征服。"

今天人类惹来这么多麻烦，主要是因为西方的态度，就是凯撒的态度，认为人与世界的关系是征服而不是顺应。一会儿说我们要去征服珠穆朗玛峰，攀登世界最高峰，体现人类的勇气与伟大，最后死了上百人，横尸在珠峰上，恨不得再修个电梯冲顶搞旅游业，本来那山上环境就极其脆弱，人为什么要去无谓地打扰自然呢？不登山你会死啊？征服印第安人、征服印度人、征服非洲人……征服这个姑娘，征服这个国家。不是征服世界，就是被世界征服，为什么不能与世界和谐相处呢？

我曾经说过一句话："自然是你妈妈，你要征服你妈？"我学习道家哲学总结了两句座右铭：知它可为不可为，忘我所欲无所欲。这说的是什么意思呢？知道什么事情是可以做的，什么事情是不可以做的，这才叫有所为和不能为。你顺应这个规律去做，顺应发展趋势去做，顺应你的能力去做，一定能有为。反过来，违反规律的，或者是你的能力达不到的，就不要去做，这就是人必须顺应客观而为。反过来，明知道不可为而非要去做，落得粉身碎骨、家破人亡、企业倒闭的悲剧又是因为什么？就是因为掌控不了自己内心主观的欲望和贪婪啊。所以必须得有第二句话，大智慧是能够控制得住自己的贪婪，要忘我所欲无所欲，知道不可为的事儿叫聪明，能控制自己的欲望，放弃自己明知"不可为"的事而不为叫智慧。老子讲"自胜者强，知足者富"就是这种智慧的体现。

成功的关键不是征服世界，而是完善你自己。每个人最容易犯的毛病，包括我本人也一样，就是喜欢伟大。这是人类共同的毛病。其实这是一种病态的处世态度。马利亚·里尔克，我最崇拜的德语诗人曾经这样写道：

> "我在这世上太孤独，
>
> 但孤独得还不够，
>
> 使这钟点真实地变神圣。
>
> 我在这世上太渺小，
>
> 但渺小得还不够，
>
> 成为你面前的某个事物，
>
> 黑暗而轻灵。"

这才是灵魂的伟大。

5.强者示弱

西方也有智者跟老子的思想是差不多的，比如说哲学家苏格拉底。苏格拉底最著名的话就是：我知道我不知道。还有一句话叫：认识你自己。知道自己不知道，这就是变聪明的开始，类似于孔子说：知之为知之，不知为不知，是知也。最蠢的是什么？叫无知者无畏。什么都不知道，以为自己什么都知道。爱因斯坦曾经画过一张图来解释为什么会出现这种情况。爱因斯坦说：我知道得越多，其实我内心感觉到自己越无知。为什么呢？他画了一张图，一个大圆圈里有小圆圈。他说如果你没有经过什么教育，这个小圆圈是你，大圆圈是我，代表你知道的知识比我少,因为第一个圆圈比较小,圆圈内代表你拥有的知识量。爱因斯坦说这个大圆圈代表的是我知道的知识,当然面积大,比你知道得多。但是,从两个圆圈的边长来看,代表我的这个大的圆圈边长很大,表示我所接触到的未知的世界就越大。反过来,你这个小圆圈的边长短,接触到的未知的领域就比较少。所以,你反而觉得自己什么都知道,因为你接触到的未知领域少。如果你一点知识都没有,马上就觉得全世界的事情你都知道。我觉得爱因斯坦确实聪明,用这样一张图,就把这个很难理解的东西形象生动地展示出来了。这就是说,知道得越多,你才会越感觉到自己无知。只有谦虚才能使人进步。

做企业和做人其实道理是一样的,越是厉害的企业就越要懂得低调。为什么当老大的更应该低调?

中国移动当年请我做顾问,我们在讨论全球通的品牌时,有人提出来一个口号叫:全球通,我能!当时十几个专家进行讨论,我是坚决反对。为什么呢?因为那时候,中国移动已经有了三亿多用户,不仅在中国,就是在全世界通信公司中它也是用户规模第一了。用户多,收入高,非常招人羡慕忌妒恨!关键是最后一个"恨"字。竞争对手、用户、合作伙伴、公众媒体都忌妒恨你了,你还那么高调地说:全球通,我能,你不能。用这样的态度去沟通、去宣传,只会招来更大的忌妒和恨,这样做对企业的公共关系和社会形象来讲是极其不好的。不是说这个广告的创意和制作不好,而是说它所传达的企业态度与中国移动作为行业老大的角色是不相符的,不应该高调地火上加油,而应该谦虚地说:"全球通,您能!"当然讨论的结果是集体投票表决,只有一票反对,就是我。最后"全球通,我能"就风靡大江南北了。结果呢,过了不到一年半,中国移动集团公司的一位副总经理去拜访一位集团大客户,想谈笔生意。那个公司的老板就跟他说:"哎!我们需要的数据专线,跟你们中国移动谈了这么久,为什么还没有搞好啊?"中国移动的这位副总经理就很尴尬地解释说:"这件事情不是一下就能做到的,有一二三四五六个原因,希望你们理解一下。"没想到人家老板说:"别给我扯这么多了,你们不是天天打广告都在讲'我能'吗?连这点小事都办不了,你们能什么呀?"

因此,你可以看到在市场沟通当中,态度是非常重要的。重大的决策在调研阶段应该广泛听取各方面的意见和建议，这叫民主化群众路线。但在拍板的时候则需要独具慧眼和力排众议的勇气，决不可从众，而应该从贤。真理往往掌握在少数明白人手里，说的就是这个道理。

我个人反复强调，"我能，你不能"这种处世态度是绝对不适合已经成为老大的人、企业或者国家的。你已经是强者了，大家都知道你能，大家都开始害怕你能，所以你自己千万别再讲"我能"，这不是你自信的表达，而是显得很狂妄自大，更容易触犯众怒。老大适合持有什么样的沟通态度？其实就适合第二种处世态度，叫"我不能，你能"，这样是韬光养晦，是低调和谦虚。同样，世界第一霸主美国完蛋在哪？它老说只有我美国能，无论欧盟、日本、俄罗斯，还是中国，你们谁也别想能。这当然会引起全世界的反感，包括美国的小兄弟菲律宾新总统杜特尔特虽然是作秀向中国要利益，但何尝不是乘机公开表达了对强势老大的反感。如果美国对全球说话的口气能换成"我不能，你们能"，也许大家反而会对它更加尊重。权力是来自敬畏，别人光是害怕你是不够的，能让别人发自内心尊敬你才是根本。

有人说，你以什么态度对待别人，别人就会以同样的态度来对待你。事实上是：你以什么样坏的态度对待别人，别人绝对就会以同样坏的态度来对待你。当你以好的态度去对待别人，大多数人也会以好的态度来对待你，但也有一些人还是会以坏的态度对待你，因为坏人的确是存在的。

所以，害人之心不可有，防人之心不可无。遇好人要对他更好，遇坏人要对他更坏。这不就是中国文化讲的"以德服人"吗？

6.弱者示强

处世态度是辩证法，拥有不同的人生态度，成为强者或沦为弱者都是一念之间，所谓"穷不过三代，富不过三代"的道理其实都与态度相关。有钱时应低调节俭示穷，没钱时应大胆投资示富。能打包剩菜回家的亿万富翁和能借钱坐飞机头等舱的草根都令人钦佩。他们都能理解强弱与人心转化的辩证法。真正的财富是你自己和别人对你的信心。前面讲过了最适合强者的处世态度应该是示弱。下面我们要讨论为什么弱者的处世态度反而应该示强。

为什么毛泽东主席当年要说"战略上要藐视敌人""一切反动派都是纸老虎"?

在井冈山的时候,毛主席说,星星之火可以燎原。可见当时红军队伍十分弱小,内部充满了悲观和失败的情绪。如何提升大家的革命信心,增强战士们的士气,这是任何一个初创公司都会面临的问题。换句话说,当你是一个弱者,你该采用什么态度才能凝聚人心,给大家带来希望呢?只能用第一种处世态度:"我能,你不能!"因为,你本来心里就很自卑,如果你的态度是"我不能,你能",就等于承认自己的事业没有什么希望了,承认在对手面前不是"我能",而是"我熊"了。结果会怎么样?队伍一下就散了,员工都跑了,团队就垮了。所以在红军最艰难的长征时期,毛主席一定要说"我们能,国民党蒋介石不能"。虽然毛主席英语不是很好,但他却为英语独创了一个特别的词汇,就是"纸老虎"一词"Paper Tiger"。能够让每个创业者相信明天更美好,能以无比自信的态度去面对绝境,这是领袖最重要的责任,也是一个人成为领袖的必备条件:善于用梦想和愿景去"忽悠"追随者,让他们热血沸腾,跟打了鸡血似的勇往向前。梦想的星辰在黑暗里引领我们奔跑,饮热血和激情得以支撑,直到天边出现曙光,仿佛沙漠里看见了绿洲,远方出现了港湾。靠这种执着信念坚持下来的创业者都是自己态度的"幸存者",当然也是"幸运者"。1921年7月,中国共产党第一次全国代表大会共有13人参加,等到1949年10月1日开国大典时,只有毛泽东和董必武这两个人坚持到了这一天。

同样,1999年阿里巴巴成立的时候,恰好互联网泡沫即将破灭,马云感觉到了17位原始创业者对前途的担忧,他立刻发表了热情洋溢的讲话:"不要担心,我相信Internet这个梦不会破。我们为后面三五年付出的代价将是非常惨重的。只有这样惨重的代价才会赢得我们未来取得的成功。三年内一旦成为上市公司,我们每一个人所得到的不是这套房子,而是50套这样的房子。我们就是要一直往前冲。所以团队精神是非常非常重要的。往前走的时候,即使失败了,我们还有一个团队,我们还有这么一帮人互相支撑着,你有什么可恐惧的?今天很残酷,明天更残酷,后天很美好,但绝大多数人死在明天晚上。"这段话里包含了对互联网前途光明的判断,对三五年艰苦的坦承,然后是上市后利益的展望,最终是对自己团队互相支撑的坚信。2014年阿里巴巴在美国再次上市时，市值达到2 300亿美元。这18个原始股东获得了超过一万倍的投资回报。在BAT（Baidu百度、Alibaba阿里、Tencent腾讯）三大互联网巨头中，唯一不懂技术的外行就是马云，而影响力巨大的也是马云。马云的成功是梦想、执着和人生态度的成功。这样的传奇证明，在这个地球上终归还是有奇迹的，奇迹存在于凡人的想象力和执着的信念中，不仅要对自己有信心，更要让更多的人对你有信心，所以创业者必须示强。

我能！是一切弱者创造奇迹的出发点！

你能！是一切强者以谦卑赢得伟大的座右铭！

7. 自大与自卑

两种截然相反的人生态度，最终结果却殊途同归，不信你来听听这个小故事：假设有一个陷阱，两个人同时掉进去了，规定只有一个人能够活着出来，而且这个人必须得到另外一个人的舍命帮助，否则难以生还。这个假设如果成立的话，请问一下各位：什么样关系的两个人掉到这个陷阱里去了，绝对是一个人都出不来，两个人都会死在里面？两个人是什么样的关系才会无一生还呢？答案很简单：至少有两种关系，当然不会只局限于这两种关系，但这两种关系特别经典。

第一种关系是什么？叫作生死相依的恋人，因为彼此都特别爱对方，谁也舍不得抛下谁。这个说，我帮你，你出去好好幸福地生活。另一个也说，我不走，我帮你，你应该好好替我活下去。结果彼此推来推去，两个人抱头痛哭，难舍难分。最后的决定是：算了，谁也别出去了，失去了对方，活着都没有意义，不如死在一起，能够在一起就是天堂。所以极其相爱的两个人是不可能有人活下来的。

反过来，另一种关系是有不共戴天之仇的两个人掉进这个陷阱，彼此一直想弄死对方，现在你还想让我帮你逃生，这是绝对不可能的事，所以一对彼此刻骨仇恨的人也是不可能有人活下来的。

那么这个故事要告诉你什么道理呢？实际上就是说人类的关系就是如此奇妙，无论是极其相爱的感情，还是极其仇恨的感情，爱恨这样两种截然相反的极端感情，最后造成的命运效果竟然是一样的，这的确令人震惊：爱到极致和恨到极致在本质上呈现出完全相同的结局。

我也亲耳听到过一个女子说，她爱自己的男友，爱到什么程度？她特别想砍下自己男友的人头做成永不腐烂的标本，珍惜地收藏起来，在夜深人静的时候悄悄拿出来一个人仔细地抚摸与端详，然后热泪盈眶。这样强烈的爱情是不是令人毛骨悚然呢？

我一直有一个观点，你人生最好的"良师"一定是你的敌人，他会毫不留情地用死亡来逼迫你学会进步。而你人生最大的"祸患"一定是那些无原则迁就和溺爱你的人，他们极致的宠爱让你走向失败。这种爱恨效果反转的故事在我们的生活中反复发生。

当我们从这样一个独特的角度来研究态度与结果的时候，你将会发现"自大"与"自卑"这两种极端的态度其实呈现出很多相同的特征。什么人最难交往？什么人的内心是封闭的？什么人听不进别人半句话？什么人和人交流时其实一直在自言自语？为什么有人会盛极必衰？为什么有人会因自卑灭亡？主要原因就是他们的内心都极端封闭，沉浸在一个自我想象的世界里，脱离现实，与世隔绝，终会被时代抛弃。

自我封闭的核心是心态的封闭。

"井底之蛙"的封闭是因为盲目自大的狂妄而拒绝接受新的观念与事物，整个中国从康乾盛世到鸦片战争的溃败就是这样一种傲慢的天朝心态所致。所谓盛极必衰的必然就是因为过去的成功使人自大到目空一切的状态，上天要让他灭亡必先让他疯狂。我能！我还能！我什么都能！我无所不能！这种态度就是疯狂的表现。你看这种人发言滔滔不绝，针插不进，水泼不进，其实就是在自言自语，自说自话。他征询别人的意见，不是让你讲不同的看法，而是希望你能附和证明他的观点是如何正确伟大，这种现象可以叫作"成功者精神病"。

"马加爵事件"是另外一种心灵封闭的悲剧。马加爵，男，汉族，广西宾阳人，云南大学生化学院生物技术专业2000级学生，户籍地为广西宾阳县。2004年2月13日晚他杀一人，2月14日晚又杀一人，2月15日再杀两人。2004年6月17日被执行死刑。马加爵所杀四人都是他的大学同学，杀人动机就是他认为这些同学看不起他。马加爵出身贫寒，长期因自卑而心灵封闭，性格古怪敏感，难以正常沟通交往。最终因为朋友"一言冒犯",为了维护自己可怜的自尊心,连杀四位同学,震惊全国。这种现象可以叫作"失败者精神病"。

从历史上的极其"自大"到近代的极其"自卑",封闭的心态导致相同的结果。我们该如何区分"自信、自强"与"自大、自傲"的不同?我们该如何避免表面的"自尊"背后内心极深的"自卑"?今天又该如何摆脱"暴发户"目空一切的心态?这就是近代百年中国的心灵史,也是企业经营者无论是快速成功,还是屡遭挫折所必须面对的问题:

以"不卑不亢"的平常心待人;以"谋事在人,成事在天"的自然心做事;打造以"信用、信心、信念、信条乃至信仰"为核心的价值体系,这才是成功者和幸福者的心态。

的确,乐极生悲,否极泰来,物极必反!

8. 适者生存

人与世界是什么关系?

人与环境是什么关系?

人从哪里来?要到哪里去?

我是谁?

我大学本科考上的是华东师范大学哲学专业,没有好好学哲学,天天和中文系"夏雨诗社"一帮牛鬼蛇神混在一起,对上面的几大哲学问题多是从文学的角度思考。

哲学家里面我最喜欢的是老子、卢梭和达尔文。老子的思想是天下第一智慧。卢梭对人的真诚关爱是我以后写自传的榜样。要讲人生态度,就不得不提到达尔文。我个人以为达尔文应该是西方的老子。老子用自己的直觉思维和精炼的文学语言写出了天道循环,揭示出了人类与自然界的关系。但真正能以科学方式证明老子天道演化思想的其实是达尔文。达尔文的进化论就是老子的天道在生物界的展示。

做人也罢,做企业也罢,不理解老子的《道德经》和达尔文的"进化论"就抓不住要害。比如,什么才是企业的核心竞争力?企业又该怎样适应社会趋势进化?渐进与突变哪种方式更好?

达尔文进化论的本质可以总结为几句话:物竞天择,优胜劣汰,适者生存。在达尔文眼里大自然就是一个最公平的"市场",物种与物种之间、个体与个体之间都在进行生存与发展的竞争,竞争才是硬道理。没有竞争的世界就不是一个正常的世界。大自然竞争的核心法则是优胜劣汰。但什么叫优?什么是劣?根本标准是第三句话:适者生存。只有能适应竞争环境的个体和物种才能生存下去。而且这种对环境变化的适应方式是一种越来越高级的、由简而繁、由被动到主动的智慧的进化过程。这种进化最终形成了一个相互竞争又相互合作的生态系统。在这个系统中,对环境变化的适应能力才是最核心的竞争力。从被动地改变自己去适应客观环境,到主动地去改变环境来适应自己,这是人类的创造力所在。

人类所面临的环境正在从单一的自然环境向由人主宰的社会环境进化。在与这两个环境的互动之中,人类还制定了超越客观法则的社会规则,包括道德、伦理、法律、行规等。所谓文明的核心正是体现在这些人为的社会规则试图去做到人与人竞争可以"优胜",但未必要"劣汰",可以对弱者通过保底的方式维持其基本生存,从而减少社会的动荡,体现出"人道主义"比天道更加具有"人性"的光辉。而摆脱纯自然的动物性也是人类将自己神圣化的主要目的。人类文明进步就是摆脱自然力控制,转向人工自我控制的进程。如何从社会学、管理学、市场营销学的不同角度去研究进化论是一个不错的课题,其中的意义并不亚于计算机技术会通过对人脑神经分布式运算的"模仿"最终实现与人脑的相互融合。

我仔细想来,自然界的进化与当今人类社会的变化有什么不一样?

以往自然界的变化比较缓慢,动不动要几亿年,所以生物进化极少是以突变的方式,而主要体现为渐变。唯一几次物种大毁灭都是因为遇上了突然的天灾,小行星撞击地球,或者海底地壳剧烈运动冲撞,大地震大火山爆发……所以像恐龙这样进化到生态顶端的高级动物适应不了这种环境的突变,原来的"优"反而不如"低级"动物的"劣",所以灭绝了,这证明低级动物在大自然的"突变"时比高级动物更具核心竞争力。

自从人类进入工业文明之后,改造和破坏自然环境的"突变"能力大大加剧,这回几乎所有的野生动物都面临着灭顶之灾。反观人类社会本身，自从进入人工智能时代，社会以"摩尔定律"的速度在日新月异地演进，每隔五到十年一个传统的行业都可能被跨界消灭，应对"突变"的主动适应能力对任何一个大型企业都成了生死攸关的根本。我们完全可以依据这样的思路写出一本《互联网＋时代的企业进化论》。其中，企业的组织结构、管理机制、研发方式、与客户、股东的角色关系以及政府政策法律的管制等都会发生颠覆性的变化。

在下一个智慧化时代，每一个人可能就是一个属于自己的超级伟大的公司，同时也是一个独一无二的市场。面对由一个个"个体"为中心互联互动而成的网络化新世界，我们又该如何"适者生存"呢？个体的就是世界的，小的就是大的，傻的就是智慧的……过去是人在世界中，未来世界在个体的人身上。当现实的世界与虚拟的世界合二为一的时候，面对自己无数个虚虚实实的分身你又该问自己：我到底是谁？

对"自我"的管理一定会是一个极受欢迎的"大生意"。迎接全新的进化，你准备好没有？

9. 本·拉登的产生

当你已经是老大的时候，不要老说"我能，你不能"，那就说明你内心出问题了。当了老大你应该说"我不能，你能"，这叫低调和谦虚。反过来，当你特别"不能"的时候，落难的时候，弱小的时候，你不能说"我不能，你能"，那样会让大家丧失信心，队伍就会垮掉了。这时候你一定要说"我能，我们一定能"，这就叫自强不息。所以，不同的态度应该针对不同的情况，适合的态度才是最好的，一个创业者的心态和一个功成名就者的心态当然是应该不一样的。

我们更应该重视第三种态度，也就是人类最可怕的态度。我个人可以断言，人类最终会毁在自己人手里。毁在什么样的自己人手里？就是拥有第三种态度的人。这种态度叫"我不能，你也不能，他也不能，谁也别想能"。我把这种人生态度称为本·拉登式的人生态度，自杀式的，同归于尽的，要死一块死的无底线的人生态度。这种态度在我们这个时代越来越流行，越来越可怕。

因此，我们如何对待持有这种人生态度的人呢？我觉得只有两点：第一点，凡碰到了这样的人，这样的组织，你最好能躲他远点。每个人都应该首先远离极端的自己，远离这样的极端组织，远离这样的人。第二点，实在躲不过了怎么办？先下手为强，先把这种人弄死，否则你就会完蛋。而且在弄死他的过程中必须一击必中，否则的话他会跟你同归于尽的。俗话讲，横的怕愣的，愣的怕不要命的，他不怕死，奈何以死惧之？

讲到这个地方，如果我的水平是这样，我也就只能在老师里面得个70分到80分，但是我想得90分，想成为一个90分的优秀老师。那我得先问自己一个问题：本·拉登这样的人是怎么炼成的？是什么样的力量把本·拉登变成了同归于尽的人？

想了半天，道理其实很简单，就是拥有第一种"我能，你不能"态度的狂妄自大的强人，对第二种"我不能，你能"的自卑的弱者进行了毫不留情的逼迫，致使这个自卑的弱者陷入了生存的绝望，于是转换了自己的人生态度，反正老大都要弄死我，干脆豁出去了，王侯将相宁有种乎？既然我不能活了，那你也别想活，同归于尽吧。如果没有美国帮助以色列对阿拉伯世界的逼迫，也许未必会产生像"基地组织"这样的极端恐怖主义分子。

市场的竞争也同样如此：某年中国移动一个地市的老总给我打电话，说当地的中国联通向市场抛售15元包月随便使用手机业务的"自杀式"套餐包，问我该如何应对。我赶紧问他，在当地你们中国移动的市场份额超过多少了？他很骄傲地回答我说，我们中国移动在这里的市场占有率已经超过85%了，名列全省第一。我听了就笑着对他说，我恭喜你，终于把市场对手逼成本·拉登了。因为当地中国联通的收入是负增长，根本完不成任务了，当地老总一旦知道自己马上要下岗了，他会怎么办？当然是要死一起死，推出一个超低价的自杀式套餐服务，把中国移动的收入一起搞死得了。

对于同样是国有企业的对手而言，都是同一个父母，你中国移动再厉害总不可能把中国联通彻底搞破产倒闭吧？因为国资委是不会同意的。所以，应对中国联通自杀式袭击的唯一办法就是双方私下谈一谈，中国移动让出一部分市场，让中国联通有口汤喝，能活下去，它自然就会收回这个"15元包月"的套餐包。后来双方果然签了互惠的协议，当地中国移动保证中国联通能完成全年基本任务。你死我活的兄弟竞争终于告一段落。

记住，如果你没有十足把握能彻底消灭对方，那就千万不要下狠手把对手逼成"本·拉登"，否则后果是恐怖的。

10. 拯救对手

艾尔弗雷德·P·斯隆（Alfred Pritchard Sloan，1875 年—1966 年）是一位传奇式的企业领袖。美国《商业周刊》75 周年时，斯隆被选为过去 75 年来最伟大的创新者之一。他担任美国通用汽车公司总裁长达 23 年，仅仅用了三年时间便让公司起死回生，最终还击败全球汽车工业的霸主、宿敌福特公司成为行业新领袖。就在福特汽车公司即将破产之际，斯隆又力排众议，提出了拯救竞争对手福特公司的建议，不仅联合金融界向福特汽车公司提供了大笔无息贷款，还把自己培养了很多年的接班人欧尼斯特·布里奇（当时通用汽车公司的副总裁）介绍给福特公司去担任要职，甚至允许他"挖"走通用汽车 100 多名技术骨干和管理精英，包括后来担任福特财务总监的杰出会计师刘易斯·克鲁索。在福特汽车渡过生死难关后，斯隆又十分明智地让通用汽车总的市场份额保持在 40% 左右，给竞争对手留下一定的生存空间，以免触犯众怒，被美国政府依据《谢尔曼法案》（反垄断法）起诉。力图为整个汽车工业创造一个既竞争充满活力，又互相合作健康循环的生态环境。这正是我们极力推崇的能实现共赢的第四种处世态度：我能，你也能。

斯隆不仅是一位伟大的企业家，也是一位见解独到的管理学家，他的名著《我在通用汽车公司的岁月》先后再版几十次，成为管理学的经典，以他的基金在母校麻省理工学院捐助成立的斯隆管理学院也被认为是美国最杰出的商学院之一。麻省理工学院斯隆管理学院 2005 年被《美国新闻与世界报道》杂志评选为美国排名第四的商学院，仅次于哈佛商学院、斯坦福大学商学院和宾夕法尼亚大学沃顿商学院。自从 1914 年创办以来，麻省理工学院斯隆商学院为九十多个国家培养了一万六千多名人才，其中百分之五十的人是高级管理人员，百分之二十的人是公司企业总裁，另外还有六百五十多人创办了自己的公司。美国著名大公司惠普电脑公司、波音飞机公司和花旗银行的总裁都是这所商学院的毕业生。

斯隆关于竞争管理很重要的一点就是倡导培养竞争对手，与竞争对手形成相克相生的互动依存的关系。一般人会认为这种观念很荒谬，对一个企业来说最好能把所有的竞争对手都消灭掉，自己一家独存岂不更好？殊不知，失去了外在竞争优胜劣汰的压力，自我的进化动力就会丧失，没有对手和天敌的生态系统一定会失去平衡而走向毁灭。如果没有福特汽车公司发明的标准化流水线生产模式，也绝不会有通用汽车公司站在对手肩上的辉煌。厉害的对手未必是你的益友，但一定是你最好的良师。能促进彼此进步，让整个行业利润在良性竞争中持续扩大才是一种更高明的生态战略。中国的乒乓球和武术、日本的柔道、亚洲的围棋运动，如果不在国际上大力培养自己的竞争对手，帮助提升对手的普遍实力，这些一家独秀的竞技运动就不可能吸引各国人民广泛的参与和关注，也就不可能走向世界。从这个意义上讲，你有什么样的对手决定了你的价值、档次和影响力。

通用汽车与福特汽车，可口可乐与百事可乐、英特尔与AMD公司，波音公司与空中客车，麦当劳与肯德基，沃尔玛与家乐福，宝洁公司与联合利华公司……正是这些处在不同领域的冤家对头相生相克的持续竞争，演绎了人类商业史上一幕又一幕精彩的华章，促进了全球的经济繁荣，给消费者带来了更美好的产品和服务。

在维护这种市场公平竞争的力量中，政府所起的监管作用也是不可忽视的。1890年由约翰·谢尔曼提出，美国国会制定的第一部反托拉斯法，也是美国历史上第一个授权联邦政府控制、干预经济的法案。该法规定：凡以托拉斯形式订立契约、实行合并或阴谋限制贸易的行为，旨在垄断州际商业和贸易的任何一部分的垄断或试图垄断、联合或共谋犯罪的行为，均属违法。违反该法的个人或组织，将受到民事的或刑事的制裁。该法奠定了反垄断法的坚实基础，至今仍然是美国和世界各国政府反垄断的基本准则。美国电报电话公司、微软公司、英特尔公司、谷歌公司等世界巨头都曾遭遇多国政府的反垄断起诉，当市场上所有的对手都要被你以垄断优势消灭的时候，只有政府出手依法通过公司拆分、业务限制、高额罚款、与竞争对手签订和解协议等方式才能维护竞争的活力与力量平衡。

当然，如何判断一个公司是否已构成市场垄断地位，会因各国法律不同、政府考量不同、经济背景不同而产生不同的解释。美国的麦道航空公司曾经起诉波音公司在飞机制造业的垄断地位，结果波音公司以全球化市场竞争为理由向美国政府申诉，自己在美国国内市场虽然居于垄断地位，但在全球市场的份额正受到欧洲对手空中客车公司的强烈挑战，如果美国政府坚持要拆分波音，无疑最大的获益者并不是美国麦道航空公司，而是欧洲的空中客车。出于对美国国家利益的保护，最终美国政府反而促成了波音公司对麦道公司的收购，使一个更强大的波音能面对欧洲空客公司的挑战。

2009 年 11 月英特尔公司与 AMD 宣布达成全面和解，以终结双方之间长达数年的所有法律争端。英特尔为此愿意支付 12.5 亿美元，而 AMD 将撤销对前者的全部反垄断诉讼。电脑产业链最上游的两大巨头握手言和引发了 IT 界的轰动，芯片业或将迎来一个历史性的变局。根据协议，AMD 和英特尔将根据一份新的 5 年交叉授权协议互相获得对方的专利使用权，英特尔还同意遵守一系列商业操作规定。因此，AMD 将放弃所有提出的诉讼，还将撤销在全球范围内向各国监管部门提出的所有控告。尽管英特尔一再申明公司行为并未违法，并解释说："退让一步，寻求和解是明智的。"不过在这一番较量中显然是 AMD 处在了上风。在双方的协议细则中，AMD 的下列要求得到了满足：英特尔不能与 OEM 厂商签订只使用英特尔处理器的协议，或令 OEM 厂商推迟采用 AMD 的产品，在市场或广告活动中不宣传 AMD 处理器；在交易中，英特尔不得扣留选择使用 AMD 处理器的 OEM 厂商应得的利益……业内认为，这恰恰佐证了英特尔"恃强打压"行为确实存在。英特尔公司现在迫于政府压力明确表示自己有责任帮助竞争对手 AMD 活着，只有 AMD 活着才更有利于全球 IT 产业的健康发展，最终才有利于英特尔本身的可持续发展。

从另外一个角度看，即使在一个公司内部，也应该倡导内部竞争机制的建立，相马不如赛马，只有保持内部人与人之间、部门与部门之间，既相互合作，又存在适度而公平的竞争压力，这样的公司才能形成"狼性"文化，才能在对外竞争中保持优势。英特尔公司就推崇把一个难题交给公司不同的几组人马同时研发，既保持了公司的竞争压力，又提升了公司研发速度，付出一定的成本资源也是值得的。腾讯也是在同时向三组人马下达了微信研发任务之后，张小龙率领的广州研究院团队在不被看好的情况下快速脱颖而出，创造了一年用户过亿的奇迹。保持内外公平的竞争才是人类发展的硬道理。

最难的竞争就是与自己为敌，把昨日的我当成自己今天最大的对手，主动树敌，不断超越自我，才能找到自我进化的"永动机"。如果没有对手，一定要去培养自己的对手，要学会与对手一起拓展大市场，共同创造新市场。心胸狭隘就是你内心最大的敌人。

记住 1953 年美国通用汽车公司前总裁威尔逊在国会听证的名言：What is good for the country is good for General Motors，and vice versa。即，凡对美国有利的，就对通用汽车有利，反之亦然。

这是什么态度？国家能，我能！我能，国家能！我们要与国家、与世界共赢！

如何选择自己与世界相处和沟通的正确态度，这是做人与企业文化的内涵所在。飞利浦公司有一句看似普通的口号，既体现了与大家共赢的态度，也表达了不断进取超越自我的精神，值得分享：

让我们做得更好！

11.帝王与乞丐

你是想成为一个征服世界的帝王，还是选择做一个自由自在的乞丐？自我认同的态度决定了你的选择。

他身高不到 1.6 米。

20 岁成为国王。

只活了 33 岁。

在位不到 13 年时间，却以 4 万军队为核心，横扫敌军百万，先后征服希腊、波斯、埃及和印度。除中国之外，世界四大文明古国占据其三，统治领域达到 500 万平方公里，是那个时代全球国土面积最大的帝国。

他就是亚历山大大帝（公元前 356 年—公元前 323 年），马其顿帝国国王，世界著名的政治家和军事家。亚历山大被评为欧洲历史上最伟大的四大军事统帅之首，另外三人是汉尼拔、凯撒大帝、拿破仑。

他从 13 岁开始，师从古希腊哲学家亚里士多德。亚里士多德的老师叫柏拉图，柏拉图的老师叫苏格拉底，这三人被称为古希腊三贤，是整个西方哲学的源泉。

亚历山大横跨欧亚大陆的统治，不仅极大促进了古希腊的繁荣发展，更让东西方文化和经济产生了历史性的交流与融合，他鼓励民族间通婚，倡导民族间地位平等，对人类社会文化的进步产生了重大的影响。他的远征使得古希腊文明在近东地区影响长达 1 000 余年，他在埃及建立的城市今天依然世界闻名，就叫亚历山大城。

他却是个乞丐。

他住在一个破木桶里。

他所有的财产是一件斗篷、一根棍子和一个面包袋。

他常常白天点着灯在街上行走，说是要在暗无天日里寻找真正诚实的面孔。

他曾经有一个喝水的碗，后来发现狗没有碗也能喝水，于是他就把那个碗送人了。他倡导向狗学习怎么过最简单自然的生活，身边不允许有一件多余的东西。

他几乎是赤身露体走遍了整个希腊各地，享受阳光空气与海滩，生活随遇而安，堪称第一代驴友，也可以看成是古代的《阿甘正传》。

人们有时候直接叫他"狗"，他根本不在乎。后来他的思想就被称为"犬儒主义"，他的信徒多达几千人。他的思想核心是鄙视世俗的荣华富贵，崇尚回归自然的生活，提出绝对的个人精神自由，与中国的道家主张特别相似，他怪异乖张的行为又与西晋名士刘伶等人好有一比。其实这只不过是以一种愤世嫉俗的方式对现实进行反抗。他最有名的主张就是：只有摆脱欲望才能从恐惧中解放出来，实现自我的自由。

他就是古希腊哲学家第欧根尼（约公元前 412 年—前 324 年），出生于锡诺帕（现属土耳其）一个银行家家庭，他为了身体力行实践自己的思想，脱离了自己原来的生活阶层，成为犬儒哲学的代表人物。活跃于公元前 4 世纪，卒于古希腊科林斯。

第欧根尼的老师叫安提斯泰尼，安提斯泰尼的老师叫苏格拉底。

在征服世界的帝王亚历山大和拥有自己思想的乞丐第欧根尼之间，我们终于看到了一个世俗的关联：他们都是苏格拉底的传人，乞丐第欧根尼是帝王亚历山大的师叔。

终于有一天，亚历山大大帝听到了关于这个师叔的一些"奇谈怪论"，他很感兴趣，于是传旨让第欧根尼来见他。没想到第欧根尼宁愿绝食也不来拜见皇帝，理由居然是：他并不想见皇帝，既然是皇帝想见他，那就应该是皇帝本人来拜访他才合理。

亚历山大大帝出乎大臣们的意料之外，竟然同意自己去拜访不知好歹的乞丐第欧根尼。当皇帝到来的时候，第欧根尼正躺在自己的破木桶里晒太阳。

亚历山大说："第欧根尼，我希望能建一座学校来传播你的思想。"

第欧根尼一本正经地说："陛下，所有的真理自己就有翅膀，不需要学校去传播。"

亚历山大很不甘心地说："我身为一个国王，远道而来，难道就没有机会为你做件事吗？"

第欧根尼立刻高兴地回答说："当然可以。请陛下带着部下离我远一点，别把我的阳光遮住了。"

亚历山大大帝听完这句话，马上就带着自己的人默默地离开了这个正在晒太阳的乞丐，他终于知道自己真的帮助不了这个一无所有却又一无所求的人。

据说很久以后，在谈到第欧根尼的时候，亚历山大大帝叹了一口气对身边的人说："我这辈子要不是做了亚历山大，我就一定会做第欧根尼。"那种羡慕溢于言表。

一个全世界最有权势和财富的人居然会羡慕一个只拥有"自我"的乞丐。这两个人究竟谁更幸福呢？其实，答案并不重要。

一个人如何拥有自我，如何顺应内心，这才是人生态度应该着重考虑的根本。

表 4–1　立新态度论

序号	态度	本质	适用	示例说明
1	我能，你不能	自信或狂妄	弱者示强	阿里巴巴创立初期，马云激励早年的十八罗汉。
2	我不能，你能	谦虚或自卑	强者示弱	中国移动："我能！"还是"你能！"
3	我不能，谁也别能	同归于尽	人类毁灭之源	美国把本·拉登逼成恐怖分子。
4	我能，你也能	共赢	最好的态度	通用汽车拯救竞争对手福特汽车。

第五章

撬动地球的支点
营销与定位

1.老鼠、李斯、鱼

一个人、一本书、一句话、一件事都可以改变我们的命运。

1992 年以前，我把自己定位成诗人的时候，穷得叮当响。幸好我们北京邮电大学社科系有个同事叫秦千里，他送给我一套广告丛书，里面有薄薄的一本叫《定位》(Position)，是由美国的里斯和特劳特合著的一本书，1981 年出版之后风靡全世界，从广告传播理论逐渐上升为一种"攻占人心"的经营战略。该理论认为，企业只有两项任务：一是在企业外部的用户头脑中确立一个用以决胜的"位置"；二是以这个"位置"为导向配置企业内部的所有资源并进行运营管理，让企业客观资源为客户主观认知的"定位"服务，这就是定位决定一切！具体而言，你必须在外部市场竞争中界定自己能被顾客心智接受的定位，回过头来引领内部运营，才能使企业产生的成果（产品和服务）被顾客接受从而转化为业绩。这本书也改变了我的命运，让我从诗人重新把自己定位为"能用诗歌的想象力与语言能力从事广告创作的策划人"，从此在为摩托罗拉、中央电视台、大连万达集团、中国电信、中国移动等企业的策划服务中我实现了跨界转型，挖掘出了自己的"商业价值"，在北京邮电大学我也从教思想政治教育课程成功转变成了 MBA 市场营销专业的老师。

我个人认为"定位"就是寻找到你的比较优势的思考方式。从你想要干什么，你能够干什么，别人需要你干什么，到最终通过抓住这几个问题的结合点准确地找到自己的定位：什么才是最适合你干的。"匹配"与"适合"才是定位的核心重点！

定位理论对改变人的命运、改变企业的发展、改变物品的价值，甚至是改变一个国家的前途都是非常有帮助的。

战国时期有个人叫李斯，在楚国的上蔡做一个小吏。有一天他去上厕所，那时候正好是冬天，厕所又是露天的，他拉屎正好就看到下面一群老鼠冻得发抖，然后又渴望地等着他把屎拉下去充饥。于是他立刻顿悟了说，如果这些老鼠是待在国家的粮仓里，又暖和，吃的又是粮食，又不用干活，也不用受惊吓，和茅厕里的老鼠命运简直是天差地别。人其实跟老鼠是一样的，我们的智商都差不多，能力也差不多，关键是处在什么位置决定了你的命运有什么不同。

于是，李斯当天就辞去了小吏的职务，先是去了齐国，拜在荀况门下，学帝王之术。后来经过自己的分析，既然要卖给帝王家，哪个国家最厉害，最求贤若渴，最有希望统一六国呢？还是虎狼之秦最有一统天下的气象！他就果断地去了秦国，最终帮助秦始皇灭六国统一天下，他也荣幸地成了中国历史上的第一个丞相。如果没有拉屎的瞬间顿悟，李斯一生充其量就是一个县政府的秘书而已。找到适合自己的国家、行业、岗位等位置，才是你事业成功的根本。

我曾经特别喜欢去花鸟鱼虫市场买日本的锦鲤来当宠物养着玩，动不动就是几百上千元，甚至上万元一条。而且不会养，鱼儿经常莫名其妙死掉。我太太就有意见，我们俩因此老起争执。有一天她拿上水桶硬拉着我去菜市场买鱼，原来菜市场里面也有锦鲤卖，才10块钱一斤。我立刻买了十几斤重的一条大锦鲤，卖鱼的商贩正准备用木棍把它打死，我赶紧告诉他说，别打！我是拿回去当宠物养的！所以，一条锦鲤如果放在宠物市场就很值钱，如果放在菜市场用来做火锅鱼就不值钱。这就叫定位决定市场价值。

古希腊物理学家阿基米德说："给我一个支点，我可以撬动地球。"找到自己与众不同的特点，你就是有了支点。把这个支点卖给谁，解决什么痛点，给他带来的利益点是什么，他又如何感受这个点的价值……这套定位的思考程序就是市场营销策划的杠杆，它可以使你撬动万事万物潜在的巨大市场，使你的业务在一个独特的"位置"上实现价值的最大化。

2. 我该怎样与姚明竞争？

姚明，1980 年 9 月 11 日出生在上海徐汇区，中国最出色的篮球明星，被人称为：明王、移动长城、小巨人。他身高 2.26 米，体重 140.6 公斤，百米短跑速度 15 秒左右。从 2003 年到 2011 年，曾 8 次入选美国 NBA 全明星球员，被评为世界最具影响力 100 人。

王立新，身高只有 1.67 米，体重 66 公斤，最快百米短跑速度 13 秒（高中当体育委员的时候）。我又该如何进行定位选择才有机会战胜姚明呢？

这就需要运用我归纳的定位"四点论"分析法，抓住"特点、优点、痛点、卖点"。

第一步，我应该通过比较找到我和姚明不一样的"特点"是什么。跟姚明相比，王立新的个子更矮、体重更轻、跑得更快……还更会说，这些就是我的"特点"。

第二步，用什么办法能把自己的"特点"转化成与姚明竞争的"优点"？你认为"个子矮、体重轻、跑得快、更会说"这些特点在我与姚明竞争的时候，是优点还是弱点？

这是整个营销策划的关键所在。定位要求我们辩证地看待"特点"与"优点"的关系。如果没有一个具体的竞争项目和场景作为判断的标准，所有的"特点"都很难说是"优点"还是"弱点"。把你的"特点"用对了人、用对了场景、用对了要解决的问题，所有的"特点"都可以通过这种扬长避短的选择转化为比对手更强的"优点"。反之，你的"特点"与针对的对象和要解决的问题不匹配，那它在竞争中就一定是"弱点"。

因为我的特点是"矮、轻、灵"，所以在所有需要"高度、蛮力"的领域我都不适合去和姚巨人竞争，比如在打篮球、摔跤、拳击这样的项目上我肯定会输给姚明。我的"特点"在这些项目上不是优势，而是"弱点"。

　　有哪些领域是需要机动灵活而不适合大个子巨人干的呢? 体操、骑马、开坦克、开潜艇、宇航员……如果是在这些项目和岗位上我和巨人姚明竞争,那么我个子矮、体重轻的这些"特点"因为更适合就变成了"优点",而姚明的身高与体重就变成了一种"笨重"的弱点。你可以看中国的体操运动员、赛马的骑手、坦克兵、核潜艇舰长、宇航员有谁身高超过 2 米的? "轻巧灵活"才是他们所需要的优点,而这正好是我的"特点",也是姚明做不到的"弱点"。

　　把自己的"特点"用到特别适合、特别匹配的地方,它才能够转化成你与对手竞争的"优点"。优点是结合了"你、对手、用途"这三大因素进行辩证组合而产生的比较优势。

　　但顾客既不关心你的"特点",甚至也不在意你们在竞争中谁有"优点"(那是你们竞争对手之间的事),顾客其实最关心这种"优点"能给自己带来什么利益和好处,这就是你的"卖点",更准确地讲就是顾客的"买点"。顾客的这种利益点是怎么提炼出来的?

　　第三步,仔细分析你竞争的"优点"最适合解决顾客的哪个"痛点"。让你的优点能和顾客的某个"核心需求"的满足结合起来,让优点能够解决顾客的某个痛点,你才能够找到自己的"卖点"。切记,痛点不是你幻想出来的,而是顾客真实存在的场景需求;痛点也不是锦上添花,而应该是"雪中送炭"那种需求,越痛的点顾客价值感知越大。

　　就拿我和姚明竞争国家体操队运动员来说,相关教练和领导最大的痛点就是担心运动员发挥不稳定,失误多就会失去好成绩,失去好成绩领导就会不开心。我的优点是"个子矮、重心低、落地稳",正好可以满足他们"求稳"的核心需求。而姚明相反,他是"重心高、动作笨、易失误、风险大"。通过把自己的"优点"和顾客的"痛点"进行精准匹配,我们才能从顾客价值感知的角度推出自己的"卖点"。

　　我们站在作为顾客和选择人"教练"的角度看,"稳"和"冠军"都只是"手段",上级领导放心、全国人民开心才是"目的",才是"求稳"选择的关键利益点所在。

　　第四步,把你的"卖点"浓缩在不超过十个字的广告口号里,让你确定的顾客一听就产生心动的价值感知。

我们该怎么对国家体操队教练说呢？他为什么不应该选姚明而应该选王立新？就是下面这句口号：

稳争冠军，领导放心！

表 5–1　产品和服务定位的方法

序号	要点	示例：农夫山泉
1	卖给谁？	卖给讲究生活品质和有环保意识的人。
2	用来干什么？	喝水解渴。
3	相比同类产品或服务，有什么优势？	水来自无污染的天然水源千岛湖，健康环保。
4	顾客能得到什么好处？	安全、健康、好喝的矿泉水。
5	顾客感知到卖点了吗？	"农夫山泉有点甜""好水喝出健康来"的广告语广为人知，农夫山泉市场份额长期全国第一。

表 5–2　定位四点论分析法

序号	四点	说明	示例：王立新 vs 姚明
1	特点	企业、业务、技术、人的特点	王立新的个子更矮、体重更轻
2	优点	在什么应用场景中成为优点	王立新比姚明更适合当体操运动员
3	痛点	适合解决什么客户的哪个痛点	教练和领导担心运动员发挥不稳定，失误多失去好成绩，失去好成绩领导就会不开心
4	卖点	给客户带来的是什么利益卖点	王立新个子矮、重心低、落地稳，成绩稳定
		把卖点概括为一句让人产生购买冲动的话	广告语：稳争冠军，领导放心！

3.攻占人心

定位的根本不在于死守某种具体的业务和技术，而在于用一个强有力的形象去攻占消费者内心合情合理的观念认同，从而在消费者的选择认知上形成自己的心理垄断壁垒，这才是阻挡竞争对手攻击的最高境界。

2001 年 9 月，北京邮电大学的吕廷杰教授和时任中国移动广东省分公司的副总经理林振辉先生共同推荐我成为中国移动通信集团公司市场营销方面的顾问，直接参与市场部、数据部和后来成立的政企客户部的咨询工作。在长达八年的合作中，我虽然做过几十个具体项目的策划，亲自操刀创作了很多颇有影响力的广告作品，但我自认为对中国移动通信公司最大的贡献还是在战略定位和品牌建设上。由于当时的行业管制政策不允许中国移动做固网业务，我强烈建议中国移动把自己的市场角色定位成"移动通信和移动信息服务专家"，企业精神就是业精于专，在移动信息服务领域更加专注、专心、专业，所以专家形象更值得客户信赖。我的定位理由通俗易懂地讲就是顾客要吃烤鸭为什么会首选"全聚德"，顾客要买中药为什么会首选"同仁堂"，顾客的小孩生病了为什么会首选"北京儿童医院"……在一切领域人们当然更相信专业服务，借助这种天然的消费心理，我们就能成功地把一种被动的政策限制顺势转化为自己主动聚焦的战略选择，很容易在移动信息服务领域成为坐庄通吃所有消费人群的行业巨头。

一个顺应大众认知心理的企业定位具有极其强大的市场影响力，关键在于你是否敢于坚持和如何运用这种影响力。据悉当年号称"蓝色计算机"巨人的IBM公司在鼎盛时期曾企图进入同为办公用品的复印机市场，结果被垄断复印机市场多年的巨头施乐（Xerox）公司巧施妙招反击而惨遭失败。施乐公司是人类第一台复印机的发明者，是名副其实的复印机专家，人们甚至常常把"复印这个文件"直接说成"把这个文件Xerox"，可见施乐在人们心目中早已成为"复印行业"的代名词。施乐公司反击IBM的方法极其锐利而简单，就是通过各种宣传手段去提醒顾客：术业有专攻，隔行如隔山，只有专业的服务更可靠。作为复印机的发明者，施乐长期专注于各种复印机的技术研发和创新，几十年来深受广大客户的信赖。如果你要买计算机，当然我们也认为应该买IBM的，因为它是专注于计算机的行家。所以同样的道理，如果你要买复印机，当然应该买施乐。我们才是全球复印机的专家，总有一款会适合你。

我就是用"施乐成功反击IBM"的经典案例背后无可辩驳的逻辑去说服中国移动当时主管全国营销的集团副总经理鲁向东先生接受了我的建议。正是鲁向东先生对市场的独到眼光和果断决策才让"中国移动通信，移动信息专家"的形象定位在全国广为传播，并被许多企业所效仿。

同样，我在贵州省为当地知名企业高管讲"市场定位"课程时，也曾经试图劝说贵州茅台集团不要推出新产品"茅台啤酒"，因为生产低廉"啤酒"与人们心目中"茅台是白酒第一高端品牌"的形象完全不相吻合，竞争对手青岛啤酒要反击茅台啤酒也很容易：术业有专攻，隔行如隔山，专业品质更值得您信赖。就像喝白酒你应该喝茅台，选啤酒当然是青岛，因为茅台是中国高端白酒专家，而我们的技术源自德国，青岛才是中国历史最悠久的啤酒专家。可惜这次我未能说服茅台集团的领导，他们最终推出了茅台啤酒，宣传口号居然是"啤酒中的茅台"。其实茅台如果非要去做啤酒的话，最好的办法就是去德国找一家著名的啤酒公司进行合资，另取一个带有德国风格的"洋名"来营销自己的啤酒品牌，千万别用"茅台"的品牌来卖啤酒。

定位要从客户内心的认知出发还体现在我们必须把自己的竞争优点与不同客户的需求痛点相结合。不同的客户对痛点的感知不同，这就决定了同样的业务即使优点一样，在卖给不同消费人群时我们的卖点也必须不同。

当年中国移动由于只能专注于移动业务，只能专注于GSM一种技术（不能像中国联通同时做GSM和CDMA），所以专心聚焦投入使自己成为全球基站最多、全中国网络覆盖最广、通信服务品质最好的运营商，这是它和中国联通、中国电信相比"到处都有信号"的竞争优点。但这种优点在针对不同的消费人群时，因为收入的差异、年龄的差异、使用手机主要用途的差异，他们内心对网络好带来的切身利益的需求也是不同的。我把这种差异落实到三个不同细分市场上形成了不同的宣传卖点：首先，对高收入的"全球通"用户，我们宣传打通一个电话的最高价值是能够拯救他的生命（越南海难篇电视广告"关键时刻信赖全球通"），这是高端人群最看重的卖点；其次，对"动感地带"的年轻用户来说，他们主要看重手机打游戏时信号不会中断，卖点宣传是"让快乐持续到永远"；最后，对普通低收入的用户而言，他们更关心价格，所以我的策划是：使用手机是按次计费，掉一次线就要被收一次钱，掉线就是掉钱。中国移动网络好，不掉线，其实更省钱。

我们总结如下：中国移动比对手基站多是特点；网络覆盖广、信号好、更可靠是竞争优点；但这种优点针对不同的三大用户群内心需求的重点和痛点不同，市场推广的卖点也完全不一样："全球通"高端顾客是救命，"动感地带"顾客是快乐，"神州行"普通顾客是省钱。

定位源于消费者的内心需求与欲望，源于不同消费者的核心价值认知。不要把自己定位在产品、服务与技术上，也不要把自己定位在特点与竞争的优点上。

即使是同一个业务和技术，因为定位选择的顾客不同，痛点不同，能真正打动他们内心的卖点也必须是因人而异的。

"攻心为上"才是定位的本质运用。

表5–3 不同客户的定位四点论分析

序号	定位四点	示例：中国移动	
1	特点	全球基站数量最多	
2	优点	网络覆盖最广、通信服务品质好	
3	痛点	全球通高端客户	命比什么都重要
		动感地带年轻客户	打游戏信号不能中断
		神州行大众客户	价格低
4	卖点	全球通高端客户	救命
			广告语："打通一个电话能挽回的最高价值是生命"，"关键时刻，信赖全球通"
		动感地带年轻客户	快乐
			广告语："让快乐持续到永远"
		神州行大众客户	省钱
			广告语："使用手机是按次计费，掉一次线就要被收一次钱，掉线就是掉钱。中国移动网络好，不掉线，其实更省钱。"

4.选对顾客

谁是你的顾客?

你的顾客应该是谁?

所有的生意其实都是从这种看似简单的问题开始的。有趣的是我接触过成百上千的生意人，无论是成功者还是失败者，他们很少有人能讲明白自己的顾客是什么样的人，几乎都是在一种稀里糊涂的状态里做市场，主要是从自己的个人经验出发。自己到底是怎么成功的、怎么失败的，往往是知其然而不知其所以然。第一种常见的答案是：所有的人都是我的顾客。这个答案其实只有在那些供不应求的"短缺市场"状态下是可行的，随便你生产什么都会有"饥饿"的人抢着买，但这样的情况在各行各业都供过于求的今天已经特别罕见了，除非你掌控了某种能颠覆传统市场的能力，比如专利技术、创新模式、政策特权。即使是过去被宣传为从小孩、父母到祖父母，从乞丐到亿万富翁，几乎"无人不爱"的可口可乐现在也被迫推出了经典可乐、原味可乐、健怡可乐、樱桃可乐、不含咖啡因可乐等。我听过的第二种答案是：那些买我东西的人不就是我的顾客吗？但那些人有什么样的特征，他们为什么买你的东西而不是买别人的东西，你的东西哪一点最吸引他们……很少有人能做出准确的描述。

找到适合自己的顾客是市场定位的核心目标，也是营销成败的根本。

第一种方法是"客户画像法"。

就是在已有的客户中找出那些最喜欢你的"重度消费者"，然后从年龄、性别、收入、职业、文化、地域、价格、购买用途、使用习惯、场景等不同的角度分析出这些买你东西最多的人有哪些共同的特点，根据这些共同的特点，你就能照着这种"画像"去准确地发展新用户，成功率会极大提升。在今天这种方法也叫大数据"客户画像"。这种方法只有掌握现有客户数据的企业才能实施，传统做法是进行客户抽样调查。

比如根据掌握的数据分析，我的微信自媒体"立新说"的客户就集中在 24 岁到 45 岁的男士、月收入 4 000 元以上、主要是企业和政府的管理人员、关心商业财经知识、关注理财、喜欢旅游、更愿意通过视频方式获取信息、对孩子教育投入大的人群。如何围绕这些共同特征去发展这样的人成为"新辣骄"粉丝，去服务好这些人是"立新说"成败的关键。

第二种方法是以市场价值最大化去筛选自己的目标顾客。

如果我们要营销的产品是一块十吨重的大理石，选择什么样的顾客才能让这块石头的市场价值最大呢？

第一种选择是把这块石头砸成碎石子，卖给高速公路建设公司用来铺路，现在的市场价格是 35 元至 50 元一吨，一共可以收入不到 500 元。

第二种选择是把这块大理石切割成地板砖，作为天然装饰石材卖给高档的装修公司，一平方米的价格在 300 元左右，也许你可以收入 10 多万元。

第三种选择是把这块大理石请著名的雕塑家设计成一件艺术雕像，通过拍卖方式卖给收藏家，价格要根据这个雕塑家的市场影响力而定，也许会达到上百万元的收入，尤其是雕塑家本人去世之后，市场价格更会大涨。

第四种选择是请佛教界的大德高僧开光加持后做成一尊千手观音的神像，放在名山大庙里供信众永久膜拜，时间越久远香火就越兴旺，信仰的价值对信徒来讲当然是无价的。

这个定位策划的示范无非是要启发你：千万不要贱卖自己，选择什么样的顾客就会决定你有什么样的价值。

第三种方法是要找准购买者的"双重角色"才能顺利达成交易。

购买者的角色定位要求你应当从"购买角色"和"社会角色"这两个不同的角度来分析顾客的需求。

首先是在交易的过程中要注意区别对待不同的购买角色所发挥的相关作用。你可以把自己营销的业务列成一个角色分析的表格，找出以下关键的角色：

A. 谁是本业务购买的建议者。

B. 有哪些人是意见的参与者。

C. 购买的决策者是谁。

D. 具体的执行者是谁。

E. 最终的使用者和受益者又是谁。

你从哪个角色入手更有利于营销？每个角色的利益点又是什么？这五个角色会在哪些关键人身上产生重叠？其中最重要的角色是谁？建议者、决策者、执行者应当是营销对象的重点。选错了购买角色，营销必然失败。

我们以戒烟产品为例：几乎所有的戒烟产品在营销推广中都是以烟民为重点诉求对象，想当然地以为这些烟民就是自己的顾客。凡是按照这种思路去卖戒烟产品，必然会在烟雾弥漫中迷失方向。因为香烟、赌博、电子游戏、毒品都是令人上瘾的东西，你无论怎么讲危害都很难说服当事人戒掉。对烟鬼而言，他们的信条是"吸烟的快乐胜过对肺癌的恐惧"。有调查数据表明，能自己成功戒烟的烟民不超过 5%。所以一切戒烟产品正确的营销角色选择应该是：烟民只是产品的最终使用者。妇联、大众媒体、医疗专家和相关公益组织、家庭成员是戒烟产品的建议者和意见参与者。核心的决策者、购买执行者应该是烟民身边的女人，包括母亲、女朋友、妻子和女儿，这些角色才是戒烟产品真正的"顾客"。说服她们购买戒烟产品去送给心爱的烟民才是正确的营销之道。整个市场定位的灵魂可以概括成一句话：某某戒烟产品，送给心爱男士的健康礼物！

其次从社会角色的角度看，人生如戏，每个人都必须扮演好自己在不同场景中的社会角色，主要包括：

A. 以血缘关系为核心的家族角色。

B. 以地缘关系为核心的乡亲角色。

C. 以业缘为核心的同学同事角色。

D. 以兴趣爱好为核心的朋友角色。

E. 以信仰民族为核心的精神角色。

以王立新为例，在社会角色中我扮演着男人、汉族、中国人、儿子、丈夫、父亲、教师、营销咨询顾问、酒友、自媒体人、旅游爱好者等不同的角色。场景不同，扮演的角色就不同，承担的责任与行为规范的要求也不同。把这种社会角色与购买角色进行交叉定位，我们更能清楚地知道应该对谁营销、他（她）的购买角色和社会角色又分别是什么，以什么样的角色诉求才能打动他（她）的心。选择正确的顾客，从选择正确的角色开始，只有认准产品对应的角色，你才能依据相应的欲望和语气把沟通说到点子上。

如果产品是杜蕾斯，那么我在购买角色中不仅是决策者、执行者，也是使用者。同时，我的社会角色不是汉族也不是教师，而是男人或者丈夫。根据杜蕾斯一贯的娱乐创意风格，为我量身定制的广告语就应该是：

"安全为王，立久弥新"。

尺度大，擂死人：度擂死！

表5-4 目标客户角色定位分析（以营销戒烟产品为例，假设吸烟者是丈夫）

序号	购买角色	社会角色/血缘关系
1	购买建议者	妻子
2	意见参与者	母亲、女儿
3	购买决策者	妻子
4	购买执行者	妻子
5	产品使用者/受益者	丈夫

表 5-5　目标客户角色定位分析（以营销少儿培训为例）

序号	购买角色	社会角色
1	购买建议者	老师
2	意见参与者	父亲
3	购买决策者	母亲
4	购买执行者	母亲
5	产品使用者/受益者	孩子

5.凯迪拉克的竞争对手

如何通过定位来识别你真正的竞争对手是谁？中国有句古话，同行永远是冤家。但是从定位的角度来看，同行未必是冤家，因为现在已经进入了差异化竞争的时代。

从汽车行业来看，劳斯莱斯和奇瑞QQ就不可能是竞争对手，因为价格相差悬殊，针对的根本不是同一阶层的顾客。即使是在价格同一档次的豪华轿车中，它们的市场定位也各有侧重。先分析凯迪拉克，它的宣传口号是：无论开到哪里，总比别人长一截。你很远就能看出驶过来的车是凯迪拉克，因为它的外形设计得特别夸张，特别拉风。整个设计就是为自己定位的客户卖点服务的，核心是"炫耀"。凯迪拉克的定位就是卖给个性张扬的土豪，突然发财了，生怕别人不知道，最好的办法是什么呢？就是买一辆豪华的凯迪拉克开着，很招摇，很高调，让所有的人一看就知道这哥们终于有钱了。

如果你有钱，不想炫耀，但很害怕出车祸，十分注重安全性，你一定愿意花钱买沃尔沃汽车。沃尔沃宣传自己是飞奔的钢铁堡垒，被人称为"汽车中的坦克"。事实上自1942年6月起，瑞典沃尔沃公司就获准特许参与Stridsvagn m/42型坦克的生产，安装了沃尔沃A8B发动机和液压电力变速箱的坦克被命名为Strv m/42EH中型坦克。所以沃尔沃并不是凯迪拉克的竞争对手，因为它的卖点不是"炫耀"而是"安全"。

如果你有钱，又不怕死，还特别想自己开车体验速度的快感，你买什么车？买宝马。因为它的定位是：享受驾驶的乐趣。所以发动机技术必然是宝马的核心竞争力所在。显然宝马也不是凯迪拉克的直接竞争对手，因为它的卖点是"开车的乐趣"。

如果你不想自己开车，又有钱，还希望体现自己的素质与身份，那你买什么车？那当然就是中国俗话讲的"坐奔驰开宝马"，奔驰应该是最适合你的。

如果你想买一辆低调而又性价比高的车，那么雷克萨斯是不错的选择。

尽管都是豪华汽车，但它们在市场定位上针对的用户需求、各自的卖点是不同的，所以在细分市场里同行未必是冤家。

那么如何来确定谁才是你真正的竞争对手呢？下面我总结的这段话也许能让你从本质上看清楚自己的对手是谁：不管你是做什么行业的业务，也不管他是做什么行业的业务，只要你们针对的是同一群顾客，满足的是同一种需求，产品和服务可以相互替代，更重要的是你们处在同一个价格档次，只要符合这几个条件，不管他做的是什么，都是你的竞争对手。

所以阿里云一定是IBM和甲骨文的竞争对手，微信一定是中国移动短信和语音的竞争对手，电子游戏就是香烟的竞争对手。因为它们是同一个市场定位，具有相同的客户和卖点。

现在你可以回答究竟谁才是凯迪拉克的竞争对手。也许是价值百万的裘皮大衣，也许是价值百万的珠宝首饰，也许是价值百万的金表……只要是价格相当、个性张扬的奢侈品都是凯迪拉克真正的竞争对手，因为它们都是为了"炫耀"！

所以，即使业务相同，针对的顾客需求不同，也不可能形成竞争对手的关系。即使业务不同，只要你们双方针对的顾客和需求是相同的，价格档次也相同，或者对方干脆免费，那么你们就是真正的竞争对手关系。

6.合作的奥秘

有一种说法：1+1+1＞3。

另一种说法：狼狈为奸。狼和狈一同外出去觅食，狼用前腿，狈用后腿，一起合作，既跑得快，又能爬高。后被引喻为互相勾结干坏事。

我上小学的时候，常常被高年级的同学欺负，最后明白自己单打独斗是不行的，于是和几个同学结成打架联盟，一人受欺负，大家一起去围攻对方，从此再也没人敢欺负我们了。

在商业上，企业与企业之间的竞争一开始也是单打独斗，最终聪明的企业家知道通过合作"打群架"的方式更容易成功，于是打造"产业联盟"和"生态系统"就成了现代商业的竞争常态。市场上不再是单个企业之间的竞争，而是一个合作联盟与另一个合作联盟之间的竞争。

你应该和谁合作才能形成优势互补的联盟? 你选择合作伙伴的基本原则和思路是什么? 其实，合作的原则有两条: 一是你们是否具备共同的目标和利益，二是你们通过合作是否能创造新的竞争优势与价值。这两条必须同时具备，你们才有合作的基础。所以敌人的敌人也未必是好的合作伙伴，因为你们即使有了共同的敌人，也未必能够在合作中创造新的竞争优势与价值。当年希特勒与墨索里尼的合作就是因为不匹配而失败的案例。正如后来德国人调侃总结说: 如果意大利是德国的敌人，我们用两个师的兵力就能打败它。但意大利是我们的盟友，我们不得不耗费十多个师的兵力去保护它。用网络语言讲就是"不怕神一样的对手，只怕猪一样的队友"。

依据上面两条合作的原则，定位理论在伙伴的选择上有三种情况可以考虑:

第一种情况是，你们针对的是同一类顾客，满足的是同一种需求，但你们各自的业务分别处在同一个产业链上下游的不同环节上，而且各自的实力是同一个档次的，你们的合作不仅是匹配的，而且还为共同的顾客创造了新的价值。这种合作方式被称为垂直产业链形成的纵向合作联盟。

最经典的案例是计算机最大的操作软件提供商微软与最大的计算机芯片提供商英特尔公司结盟，Windows+Intel被业内称为Wintel联盟，它们的合作提升了彼此的竞争实力，不仅极大地巩固了在各自产业中的垄断地位，而且加大了对最终共同顾客(计算机用户)的掌控，从而实现了对整个计算机产业链的绝对控制，在利益分配中它们两大公司就拿走了计算机全行业利润的49%，其他零部件供应商和计算机组装生产厂家完全处于从属地位，利润极薄。

在营销的战术运用层面上，这种垂直纵向合作的方式也可以发挥效力。当年我就建议中国移动通信公司与摩托罗拉公司进行联合推广合作: 内在合作逻辑关系就是"好车必须有好路，好手机必须有好网络"，所以"摩托罗拉好手机＋中国移动好网络＝畅享移动新生活"。这种纵向联合推广在每个行业都可以实施：各种食材原料调料＋餐馆、各种建筑材料和建筑机械＋家居办公用品＋房地产、各种药品＋医疗器械＋医院、各种汽车零部件＋汽车生产＋汽车4S店＋汽车保养服务……

第二种合作的情况是，你们针对的是同一类顾客，但你们的业务是满足这类顾客完全不同的需求，而你们在各自的行业拥有相互匹配的实力和市场地位，你们的合作不仅能为顾客创造新的价值，也能加强压倒各自竞争对手的优势。这种合作方式被称为跨行业的横向合作联盟。

最经典的合作案例就是全世界最大的快餐连锁企业麦当劳与全世界最大的饮料公司可口可乐结成横向合作联盟，针对同样的顾客，一个提供吃的食品，一个提供喝的饮料，实现强强联手，最终逼迫肯德基只好与百事可乐合作来与它们抗衡。这种合作方式也曾经在上海奢侈品牌展销会上出现过，顶级豪华汽车与高档珠宝推出4 000多万元的购买组合。你也可以让迪士尼乐园与斯沃琪手表、麦当劳、乐高教育等公司组成跨行业的儿童产业联盟。

第三种合作的情况比较特殊，即使是存在着相互竞争关系的对手之间也可以建立基于共同利益的合作联盟。

2015年5月14日中国两个最大的房地产巨头万达与万科就曾经宣布要在拿地联合开发、建筑原材料采购、融资等方面进行强强联手，这被人们戏称为"万万没想到"。虽然因为某些原因这两个公司的合作进展缓慢，但毕竟是一种充满想象力的对手之间的合作尝试。

无独有偶，2016年1月13日上午，长期相互竞争的中国电信与中国联通公司也突然宣布要在网络共建共享、全网通手机推广、国际漫游服务、网络互联互通等领域进行战略合作。的确，求同存异，资源分享，打造共同利益，降低经营成本，提升顾客满意度乃是企业合作之本。

我的另一个重要观点是：一切商业竞争，不仅是对手之间的竞争，其实在合作伙伴之间也注定存在着竞争，竞合关系的并存才是社会发展的常态。其核心就是谁能对最终的消费者产生更大的影响力和掌控能力才是争夺市场盟主位置的关键。在手段上可以是更强势的品牌，也可以是某种垄断的专利技术，或者是一种新的服务模式、生产模式、营销模式等,重要的是顾客对你的价值认知是否超越别人。这就是为什么在娱乐产业链里站在前台直接面对观众的明星歌手和演员比作词作曲者、比编剧和导演拿到的钱更多的奥秘。因为观众看到的是明星演员,他们才是观众价值感知最大的偶像,所有幕后工作人员对观众的影响力都比他们小。

现在你可以回答以下问题了:为什么传统商业渠道为王?为什么互联网商业免费和平台为王?为什么计算机产业微软与英特尔为王?为什么有人又说品牌为王、内容为王、服务为王、技术为王、产业标准为王……其实用我的观点看:

任何商业元素和环节无论它在产业链上离顾客有多远,它都有机会在产业生态系统里为王,关键在于它是否找到了一种更好的方式来影响和控制顾客。在信息文明时代,下一个控制顾客的工具就是运营大数据为王,只有能运用大数据来精准服务顾客的企业才能成为市场上新一代的产业盟主。

表5-6 定位三个圈

序号	类别		说明	示例
1	竞争对手		针对的是同一群顾客,满足的是同一种需求,产品和服务可以相互替代,更重要的是你们处在同一个价格档次。	宝马与奔驰
			同行未必是冤家	凯迪拉克豪华轿车与高级手表、珠宝、裘皮是竞争对手。
2	合作伙伴	垂直产业链纵向合作联盟	针对的是同一类顾客,满足的是同一种需求,但你们各自的业务分别处在同一个产业链上下游的不同环节上,而且各自的实力是同一个档次的,你们的合作不仅是匹配的,而且还为共同的顾客创造了新的价值。	微软与英特尔结成的Wintel联盟。
		跨行业横向合作联盟	针对的是同一类顾客,但你们的业务是满足这类顾客完全不同的需求,而你们在各自的行业拥有相互匹配的实力和市场地位,你们的合作不仅能为顾客创造新的价值,也能加强压倒各自竞争对手的优势。	麦当劳与可口可乐,肯德基与百事可乐。
		共同利益联盟	存在着相互竞争关系的对手之间建立基于共同利益的合作联盟。	万达与万科结盟联合采购。
3	用户		影响和控制最终顾客者为王。	Intel inside,从电脑里面跳到电脑外面,控制消费者的需求。

7.找到自己的第一

在《定位》这本书里作者问过一个问题：全世界海拔最高的山峰叫什么？几乎所有上过地理课的人都知道正确答案是珠穆朗玛峰。但作者紧接着又问了第二个问题：全世界海拔第二高的山峰叫什么？知道正确答案的人不到万分之一，而且这些知道正确答案的人要么是专门学习和研究地理学科的，要么就是热爱登山运动的。同样，你也可以问，2008年北京奥运会和2012年伦敦奥运会的男子百米短跑冠军是谁？获得亚军的人又是谁？知道冠军获得者是牙买加人博尔特的一定比知道亚军是谁的人多过万倍。这样的情况几乎在所有领域都一样：人们比较容易记住第一，很难记住第二。这是因为人在信息爆炸的时代记忆力有限，注意力更加集中在各领域最引人注目的第一名身上。甚至一位知名的体育教练还说过：比赛拿不到第一名，第二名的价值和最后一名是一样的。

虽然市场竞争未必有体育比赛现场这么直接与残酷，但是在激烈的竞争中每个行业能让消费者记得的品牌大约不会超过七个，而主要的利润都集中在前两名身上。所以美国通用电气（GE）公司的前CEO杰克·韦尔奇才提出了"数一数二"的发展战略："第一，在行业内数一数二；第二，具有远高于一般水准的投资报酬率；第三，具有明显的竞争优势；第四，能充分利用GE特定的杠杆优势。"杰克·韦尔奇要么把不能成长为市场前两名的业务卖掉，要么通过资本并购去打造前两名的业务。在他任职的第一阶段，GE共出售了价值110亿美元的企业，解雇了17万名员工。同时，GE也买进了价值260亿美元的新企业。其实"数一数二"的原则并不能单纯理解为市场份额的占有率进入前两名，还必须结合"远高于一般水准的投资回报率、形成明显的综合竞争优势、能充分发挥GE特定的杠杆优势"这三个角度来进行总体评价，而且对"市场"范围大小的定义也必须恰当地按全球用户规模、全行业收入和利润的占比来进行排名，否则我在一个村里的排名"数一数二"、我在一个市场总收入极小的高档市场"数一数二"……这也没有什么实质性的效益和意义，你不能为了"数一数二"去恶搞一个"虚名"，效益和利润才是目的。

首先应该寻找到自己的"第一"，而不是把自己定位成"第二、第三、第四"……这就是定位的三种思路之一：领导者的定位。从前，成都市宣传自己是排在北京、上海、广州之后的"中国第四城"，这就是愚蠢的。上海从来不说自己是"中国第二城"，它说自己是"中国最洋气的城市"，上海之外全是乡下。上海也说自己是"中国金融第一城"，这种策略就比"成都第四"的定位高明。

成都正确的定位选择就是通过两种方式来找到属于自己的第一：一种是时空范围收缩法。从时间的角度，如果你不是全人类历史上的第一，看看是不是当代第一；从空间的角度，如果你不是全世界第一，看看是不是亚洲第一、中国第一、四川省第一……从空间角度来看，成都应该把自己定位为"中国西部第一城"。另一种叫类别差异法。可以从"规模、品质、价格、技术、服务、创新、出口、管理……"不同的细分领域找到自己的第一。用这种方法定位成都，它既不是中国人口最多的，也不是经济最发达的城市；既不是全国政治和文化中心，也不是科技中心。但成都人会玩、好吃、人美、享受……自古就有"天府之国"的美誉，所以成都应该标榜自己是"中国最好玩的城市"，成都就是玩都！吃喝玩乐第一城！换成官方语言就是：成都，中国生活第一城！成都，衣食住行都成！

现在我可以告诉大家，全世界海拔第二高的山峰叫乔戈里峰，在中国新疆维吾尔自治区喀什地区塔什库尔干塔吉克自治县，它的高度为 8 611 米，仅比珠穆朗玛峰低 200 多米，屈居第二的地位使它在全球的知名度不及第一高峰的万分之一。那么你如何用一句话定位让人们都能记得乔戈里峰？方法只有一个：去找到属于乔戈里峰的第一。通过资料查询，乔戈里峰的攀登难度远远高于珠穆朗玛峰，它被专业登山运动员称为"地狱之巅"，一直以攀登者死亡率超过 27% 的概率高居全球登山榜首。所以请忘记"世界第二高峰"吧："乔戈里峰，全球最难攀登、死人最多的山峰！"死人最多的"第一"，会让你只听一次，就对乔戈里峰永难忘记。

那么属于你的第一是什么？属于你企业的第一又是什么？你该如何在市场竞争中利用好你的第一呢？第一就是你的支点，你如何让它撬动地球？领导者的定位就是要在某个领域找到属于自己的第一，占据消费者的记忆，获得更高的知名度、更多的销量和利润！

8. 创造自己的第一

1969 年 7 月 20 日,当美国宇航员走出阿波罗 11 号的登月小艇,踏上月球的那一刻,他手上佩戴的是瑞士欧米茄的超霸腕表,欧米茄品牌和全人类共同见证了那一伟大的时刻。

早在 1963 年,美国太空总署的研究员在休斯敦订购了五只计时腕表,并进行一系列严格而疯狂的测试,最后欧米茄超霸表不仅通过了每一项测试,还因为方便好用受到宇航员的追捧,从此以后被选为宇航员专用手表。当时欧米茄公司对此测试结果浑然不知,直到在一张报纸的照片上看到美国宇航员怀特执行太空任务时竟然戴着一只自己生产的超霸表。事实上欧米茄公司并没有为登月计划特别生产过手表,就算他们后来知道自己被选上了也没为此修改过手表,他们提供的是 1957 年的普通手动超霸表款,表里使用的机芯是 20 世纪 40 年代的产物,我们只能说这不是撞上了狗屎运,是欧米茄的品质给自己创造了一个千载难逢的第一定位:欧米茄,第一个登上月球的手表,引领人类计时进入太空时代!

自从见证 1969 年人类登月探险活动的那一刻起,欧米茄手表便成为此科学研究的一部分,他们和美国太空总署长期合作,并针对每个重要的登月事件推出自己的限量表款。所有登月表款皆忠实呈现当时的样貌,包括:不锈钢表壳、黑色测速计刻度表圈,搭载手动上链 1861 机芯。表盘沿用当时的化学纤维材质,而非蓝宝石玻璃水晶,避免因压力而造成爆裂。登月表的表背皆刻有 "THE FIRST WATCH WORN ON THE MOON(第一只在月球被佩戴的手表)"、独立限量编号、该任务的纪念图腾,以及登月日期等字样。

这个看似偶然创造出来的"第一"给欧米茄带来了全球范围的声誉,开辟了一个高端大气的市场。

从找到属于自己的第一,到主动创造属于自己的第一,这是营销定位一个质的飞跃。

第一种方法是通过创造一个新产品或新技术而催生出一个全新的行业。这样的公司才是划时代的伟大的公司,它们是人类历史的光荣与骄傲。

这样的创造案例包括以下的品牌:德国人卡尔·本茨(Karl Benz)在 1886 年

发明的以汽油机为动力的三轮车被认为是世界上第一辆汽车。百年之后，汽车工业成为全球支柱性产业，人类生产的汽车共计超过十亿辆。而创造出第一辆汽车的人以自己的名字命名了一个知名的品牌，它就是"奔驰"。

1902 年 7 月 17 日，美国人威利斯·哈维兰·开利（Willis Haviland Carrier）发明了人类第一部空调。他的专利于 1906 年得到注册。1915 年成立了一家以他的名字命名的公司，至今开利仍是世界最大的空调公司之一。

1973 年 4 月的一天，一名男子站在纽约街头，掏出一个约有两块砖头大的机器向贝尔实验室打通了人类第一个无线电话，引得路人纷纷驻足侧目。这个人就是手机的发明者马丁·库帕。当时，库帕是美国摩托罗拉公司的技术人员。手机的发明不仅让摩托罗拉从一个小公司成为世界 500 强，而且深刻地改变了全人类的生活方式。

第二种更常见的创造"第一"的方式是，当某个领域市场竞争处于群龙无首的混战状态，消费者也不知道谁是第一，但是他们希望能有一个"第一"，这时候"缓称王"就是一个优柔寡断的错误，谁能当机立断抢先把自己塑造成这个领域的第一谁就能脱颖而出，成为真正的霸主。

百威啤酒诞生于 1876 年，由美国人阿道弗斯·布希创办。过去在美国，酿啤酒和买啤酒都只是在某个小镇上进行的小规模商业活动，布希首先把自己的经营范围扩大到了全国，在各地建立了连锁冰啤屋，并且还同时开办游乐场联合经营，以此向经销商证明卖啤酒不仅仅是一种地方行为，它可以兼容每个地区的不同口味并且受到各地顾客的欢迎。然后他抢先在与各个地方的啤酒竞争中打出了"全美国销量第一"的宣传口号，再用这句话走向国际化，它就成了单一品牌中"世界销量第一"的啤酒，占领了 80 多个国家与地区的市场。

海尔冰箱早年也是在与容声、新飞等对手的混战中，以出口国外市场和服务好为突破，从"出口量第一"到"服务第一"，最终真的被消费者认定为中国冰箱第一品牌。当消费者心中普遍认为你是第一的时候，你的销量一定会上升为第一。先攻占人心，然后攻占市场。这就是市场混战不相上下时应该首选的竞争策略。

第三种主动创造"第一"的方式就是在竞争相持当中，谁也消灭不了谁的时候，必须借助资本运作的力量进行并购，用钱买下若干个对手，比在市场上逐个去消灭对手而成为第一要高效和实惠得多。并购是上市公司和外资企业常用的手法。

万达王健林收购美国、澳大利亚等国的电影院线；滴滴打车对快的、优步的并购；携程对艺龙、去哪儿的并购；分众传媒对聚众的并购；法国达能对乐百氏和娃哈哈的并购……都使自己迅速成为了某个市场领域的第一。所以，企业不仅要善于经营市场，也要善于运用资本的力量来加速市场的扩张。

如何使自己以最快的速度成为市场上第一高的大树？不是更努力地施肥浇水栽培，而是用金钱的"斧头"砍掉那些和你竞争的树，你再矮也是"第一"高的树，因为你已经是这个地盘上"唯一"的树。

9.借第一的光

如果你不是"领导者"的定位，那么第二个思路可以是"借光"的定位，或者叫追随者的定位。就是像月亮一样，借太阳的光芒来照亮自己。这种搭便车的方式是最省时间、最省成本，也是最巧妙的市场竞争策略。

记得当年我们在万达做策划的时候，我认为当时万达最主要的问题是全国知名度很高，但广大人民群众对万达真正的业务是什么却认知度很差。为什么呢？因为那时大连万达足球队拿了五个甲A全国联赛冠军，你在街上随便问一个人，百分之八十以上都听说过大连万达，都以为它的主业就是踢足球，很少有人知道它是一个房地产公司。解决这个问题的最好方案是什么？就是借光定位自己。借谁的光？借深圳万科房地产公司的光，因为全国人民一提房地产都会想到万科，所以必须先用万科的光芒来照亮万达地产的专业形象。万达的借光战略可以概括为几句话："中国房地产主要看二万，北万达，南万科。商业地产之王是万达，住宅地产之王叫万科。"

一方面万达能巧妙地把自己跟万科联系在一起，让广大群众很快就能记住你是一个重量级的房地产公司，同时又知道你与万科有什么本质的不同，万科更擅长做家居住宅项目，万达更专注于做购物娱乐商城。这几句话很容易就把万达2000年左右转型的战略讲明白了，凡是没法用几句话讲明白的项目一定是你还没有想明白。

内蒙古赤峰市有个酒厂，出了一个品牌，也采用了借光策略，很快走向全国市场，最后成功上市。它的市场推广口号是什么呢？"宁城老窖，塞外茅台。"成功地标榜自己是内蒙古边疆地区的茅台酒。这样使人对它的记忆、品质、味道都产生了很好的认知效果，而且通过有关政府部门出面以扶贫为理由公关，贵州茅台集团也放弃了对它借用商标专用权的起诉。这是非常经典的中国特色的定位策划。

另外，周恩来总理也是借光定位的高手。当年他带着《梁山伯与祝英台》戏曲电影到国外去放映的时候，让新闻官熊向晖向老外写个宣传广告，熊向晖写了好几百字的宣传文案。周总理很不满意说：写这么多文字谁有耐心看？熊向晖说：我总得向老外介绍一下中国万恶的封建婚姻制度，什么父母之命，媒妁之言，还得讲讲故事梗概吧。几百字算少的了。周总理说我一句话搞定。周恩来只写了一句话："请看中国的罗密欧与朱丽叶的故事。"这句话让老外这一下就明白了"梁祝"是讲什么的。因为在西方，莎士比亚写的"罗密欧与朱丽叶"的戏剧是爱情悲剧的第一品牌，周总理就是采用了借光定位，一句话传递了自己的核心诉求。

借光定位思路之一是借同行业老大的光来介绍自己。

如果你要为海南三亚亚龙湾做一个针对外国人，尤其是俄罗斯人的旅游宣传口号，该怎么写？"中国夏威夷，便宜一半。"北京邮电大学的宣传口号是什么？"IT黄埔军校，就业率领先。"借了国民党黄埔军校的光。

借光定位的第二种思路是与传统老大进行差异化区隔。

不含碳酸气体的新饮料"七喜"刚刚上市时就宣传自己"我不是可乐"，与最大的饮料品类可乐进行了差异化定位，让消费者有了新的选择。当年亚都加湿器上市也通过一句"我不是空调"而吸引了消费者的迅速关注。

借光定位的第三种思路是死死地缠住知名对象，厚着脸皮借他们的光。

有个这样的故事：一个作家通过关系把自己的书介绍给美国总统看，总统礼节性说这书不错。作家马上广告："这是一本让总统都赞不绝口的好书。"于是很畅销。这个作家写第二本书又送给总统看，总统不上当，故意把书摔到地上说，这是什么烂书?! 作家马上又广告："这是一本令总统愤怒的书。"又很畅销。当这个作家把自己写的第三本书送给总统时，总统干脆不予评价。作家马上又广告："请看我第三本连总统也难以评价的书。"总之，不管你什么态度，就是要借你的光。

我一个同学写了一本小说《网络英雄传》，就通过各种途径向几百位社会各行各业的名人送书，然后不断传播，形成几百个名人推荐的创业好书的定位。向各界名人大咖赠送自己的产品，也可以说是一种匠心独具的借光推广手法。

第四种借光定位推广的思路更绝："因为不是第一，所以我更加努力。"

北京国安足球队也说"国安永远争第一"。我虽然不是第一，但能说自己争第一，也给人水平不差的感觉。妙就妙在一个"争"字。

借第一的光，永远没商量。

10.重新定位自己

重新定位自己，这是定位理论里面非常重要的一条。如何顺应形势的变化，找到适合自己的发展机会，重新包装和改变自己的角色，关键是要改变自己的用途，才能为自己确立一个崭新的定位。

一个人可以运用重新定位方式来改变自己的命运。

在我自己的人生中，就有过多次顺势而变的重新定位。早年希望摆脱贫困借助国家恢复高考制度而发奋苦读，1984 年从重庆市一个偏远乡镇考入上海华东师范大学哲学专业，这是我人生第一次重新定位的飞跃。大学二年级，在中文系老师宋琳的指导下爱上写诗，加入夏雨诗社，成为第五任社长，这是第二次在精神层面重新定位自己。大学毕业到了社会上，为了赚钱娶老婆，把自己的哲学思维和写诗歌的能力改变用途，帮别人写市场策划文案，写电视广告创意，重新包装自己，摇身一变又成了广告策划人，先后为中国中央电视台、摩托罗拉、大连万达、中国电信、中国移动和广东联通做咨询策划，这是第三次从世俗层面重新定位自己的人生角色。随着互联网的发展，利用北京邮电大学老师的身份优势，从教思想政治课程又转型研究互联网，研究如何让互联网＋传统产业转型，出版了《一部手机打天下》的专著，提出"自时代"社会的理论：以个体"自我"为中心、以"自由"为追求、以"自主"为选择、以"自造"为方向。阐述"互联网＋"的要害是，通过线上对信息流的把控调动线下人、财、物的流动，实现供需双方精准匹配的按需定制服务，去中介和库存，全面降低社会交易成本。在 2015 年又创办手机视频自媒体"立新说",这可能是我第四次大的人生转型。面对一个伟大的变革时代,每个人都应该重新定位渺小的自我。今后如何依托对未来信息文明的预期,再次转型进入自己感兴趣的影视创作行业……我的人生,我做主。

能够顺应社会趋势的变化,不断调整自己的社会角色,实现相关职业互动融合的跨界发展,这是一个当代人能够"重生"的根本。

在产品创新上如何重新定位自己?

第一种方式就是对一个老产品,主动改变它的市场客户对象,改变它的用途,去满足一种新的需求,从而创造新的收入。

例如,"助听器"本来是专为听力有毛病的人设计的产品,但你可以采用重新定位自己的方式改变它的用途,从而创造一个全新的市场,在生产流程和成本大致不变的情况下,却能让那些听力完全没有毛病的人也会买,这个全新的市场定位就是把助听器改造成"窃听器"。

第二种重新定位自己的方式是要敏锐地抓住各种"意外"事件来改变自己产品的营销方向。

"伟哥"最早的名字其实叫作"西地那芬",它本来是辉瑞制药公司发明的治疗心脏病新药,科学家希望它能够治疗心绞痛。然而当这种心脏病新药在英国斯旺西市的一家医院中首次进行临床试用时,非常不幸的是,对于遭受心绞痛折磨的试用患者来说,这种新药并没有什么明显的疗效。让医生们困惑的是,虽然该药对治疗心脏病作用不大,但参与临床实验的男患者们却拒绝放弃这种药,甚至还向医生索要更多的药片。原来,男患者们发现该药具有一种奇特的"副作用":它能使自己的生殖器官迅速勃起。科学家于是决定"改弦易辙",将这种具有"壮阳"功效的心脏病新药取名"伟哥",重新定位成阳痿病患者的福音,并于20世纪90年代末正式投放全球市场,这一"失之东隅、收之桑榆"的壮阳药给辉瑞制药公司带来了滚滚的财源。

同样,1885年美国有一位名叫约翰·彭伯顿的药剂师,他发明了一种叫"可卡可拉"的配方药专治头痛病。起初是不含气体的,饮用时需要兑上凉水,只是由于一次偶然的意外,这种药的市场定位发生了改变。1886年5月8日下午,一个酒鬼跌跌撞撞地来到了彭伯顿的药店说:"来一杯治疗头痛脑热的药水可卡可拉。"店员本来应该去兑凉开水，匆忙中就近抄起苏打水往可卡可拉里倒。结果酒鬼非常喜欢喝，他喝了一杯又一杯，嘴里不停地说："好喝！好喝！"酒鬼还到处宣传这种不含酒精的饮料所产生的奇效。于是这种药剂就改名为"可口可乐"，被当成饮料而畅销全球。

第三种重新定位的方式是把卖产品赚钱改为卖服务赚钱。

一个画廊本来是靠卖绘画作品赚钱，但愿意花钱收藏绘画作品的顾客并不多。如果画廊重新定位自己的商业模式，把卖画变成向无数家庭和单位出租自己的"画作"，顾客每年交一笔租画的会员费就可以悬挂十幅自己喜欢的绘画，这就把一次性赚钱的业务变成了可持续收租金的服务模式。为防止绘画作品被污损或失窃，可以和保险公司合作交点保险费。中国的税控机生产厂家本来是靠卖硬件设备赚钱，后来也重新定位自己的业务模式，改为税控机免费赠送，靠收取每年一次的服务费而持续赚钱。

第四种重新定位自己的方式可以是一个企业永远锁定一种不变的需求，但是采取与时俱进的方式重新定位自己满足这种需求的业务。

IBM一直把自己定位为政企机构商务资料的处理者，从卖计算尺和打卡机起家，到转型卖大型计算机，再到个人计算机，再到电子商务和大数据云计算服务……它一直通过重新定位自己而躲过了好几次破产的危机，实现了长达百年的"基业长青"。

在大自然中，最能适应环境变化而重新定位自己生存状态的是水。水本身可以随形而变，顺势而流。装在杯子里是一种形状，装在盆里又可以是另一种形状；遇见小的障碍，水可以顺势冲走它，遇见大山，水可以绕道流；遇到气温降至摄氏零度以下，水可以由液态变成固体的冰，遇到气温升至摄氏百度以上，水可以变成气体升腾。水的智慧在于，无论处于什么形状，无论变成液体、固体还是气体，决定它本质的化学分子结构却从来没有改变过。能够在不断的求变之中，保持自己的精神与追求不变才是"上善若水"的根本所在。在适应环境的变化中，重新定位自己时你也许会装傻，但最大的风险是，装傻装久了，你会不会丧失了自己的"初心"，变成真傻啦？

11. 重新定位对手

在营销策划的定位理论中，还有一种"险招"就是对竞争对手进行重新定位，也就是说通过换个角度的方式，把对手的优点在消费者心目当中"转化"成缺点。

人对事物的价值评判往往是辩证的，切入的认识角度不同、前提条件不同、适合的对象不同，好与坏的结论也可能不同。比如说，你的品牌历史悠久，是正宗可靠的老牌子，那么换个角度思考，就可以把你重新定位成是过时的、僵化的、不能与时俱进的、缺乏时尚和新鲜感的。如果你讲自己是实力庞大的、市场份额是第一的，那么换个角度讲，就可以把你重新定位为垄断的、仗势欺人的、招人讨厌的。如果你说你是便宜的，那么换个角度也可以把你重新定位成便宜无好货的、劣质的、很低端的，什么样的人才会去买便宜货？连带把你的顾客也定位成生活中的失败者，从而有效阻止他们的购买欲望。如果你是创新的、刚刚上市的、引领时尚的，也可以把你定位成不可靠的、风险很大的新手……这种把对手的优点通过换个角度变成顾客认知缺点的方式，实际上就是一种在竞选中常用的抹黑对方的竞争方式。所以在采用这种方式的时候，具有一定的商业伦理和法律上的风险，容易被指控为不正当竞争的手段，必须注意自己的"底线"是否违法违规。

当年我们曾经给广东顺德潘宁老总的"容声冰箱"做策划，我就主张采用重新定位对手的这种办法去进行针对性极强的竞争。因为它的对手主打宣传自己售后服务好。有一次在电梯里我听到一个老太太说，我买了某某品牌冰箱（容声冰箱的对手），它一个月坏了好几次，但上门服务的时候态度特别好。这就让我突然意识到这个品牌的冰箱为什么服务好，因为质量不过关。于是我们就策划了一套广告：什么才是最好的服务？容声冰箱从出厂到换代，即使旧冰箱扔到垃圾堆里还可以正常使用，质量好到根本不用修理的冰箱才是最好的服务。如果你买的冰箱需要厂家不断上门维修服务，那恰恰证明它是质量不好的冰箱。然后就是数据证明，容声冰箱连续六年国家质检返修率同行业最低，容声冰箱为什么出厂质量检测员比售后维修服务人员多五倍，容声冰箱为什么采用成本更高的铜管而不是铝合金替代品……可惜的是因为科龙集团当时内部的股权纷争，这套重新定位对手的策略没有得到及时的实施。

重新定位对手最成功的经典案例当数美国泰诺直接针对镇痛药市场份额最大的对手阿司匹林的广告。泰诺作为新产品上市的广告语是："为千百万不应服用阿司匹林的人着想！"泰诺的广告说道："如果你的胃容易不舒服，如果你患有胃溃疡，如果你有哮喘、过敏或者缺铁性贫血，在服用阿司匹林之前应该请教一下医生。""阿司匹林会刺激胃黏膜，"泰诺的广告继续说道，"引起哮喘或过敏反应，造成胃肠道隐性微量出血。""幸好还有泰诺……它采用最新的科技配方，既能止痛又不会产生让人内脏出血的副作用。"广告在说了 60 个词后才提到广告主自己的产品。由此，泰诺打破了阿司匹林一统天下的局面，销量大大增加。如今泰诺已成了镇痛药品中的第一品牌。重新定位战略使它有了今天的地位，而且是通过与人人熟知的阿司匹林对抗来实现自己的市场拓展。

可口可乐与百事可乐的互相重新定位则在世界营销史上创造了更具有娱乐精神的"双赢"局面。作为可口可乐的模仿者，百事可乐一开始采用了价格更低的常规竞争策略，推广口号是"同样的钱，能多喝一杯百事可乐！"可口可乐作为市场领导者没有采用价格战来应对，因为它不想杀敌一千自损八百。可口可乐决定通过丑化百事可乐的"便宜"的形象来改变消费者的购买行为。他们的广告请了一个长相滑稽的男演员来演如何在车上泡妞。男孩和这个姑娘搭讪说，你喜欢喝可口可乐呀，我也喜欢。你喜欢听某歌星的音乐呀，我也喜欢听。我有这歌星的绝版唱片，星期天你到我家去听吧。姑娘说可以啊。于是镜头一转，这小子就跑到超市里面去买了便宜的百事可乐拿回家偷偷倒在了可口可乐的空瓶子里，原来他追姑娘也不忘节约成本。这时候门铃叮当一响，姑娘进来了，两人先听音乐，然后这姑娘说我有点口渴，这小伙子赶紧拿出那瓶假的可口可乐倒在杯子里给姑娘喝。没想到姑娘一喝这个可乐，呸！吐他一脸说，这哪是可口可乐？分明是百事可乐嘛。你这骗子，你这铁公鸡。姑娘甩手就走了。广告语旁白：你看，什么人在喝百事可乐?！这个广告的播出引起了社会轰动，它生动形象地表明只有失败者、小气鬼才会喝百事可乐。这造成了在公共场所没有人再敢当众喝百事可乐。

　　百事可乐又该怎么反击呢？百事可乐当然可以到法院去告可口可乐不正当竞争，但是研究的结果是即使百事可乐官司打赢了，收到一小笔赔偿金，可口可乐也没多大损失，而百事可乐在民意调查当中反而会被大众认为是一个没有幽默感、太自卑、连个玩笑都开不起的品牌。最终百事可乐采用了以其人之道还治其人之身的办法，反过来也用广告恶搞可口可乐。你可口可乐不是宣传自己老牌、正宗、历史悠久、财大气粗吗？那么换个角度看是什么？当然是不适合年轻人的饮料，因为你过时了，老土了，是爷爷奶奶喜欢的口味。于是他们请了最受年轻人欢迎的摇滚歌手迈克尔·杰克逊来做他们的形象代言人，口号就是"百事可乐，新一代的选择！"广告故事类似于在一个广场上几万年轻人正在听迈克尔·杰克逊唱摇滚，突然迈克尔·杰克逊说，哦噢，我要喝点饮料润润嗓子。于是弯腰拿起了一瓶可口可乐。喝完可口可乐，再一开唱的时候，意想不到的事情发生了，改成传统的意大利美声唱法啦，全场的年轻一族全傻了，大骂说我们不要听爷爷奶奶喜欢的美声唱法，我们要听摇滚乐。结果迈克尔·杰克逊停不下来了，因为他喝了代表传统口味的可口可乐。这时一个少年从兜里拿出了一瓶"百事可乐"说，迈克尔，我来救你。啪！扔过去，画面变成特写慢动作。迈克尔·杰克逊像抓住救命稻草一样抓住了这瓶百事可乐，打开瓶盖，咣当一口喝掉。全场鸦雀无声。突然迈克尔·杰克逊跳起来说了一声爽，又开始恢复了自己的摇滚风唱法。台下万众欢呼。画面出口号：百事可乐，新一代的选择！从此以后百事可乐和可口可乐拉开了长达三十年互相重新定位抹黑对方的大戏，这种独具娱乐风格的对战迅速成了全球广告热点，围观和评论的人越多，传播影响力就越大，结果无论是百事可乐还是可口可乐，它们的销量都急剧上升了。当然最大的赢家还是百事可乐，因为它的年轻化逼着可口可乐也只好向它学习，它终于可以和对手平分秋色了。当然，我们不得不说，这种公开抹黑对手的竞争策略在中国市场是法律所禁止的，也是不符合东方伦理道德的，中国企业必须慎用。

表 5–7　定位的三种思路

序号	定位		分解	示例
1	领导者	找到自己的第一	时空范围收缩法	从时间的角度，如果不是全人类历史上的第一，那是不是当代第一……
				从空间的角度，如果不是全世界第一，看看是不是亚洲第一、中国第一、四川省第一……
			类别差异法	规模、品质、价格、技术、服务、创新、出口、管理……不同的细分领域找到自己的第一。
		创造自己的第一	开创新行业	通过创造一个新产品或新技术而催生出一个全新的行业。
			抢占第一概念	当某个领域市场竞争处于群龙无首的混战状态，抢先把自己塑造成这个领域的第一。
			用资本买下竞争对手	竞争相持状态下，用资本买下若干竞争对手。
2	追随者（借光）	借老大之名	借同行业老大的光来介绍自己。	
		叫板老大	与传统老大进行差异化区隔。	
		死贴老大	死死地缠住知名对象，厚着脸皮借他们的光。	
		争当老大	因为不是第一，所以我更加努力。	

示例
成都曾经的错误广告语：成都，中国第四城。
成都，中国西部第一城！
成都，中国生活第一城！
奔驰发明世界上第一辆汽车，开利发明世界上第一台空调，摩托罗拉发明世界上第一部手机。
百威啤酒，"全美国销量第一"到"全世界销量第一"；海尔冰箱，从"出口量第一"到"服务第一"再到"销量第一"。
万达收购美国、澳大利亚等国的电影院线；滴滴并购快的和优步；携程并购艺龙、去哪儿；分众传媒并购聚众；法国达能并购乐百氏和娃哈哈（但后来没有成功）。
海南三亚：中国夏威夷，便宜一半。北京邮电大学：IT黄埔军校，就业率领先。
七喜：我不是可乐。
作家借美国总统宣传自己的小说。借大V推广自己的作品或产品。
北京国安：国安永远争第一。

（续表）

序号	定位		分解	示例
3	重新定位	重新定位自己	主动改变老产品用途	对一个老产品，主动改变它的市场客户对象，改变它的用途，去满足一种新的需求，从而创造新的收入。	"助听器"变"窃听器"。
			利用"意外"改变营销方向	敏锐地抓住各种"意外"的事件来改变自己产品的营销方向。	心脏药"西地那芬"变壮阳药"伟哥"。头痛药"可卡可拉"变饮料"可口可乐"。
			把卖产品改为卖服务	把卖产品赚钱改为卖服务赚钱。	画廊从卖画变为出租画。产权与使用权分离的共享经济服务。
			锁定一种不变需求	永远锁定一种不变的需求，但是采取与时俱进的方式重新定位自己满足这种需求的业务。	IBM一直把自己定位为政企机构商务资料的处理者，从卖计算尺和打卡机起家，到转型卖大型计算机，再到个人计算机，再到电子商务和大数据云计算服务……它通过重新定位自己而躲过了好几次破产的危机，实现了长达百年的"基业长青"。
		重新定位竞争对手		通过换个角度的方式，把对手的优点在消费者心目当中"转化"成缺点。	新上市镇痛药"泰诺"历数当时行业老大"阿司匹林"副作用；可口可乐与百事可乐竞争，可口可乐讽刺百事可乐便宜，是"铁公鸡"的选择，百事可乐嘲笑可口可乐传统，只有老奶奶才喜欢。

12. 如何卖手摇电筒

假如有一个产品是手摇电筒，你该如何运用"定位"理论来进行市场整合营销策划？下面就是我抛砖引玉供大家参考的一个实操概略思路的示范（方案中所有数据均为假设）。

A. 市场定位要解决的问题

（1）最适合我们业务的顾客是谁？

（2）顾客对我们业务的价值感知是什么？

（3）如何围绕这种价值感知来整合资源实现和它相匹配的支撑？

（4）哪一种卖法赚钱更多？

B. 用"四点论"找到细分顾客

要分析出我们业务最适合的顾客是谁，需要动用定位四点论，从业务的特点入手，找到它竞争的优点，再看这些优点能解决什么人的痛点，最终基于顾客价值感知的角度确定我们的核心卖点。

（1）手摇电筒的特点是什么？它跟原来的传统电筒、传统照明用具有什么不同之处？业务特点就是营销策划的起点。

手摇电筒的特点有：

第一是不需要用电池。

第二是随时随地自己动手就可以发电。

这就是手摇电筒两个最基本的特点。

（2）手摇电筒这两个特点带来的竞争优点是什么？

第一是永远不用买电池，省电。

第二是使用过程全由自己手动自主掌控。

第三是因为没有废旧电池，所以对自然环境没有污染，更环保。

（3）根据这三个优点，我们可以找到所对应的需求痛点是什么？卖点是什么？主要目标顾客有什么特征？

第一个市场：想省钱的人

省电的优点带来的卖点就是省钱。

省钱最适合解决的痛点就是缺钱。

所以手摇电筒的第一个细分市场就是那些特别需要省钱的顾客。

目标顾客分析

与传统电筒相比能省多少钱呢？如果一节电池 4 块多钱，那么一年下来如果传统电筒平均耗掉 48 节电池，手摇电筒就能省 200 块钱。对于收入较高的中产阶级来讲，省这点钱一般是没有太大意义的。那这一定是一个月收入低于 2 000 元的低端人群市场或者是有特殊节俭习惯人群的市场。

顾客画像

根据相关市场调查数据分析，符合这个市场定位的人群规模多大（6 000 万人）、职业分布（农村留守人群）、文化水平（中学以下）、兴趣爱好（看电视）、性别（女性居多）、年龄（30 岁以上）、地区（老少边穷地区）、使用电筒的主要场景（晚上串门）、特殊标签（户外无路灯，没有智能手机）、购买习惯（对价格敏感，百货商场购买）……这叫目标顾客画像分析。

第二个市场：野外活动的人

手动自主掌控的优点带来的卖点是可靠方便。

可靠方便的卖点解决的痛点就是安全感。

所以手摇电筒适合的第二个市场就是经常在户外活动和工作的人。

目标顾客分析

户外活动人群包括个人市场与集团市场。

个人市场包括驴友、登山爱好者、钓鱼爱好者、跑步爱好者等。

集团市场包括军队、各种施工建设单位、地质矿产开采行业、户外巡检、邮政、交通快递物流等。

顾客画像

根据相关市场调查数据分析，符合这个定位的人群规模（2 亿人）、职业分布（个人顾客为白领，行业顾客同上）、文化水平分布均衡（从中学到研究生）、收入中等以上（集团市场多为垄断国企）、性别（男士居多）、年龄（老中青）、地区（城市和矿区、工厂、工地、野外营地）、兴趣（户外运动）、特殊标签（行业特征鲜明）、购买习惯（个人多在相关户外装备用品商店，集团市场统一采购）、使用场景（夜间户外活动和工作，必须长时间使用照明）。

第三个市场：环保主义者

无废电池污染的卖点就是高尚节能环保。

高尚环保解决的痛点就是自我道德认同。

所以手摇电筒适合的第三个市场是环保主义者。

目标顾客分析

环保主义者多在经济发达的地区，国外有欧美，国内多在省会城市，尤其是北京、上海、广州、深圳。

顾客画像

根据相关市场调研数据分析，符合这个定位的人群规模（海外 3 亿人，国内

1亿人）、职业分布（文化艺术、教育、科研、公务员、企业高管白领）、文化水平（大学本科以上）、收入（中高收入）、兴趣爱好（公益、环保节能活动、绿色食品）、年龄（中青年）、使用场景（家庭停电备用，外出旅行）、购买习惯（线上电商，线下环保产品渠道）。

第四个市场：望子成龙的人

手动自主发电的优点带来寓教于乐的卖点。

寓教于乐的卖点解决家长培养孩子动手能力的痛点。

所以手摇电筒适合的第四个市场是中小学生家长。

目标顾客分析

注重孩子素质教育的家长多在经济发达地区。最容易受"乐高"这样的培训机构和手工课、物理课老师的影响。孩子年龄集中在8岁到14岁。

顾客画像

根据相关市场调研数据分析，符合这个定位的家长人群规模（5 000万人）、家庭收入（中高）、地区（大中城市）、年龄（35~40岁）、性别（女性）、职业（白领高管，家庭主妇）、文化水平（大专以上）、使用场景（学校手工课、课外兴趣班）、购买习惯（培训机构和学校团购，电商）。

第五个市场：有孝心的人

手动自主发电的优点带来了安全可靠方便的卖点。

安全可靠方便又能解决老年人行动不便的痛点。

所以手摇电筒适合的第五个市场是年轻人送长辈的礼品市场。

目标顾客分析

中国已经进入老龄化社会，由于独生子女政策和生活方式的原因，大批老人过着独居空巢生活，夜间活动需要方便可靠的手电照明。而老人往往比较节俭，不会自己购买高品质的手摇电筒。向"脑白金"学习，把手摇电筒定位成晚辈送老人的孝心礼品，不失为一种好的营销选择。

顾客画像

根据相关市场调研数据分析，符合这个定位的60岁以上老龄使用者人群规模（目前3亿人，2050年达到4.8亿人）、年轻的购买者规模（1.5亿人）、年轻购买者主要分布(城市)、年龄(35岁左右)、特别标签(与长辈异地分居,尤其是进城打工的年轻人)、购买习惯(应该在节假日或长辈生日)、年轻购买者收入(中高)、购买者容易受到情感型宣传影响。

C. 整合营销策划

(1)整合营销支撑卖点

聚焦于同一个消费人群,聚焦于同一个卖点,运用同一个声音和风格,传播同一个形象,打造一套统一的营销支撑体系,把商品力、销售力、形象力都聚焦服从于自己定位的价值点,通过"产品、价格、渠道、促销、广告、公关、服务、线上与线下互动"等多种工具和手段来支持这种相互关联协同一致的整体市场策略就叫整合营销。

(2)"省钱"市场策划方案

营销主题:节俭照亮生活!节省牌手摇电筒。(不要直接讲便宜,便宜无好货。)

产品策略:一切以降低成本为核心,产品质量控制在两年不坏,两年后买新的。

价格策略:薄利多销。传统家用手电筒均价18元左右。我们把利润率控制在10%。按每支获利2元,定价为22元/支(含市场费用和税)。

渠道策略:选择传统家用手电筒渠道,因为目标顾客已经养成了去百货店购头手电的习惯。

广告策略:省钱就是赚钱!用"节省"牌手摇电筒,每年省200元,可以交孩子一年学费,可以买40只小鸡,可以买5瓶农药,可以买4袋化肥,可以买40斤种子……节俭照亮生活!

促销活动:用传统旧电筒换"节省"牌新电筒可以抵折扣。

市场价值评估:2元乘以6 000万人,市场总利润1.2亿元。平均更换购买周期为两年一次。

(3)"野外"市场策划方案

营销主题:让危险看得见!野战牌手摇电筒。

产品策略:钛合金材料,轻巧耐用,防水、防撞、防腐蚀,带指南针和多功能小刀,适合野外生存。

价格策略:高定价128元/支,高利润38元/支(30%利润率),留出公关推销费用。

渠道策略：户外作业的集团市场，比如军队、路桥公司、铁路公司等，采用专人直销。个人市场线上电商与线下并行，死跟户外产品渠道（帐篷、登山用具、越野车 4S 店等）。

广告策略：中国人民解放军指定照明装备！国家登山队专用！陆虎越野车标配！关键时刻，信赖"野战"牌电筒。

促销活动：组织野外生存拓展训练。

市场价值评估：38 元乘以 2 亿人，市场总体利润为 76 亿元。

（4）"环保"市场策划方案

营销主题：良知照亮世界！绿野牌手摇电筒。

产品策略：28 个零件全部采用可再生循环材料制作，生产全过程无污染，连公司办公用品和建筑都符合最先进的环保标准。

价格策略：中高定价 119 元 / 支，中高利润 24 元 / 支（20% 利润率）。

渠道策略：线上电商与线下渠道并行，死跟所有环保生活用品（环保家居材料、绿色食品、环保服饰等），必须注重出口海外欧美市场的渠道。

广告策略：一节废电池可以毁灭一平方米的土地，可以污染 60 万升足够你一生饮用的水。做一个高尚的人，用良心照亮世界，从使用"绿野"牌手摇电筒开始。

促销活动：您每买一支"绿野"牌电筒，我们就向环保基金捐 1 元钱。

市场价值评估：24 元乘以 4 亿人，全球总体市场利润为 96 亿元。

（5）"教育"市场策划方案

营销主题：动手点亮希望之光！启智牌手摇电筒。

产品策略：不需要生产组装，卖 28 个零件和一张图纸，注明"在老师和家长指导下由孩子组装完成"。培养孩子动手能力，理解科学原理，提升自我满足感。对厂家而言，节约了一笔不小的人工生产成本。

价格策略：采用双定价对比策略，在文具、玩具店高定价 188 元 / 套，在学校、"学而思"这样的培训机构定价 149 元 / 套，让家长对机构价格产生很划算的价值感知。每套利润 30 元，利润率 20%。要给团体机构留出具有诱惑力的利润。

渠道策略：采用双渠道策略，在文具、玩具和线上电商主要是高价赔本展示，真正销售渠道是学校和培训机构。

广告策略：只会纸上谈兵死读书的孩子当然没有前途。如何寓教于乐才能培养孩子对知识的切身理解，才能产生学习的兴趣，才能具备实操的动手能力，才能体验到自我的满足感？动手点亮希望之光，"启智"牌手摇电筒，培养孩子成长的最佳道具。

促销活动：联合教育部、团中央、电视台等机构，举办全国青少年"启智巧手"竞赛，设立专项奖学金。

市场价值评估：30元乘以5 000万人，市场总体利润为15亿元。

（6）"孝心"市场策划方案

营销主题：别让父母在黑夜里跌倒！孝心牌手摇电筒。

产品策略：在电筒设计中附加一些有助于老人监测健康和安全的简单功能，比如测体温、血压、光学治疗、按摩等。

价格策略：礼品必须高定价，199元／支，寓意老人健康幸福长久。每支利润60元，利润率30%。

渠道策略：线上线下都死跟老人用品和礼品渠道，甚至可以和"脑白金"这样的老年人礼品公司进行渠道合作。

广告策略：今年爸妈不收礼，收礼就收孝心亮！别让父母在黑夜里跌倒，用你的爱照亮长辈的健康幸福。

促销策略：父亲节、母亲节、国庆节、重阳节等节日促销，长辈生日促销，抽奖"老少亲情游"，设立"孝心"大奖等。

市场价值评估：60元乘以1.5亿人，市场总体利润为90亿元。

D. 总结

采用整合营销的定位策划，可以为任何一个业务创造出N多的卖法，市场就在你的想象力中，想象力有多大，利润就有多大。一支小小的手摇电筒，并没有多高的科技含量，我们仅仅列举了五种卖法，潜在的利润就达到了（1.2亿＋76亿＋96亿＋15亿＋90亿）278.2亿元。虽然这是一个数据并不严谨的市场策划示范，但它能对你如何着手进行市场策划和决策提供启发。除了按不同的细分市场价值大小来决定你的定位之外，还必须考虑到竞争对手的因素，只有适合你的优势的，对手做不到的，顾客又特别需要、价值认知度更高的那个交集点，才是你切入市场的最佳定位点。

你还能为手摇电筒策划出更多的卖法吗？

表 5-8　整合营销思路

序号	支撑策略	工具	说明
1	定位	定位四点论	特点、优点、痛点、卖点。
		社会角色	血缘、地缘、业缘、趣缘、精神认同。
		购买角色	购买建议者、意见参与者、购买决策者、购买执行者、产品使用者/受益者。
		定位三策略	领导者定位、追随者定位（借光）、重新定位。
2	市场决策	值得做	市场规模、开发难度、竞争对手实力、发展可持续性。
		有能力做	自身优势、资金、资源、技术、人脉、政策监管（资质牌照）。
3	产品策略	成品	可直接使用的产品。
		半成品	需要组装后才能使用的产品。
4	价格策略	定价	定价模型：第一，消费者对你的心理价值感知是定价的根本标准，其他定价因素都是为此服务的；第二，价格变化与总体收益增长的关系；第三，竞争对手的价格影响；第四，消费者的收入以及支付心理预算；第五，企业的总体成本。
			双价格策略：不同渠道，不同价格。通常其中一个渠道是展示，另一个渠道是真正的销售渠道。
5	渠道策略	渠道	线下渠道：传统渠道、相关产品联合销售。 线上渠道：电商渠道。 线上线下互动。
6	品牌策略	品牌名称	符合期望、易记好传播、无负面联想、可注册成商标、能够与时俱进。
		广告语	不超过10个字的广告语，针对目标客户说明卖点。
		如何宣传	广告策划7个关键：为什么说？对谁说？谁来说？说什么？怎么说？在哪说？怎么评估效果？
7	促销策略	促销	直接降价、专题活动、专项基金。

表5-9　手摇电筒的整合营销案例

目标市场	"省钱"市场	"野外"市场	"环保"市场	"教育"市场	"孝心"市场
特点	（1）不用电池；（2）自己发电。				
优点	（1）省电；（2）自主掌握；（3）环保无污染。				
痛点	缺钱	安全感	自我道德认同	孩子动手少	老人行动不便
卖点	省钱	可靠方便	高尚节能环保	寓教于乐家长买给孩子	安全可靠方便儿女孝敬父母
购买规模	6 000万人	2亿人	国外3亿人，国内1亿人	购买家长5 000万人	购买儿女1.5亿人
营销主题	节俭照亮生活！	让危险看得见！	良知照亮世界！	动手点亮希望之光	别让父母在黑夜里跌倒！
品牌名称	节省牌	野战牌	绿野牌	启智牌	孝心牌
产品策略	控制成本，两年一换。	钛合金材料，多功能组合。	环保材料、环保生产。	28个零件和一张图纸。	附加健康保健监测功能。
价格策略	售价22元/支	售价128元/支	售价119元/支	双定价策略：文具、玩具店售价188元/支学校培训机构售价149元/支	售价199元/支
	利润2元/支	利润38元/支	利润24元/支	利润30元/支	利润60元/支
渠道策略	百货店，同传统手电渠道。	户外作业的集团市场，专职客户经理服务。个人市场线上线下紧跟户外产品渠道。	线上线下紧跟环保产品市场。欧美市场。	双渠道策略：文具、玩具店和电商：高价展示。学校培训机构：真正渠道。	线上线下紧跟老人用品、礼品渠道。
广告策略	省钱就是赚钱！用"节省"牌手摇电筒：每年省200元，可以交孩子一年学费……节俭照亮生活！	中国人民解放军指定照明装备！国家登山队专用！关键时刻，信赖"野战"牌电筒。	废电池污染环境，做高尚的人，用良心照亮世界，从使用"绿野"牌手摇电筒开始。	动手点亮希望之光，"启智"牌手摇电筒，培养孩子成长的最佳道具。	今年爸妈不收礼，收礼就收"孝心"亮！别让父母在黑夜里跌倒，用你的爱照亮长辈的健康幸福。
促销活动	以旧换新有折扣。	组织野外生存拓展训练。	每支电筒向环保基金捐1元钱。	联合教育部、团中央、电视台等举办"启智巧手"竞赛，设专项奖学金。	父/母亲节、国庆节、重阳节促销，抽奖"老少亲情游"，设立"孝心"大奖等。
价值估算（利润×购买规模）	1.2亿元	76亿元	96亿元	15亿元	90亿元

第六章

分钱与赚钱
营销与商业模式

1.如何分钱

我学过《政治经济学》,也通过了《政治经济学》的考试,但我从来没有搞明白《政治经济学》到底是在讲什么。

我研究商业模式,几乎人人都在讲商业模式,也看过无数关于商业模式的解释,但我也说不清楚到底什么是商业模式。

终于有一天,我把"政治经济学"和"商业模式"这两个以前都似懂非懂的概念联系在一起,一下子就恍然大悟了:政治经济学就是对商业模式最深刻的解答。

商业的本质当然就是赚钱。商业模式是否就是只研究如何赚钱?做什么业务能赚钱,为谁服务能赚钱,从谁的身上赚钱,和谁竞争赚钱,跟谁合作赚钱,怎么把一次性赚钱变成可持续赚钱,怎么才能干一件事分几份钱,凭什么是你能赚钱,如何才能让别人没办法来抢你的钱,是只做对别人有利的事赚钱还是通过损害别人的利益赚钱……

找到一种独特的、稳定的、有壁垒的、能持续较长时间的赚钱方式,这就是商业模式?

制造假货，却赚到真钱，这算不算是一种独特的商业模式？这种伤天害理、违犯法律的赚钱方式为什么会在当年的德国、美国、日本……都曾风靡一时？答案很简单：一切坏事之所以能够长久地存在，连正义的力量都难以根除它，主要是因为这背后形成了一个很有效的分钱机制，只要"会分钱"，连坏事都能活下去。

其实，政治就是分钱。经济就是赚钱。研究分钱和赚钱的关系就是政治经济学。是分钱在决定赚钱，还是赚钱在决定分钱？所有干活赚钱的人，其实首先关心的是如何分钱，自己怎样才能分到更多的钱。这将直接决定他们会以什么样的方式去干活赚钱。如果你没有搞明白如何分钱，那么你就很难赚到钱，即使你侥幸赚了钱，你也很危险。

一般人研究商业模式都只关注如何赚钱，忘记了讨论如何分钱，而分钱与赚钱的关系才是商业模式的顶层设计问题。华为的创始人任正非先生深刻地洞察了人性的欲望，他为了激励员工，为了自己赚更多的钱而去拼命加班工作才设计了7万多员工持股分红的机制，他个人占全公司 1.4% 的股份，正是这种超越常人的分钱机制设计才奠定了华为的狼性文化和飞速发展。所以商业模式的核心不仅仅是要研究如何赚钱，更重要的是先要研究如何分钱，从企业内部到企业外部必须有一个能激励利益参与各方的分钱方式，大家才会倾力支持你赚钱。只知道拼命赚钱而不知道为谁赚钱的企业是可悲的，所有人都等着分钱而没有人想去赚钱的公司是更可悲的，这都是商业模式的分钱机制出了问题。

人的个人品格未必靠得住，只有机制才是分钱公平的保障。

比如十个人饿得要死，只有一小盆米饭，怎么分才能保证公平？首先个个都会抢着去分饭，因为只有抢到分饭的权力才可以给自己多分一些。给大家做思想工作未必行，抓阄也未必行，最后为了抢那把分饭的勺子大家就打起来了，这就是你死我活的战争，只有弄死别人你才能吃独食，必须要死人，这就是成本很高的社会运行模式。其实只要制定一个合理的规则，无论谁来分饭都一定会给大家分公平的。这个规则的核心就是：掌勺分饭的人分完十碗米饭后必须让其他九个人先选，剩下最后那一碗才是他的。掌勺分饭是他的权力，最后一个选是他的义务，分公平是他的责任。分饭的人为了自己不吃亏就必须尽最大努力把每一碗饭的分量分成一样。

这个例子说明：一是制度的保障比个人的品德更可靠；二是好的制度就是让每个人为了满足自己的利益必须公平地照顾到别人的利益；三是在坏制度里好人也会变坏去杀人，在好制度里最自私的坏人也会变成行事公平的好人。

那么在商业模式中能影响到赚钱的人都有谁？如何按照他们在赚钱过程中的重要性来分钱？

能影响你是否赚钱的有投资人、有职业经理人、有普通员工、有顾客、有竞争对手、有合作伙伴、有社会大众，甚至包括政府机构及其相关人员。你必须在他们之间进行合理的利益分配，只有他们之间的利益平衡了才能形成一个良性循环的商业生态系统，这样的商业形态才会持续地运转下去。从纯市场的角度来讲（不考虑官商勾结方式），在所有商业角色中，顾客的利益应该高于其他人的利益，因为顾客是其他人利益的唯一来源，只有顾客愿意购买你的业务而不是竞争对手的业务，顾客付钱了，企业有利润了，大家才有钱可分：投资股东分红、职业经理人发大笔奖金、员工可以涨工资、合作伙伴供应商才能拿到订单和货款、政府才能收到各种税费、公务员才能有工资、社会大众才能解决福利和就业……顾客利益至上，先给顾客创造价值，先让顾客满意，这是一切企业商业模式的第一法则。没有利润的源泉，不先给顾客"分钱"，所有人最终都没法分钱，因为没有钱！

但是，如果一个行业没有竞争对手，只剩下一家企业垄断市场，这家企业会把顾客利益放在第一位吗？所以永远要有竞争对手的存在，让顾客永远都有自主的选择权，让每个人都有竞争的压力，这也是市场经济必须保持的根本常态。

谁对你赚钱影响最大，你就必须给他分钱最多。按照对赚钱贡献的重要性来安排分钱的原则，既考虑到眼前，也照顾到长远；既要考虑到激励，也要考虑到整体的利益平衡，做到上不封顶，下有底线。

立新说：商业模式设计的第一步其实应该从如何分钱开始，不会分钱的企业永远赚不到钱。舍不得分钱的人永远都会是穷人。

表 6-1　分钱价值链

序号	分钱对象	说明
1	顾客	顾客利益至上，为顾客创造价值、让顾客满意，顾客买单是钱的来源。
2	投资人	股东分红，投资增值。
3	职业经理人	奖金，股权期权。
4	员工	工资，奖金。
5	合作伙伴	采购订单，联合开发新市场。
6	政府	税收。
7	公务员	工资。
8	公众	解决就业，公益慈善。

2.赚钱十二问

很多人把商业模式等同于战术层级的市场推广方式或工具，动不动就扯到 4P 策略、4C 策略……什么产品、价格、渠道、促销、广告，这是比较低端的形而下想法。我个人认为，商业模式是要回答你和别人不一样的商业逻辑是什么。这种与众不同的商业逻辑能否创造一个合情、合理、合法，得到相关参与各方共赢认同的，在竞争中有可能脱颖而出的赚钱生态系统。这显然是一个能化繁为简的顶层战略设计问题。我尝试着把商业模式最重要的内容和结构通过 12 个问题表达出来，供您参考。

需要说明的是，提出关键的问题不易，而回答问题更难，因为所有的答案必须建立在现实可行性的基础之上。也许没有一个人或一个公司能一下子就准确无误地答对下面所有的问题，但是这 12 个问题无论对于已经成为世界 500 强的公司，还是刚刚开始创业的小团队来说，都是必须反复追问和思考的问题。这些问题都不会有一个完美的标准答案，因为最终的核心变量不是客观条件而是具有无限创造力的人。每天思考这些根本问题，是让你能聚焦并且激发出创新潜力的一个工具。

想象力不同，答案就不同，财富故事的精彩程度也会千差万别。

表 6-2 商业模式的 12 个关键问题

序号	问题	说明
1	适合你的顾客是谁?	适合是关键。
2	你解决他什么样的痛点?	痛点才有大市场。
3	你用什么方式解决?	业务的本质是什么?定位在永恒不变的需求上,而不是技术上。
4	顾客的价值感知是什么?	值吗?
5	凭什么你可以做?	监管、技术、市场壁垒是什么?自己有何独特优势?
6	最大的威胁是什么?	风险与对手。
7	该和谁合作?	1+1 > 2,伙伴结盟"打群架"。
8	你的角色对顾客影响力多大?	是盟主,还是小跟班?
9	你们如何分钱?	是否为共赢的利益关系?
10	从谁身上赚钱?	员工、顾客、政府、合作伙伴、资本市场(股东、股民)、竞争对手。
11	整个市场蛋糕有多大?	值得干吗?
12	未来拓展方向是什么?	对"钱途"的想象力。

3.创造你的顾客

商业模式创新的第一种思路就是重构多方供需关系,为业务创造出不同的顾客。

顾客当然是商业模式中第一重要的角色,没有顾客,一切商业活动都无从开展。但顾客是天上掉下来的吗?关于顾客是怎么诞生的,管理大师彼得·德鲁克有一段名言:"商业的目的只有一个:创造顾客。市场既不是上帝创造的,也不是自然或经济力量创造的,市场是商人创造出来的。需求在时间上可能会先于产品或服务,顾客也许会像饥荒中的人们盼望食品一样迫不及待。但是,这只不过是理论上的需求,只有当商人用自己的工作将它转变为有效需求之后,才会产生一个现实的顾客和现实的市场。"

商人应该运用什么样的想象力来创造出自己的顾客呢?互联网上有一个寓言式的段子比较适合回答这个问题:生产梳子的老板想考考他的手下,就给他们出了一道题,要把梳子卖给和尚。

第一个人:老板有病!和尚都没有头发,还卖什么梳子!找个酒馆喝起了闷酒,睡了一觉,回去告诉老板,和尚没有头发,梳子没办法卖。

第二个人:来到一个寺庙,找到了和尚,对和尚说,我想卖给你一把梳子。和尚说,我没用。那人就把老板考核的事说了一遍,跪求说如果卖不出去,自己就会失业,师父要发发慈悲啊!和尚勉强买了一把。

第三个人:也来到一个寺庙卖梳子,和尚说,真的不需要。那人在庙里转了转,对和尚说,拜佛是不是要心诚,和尚说,是的。心诚是不是需要心存敬意,和尚说,要敬。那人说,你看,很多香客很远来到这里,他们十分虔诚,但是却风尘仆仆,蓬头垢面,如何对佛敬?如果您庙里买些梳子,给这些香客把头发梳整齐了,把脸洗干净了,是不是对佛的尊敬?和尚觉得有理,就买了10把梳子。

第四个人:也来到一个寺庙卖梳子,和尚说,真的不需要。那人对和尚说,如果庙里备些梳子作为礼物送给香客,又实惠、又有意义,您的香火会更旺的。和尚想了想,有道理,就买了1 000把。

第五个人:也来到一个寺庙卖梳子,和尚说,真的不需要。那人对和尚说了一番话,每年卖出了5万把梳子。

那人说了些什么?他告诉和尚,梳子是善男信女的必备之物,经常被女香客带在身上,如果大师能为梳子开光,成为她们的护身符,既能积德行善,又能保佑平安,很多香客还能为自己的亲朋好友请上一把,保佑平安,弘扬佛法,扬我寺院之名,岂不是天大善事?大师岂有不做之理?阿弥陀佛!善哉!善哉!大师双手合十,施主有这番美意,老衲岂能不从?就这样,寺院成为梳子生产商的合作伙伴,专门设计定制了"积善梳"、"平安梳",由大师亲自开光,很受香客欢迎,每年"请走"5万把梳子,寺庙收到源源不断的大笔善款,生产商更是利润倍增,决定在全国所有寺庙推广这种新的商业模式。

不知是哪位高人编出了这个有趣的故事,它给我的启示是什么呢?

这正是在讲商业模式创新的第一种思路,重构供需关系:围绕某种社会关系的延伸,整合各方彼此之间不同的需求,实现新的关系匹配,把你的业务作为新关系的载体,打造"需求链接"的生态圈。通过换位思考,将对方并不直接需要的业务转化为"对方与第三方、第四方、第五方……的需求匹配关系",改变彼此之间的交易角色，改变业务的用途和顾客的价值认知，重新界定供需关系的链接，就能够创造出让多方共赢的全新商业模式。

在这个故事中我们可以看到：

一是改变了对任务的认知。

从"让推销员把梳子卖给和尚"变成思考"如何借助和尚让梳子赚更多的钱"，赚更多的钱才是任务的本质。

二是改变了原定顾客的角色。

和尚从原定的梳子使用者，变成购买的施舍者、自己客户（香客）关系的维护者、寺庙的推广者、梳子的加持者和经销者……从赚和尚的钱变成与和尚一起赚钱，让顾客成为合作伙伴或股东。

三是改变业务的用途和顾客的价值认知。

梳子从梳头的实用价值变成一系列精神体验价值，从施舍行为的载体（和尚对推销员的同情心）、敬佛的载体（香客拜佛前整理仪容的用具），到广告促销载体（和尚推广寺庙的礼品）、护身符（大师开光，带身边求平安）、社交礼品（大师开光，给亲友送祝福）。

四是还可以引入更多第N方来扩大梳子供需生态链，创造更多的商业模式。

比如让洗发水、护发素等相关厂家出钱在和尚开过光的梳子上做自己的广告，效果一定好。这样梳子生产商和寺庙有广告收入，香客能免费得到开光的梳子，梳子每天被"请走"的量得有多大？又多一批参与者共赢！

在这个商业模式创新中，最核心的价值源泉是什么？和尚对香客的影响力。本质就是伟大的力量是信仰。

4.赚谁的钱?

商业模式创新的第二种思路就是改变盈利对象：你从谁的身上赚钱？

第一种方式是从员工身上赚钱。

按马克思的观点叫"剥削"，专业术语叫榨取员工的"剩余劳动力价值"，基本手段就是降低员工工资，增加员工的劳动强度、延长工作时间，雇用童工，甚至还拖欠工资。这当然是最残酷的赚钱方式。随着社会进步，员工的权利会受到越来越多的保护。中国改革开放近 40 年，农民廉价的劳动力和土地支撑了一个国家的腾飞，这是中国发展模式的基础。没有中国农民的"贡献"就没有中国产品以"便宜"的卖点横扫全球市场。也许这是任何国家、大多数企业在原始资本积累阶段必须经历的一种"原罪"。但未来发展的趋势是与员工分享劳动成果才是企业经营发展的方向，尤其是在知识经济占主流的今天，"资本主义"正在向"知本主义"融合，智力和知识正在成为企业的核心资源，你已经很难雇用一个"知识工作者"来为你打工，你只能与他共同合作创业。人类正在进入只能自己剥削自己的"知本自时代"。

第二种更符合传统商业逻辑的商业模式是理直气壮赚顾客的钱。

通过提升产品品质和服务、通过科技和管理水平的提高来降低价格等方式去满足顾客的需求，经营顾客的价值感知，从而在服务的顾客身上获取企业的利润。传统方式主要有两种：一是通过规模化经营去垄断某个行业的市场份额，形成坐庄通吃的霸主地位赚钱。二是通过差异化定位在某个行业的细分市场避开与老大的正面竞争，切一块比较小、却很肥的肉。比如，格兰仕就是微波炉行业的全球老大，以物美价廉的规模优势傲视天下。如果你要去做微波炉，也只能差异化推出什么无辐射、更环保安全的高档微波炉去切入高端客户市场才有可能成功。当然前提条件是你必须有自己的独门绝技。

第三种赚钱方式就是赚政府的钱。

政府在公共基础设施建设、国防军工、公共服务支出等领域是绝对的大客户，如果你能成为政府的供应商当然可以赚大钱。包括 IBM、惠普、摩托罗拉、波音公司、现代、三星等世界 500 强的公司，起家过程中都是得益于拿政府的订单赚钱。在许多集权的国家，由于政府在主导社会资源和市场准入，很多商人就利用权力寻租，通过官商勾结以远远低于市场的价格从政府手中获得稀缺资源而暴富，这种模式在中国可以上溯到吕不韦的"奇货可居"，一直延续到汉代的邓通、清末的胡雪岩……但纵观这些做"白手套"商人的结局都是"其兴也勃，其亡也速焉"。以法治公平为保障的市场经济才是现代文明商业发展的方向。

第四种赚钱的模式是从合作伙伴身上赚钱。

沃尔玛、携程等企业是通过自己掌控大规模的个人客户，从而积累了巨大的能力，可以打压供应商合作伙伴的价格折扣，比如6折拿来，8折卖给自己的客户，中间2折就是自己的收入，所以它们主要不是赚顾客的钱，反而是要用免费服务和更低的价格去吸引亿万用户，唯有真正代表亿万用户的利益才能掌控亿万用户的购买力，才能赚产业链上合作伙伴的钱，这叫"羊毛出在猪身上，最好让狗买单"。高通、英特尔等公司则是通过自己研发的高科技专利掌控了产业链，向合作伙伴收取大笔的专利费赚钱。星巴克咖啡、可口可乐、全聚德等公司则利用自己的品牌价值和管理运营能力收取合作伙伴的加盟费。在互联网时代，谷歌、百度等平台公司对用户免费、打造内容和应用的平台，最终跨界抢劫，跨行业赚合作伙伴的钱形成了网络经济主流的商业模式。

第五种赚钱模式是在资本市场上从投资人、股民身上赚钱。

无论是比尔·盖茨、马克·扎克伯格，还是马云、马化腾、李彦宏、王健林，几乎所有当代首富的财富都不是直接从客户身上赚来的，基本都是通过公司上市，股票价格上涨，赚股民的钱才得以"暴富"。如果当年你拥有阿里巴巴的原始股票，在美国上市当天价格就涨了一万九千多倍，投资公司股权才是未来发大财的机会。当然，市场规律就是风险越大，利润才会越高。天使投资最终能成功上市的公司仅为1%。有人问美国著名的风险投资人彼得·蒂尔为什么眼光那么准，他是Facebook公司第一个天使投资人，他的回答是：当我看好社交网络的时候，我把所有和社交网络相关的创业公司都投资了，只不过成功的那一家是Facebook而已！

第六种赚钱模式是直接从竞争对手身上赚钱。

不信你听听这个故事：过年的时候，有两个孩子都从长辈那儿领到了1万块钱压岁钱，表哥15岁，上初中，表弟才5岁，上幼儿园，于是表哥就起贼心了，想通过猜谜语的游戏，把表弟兜里的压岁钱都骗到自己兜里来。表哥对表弟说：干脆我们两个来玩猜谜语的游戏，你出一个谜语，如果我猜不着就给你1 000元。然后我再出一个谜语，你猜不着也给我1 000元怎么样啊？他想的是自己比表弟懂得多，一会儿就会把弟弟的钱赢光了。

这时候对于这个 5 岁的弱者来讲，他有什么选择？第一种选择是听哥哥的，同意这种玩法，一会儿自己的钱就输光了。第二种选择比较聪明，我知道我玩不过你，我不玩，虽然赚不着哥哥的钱，至少自己也没什么损失。第三种选择是什么？聪明的小孩子回答说：我可以参加这个游戏，但是为了公平起见，你比我大 10 岁，又上初中了，我才上幼儿园。这样吧，如果谜语我猜不出来，我只给你 200 块钱。如果你猜不出来，你得给我 1 000 元，否则我就不玩。哥哥一听，觉得他讲得也有道理，不答应的话，他不玩就赚不到他的钱，于是就同意了。这时候弟弟又说了，我打也打不过你，跑也跑不过你，如果你输了不给我钱，我怎么办呢？哥哥说，你想怎么办？弟弟说，让姑姑来当裁判，我们把钱都给她，这样我才放心。哥哥也同意了。于是姑姑拿着他们的钱说，现在猜谜开始，谁先猜？弟弟说我先出谜语让哥哥猜，哥哥你听好了：天上飞来一只鸟，不但有一对翅膀还有四条腿，请你猜这是什么鸟儿？哥哥一听，去翻生物教材，没有这种鸟，上百度一搜也没有找到。世上哪有长着一对翅膀还有四条腿的鸟啊？他只好说猜不出来。弟弟就从姑姑手上拿了 1 000 块钱。这时候哥哥急了说，你告诉我答案，到底是什么鸟？弟弟一边数钱一边对哥哥说，我也不知道那是什么鸟，给你 200 块钱吧。弟弟最终净赚 800 块钱。

这就是商业模式的颠覆，必须改变对手原来制定的游戏规则，用一种新的游戏规则你才有机会战胜对手。弟弟利用自己年龄小作为不对等结算的谈判筹码，终于在对手身上赚到了中间的差价。

在整个商业交易中，你应该从谁身上赚钱更容易，这也是商业模式变革的一个突破的方向。

5.藏獒、高通、米老鼠

商业模式创新的第三种思路是改变经营的对象和策略：你是卖产品，卖服务，卖技术，卖标准，还是卖品牌？

如果我们要通过经营藏獒来赚钱，你能创造出多少种商业模式？

藏獒产于中国青藏高原海拔 3 000~5 000 米的高寒地带，被看作西藏人的护卫犬和保护神,在西藏被喻为"天狗"。恶劣气候条件和艰苦的生活环境,造就了藏獒彪悍的体貌特征、威震群兽的勇猛和忠诚的品格。其特征是"体大如驴,奔驰如虎,吼声如狮,仪表堂堂",是举世公认的仅存于世最古老的稀有犬种,在古老的东方有关藏獒神奇的传说已被神化为英勇护主事迹的化身。藏獒在欧洲的古罗马时代在斗技场中以斗虎、狮、豹等凶猛动物而驰名,身体可长达 1.2 米,体重能达到 80 公斤,主要分为长毛狮子型和短毛虎头型,寿命可达 15 年。评价标准主要按血统纯正度、体型匀称度、名犬大赛获奖荣誉……这是产品的基本概况。

从卖产品的角度看,第一种模式你可以把藏獒打死剥皮,按 50 元一斤当特色狗肉卖,每条 160 斤能卖 8 000 元。

第二种模式你可以把藏獒训练好参加世界名犬大赛获得好名次,然后作为带证书的名贵宠物卖给酷爱藏獒的人,各品种价格是:"赤古"目前无价,"黑狼"标价 3 000 万元,"中原"标价 2 000 万元,"獒王"标价 390 万元,"江源霸主"标价 380 万元,"藏獒西疆"800 万元,"藏獒雄豹"标价 180 万元,"金毛狮王"标价 1 000 万元,"天龙"标价 120 万元……卖产品无论怎样创新,一条藏獒(一件产品)都只能卖一次,只能赚一次钱。

如果换个角度,把卖产品转变成卖服务就可以实现持续赚钱。我们可以把获奖的珍品公藏獒作为种犬,别人带着母犬慕名前来付费交配,每交配一次标价可高达几十万元,这就是卖配种的服务。如果是名贵的母藏獒则可以把产下的狗仔按上万元的价格出售(纯种"赤古"幼狗可以卖到 200 万元一条)。这种商业模式把赚一次钱变成了可以多次赚钱,尤其对资本市场而言,由于盈利具有稳定性和持续性更具投资价值。

再换一个角度,如果你能在藏獒的饲养、交配、训练、狗粮、治疗药品等方面总结出一整套完整的技术和标准,并且申请专利,你也可以通过收标准专利费持续赚钱。高通公司成立于 1985 年 7 月,是一家美国的无线电通信技术研发公司,以在 CDMA 技术方面处于领先地位而闻名。作为全球移动芯片领域的领跑者,高通在 3G 乃至 4G 时代的移动通信技术领域占据绝对核心地位。它从不生产网络设备,也不生产手机,而是采取"芯片 + 技术专利授权生产"的商业模式赚大钱,用它的技术标准生产产品的公司利润率只有 1%~5%,高通公司的利润率可高达

30%以上。单是 2015 年高通公司收入就有 264.87 亿美元，纯利润达到了近 80 亿美元。业务人士把这种出售技术标准的盈利模式称为"移动通信领域的高通税"，只要用它的技术生产一部手机就要交手机价格 5% 的"税"，平均下来每部手机高达 10 美金。卖标准和专利技术的商业模式不仅利润具有稳定性、持续性，更重要的是它不需要大规模的固定资产投入，不需要雇用上百万员工，是典型高利润的"轻资产"公司。

如果你的藏獒获奖无数，知名度极高，你就可以注册与藏獒相关的品牌商标，比如叫"天籁神犬"，你的商业模式就从卖产品、服务、标准、技术提升到品牌营销的高度，像美国迪士尼公司经营"米老鼠"品牌一样建立起一个伟大的"天籁神犬"帝国：授权卖该品牌旗下的养狗场、狗药、狗粮、狗肉制品，再进入文化娱乐领域拍"天籁神犬"藏獒主题电影（郑钧拍了"摇滚藏獒"）、动漫、游戏、网剧、图书出版，再延伸到玩具、服饰和旅游等衍生领域。

经营品牌的商业模式就是要化腐朽为神奇，全世界人民本来都很讨厌老鼠，却没有不喜欢"米老鼠"的，品牌化后的这只小老鼠无形资产价值高达 290 亿美元，当之无愧是世界上最昂贵的老鼠。

改变经营的对象和策略：从卖产品到卖服务、从卖标准和技术专利到卖品牌，商业模式创新的根本在于要实现可持续的赚钱，要从重资产、风险大的模式向轻资产模式转型，要从低价值、低利润向高附加价值、高利润率的方向发展。

6.纵向还是横向扩张

商业模式创新的第四种思路是企业在扩张方向上的选择：是顺着产业链上下游纵向发展，还是兼并同业竞争对手，或向海外全球化扩张，或者针对同一群顾客跨需求的横向扩张。

消费者是欢迎企业相互竞争的，竞争使他们拥有更多的选择，能享受更好的服务和更低的价格。企业则希望尽量消灭竞争对手实现市场垄断，只有垄断才能获取超额利润。政府则必须在"市场竞争与垄断"之间扮演平衡调节者的角色。垄断本身不是一种商业模式，却是企业共同追求的目标。

无论是纵向扩张还是横向扩张，企业的主要目的都应该聚焦在以下几点：一是这种扩张模式是否有利于为最终的客户创造更大的价值，这是判断自己模式成败的第一出发点，没有给消费者创造新价值的整合只是企业之间的内部重新"分赃"的行为。二是对整个价值链的掌控能力是否有所提升，使自己成为这个模式中的盟主或者霸主。三是这种整合是否减少了供需关系中的某些多余的工作环节，减少了某些不必要的参与者，使全过程的成本显著下降，效率显著提升。四是能否形成独特的竞争壁垒，使竞争对手和合作伙伴都难以挑战自己。五是能否提高自己稳定持续的盈利能力和抗风险的能力。

企业的第一种选择是顺着自己的产业链向上或向下进行扩张，这叫纵向一体化的商业模式。

实施这种模式的风险也是很高的，美国《商业周刊》研究表明全球有75%的企业兼并是完全失败的。

我个人认为成功的前提条件是：首先企业必须在自己产业链的某个环节上率先突破（资源、管理机制、生产规模、市场销售、核心技术等），形成较大的优势和实力。其次有一个强有力的企业领导人，有眼光和魄力，有对人的感召力。最后还必须有一套以核心价值观为统领的、可兼容复制的管理机制。

著名的国企中粮集团实施的农牧业"全产业链"整合模式就是纵向扩张的经典案例。当时的背景是中国居民进入小康社会后从吃饱转向想要吃好，传统农牧业需要化散为整产业升级，食品安全问题成为社会的痛点。中粮集团实力雄厚，下设中粮粮油、中国粮油、中国食品、地产酒店、中国土畜、中粮屯河、中粮包装、中粮发展、金融等九大业务板块，拥有中国食品、中粮控股、蒙牛股份三家香港上市公司，中粮屯河、中粮地产和丰原生化三家内地上市公司。拥有福临门食用油与大米、长城葡萄酒、金帝巧克力与休闲食品、五谷道场方便面、悦活饮品与蜂蜜、屯河番茄制品与林果产品、家佳康肉制品以及大悦城购物中心、亚龙湾度假区、凯莱酒店、雪莲羊绒、中茶茶叶、中英人寿保险农村金融服务等诸多品牌的产品与服务组合。

当时的董事长宁高宁（任职期为2004年至2016年）下过乡、当过兵、上过大学、留学美国，国企底层实战出身，是国企高管中真正的能人。他为中粮集团提出了食品"安全、放心、健康"的价值理念和"全产业链打造好品质"的战略，将内部的所有企业纵向打通、横向协同，控制"从田间到餐桌"的各关键环节和终端出口，从种植（养殖）到生产加工、运输仓储到营销，全流程自己控制，安全可以溯源，统领农业、食品产业链上的其他环节或收购其他相关企业（比如收购"蒙牛"）。重点抓两头，让农民和消费者获益，从而将中粮打造成为一个以消费品引领的上下游结合、产业链打通的企业，在这个模式下，把品牌、创新、渠道结合在一起，形成一个大出口。沿着"全产业链的粮油食品企业"这条发展道路，中粮逐步成为一家服务于最广大消费者、服务于最广大农民，贯彻落实国家政策的，有研发、有创新、有信誉的"全产业链"的粮油食品企业集团；成为一家有很强社会责任感，同时自身也有好的经营效益与长远发展的大型企业集团。

用宁高宁本人的话讲：我就是把 26 只猫（独立的旗下企业），按产业相关纵向整合成了一只老虎，然后去吃掉那些野狼。

企业扩张的第二个大思路是横向发展。

其中也分为三类方式：

一是并购同行业的竞争对手，使自己迅速成为某个产业环节的领导者。滴滴收购快的和优步（Uber），携程收购艺龙和去哪儿，分众传媒收购聚众传媒，法国达能集团在中国收购乐百氏和娃哈哈等，都属于同一种横向扩张方式。

二是从市场空间的角度横向扩张，比如格兰仕微波炉从一个广东省级市场走向全国，从中国走向世界。

三是聚焦于同一群消费者，从只满足他们的某一种需求扩张为满足他们更多的需求。比如阿里巴巴集团，先从互联网电商业务开始，让天下中小企业没有难做的生意，让天下顾客购物更方便，当平台上聚集的企业用户达到 800 万家、个人消费者突破几亿时，阿里巴巴通过各种投资和并购的手段开始横向扩展到为用户提供金融服务（支付宝、蚂蚁金服银行、天弘基金、众安保险）、为用户提供视频服务（优酷）、为用户提供出行服务（高德地图）、为企业用户提供 IT 服务（阿里云）、为用户提供文娱体育服务、为用户提供医疗健康服务、为用户提供快递物流服务（菜鸟）……单是大的事业部就有 25 个之多，内容几乎涵盖了一个人的生老病死、吃喝玩乐、学习工作。阿里巴巴就是一个围绕用户横向全方位跨需求服务的商业帝国。

实际上，这种围绕同一群用户横向跨需求服务的模式依然存在着巨大的商机，也未必需要把用户规模做到几亿人才可以实施：只要你瞄准一个细分人群市场，打造一个会员联盟，你就可以靠经营这群会员的所有需求和购买力打造出自己的商业帝国。比如中国"老有所养"会员平台、中国"高大上定制生活"俱乐部……这类模式的本质在于你经营的不是某个产品和服务，你经营的是一类人所有需求的定制化服务，他们的整体购买力就是你赚钱的根本。

7. 做一件事分几份钱

商业模式创新的第五种思路是如何少投入，多分钱，通过干一件事争取能分几份钱。而绝大多数公司的商业模式却是干了几件事只能分一份钱。

2015 年 7 月 24 日苹果公司的股票市值达到了 7 300.55 亿美元，成为全世界创历史纪录市值最高的公司。苹果公司为什么值钱？因为乔布斯为自己的公司创造了一个伟大的商业模式，而不仅仅是一个卓越的产品或者技术。

我经常在讲课时问学员：你认为苹果是一个做什么业务的公司？大多数人会不加思索地回答苹果公司是个做硬件终端的公司，从苹果电脑，到 iPod、iPhone、iPad、iWatch……全都是硬件智能终端。只有极少数人会回答苹果是一个互联网平台服务公司。苹果公司与所有卖硬件终端的传统企业不同，它的核心竞争力在于互联网上它有 iTunes 和 APP Store 的内容应用分发平台，能帮助合作开发伙伴卖服务；它在硬件智能终端里有自己的 iOS 操作系统和 safari 浏览器，通过软件与硬件的完美融合，既提升了用户对硬件的使用方便性的体验，更重要的是区别于传统硬件公司，它能实现对用户的全面掌控。苹果公司把"硬件外形的炫酷时尚、内容应用的丰富多彩和对用户的锁定"这三大因素通过软硬匹配加以融合，打造了一个面向用户前端封闭、面向合作伙伴后端开放的利益捆绑的生态系统。苹果手机是第一个没有说明书，也不允许用户自己撬开换电池的手机，因为手机表面你找不到螺丝钉。苹果硬件终端被我称为最时尚的"监狱"，让近 4 亿粉丝自愿来"坐牢"，然后苹果公司再把别人生产的吃喝玩乐的各种内容和应用卖给这些"囚徒"（被关押的信徒），从而源源不断产生收入。这种商业模式被我形象地总结为：
"卖好筷子还捆绑了卖满汉全席。"苹果电脑、iPod、iPhone、iPad、iWatch、iTV、
iCar……都是很酷的象牙筷子，iTunes、APP Store 则是桌子（平台），桌子上别人
做的音乐、游戏、视频、文学等各种内容和应用则是"满汉全席"的美味大餐，
用户买"筷子"的根本目的不是为了好看，而是为了吃大餐。把用户、硬件、软
件、合作开发伙伴和内容连接起来，打造一个封闭的生态系统，由苹果公司掌控，
硬件圈来的用户越多，对用户封闭锁定的程度越牢固，苹果平台对做内容和应用
的开发伙伴吸引力就越大。反过来，开发伙伴做的菜品内容越丰富，对前端 4 亿
粉丝"囚徒"的黏性越大，苹果的硬件在应用上的价值也就越高。这就是乔布斯
设计的商业模式的精髓所在。诺基亚、摩托罗拉之所以倒闭，因为它们只知道卖
"筷子"，不知道"软硬结合"去捆绑卖内容。对传统硬件制造商而言，卖出一件
产品就是生意赚钱的结束；对苹果而言，卖出一个硬件产品才是后续赚钱生意的
开始。

通过这样一种奇妙的商业模式创新，苹果跨界颠覆了无数个传统产业：音乐、
出版、视频、电信、手机、游戏……它通过对 4 亿多粉丝用户的全面控制实现了
"做一件事能分三份钱"的持续盈利增长。卖硬件终端"筷子"的收入是苹果分的
第一份钱，手机利润率高达 50%，iPad 利润率为 25%。苹果公司分到的第二份钱
是早期与美国电报电话公司（AT&T）这样的通信运营商独家合作，只允许苹果手
机在当地接入这家公司的网络，回报条件则是运营商每个月都给苹果公司分 9 到
10 美元的通信费。苹果公司分到的第三份钱是永远从所有内容和应用开发伙伴那
里按用户使用收入的 20% 分钱。

反过来看，美国电报电话公司这样的通信公司既要花巨资投资网络、运营维
护网络，还要去做市场营销拼命发展用户，还要出钱出人帮苹果公司推销（甚至
有包销任务）手机，做了这么多事，投入了那么多钱，最终只分到了一份钱：手
机上网流量费。他们的失败就是商业模式的失败，只做流量搬运工，只收搬运费，
没有从管道转型为平台公司。

为什么苹果公司能成为分几份钱的大赢家？答案是：在所有的商业模式中，
既不是渠道为王，也不是技术、内容、质量、服务、价格、品牌……为王，甚至

也不是顾客本身为王，真正为王能多分几份钱的老大是那些知道如何利用"价格、规模、渠道、技术、内容、质量、服务、品牌、平台……"作为手段去"控制顾客"的公司才能为王。一切竞争的本质就是你比所有人更能掌控顾客，你就是盟主或霸主，你就可以号令全产业链的伙伴，你就可以决定如何分钱，你当然就会给自己分得最多。所以，当中国用户在使用苹果手机时能"越狱"后，苹果公司失去了对用户"下载购买权"的控制，它就失去了一个分钱的机会。所以，当中国移动的9亿用户互相见面都不再问对方手机号码只加微信的时候，中国移动就丧失了对用户的掌控力，只好被边缘化，赚点搬运费。可见，用户多不是关键，能掌控用户才是根本。

最近腾讯推出了改变未来的"微信小程序"，长远目标就是要取代苹果APP客户端的应用下载模式（小程序不占用户手机内存，使用简单），而一贯强势的苹果公司居然不敢把"微信"APP从自己的手机商城里删除掉，它对这种断自己财路的行为也忍了。为什么？因为苹果公司明白：中国用户宁愿不用苹果手机也舍不得放弃微信，如果苹果胆敢让微信客户端下线，它将失去90%以上的中国用户。这又一次证明了我的观点：

　　　掌控用户的能力才是能够做一件事多分几份钱的核心竞争力！

目前为止，最有能力掌控人类的是上帝！

8.市场、股票、品牌

商业模式创新的第六种方式是实现企业资产经营三大层次的叠加：不仅要经营好实体经济的"市场"，也要善于利用好"资本"和"品牌"两大杠杆来提升企业的综合实力和资产升值。

我个人认为对一个企业全面的经营和价值综合评估应包括三大体系：以盈利能力为核心的市场指标、以股票市值为核心的资本指标、以品牌无形资产为核心的客户信仰力指标。这三大体系代表着三个不同的经营层次，市场卖的是技术、产品和服务，在资本市场，企业本身就是被买卖的商品，品牌则是企业获利最高的无形资产。通过市场卖业务是在经营顾客的需求、通过资本市场卖企业的未来是在经营投资者的预期、通过品牌卖价值观与梦想是在经营粉丝的精神信仰。能同时涵盖这三大层次的经营核心则是本书所倡导的对"客户价值感知"的经营。

第一层面，评价一个企业价值高低的指标是它在市场竞争中的表现：利润、利润率、市场份额占有率、市场增长速度、市场潜力大小、现金流状况等。这些"实实在在"的市场指标固然是评价一个企业优劣的根本，但企业综合资产的价值能否快速提升才是企业经营的本质。

第二个层面，评价一个上市公司前景的指标主要集中在对股东目前和将来的投资报酬方面，包括每股收益、股票获利率、市盈率、市净率、净资产收益率等指标。其中每股收益是评价上市公司获利能力的基本和核心指标。市盈率的高低可以反映资本市场对上市公司发展前景的预期。

第三个层面，评价一个公司对消费者、投资者、公众价值感知影响的是品牌。品牌价值的评估又分为四个角度：一是基于消费者的认知，包括知名度、联想度、美誉度、忠诚度等。二是基于品牌在市场上的表现数据，包括该品牌在市场上的占有率，同等品质和功效时它对消费者的溢价程度等。三是基于财务数据的分析，比如一个企业的净资产是 1 亿美元，它的市值却是 100 亿美元，那么中间相差的99 亿美元中，有多少是来自技术能力、生产能力和渠道能力，扣除这些有形能力的贡献，剩下有多少溢价是由品牌形象带来的无形资产？四是基于品牌塑造过程中企业所投入的宣传、营销成本进行累积计算。在这四种评估方法中，比较权威的方法是英国的 Interbrand 公司基于市场表现的评估公式 "E=I×G"。E 代表品牌价值，I 代表品牌给企业带来的年平均利润，G 代表品牌影响力的强度。其中 G 又分为七大评价类别的 80~100 个指标参数（市场领导力、稳定性、目标市场、辐射力、趋势力、支持力、保护力等）。

为了更清晰地看到企业经营三个层面的价值表现，我们可以拿三个知名的企业进行一个最简单的对比。

2016 年华为技术有限公司总收入为 800 亿美元左右（5 200 亿人民币），同比增长 32%，利润大约为 88 亿美元（570 多亿人民币），利润率约为 11%。员工总人数 17 万人。根据 WPP 和华通明略公司第六届中国品牌 100 强评估，华为品牌价值约为 188 亿美元。由于华为并没有上市，所以它的市值假设按照阿里巴巴和可口可乐市盈率 24 倍评估，大约是 2 000 亿美元。但从员工总人数多达 17 万人，利润率 11% 来看，这个市值评估偏高。

2016 年阿里巴巴集团平台成交额突破 3 万亿，达到 3.092 万亿元人民币，同比增长 27%，其规模不亚于欧美主要发达国家全年的 GDP，这表明阿里巴巴已成为全球最大的移动经济实体。此外拥有 3.6 万名员工的阿里巴巴，2016 财年收入已突破 1 011 亿人民币，达到 155.54 亿美元，净利润同比增长 193% 至 712.89 亿元，约为 109 亿美元，利润率达到惊人的 70.65%，由此成为人均产能最高的中国互联网公司。2016 年 9 月 27 日下午四点，阿里巴巴集团股价上涨 2.24%，总市值突破 2 700 亿美元，换算成人民币的话，阿里巴巴的市值约等于 18 000 亿人民币。市盈率约为 24 倍。根据 WPP 和华通明略公司第六届中国品牌 100 强评估，阿里巴巴的品牌价值约为 476 亿美元。

2015 年可口可乐实现销售收入 442.94 亿美元，同比下降 4%；净利润 73.51 亿美元，同比增长 4%，利润率为 16.59%。可口可乐股票市值约为 1 800 亿美元，市盈率约为 24 倍。但根据股神巴菲特评估，从 1919 年可口可乐上市到 1993 年底，按照股利再投资计算，当初的一股股票市值已超过 210 万美元，74 年累计涨幅超过 5 万倍。同时，全球最大的综合性品牌咨询公司 Interbrand 发布的《2016 年全球最佳品牌》报告，其中可口可乐继续保持强势，以 731 亿美元的品牌价值连续第四年排名全球第三，是排名第一的快速消费品品牌，仅次于高科技公司苹果和谷歌。

通过以上三个世界一流企业在市场、股市、品牌三大维度的综合经营业绩来看，具有 130 年（1886 年至 2016 年）历史的可口可乐公司虽然是传统产业，并没有什么高科技含量，但表现却十分稳健，其成功的核心是更注重品牌价值的经营，它的持续成功是由三个关键因素驱动，即品牌产品和服务的财务表现，对消费者的影响力，以及依靠品牌溢价推动企业销售增长的能力。目前，全球每天有 17 亿人次的消费者在畅饮可口可乐公司的产品，大约每秒钟售出 19 400 瓶饮料，是全球最大的饮料厂商。反观中国企业，在品牌的全球化经营层面上依然需要付出更多的努力。只有经营"人心"才是商业模式创新的更高境界，品牌正是征服人心，实现持续盈利和走向高附加价值发展的利器。正如可口可乐公司一位高层人士所言：如果没有品牌神圣的光环，我们的糖水会有多少人喝呢？

从经营市场，到经营资本市场，到经营品牌，从卖业务到卖对企业未来发展的预期，再到卖顾客心中的信仰与梦想，这三大层面的良性循环与相互推动才构成了一个伟大企业的传奇故事。

9.服装与商业模式

商业模式创新的第七种思路是按照颠覆性科技的突变，企业要顺应大趋势进行跨文明的商业模式转型。

当折叠纸扇取代大蒲扇时，这只是新产品替代旧产品的升级，对生产方式会产生变革，对商业模式不会形成本质的影响。当不需要人力的电风扇取代传统扇子时，这是一种新文明的飞跃。而空调的发明正在消灭"扇子"的概念，它创造了一个人类从未有过的全新制冷产业。当核心技术的驱动从产业的颠覆，上升到对人类文明的颠覆，这必然对商业模式带来"毁灭性的创新"。

我们就拿服装产业的发展为例来看看商业模式的文明变迁过程。

第一阶段是自给不能自足、手工制作、供不应求的家庭作坊模式。

从考古发掘中发现人类最早出现的"服装"大约在7万多年前。考古工作者在北京西南周口店龙骨山的山顶洞人遗址中，曾经发现了一枚骨针。这枚骨针长82毫米，针身最粗处直径3.3毫米，针身圆滑而略弯，针尖圆而锐利，针的尾端直径3.1毫米处有微小的针眼，这枚骨针也是世界上目前所知最早的缝纫工具。概括而言，从原始人类的"茹毛饮血、而衣皮革"到农业文明的养蚕缫丝、麻棉的种植与纺织应用，在长达几万年的漫长历史中，人类对服装的经营模式就是"自给自足"的手工制作方式，全靠人的体力生产，成本很高，价格昂贵，主要矛盾是生产能力不足，无法满足大家的需求。

第二阶段是机械化、标准化、规模化生产，市场化经营的模式。

近代服装产业的质变发源于影响人类文明进程的英国工业革命：1764年英国兰开郡有个纺织工詹姆斯·哈格里夫斯发明了"珍妮纺纱机"，把纺纱效率提高了八倍。1769年，理查德·阿克莱特发明了卷轴纺纱机。它以水力为动力，不必人工操作，而且纺出的纱坚韧而结实，解决了生产纯棉布的技术问题。但是水力纺纱机体积很大，必须搭建高大的厂房，又必须建在河流旁边，并有大量工人集中操作。塞缪尔·克隆普顿于 1779 年发明了走锭精纺机。它结合"珍妮机"和水力纺纱机的特色，又称"骡机"。这种机器纺出的棉纱柔软、精细又结实，很快得到应用。到 1800 年，英国已有六百家"骡机"纺纱厂。1785 年，牧师卡特莱特发明水力织布机，使织布工效提高了四十倍。到 1800 年，英国棉纺业基本实现了机械化。纺纱机、织布机由水力驱动，使工厂必须建造在河边，而且受河流水量的季节差影响，造成生产不稳定，这就促使人们研制新的动力驱动机械。1785 年，瓦特的改良蒸汽机开始用作纺织机械的动力，并很快推广开来，引起了第一次技术和工业革命的高潮，人类从此进入了机器和蒸汽时代。到 1830 年，英国整个棉纺工业已基本完成了从工场手工业到以蒸汽机为动力的机器大工业的转变。

在原料方面，除了麻、棉、毛、丝之外，1900 年，人类首次通过化学的方法生产出了人造纤维，这种纤维的原料仍然是木质纤维素和棉短绒，人们只是使用了化学手段把它们溶解并加工成纤维，因此把它们称为"再生纤维"更为确切。第二次世界大战期间，美国杜邦公司研制出了一种专门用于代替蚕丝生产长筒丝袜的合成纤维——Nylon66（尼龙、锦纶）。这是人类第一次采用非纤维原料通过化学合成的方法得到的化学纤维。此后，聚酯纤维（涤纶）也闪亮登场，并且很快成为世界上产量最大的纺织纤维。除了锦、涤之外，人们又逐渐发明了维纶、氯纶、氨纶、腈纶、丙纶以及以这些原料为母体的各种改性合成纤维。

依靠发动机的驱动和标准化流水线的方式去生产服装，利用化工科技不断创新材料，这都极大地降低了服装的生产成本，第一次实现了人类在穿衣领域的"供过于求"。但是由于供需双方信息不对称，服装业最大的成本痛点集中在渠道中介加价和没有卖掉的过季时装库存太大，这两大成本使得我们买到的服装价格是其生产成本的至少 15 倍以上，若不以此定价，服装生产厂家就会亏损倒闭。因此，从"如何生产"转向"为谁生产"才是一切传统产业开创新商业模式的根本。

第三阶段是目前正在出现的互联网＋传统服装业转型，利用大数据实现精准匹配的按需生产，消灭传统渠道中介和库存，实现低成本的个人服装私人定制服务模式。

2014 年 10 月，一家名为"领御"的服装定制公司在上海正式注册成立，英文名叫"Cybespoke"，意即信息技术（Cyber）与定制（Bespoke）的结合，目前产品主要是男士西服、衬衫、正装配饰和鞋履。使过去只有少数人能享有的私人定制服装穿在更多人身上，是这家公司的商业理想。经过一年多运营，这家名为"领御"的公司已建立起从量体、设计、打版到制造的智能化系统。据杭华介绍，领御的三维精准扫描量体技术，一分钟即可获得客人形体的 200 万个点云数据，半小时就可建立起准确的人体三维数字模型；从面料到纽扣等诸多细节均可由客人自由定制，相关供应商和制造商均是世界顶级成衣品牌的长期合作伙伴；还可以在定制服装上绣制客人的名字或是有特殊意义的字符。一周时间，客人就能穿上定制的服装。

同样，2014 年 5 月，山东一家名为"红领"的服装公司影响力突然爆发。中央电视台新闻联播节目也两次报道了红领服饰的个性化定制模式。它主要为用户量身定做西装。用户如果知道自己的量体数据，甚至可以自己在互联网上下单。红领将订单交由自助改造的大规模定制生产线，7 天完成生产，然后交由 UPS 全球航运，两周之内交付用户。这种转型不但具有巨大的核心价值，而且拥有超高壁垒，同行或行业无法简单地进行模仿。具体包括以下流程：第一步，量体和网络下单。红领定制主体用户大多来自欧洲和北美，这类用户一般对自己的量体数据比较了解，他们大多习惯到红领网站上选择参数直接下单。而国内的用户大多还需要亲身量体，可以由用户自己到红领加盟门店量体，也可以约定时间请量体师傅上门量体，得到量体数据后再在线下单。如果是用户自助下单，他可以在线选择定制西装的各种细节，例如面料、款式、肩型、驳头、里料、扣子、刺绣等几十项细项进行个性化选择。第二步，人工核对下单个性化订单。首先进入红领的订单系统，这个系统自动进行排单处理，接着进行板型匹配和工序拆分。制作这个订单需要的布料、辅料、人手也会由系统计算出。在红领员工上班后，首先会进行订单细节的人工核对。这时的订单还未进入生产。核对细节的红领员工就像一般的白领职员，他们每人面对一台电脑，工作台上干净整洁。每件衣服要核对的数据超过 50 项，如果有问题可及时调整，如果无误则进入下一步流程。第三步，制作电子标签。核对完订单细节后，红领员工会点击按钮，由系统制作生成一张射频卡。这张射频电子卡记录用户订单所有信息的详细数据，除了用户自助录入的数据，还包括红领订单系统自动生成的各种生产数据。卡的表面贴有一个不干胶，上面打印有用户姓名、单号、款式、线型等基本数据。这张射频电子卡会跟随一套定制服装生产的全过程。在生产的每个环节上，红领的员工刷这个卡获取自己的工序所需要的数据，也记录新的数据，直到400多个环节全部完成。一套定制服装准备装箱航运前，这张卡才被取下回收，而用户和服装生产的数据永久记录在红领生产服务器里。第四步，自动裁剪布料。完成板型匹配的订单正式进入生产系统，首先是由物料部门裁剪布料。这个部门的员工只需要将布料放到电脑控制的裁床上，由智能系统自己计算最节省布料的裁剪方案，再把裁好的布料与电子标签一块挂到一个吊挂上，然后进入后续生产工序。第五步，工人在线生产。吊挂系统是服装生产的流水线，与电气制造流水线不同的是，吊挂流水线是在生产车间的上方，服装半成品就夹在每一个吊挂夹子下。吊挂系统下面是工人的工作台，工人完成当前工序的工作，将吊挂推进到下一环节。每个环节的吊挂，非常像荷叶边折叠的窗帘。正常开动中的吊挂流水线上，根据工序复杂度和工人熟练程度的不同，有的工序上累积了几个待加工的吊挂，有的只有一个，还有的没有吊挂。在红领的服装定制车间，除了有智能化的吊挂系统，每个员工工作台上都有一台电脑。有的电脑只是一个显示屏幕，有的电脑是跟数字缝纫机集成在一块，这些电脑都与红领的生产服务器相连。所有员工接到一个新吊挂后，先拿吊挂上的电子卡在电脑上扫描，电脑屏幕只列出这位员工当前工作需要的数据。第六步，个性化加工。在用户所有的定制细节中，往往还会有一些个性化的小工序，例如在袖口、衣领或内衬胸口处绣上用户指定的个性化文字或图案。红领的智能生产系统会直接控制数字刺绣机完成布料刺绣工作。第七步，25个环节的质检。所有的生产工序环节完成后，服装进入总共25个环节的质检。质检员工将衣服穿在3D衣架上，对照电脑屏幕，逐一查验显示数据。发现问题，即时处理。第八步，成品上挂等待交付。质检完成后的服装作为成品上挂，等待UPS空中航运最终交付给用户。用户从下单到拿到定制服装，不超过两周。现在红领的定制生产过程为7天，这个过程还可以压缩到5天。

第四阶段是"自己的服装自己做"。

利用互联网+3D打印技术实现智慧化的服装"自造"模式才是未来一切商

业模式创新的方向。2013 年 3 月 7 日,著名脱衣舞女郎蒂塔·万提斯(Dita Von Teese)在纽约试穿了全球第一件 3D 打印礼服。这条礼服是设计师迈克尔·施密特(Michael Schmidt)在 iPad 上设计的。他介绍说,这件裙子的骨架在印刷公司 Shape ways 用粉状尼龙 3D 打印出来,再仔细地涂满黑漆,最后镶嵌上约 13 000 颗黑色水晶。未来随着人工智能技术的发展,每个人都可以在家里为自己量身制作一件自己喜欢的服装。用 3D 打印衣服,可谓是解决人们挑选衣服时遇到困境的万能钥匙。2013 年 11 月 15 日,法国巴黎上演了第一场别开生面的 3D 打印时装秀,可以说是开创了时尚与科技融合的一个崭新时代。

服装业从农耕文明的"自给不能自足"的小农经济模式开始,经过机械化大规模生产模式,正在进入定制化的精准服务模式,最终通过云计算智能系统的支撑重新回归"随心所欲,自力更生"的自造化模式。历史真的是以一种盘旋循环上升的方式重现的吗?

立新说:农业文明的跨规模生产是土地和劳动力越多越好。工业文明的跨规模生产是劳动力越少,标准化产品满足的顾客越多就越好。信息文明的跨规模是机器人生产,能精准满足的顾客细小到每个人最好。在全球 74 亿人中找到你想服务的那个人,从最大规模到最小个体,从"怎么生产"到"为谁生产",这是与传统规模化经营完全不同的模式。

附:规模定制的特点

一是省掉中间环节。

红领的模式基本是直销的方式。用户直接与红领打交道,不需要与代理销售沟通。这样的好处是利润全是红领自己的。在保有直销利润的同时,还避免了多环节信息失真为用户和自己造成不必要的麻烦。

二是服饰产品更贴身。

用户如果买商城里的成衣,虽然能做到大体尺寸相差不大,但总会有这样那样的一点点不如意,例如袖子长点儿短点儿,肩膀肥点瘦点儿。要使消费者满意,只有量身定做。

60多岁的红领董事长张代理曾说："为什么要穿定制衣服？如果不穿定制衣服，大家觉得我70多岁。如果穿定制衣服，大家觉得我60岁。"

服装的个性化定制，符合互联网时代用户转型的特征。

三是零库存不压货。

服装行业是一个高库存风险的传统行业。中国现有的服装行业整体库存可以卖3年。现在的每一家传统服装生产企业都处于前有狼后有虎的煎熬中，旧有的库存压力巨大。但不设计生产新品，现金流就会戛然而止。回款难的同时，还要应付骤然猝死。

红领的模式，首先没有库存风险，每一个进入生产线的订单都已经有买主，而且已经有了用户的部分付款。每一件定制的服装都可计算利润。另外，红领的模式还可以极大地节约物料资金，对面料、辅料的库存做到了灵活智能供应。物料数据都实时在线，不会出现因物料不足而取消用户订单的遗憾。

四是积累用户数据。

用户在红领定做的服装数据会永久地存储下来，用户再次定做时，很多数据都可以重新使用。这些数据表面上看反映用户的身材尺寸，但长期积累来看就是用户的喜好和行为习惯。

红领的智能定制系统最大的价值还在于其具有自我更新能力。可以说，红领的整套定制流水线会越用越智能。因为其在不断地积累用户数据和生产数据，这些数据会为日后效率的提升做储备，红领可以以此改进和优化生产流程。

五是超高的内生性壁垒。

红领之所以能够大规模定制服装，依赖于其2012年打造的智能生产系统，这是一条对传统服装生产线完全再造的智能系统。这套系统已经不仅仅是一个工单系统，甚至也超越了生产型企业ERP的范畴，它将用户数据、生产数据、库存数据、各种模型数据都有机地整合起来，现在他们将这套系统命名为"酷特"。

这是个很怪的名字，甚至有点儿拉低红领智能生产平台的气质。即使如此，不难发现，这套系统才是红领模式的核心价值。

表 6-3 商业模式创新的七种思路

序号	思路	分解		示例
1	重构多方供需关系,创造不同客户	改变对任务的认知。		把梳子卖给和尚,如何借助和尚让梳子赚更多的钱。
		改变原定顾客的角色。		从赚和尚的钱变成与和尚一起赚钱。
		改变业务用途和顾客的价值感知。		梳子从梳头实用价值变成敬佛信物载体。
		引入更多方扩大供需生态链,创造更多商业模式。		洗发水厂家广告赞助梳子,梳子生产者和寺庙有广告收入,香客免费"请走"开光的梳子。
2	改变盈利对象	员工	从被雇用到自剥削的"知本自时代"。	降低工资、提高工作强度、延长工作时间等。
		顾客	通过规模化经营垄断某个行业的市场份额,形成坐庄通吃的霸主地位赚钱。	格兰仕微波炉物美价廉,成为全球微波炉行业老大。
			通过差异化定位在某个行业的细分市场避开老大的正面竞争,切一块比较小却利润率很高的市场。	独有技术切入高端市场。
		政府	政府项目。	高额政府订单。
			政府补贴、资助、低息贷款、退税等。	扶贫项目。
		合作伙伴	成为渠道或平台,掌控大规模个人客户需求,对客户低价,挤占合作伙伴的利润空间。	沃尔玛、携程。
			成为平台,对客户服务免费,跨界赚合作伙伴的钱。网络经济的主流商业模式。	谷歌、百度、阿里巴巴。
			授权使用:技术专利授权、品牌管理授权。	高通技术专利授权,星巴克咖啡、麦当劳快餐、全聚德品牌管理授权。
		投资人、股民	股票价格上涨,股权增值。	股权交易。
		竞争对手	改变游戏规则,比如利用不对等结算赚钱。	中国移动与中国电信、中国联通间的不对等结算。
3	改变经营对象和策略	是卖产品、卖服务、卖技术、卖标准,还是卖品牌?从重资产、风险大的模式向轻资产模式转型,从低价值、低利润向高附加价值、高利润率的方向发展。		藏獒怎么卖?一是卖狗肉,二是卖名贵宠物,三是持续卖配种服务,四是卖养殖标准和技术,五是如有一头天神獒,就效仿迪士尼"米老鼠"注册商标卖自家藏獒旗下衍生产品。

（续表）

序号	思路	分解		示例
4	企业扩张方向选择	纵向一体化	顺着自己的产业链向上或向下进行扩张。	中粮"全产业链的粮油食品企业"。
		横向一体化	并购同行竞争对手。	滴滴并购快的、优步。
			市场空间横向扩张。	格兰仕微波炉从一个广东省级市场走向全国，从中国走向世界。
			聚焦于同一群消费者，从满足某一种需求到满足他们的更多需求。	阿里巴巴从做电商起家，通过投资并购横向扩展到金融、出行、文娱等服务。
5	干一件事分多份钱	少投入、多分钱，通过干一件事争取能分几份钱。掌控用户的能力是核心竞争力！		苹果做一件事分三份钱：卖手机、分运营商手机上网流量费、分APP应用伙伴收入。
6	市场、资本、品牌三个经营层次叠加	不仅要经营好实体经济的"市场"，也要善于利用"资本"和"品牌"两大杠杆来提升企业的综合实力和资产升值。		华为收入最高、阿里巴巴股票市值最高、可口可乐品牌价值最高。可口可乐的品牌经营让其130年持续成功。
		第一层面：市场竞争中的表现、收入、利润、市场占有率、市场增长速度等。		
		第二层面：资本市场投资回报，股价、市盈率等。		
		第三层面：品牌。		
7	颠覆性技术带来的文明和商业变革	农业文明	自给自足小农经济，解决基本生存，供不应求。	自己纺线、织布、缝纫，缺衣少穿。
		工业文明	标准化大规模生产，解决如何生产，供过于求。	纺织机器、面料原料不断发展，但中间渠道加价和过季时装库存消耗拖累服装产业。
		信息文明	定制化的精准服务，解决为谁生产，定制服务。	互联网+服装定制，先预订再生产，去中介、去库存。
			智慧化的自造时代，解决自助生产，随心自造。	互联网+3D打印服装，自产自用。

10.迪士尼模式

我把最基本的商业模式总结为三种：一种是迪士尼模式，一种是宝洁模式，一种是沃伦·巴菲特模式。

迪士尼在1926年以50美元起家时，还仅仅是一家动画片小作坊，后续通过几十年持续不断的并购和合作，逐渐完善了其在产业链的布局。迪士尼公司的多元化业务包括电影、游乐园、邮轮、服饰、出版物、音乐剧、玩具、食品、教育、日用品、电子产品等一系列消费品。2015年迪士尼总收入约合人民币3 457.6亿元，净利润约合人民币583.37亿元。迪士尼的营收结构包括电视和网络业务、迪士尼乐园度假村、电影娱乐三个主要板块，营收占比分别为44%、30.8%、14%。另外衍生品和互动游戏也是一个重要来源，占比约为11.2%。

从表面上看，美国迪士尼公司的模式是通过跨行业的多元化横向扩展赚钱。那么多元化经营与专业化经营的本质区别是什么？

第一，多元化其实包含了多元化的投资模式和多元化的经营模式。什么赚钱你就投资什么，自己仅仅作为财务投资角色出现，并不直接参与公司具体业务的经营管理，这可以称为多元化投资。你不但进入不同的行业去发展业务，而且自己操盘直接参与不同业务单元的具体经营管理，这可以称为多元化经营。

第二，具备相应的专业化能力一定是多元化拓展取得成功的基础。即使是多元化投资，你也需要具备专业化的投资眼光和相关的投资技能，否则你就要借助专业化的投资顾问和投资机构才能更好地控制风险。如果你要采用多元化经营的模式进行扩张，你就更加需要具备专业化的人才、技术和运营经验才能在激烈的市场竞争中生存下来。

第三，只有具备相应实力的公司才适合进行多元化扩张。中国有很多企业，在资金实力才几个亿的时候就决定进入无数个看似很赚钱的行业进行多元化经营的扩张，由于缺乏相应的专业化经营的能力（人、财、技术、管理），他在每一个行业里面市场份额占有率都达不到5%，这就意味着有你一个不多，死你一个也不少，你对这个市场完全不具备任何影响力，很容易死掉。理论上讲，能否超过5%的市场份额是一个企业生存的最低生死线。当市场份额达到15%时，才表明你在这个行业中具有发言权和拥有参与制定规则的资格。当你的市场份额超过40%时，你就是这个行业的领导者和垄断者。当你的市场份额达到70%时，你是这个行业的绝对垄断者，只有政府相关部门依据反垄断法才能打垮你。

第四，要进行跨行业的多元化横向扩张，你应该在这种多元化业务之间找到一种互相依存、互相促进、有可能形成整合效益的相关性。这是多元化经营的根本。

通过迪士尼公司跨越十多个领域的多元化发展，我认为它成功的关键点在于专注于同一群顾客，按照这群人的不同需求进行多元化扩张：无论做什么业务，永远只赚青少年儿童的钱。以快乐为主题，以IP内容品牌为平台，围绕同一群核心顾客的"玩乐吃喝睡"进行品牌化扩张。所以，以线下房地产业起家的万达集团要在娱乐领域击败迪士尼，其实拼的并不是硬件实施，而是线上的品牌创意设计能力和管理能力。门票收入并非迪士尼乐园营收的全部，在迪士尼乐园主营收入部分中，门票收入约占比30%，餐饮15%，住宿13%，购物25%，其他17%。游客在进入园区后的第二次消费才是迪士尼盈利的真正来源。用线上的动漫、电影、游戏来引导线下的各种消费浪潮，把米老鼠、唐老鸭、白雪公主、狮子王辛巴、爱莎女王等一系列动画角色的形象实施深度"洗脑"植入童心，再到品牌化、故事化、实体化、多元化的市场拓展，衍生产品基本都采用贴牌定制生产的方式，专注于同一群用户的服务、专注于同一种价值观的输出，让所有业务都成为品牌价值的载体，这才是迪士尼商业模式成功的根本。

记住第一种能赚大钱的商业模式：永远只赚同一种人的钱，尽量满足他们所有的需求，拼的是你在这群人所有消费金额（总的购买力）中能占到多大的份额，这是跨界多元化经营最容易成功的模式。当今"互联网＋"时代，更是通过某项工具型业务的免费使用使自己形成了用户规模巨大的线上平台，从而挟"顾客上帝"以令合作伙伴，把这种多元化跨界抢钱能力发挥到了极致。

11.宝洁模式

第二种能赚大钱的商业模式可以称为宝洁模式。

宝洁公司，英文全称Procter & Gamble，其实是以两个联合创始人的名字命名的企业。总部地点在美利坚合众国俄亥俄州辛辛那提。成立时间1837年，已有180年历史。公司标志是P&G，核心经营范围是化学日用品，公司口号"亲近生活，美化生活"。2015年营业额787.56亿美元，利润为70.36亿美元，员工数11万人，世界五百强列第86位（2016年）。据国际著名品牌评估机构Brand Finance发布的"2016年全球最有价值50大美妆品牌"榜单，宝洁公司凭借10个旗下品牌上榜,总价值274.6亿美元,成为此次排行榜中的最大赢家。宝洁公司在全球80多个国家和地区设有工厂和分公司,总计经营超过300个品牌,畅销160多个国家和地区,其中包括织物及家居护理、美发美容、婴儿及家庭护理、健康护理、食品及饮料等。在中国,有三大类23个品牌。美尚类:玉兰油(OLAY)、SK II、吉列、博朗、威娜、伊奈美、舒肤佳、卡枚尔、海飞丝(高端:丝源复活)、飘柔、潘婷(高端:Clinicare)、沙宣、伊卡璐。健康类:欧乐-B、佳洁士、护舒宝、朵朵、帮宝适。家居类:金霸王、兰诺、汰渍、碧浪、品客。还有一些香水和彩妆,中国宝洁只负责分销,比如:Boss Skin、Cover girl、Max factor、ANNASUI、Hugo boss、Locaste、Escada、Dunhill、Valention、Lanvin、Paul Smith。

通过上述对宝洁公司的概括介绍,你能看出它商业模式的核心本质是什么?它并不是一个以高科技见长的企业,却持续经营了近180年,长期雄踞世界500强企业前一百名。同时,世界500强企业中有超过三分之一的CEO都是从宝洁公司成长起来的,因此它又被戏称为培养世界500强CEO的摇篮。

的确,你很容易看到宝洁公司是一个以市场营销管理为核心竞争力的公司,你也很容易看到宝洁公司是一个特别善于利用广告推广其产品的公司,你也很容易看到宝洁公司是一个以经营多品牌走向成功的公司。但是,我个人认为这些都不是宝洁公司独特商业模式的本质所在,宝洁公司不仅能做大,关键还能做强。很多企业的目标都是迅速做大,其实只有先把自己的核心竞争力做强了,企业效益做好了,做大才有价值。"强大"这个词一定是"强"在前,"大"在后。做大是做强的手段,做强是做大的目的。一个内在实力并不强的企业,就像一个疆域辽阔、人口众多却十分贫穷而混乱的国家,虽然表面规模很庞大,其实在竞争中是不堪一击的。宝洁公司做强的模式与迪士尼公司完全不同,迪士尼公司是靠"专注服务于同一群顾客,满足其不同的需求"而做强,宝洁公司则是靠"专注于同一种需求,力求满足所有人的同一种需求"而做强。

我们来看看宝洁公司最关键的产品突破是围绕什么发展起来的。1837年英格兰移民威廉·波克特(William Procter)与爱尔兰移民詹姆斯·甘博(James Gamble)因为凑巧娶了两姐妹,在岳父说服下成为合伙人。1837年4月12日,他们开始共同生产销售肥皂和蜡烛。8月22日,两方各出资3 596.47美元,正式确立合作关系，并于 10 月 31 日签订合伙契约。由于电灯的出现，公司在 20 世纪 20 年代被迫终止了蜡烛的生产，专心制作肥皂。

1879 年创始人的儿子诺里斯·甘博和一位化学药剂师共同开发出一种质量与进口的橄榄香皂一样，而且价格适中、颜色洁白的香皂。另一位创始人的儿子哈利·波克特为这种香皂取名为"象牙"皂。宝洁的营销策略同样具有开创性，包括在电台赞助播出"肥皂剧"，利用家庭主妇洗衣服时间听"肥皂剧"而走红。这就是后来电视连续剧又叫"肥皂剧"的由来。1890 年，宝洁公司生产销售不同类型的肥皂已达 30 多个品种。同一年宝洁在辛辛那提的艾弗里代尔（Ivorydale）建立了一个分析实验室，研究及改进肥皂制造工艺，这是美国工业史上最早的产品开发研究实验室之一。

1933 年宝洁率先推出人工合成洗衣粉 Dreft。

1934 年宝洁推出第一种合成洗发香波 Drene。

1946 年，宝洁公司推出汰渍洗衣粉，这是公司继象牙皂后推出的最重要的新产品。

1955 年宝洁推出第一支含氟牙膏佳洁士，得到美国牙防协会首例认证，很快就成为首屈一指的牙膏品牌。

1957 年宝洁收购制造 Bounty 纸巾及卫生巾的 Charmin Paper Milk 公司，正式进入消费性纸品生意。

1961 年宝洁发明了可抛弃性的婴儿纸尿片，推出"帮宝适"品牌，还收购了 Folger's 咖啡，推出了第一种织物柔顺剂 Downy。

1983 年宝洁推出了一种优质妇女个人卫生用品 Always，又名护舒宝，迅速成为同类产品全球市场的领先品牌。

1986 年宝洁首创一种新的技术，使消费者可以采用洗发水和护发素二合一的产品来同时清洗和护理头发。PertPlus，又名飘柔洗发水，迅速成为世界上领先的洗发香波品牌之一。

1989 年宝洁购买 Noxell 公司和它的 Cover Girl、Noxzeme 和 Clarion 品牌，进入化妆品和香料行业。

1990 年宝洁购买 Shulton's Old Spice 产品系列，扩展男士个人护理用品的生意。接着又收购密丝佛陀公司、Ellen Betrix 公司，以 "SK Ⅱ" 品牌为代表的化妆护肤品提高了宝洁在该领域的地位。

1992 年宝洁重新推出原 Richardson-Vicks 公司的潘婷品牌。此品牌迅速成为世界上发展最快的洗发香波产品。

1997 年宝洁公司收购了 Tambrands 公司和它旗下的全球知名品牌丹碧丝（Tampax），扩展其妇女卫生用品市场。

2001 年宝洁公司从施贵宝公司收购了伊卡璐系列。伊卡璐是全球染发、护发领导品牌，年销售额达 16 亿美元。

2003 年收购威娜公司，玉兰油成为宝洁第十三个年销售超过 10 亿美元的品牌。

2005 年宝洁公司斥资 570 亿美元换股收购了吉列，开辟了男士剃须用品市场，也是宝洁公司历史上最大的一次收购。

2008 年宝洁庆祝 170 周年，当年宝洁全球销售额高达 835 亿美元，实现净利润 120 亿美元，14% 的利润率。每股收益增长 20%（增长达 3.64 美元），年收入超过 10 亿美元的产品品牌达到 24 个。

从衣物到身体各部位（皮肤、牙齿、头发、胡须、大姨妈、排泄物），从女性、婴儿到男士，宝洁已经成为全人类清洁、健康、护肤时尚产品的代名词。近 200 年来，一直专注于满足人类清洁健康需求的呵护，只赚同一种需求的钱，用多品牌营销建立自己的市场壁垒通吃全人类，全力压缩竞争对手的市场发展空间，这就是 "宝洁商业模式" 成功的灵魂。

如果你想做实业赚大钱，是选择 "迪士尼" 模式还是 "宝洁" 模式呢？

12. 沃伦·巴菲特模式

第三种主要的商业模式是 "以钱生钱"，运用投资工具在资本市场上赚钱，我把它命名为 "沃伦·巴菲特" 模式。

沃伦·巴菲特，全球著名的投资商，人称 "股神"，出生于美国内布拉斯加州奥马哈市，伯克希尔·哈撒韦公司 CEO，本科毕业于内布拉斯加大学林肯分校，考哈佛大学被拒，又在哥伦比亚大学取得经济学硕士学位，是 2008 年世界首富，美国总统自由勋章获得者。个人拥有净资产 727 亿美元（2015 年）。血型 AB，处女座星座。终身从事股票、电子现货、基金行业。1965~2006 年的 42 年间，他掌握的伯克希尔投资公司净资产的年均增长率达 21.46%，累计增长 3 611 倍。同期标准普尔 500 指数成分公司的年均增长率仅为 10.4%，累计增幅为 64 倍。

2016 年 9 月 22 日，彭博全球 50 大最具影响力人物排行榜，沃伦·巴菲特排第 9 名。2016 年 10 月，在《福布斯》杂志发布的年度"美国 400 富豪榜"中，沃伦·巴菲特排第 3 名。2016 年 12 月 14 日，荣获"2016 年最具影响力 CEO"荣誉。

基于企业增长的长期价值投资和寻找价值被市场低估的资产洼地是巴菲特反对投机的核心理念。他的投资观念体现在以下名言之中：

> 风险，是来自于你不知道你在做什么。
>
> 若你不打算持有某只股票达十年，则十分钟也不要持有。
>
> 投资的秘诀，不是评估某一行业对社会的影响有多大，或它的发展前景有多好，而是一家公司有多强的竞争优势。这优势可以维持多久，产品和服务的优越性持久而深厚，才能给投资者带来优厚的回报。
>
> 当那些好的企业突然受困于市场逆转、股价不合理的下跌，这就是大好的投资机会来临了。

1966 年春，美国股市牛气冲天，但巴菲特却坐立不安，尽管他的股票都在飞涨，他却发现很难再找到符合他的标准的廉价股票了。1968 年，巴菲特公司的股票取得了它历史上最好的成绩：增长了 46%，而道·琼斯指数才增长了 9%。巴菲特掌管的资金上升至 1 亿零 400 万美元，其中属于巴菲特的有 2 500 万美元。

1968 年 5 月，当股市一路凯歌的时候，巴菲特却通知合伙人，他要隐退了。随后，他逐渐清算了巴菲特合伙人公司的几乎所有的股票。1969 年 6 月，股市直下，渐渐演变成了股灾，到 1970 年 5 月，每种股票都要比上年初下降 50%，甚至更多。然而，一度失落的巴菲特却暗自欣喜异常，因为他看到了财源即将滚滚而来——他重新入市抢购了大批便宜股票。

别人贪婪疯狂时你应该恐惧退出股市，当别人恐惧抛售时你应该贪婪入市疯狂抢购。投资的道理是如此的简单，然而极少有人能在贪婪与恐惧之间用理智控制住自己的行为。只有像巴菲特这样能战胜自己的贪婪与恐惧的人才能成为股神。

我自己从未炒过股票,但偶尔也通过为企业咨询出谋划策获得一些基于"智慧资本"的原始股权的投资机会,这种方式的投资几乎没有风险。我个人认为,股权投资才是财富增长最大的机会,而股权投资的根本首先是投给那些你欣赏的人,没有适合的人,再好的项目都会失败。其次才是投给那些符合未来发展趋势的项目,一旦觉察到这种潜力巨大的"风口",你就应该把一批做同类项目的初创型企业都投了,未来不论谁在竞争中胜出,你都会是最大的赢家。当然别人凭什么会让你投资,这是你要想清楚的关键。风险与回报当然是成正比的,但知道值不值得冒险、可不可以冒险、冒险最坏的结果你是不是能够承受,这三点才是风险投资应该考虑的核心问题。

我个人把投资的主要模式总结为"苹果商机":

第一种方式是投资烂苹果。在夏天的傍晚去水果摊收购没有卖掉的烂苹果。因为是"不良资产",你可以拼命打压摊主的价格,把他价值 50 元的一筐苹果以 10 元买下来,然后把烂掉的部分用"刀"削掉,把好的部分切成果盘,精心包装一下,换个地方,拿到"天上人间"这样的夜总会按 198 元一盘的价格卖掉。

第二种方式是投资苹果树苗。在春天去各个果园看看,谁家种下的苹果树苗长势喜人,就和他谈谈为什么他家的苹果树苗比别人长得壮长得高。树苗品种好?有独特的肥料和栽培技术?土地肥沃?看准了就投资这家果园,赌他的苹果未来能早结果、多结果、结好果,上市后能卖个好价钱。这叫初创企业孵化投资。

第三种方式是通吃苹果产业。把几家销量不错、互相竞争激烈的苹果园一起买下来,打造成一个垄断性的大苹果园,然后提升苹果价格。也可以按苹果产业链上下游的相关性,把苹果树育苗、果园、肥料、农药、水果商店、苹果罐头加工厂通通投资买下来,控制整个产业链,降低成本,榨取高额利润。这种投资方式叫作投资并购整合。

第四种投资方式是大数据 + 苹果期货交易的风险投资。先去气象局搞到全球主要苹果产区的各种气候变化的大数据,过去 50 年的、降雨降雪降冰雹的、光照刮风的、病虫害的……然后建个数学模型精准分析明年这些苹果主要产区的气候会怎样。如果预测结果是风调雨顺,马上就到苹果期货交易所去做空,赌明年大丰收之后苹果价格下跌。如果预测结果是干旱、大冰雹，马上就到苹果期货交易所去做多，赌明年苹果大幅减产，供不应求，价格狂涨。

基于各种大数据应用的精准投资模式将是未来 50 年全世界传统资本市场被彻底颠覆的最大投资机遇。切记！大数据 + 精准投资才是未来最大的赚钱机会。现在的天使投资成功率仅为 1% 左右，如果能通过大数据风控把成功率提升 10 倍，这个模式必将产生信息时代成百上千的巴菲特。

表 6-4　三种核心商业模式

序号	商业模式	概念	分解	示例
1	迪士尼模式	专注服务于同一群顾客，满足其不同的需求。	包含多元化的投资模式和多元化的经营模式。	迪士尼以快乐为主题，以 IP 内容品牌为平台，围绕青少年的"吃喝玩乐睡"进行品牌化扩张。
			具备相应的专业化能力是多元化拓展取得成功的基础。	
			具备相应实力的公司才适合进行多元化扩张。	
			在横向多元化业务之间找到一种互相依存、互相促进、有可能形成整合效益的相关性。	
2	宝洁模式	专注于一种需求，力求满足所有人的同一种需求。	通过自主研发、投资并购建立包揽同一种需求的全品类产品、服务、品牌。	宝洁专注于满足人类清洁健康需求的呵护，只赚同一种需求的钱，用多品牌营销建立自己的市场壁垒通吃全人类，全力压缩竞争对手的市场发展空间。
3	沃伦·巴菲特模式	"以钱生钱"，运用投资工具在资本市场上赚钱。	剥离不良资产，重组优质资产。	投资烂苹果。
			投资并购整合。	通吃苹果产业：横向收购其他苹果园，形成大苹果园，纵向收购上下游，控制产业链。
			初创企业投资孵化。	投资苹果树苗。
			期货交易。	大数据 + 苹果期货交易的风险投资。

第七章

向神圣致敬

营销与品牌

点石成金叫产品营销，
点石成神是品牌营销。

1.刀、菜刀、双立人

记得有一年我陪我的岳父逛商场的时候，他看见世界名牌"阿玛尼"的一件衣服标价两万八千多元，他非常不理解，因为他是河北秦皇岛一个腈纶厂的厂长，是学化工专业的。他一摸这件衣服的面料就知道，这件衣服分明只用了一斤腈纶的原料。他按腈纶材料和加工看，认为这衣服最多只值20块钱，凭什么要卖两万八千块？

因此营销界有句名言："企业卖的是产品，消费者想购买的却是品牌。"实际上正如我们在商业模式创新章节讨论的那样，企业赚钱有三种不同的层次：一是卖产品最轻松，二是卖商品更精准，三是卖品牌更赚钱。

本质上看，品牌的诞生跟市场经济发展的阶段具有内在密切的关系。靠卖产品赚钱只能是在短缺经济供不应求的时候，社会生产能力不足，消费者收入低，贫穷状态下支付能力不足，所以他只能花钱买一个便宜的产品来满足与之相关的一切生理和实用功能的需求。几十年前我们村里几乎每家人都只能买一个盆，这个盆早上可以洗脸，做脸盆；晚上又可以洗脚，做洗脚盆；白天还可以拿来做饭，甚至夜里还是尿盆。可见在供不应求的时代，只要能生产出一种价廉未必物美的产品，老百姓就会抢购一空，甚至政府规定必须"凭票"供应限购。这时候企业只关心如何扩大生产，并不关心为谁生产，没有特定的销售对象。生产一把刀，顾客是谁？所有人。解决什么痛点和问题？不清楚。有什么明确的用途？切菜、杀猪、砍柴……希望这把刀是万能的。这个阶段可以称为"生产为王"的卖方主导市场的黄金时代。卖产品就是只从生产者自己的角度去思考成本、技术、质量、生产方式等问题，完全没有站在顾客需求的角度和价值感知的角度来主导自己的企业行为。

随着经济发展，工业文明技术飞速进步，市场竞争必然导致供过于求的产品过剩的结局。这时候企业商业模式转入了卖商品的阶段。什么叫商品？当你生产的产品有明确的销售对象、能解决顾客特定的痛点、有明确的用途时，产品就转变成了具有特定顾客价值感知的商品。你卖刀，那是卖产品，要把刀变成商品你就应该变成卖菜刀、军刀、刺刀、指甲刀、剪刀、水果刀……所以，菜刀跟刀有什么区别？菜刀很明确是卖给厨师切菜用的，生产之前就有了自己明确的销售对象和用途，菜刀就是商品。同理，刺刀是卖给军队的，是士兵用来杀人的。为什么刺刀在生产的时候要开血槽？因为刺进敌人身体后扯出来有空隙血才喷得快，敌人才死得快。菜刀、水果刀就不需要做血槽。营销人员在做市场计划的时候，第一个要解决的问题就是要为自己的技术、产品、服务找到适合的顾客需求，使它们在交易属性上转化为有顾客价值感知的"商品"。卖商品本质上是在卖一种用途。

营销再上升一个层次。

人类除了满足自己的生理需求和实用功能需求之外，还要满足自己的心理需求，包括虚荣心、自信心，甚至是精神信仰的寄托等。这时候品牌就诞生了。

品牌的本质就是一种自我信仰，就是一种心理消费。

因此德国人不仅把刀变成了菜刀，而且还打造出了"双立人"这个知名的品牌。一把双立人的菜刀要卖一两千元人民币。我看到过一把"双立人"水果刀，标价 18 888 元。我开玩笑问营业员：用这把刀切水果难道味道就会变得更好吗？想不到人家售货员回答我说：先生，这把刀是伊朗人用世代相传的一种特殊方式手工制作的，而且是限量版。买它的客人都是用来收藏的。谁会舍得天天拿它去切水果啊?!

我曾经听著名的收藏家马未都先生讲过一个故事：他很喜爱的古瓷器中的"斗彩鸡缸杯"，体量不足一掌大小，烧制于明代成化时期，因其杯壁上画有公鸡母鸡，故称鸡缸杯。现存于世的明成化"斗彩鸡缸杯"全世界只有 19 只，其中 4 只在私人藏家手中，其余均被博物馆收藏。后来经人介绍他慕名去日本拜访一位收藏大家，主人就特意用了自己收藏的"斗彩鸡缸杯"盛上茶水奉上招待他。马未都先生无比激动：也许这是他一生中价值感知最大的一次品茶。因为在 2014 年 4 月 8 日香港苏富比举行的中国瓷器及工艺品春季拍卖会上，上海藏家刘益谦以 2.812 4 亿港元才买到一个鸡缸杯。自己有幸能用这样一个杯子品茶当然会感到无比荣耀。

这就是奢侈品名牌的秘密：优质的品质、独特的技术、完美的服务和实用的功能都仅仅是其价值坚实的支撑底座，头上的那一道神圣的品牌光环能照亮购买者心灵的"自我优越感"才是核心价值所在。

品牌的诞生必须具备的前提条件是：这是一个供过于求的市场；消费者已经不仅仅满足于业务的使用功能，个性化心理消费的需求十分旺盛；先富起来的人拥有了普通人难以接受的价格支付能力。

从卖刀、卖菜刀，到卖双立人。

从卖包、卖女士包，到卖路易威登（LV）。

从卖车、卖跑车，到卖法拉利。

……

你如何才能把自己的生意从卖产品转化为卖商品，最终升华成卖品牌呢？

表 7-1 营销的三个层次

层次	维度	条件	示例
第一层次	卖产品	短缺经济，供不应求 消费者支付能力不足 目标客户不确定 产品用途模糊	一把刀，切菜、切水果、割草……
第二层次	卖商品	丰饶经济，供过于求 目标客户明确 用途和痛点解决方案明确	不同刀，菜刀、水果刀、剪刀、指甲刀、刺刀……
第三层次	卖品牌	心理消费 利润高	一把伊朗产双立人手工水果刀，售价 18 888 元，用来收藏。

2.孔子与科举考试

品牌的核心是什么?

品牌与产品有什么本质区别和关系?

2009 年中国的两家企业以两亿欧元并购法国的时装品牌皮尔·卡丹。在三十多年前,中国刚刚改革开放的 20 世纪 80 年代,正是法国的皮尔·卡丹这个西方时装品牌第一个来到北京开自己的时装发布会。记得当时法国方面派出的代表团团长是法国的文化部长,而中国政府迎接这个时装代表团的领导却是纺织工业部的部长。法中双方分别以文化部与纺织工业部来进行对接,这代表了当时中国还把服装看成是老百姓实用的消费产品,按工业产品的内涵在对待。而法国方面却把时装看成是代表法国文化的物质载体,与香水、葡萄酒、诗歌、文学、雕塑、绘画、音乐一样,是法国时尚品牌的骄傲。我曾见过一则法国葡萄酒的品牌形象广告:你用它搭配食物还是人生? 法国的某位总统甚至说过,我们可以没有拿破仑,但如果没有雨果、卢梭、伏尔泰……我们还是法国吗? 显然,在他的眼中,一个国家的本质核心不是从物质层面来定义的,而是思想文化与价值观。

因此,产品跟品牌的根本区别在于:

(1)产品是物质的,品牌是精神的。

品牌的核心首先是一种价值主张,是一种思想,是一种文化。我在讲品牌营销的时候常常问学员他们心中顶级的品牌有哪些。极少有人能想到,其实在人类文明的进程中最伟大的品牌有三个,它们都代表着宗教信仰。

(2)所有的产品都有自己的生命周期,市场导入期、成长期、饱和期、衰退期。

也就是说每一种产品一定会被一种新产品替代,产品是会"死"的。反过来,作为思想和精神象征的品牌如果经营得好,它可以世代传承,永远不死。

(3)品牌与产品的关系在于,品牌是产品的灵魂,产品是品牌精神的肉身载体。

用一个并不完全准确的比喻来讲，一个普通的人更像是一个产品，如果他的肉体消失可能就没了，他只能靠生育子女产生新的一代人来传递自己的基因，这种浓缩了家族特质的遗传"编码"就像是这个家族的品牌内涵。当然，我们也可以从另外一个角度看，像孔子这样有思想的人虽然肉身死了两千多年，他所创立的儒家思想依然在影响今天的世界。所以孔子就是一个品牌，汉武帝时代"罢黜百家，独尊儒术"以来，孔子更被历代王朝尊崇为万世之师，并以他的思想为国家的价值观，无论蒙古族还是满族都被儒家道统所同化。可以把隋唐以来的科举考试制度看成是传承孔孟品牌思想的渠道，一代又一代的秀才、举人、进士都是孔子品牌统领下的产品。以我个人的浅见，如果我们把中国当成一个品牌而不是地域来看，中国这个品牌的精神核心主要存在于《易经》《道德经》《金刚经》、儒家的典籍以及唐诗宋词当中。

（4）产品能做什么，不能做什么，都取决于企业的"品牌宪法"。

既然所有的产品都是代表着品牌思想的载体，那么同一个品牌统率下的所有产品的创新、设计、生产、销售、宣传以及扩张范围都必须受到品牌内涵的制约，必须符合这个品牌的核心价值主张和它在目标顾客心中的定位。比如"万宝路"这个品牌的思想是代表着男人粗犷的气概，它的肉身产品除了男士香烟之外，也可以扩张到烈酒、打火机、牛仔服、登山靴等许多户外用品领域。但它绝对不可以去生产"万宝路"牌的女士香水、化妆品、卫生巾、迷你裙等女性化产品，因为这已经越过了它自己定位的品牌边界。同样，宾利、法拉利这样的高端汽车品牌也绝不可以去生产十万元人民币的低端汽车。

> 品牌就是一个企业的宪法。
> 品牌就是一个机构的文化。
> 品牌就是一群顾客的信仰。

表 7-2 产品与品牌的区别

序号	品牌	产品	示例说明
1	精神信仰，文化，价值主张；虚荣心的满足	物质、技术	法国：时装是文化、法国精神。 中国：服装是实用消费品。
2	永生不死	产品有生命周期：导入期、成长期、饱和期、衰退期	孔子历经 2 000 年依然影响今天的中国，甚至世界。孔子就是中国的最大品牌。产品不断更新换代。
3	产品的灵魂	品牌精神的载体	万宝路香烟代表男人气概。
4	"品牌宪法"决定产品能做什么，不能做什么		万宝路可以延伸做男性服装、户外装备，但绝不可能生产女士用品。

3.商品力、销售力、形象力

吴晓波先生的成名之作叫《大败局》，书中分析了中国改革开放之后一批名牌企业倒闭的经典案例。包括太阳神、秦池酒业、爱多、巨人、三株口服液、彩虹电视、小霸王、飞龙等当年如雷贯耳的广告标王，都应验了一句老话：其兴也勃，而其亡也速焉！什么原因？关键在于在经营企业打造品牌的过程中无法做到商品力、销售力、形象力的三力融合，实现对品牌影响力的支撑。品牌如同一个木桶，它的影响力大小（盛水多少）并不取决于最长的那块木板，而是看最短的那块木板（缺陷）有多致命。靠广告和公关促销活动的炒作固然能提升自己的品牌知名度，但知名度再高，产品质量、市场定位、渠道管理、资金运转出了问题，规模再庞大的企业也会轰然倒塌。

其实每一个行业在市场竞争的第一阶段往往就是以"商品力"为焦点的竞争，就是比谁的产品质量更好、技术更先进、功能更创新，谁的成本更低，就是要经久耐用而又物美价廉。

就衣服质量来讲就是要"新三年，旧三年，缝缝补补这衣服还能穿三年"。就功能来看，谁的产品功能更好，能不断满足消费者多种用途的需求。如果你的服装可以防水防臭，那么我的衣服就应该防偷防破。如果你的布料纺织技术只能达到 24 支纱，那么我的技术就可以织出 46 支纱。围绕产品本身展开的这些竞争就是所谓"商品力"的打造，等市场竞争第一次洗牌淘汰了一大批企业只剩下几个行业巨头的时候，它们最终就会相互模仿，在同一种标准化生产的过程中形成同质化的上限，很难在产品质量管控上百尺竿头更进一步。从目前品质标准看，当你的产品达到"六西格玛"水平，各个环节的出错率降到百万分之 3.4 的时候，就几乎到了人类把控品质的极限。

然后，这个行业的竞争将转向第二个阶段，从商品力的比拼转向以"销售力"为焦点的竞争。

销售力的竞争主要集中在对市场供需关系的把控，主要思路包括传统的 4P 和 4C 营销理论：谁是你的顾客，他的痛点是什么，消费场景和购买习惯是什么，你如何定价，渠道策略是什么，广告策略是什么，服务策略是什么，如何开展有效的公关和促销推广活动。海尔冰箱就是在张瑞敏的带领下以"真诚到永远"为品牌口号，从自己抡大锤砸冰箱提升质量，然后转向狠抓服务，以创造行业服务新标准而崛起的。

《大败局》一书中提到的那些倒闭企业的起家几乎都抓住了一个推动市场的销售利器，就是敢下血本在大众媒体上狂轰广告。巨人集团的史玉柱先生在广东卖第一个软件的时候敢于借款上百万去打广告，连等六天没有订单，连跳楼的心都有了，但从第七天开始汇款订单从邮政局雪片一样飞来，他押广告成功了。那个年代计划经济刚刚结束，全中国没多少企业具有广告意识，所以，太阳神、巨人、健力宝、三株……一打广告市场就灵，财源滚滚。

秦池酒业更是以"每天给央视送一辆桑塔纳"的广告投入三次勇夺全国广告标王。1994 年以超过自己全年利税总和 3 000 万元翻倍的价格 6 666 万元夺得中央电视台广告标王。为了留住"标王"的光环，1996 年 11 月 8 日，秦池老总姬长孔冲动的情绪更使竞标从一开始就如脱缰之马，让人无从驾驭。广东爱多 VCD 一口气喊出 8 200 万元，超出去年秦池 1 000 多万元。随后，一家名不见经传的山东酒厂就如同一年前的秦池一样企图一鸣惊人，一声喊出 2.009 9 亿元——中国广告报价自此首度突破 2 亿元。当主持人念到"秦池酒厂"的时候，全场顿时鸦雀无声。"秦池酒，投标金额为 3.212 118 亿元！"有记者问，这个令全场轰动的数字是怎么计算出来的？姬长孔回答："这是我的电话号码。"随后有媒体揭秘"秦池勾兑川酒"的报道给秦池以重创。原来秦池每年的原酒生产能力只有 3 000 吨左右,他们从四川收购了大量的散酒,再加上本厂的原酒、酒精,勾兑成低度酒,然后贴上秦池品牌销往全国市场。秦池的市场形势全面恶化。1997 年 3 月,秦池又遭"连阴雨"。有经销商反映,秦池酒瓶盖发黄变烂,并发出恶臭,许多消费者要求退货。这种形势迅速在全国蔓延开来。如果按国际通行惯例收回残次品,将面临上千万的损失,于是秦池做了让他们后来追悔莫及的决定,对"瓶盖事件"听之任之。3 个月后,秦池的销售量一落千丈,市场崩溃。可见营销力再强大,如果企业连商品的质量都不过关,自然难逃覆灭的命运。

当"销售力"竞争达到同质化严重的阶段之后,这个市场的竞争焦点转向"形象力"的竞争。

形象力是指品牌形象在消费者心目中的综合描述与评价,它体现了市场对品牌的认可程度,包括有多少人知道你、喜欢你、赞誉你、尊敬你。它反映了顾客对你的情感量度。形象力如同男女之间的恋爱,即使你的技术、功能、品质、服务、价格没有什么太大的不同,但一定会出现"情人眼里出西施"的效应。形象力要求不仅是让顾客需要用你,更要让顾客发自内心爱你。其效果用一句俗话讲就是你不是因为美丽而可爱,而是要因为可爱而让人感觉美丽。能够将自己的"商品力"、"销售力"整合成为顾客心中偏爱的"形象力",这是整合营销的融合能力,这才是品牌影响力塑造的顶尖高手。农夫山泉当年的横空出世可以称为打造"形象力"的精彩范例。当大量竞争对手宣传自己是纯净水时,农夫山泉却把自己定位成天然无污染的矿泉水。宣称自己从来没有生产过水,"我们只是大自然矿泉水的搬运工""就是你小时候喝过的山泉味道""农夫山泉有点甜",对顾客的卖点就是"好水喝出健康来"。它的这个"纯天然,更健康"的定位棋高一着,就把竞争对手"乐百氏"纯净水打垮了。广东乐百氏纯净水的定位是什么?我们是经过 27 层过滤的水,您可以放心喝。但与农夫山泉对比,你为什么要 27 层过滤?当然是因为你选的水已经被污染脏了。一个从未被污染过,一个是把污染的水拿来过滤,你心里更喜欢喝谁的水?当然是农夫山泉。

那么农夫山泉又是怎么来整合支撑这一点呢?首先它选在千岛湖国家自然水资源保护区地下 1 000 米取水。第二全球最先进的罐装流水线来自德国,整个生产过程工人都接触不到水，不可能有人为污染。这就是从商品力角度来强力支撑自己健康环保的品牌价值主张。第三是价格定得比乐百氏等纯净水稍微贵一些，从而体现自己的稀缺品质。第四是用高利润返点吸引渠道经销伙伴，在全国2 000多个县，连新疆西藏边远地区都能买到。第五是广告给力，首先"农夫山泉"这个名字的联想就很天然美，味道又是"有点甜"，广告是"好水喝出健康来"，一连串组合拳过来，特别打动人。第六是在促销上通过抽奖让消费者免费去参加农夫山泉千岛湖旅游，实地见证源泉，口碑广为流传。第七在公共关系上为了打动消费者，又推出了"你每喝一瓶农夫山泉，我们就向失学儿童捐一分钱"的公益活动。最后让一个清华大学毕业的贫困大学生对着镜头说："要是没有农夫山泉，我根本就没钱上清华大学。饮水思源，我爱农夫山泉。"

这就是把商品力、营销传播力、形象感染力整合为一体的品牌影响力的塑造。时至今日，去千岛湖旅游，你会看到当地无数饭馆打广告希望你吃他们的鱼，其说法就是：我们的鱼为什么味道鲜？因为它们从小就是喝农夫山泉长大的。

对"农夫山泉"，我深表敬佩！

表7-3　品牌营销的三个竞争力

阶段	维度	说明
第一阶段	商品力	比谁的产品质量更好、技术更先进、功能更创新，谁的成本更低，既经久耐用又物美价廉。 好商品是品牌的根基。
第二阶段	销售力	对市场供需关系的把控，主要思路包括传统的4P和4C营销理论：目标顾客、痛点和卖点、消费场景和购买习惯、如何定价、渠道策略、广告策略、服务策略、公关和促销等。
第三阶段	形象力	心理价值认知、情感偏好的综合体验竞争，体现市场对品牌的认可程度。

4.信号、信用、信心、信徒

如果要比较完整地解释"品牌"是什么，我总结核心是一个"信"字。

字典对"信"字的释义主要包含以下内容：一是消息，比如信息、信号；二是诚实、不欺骗，比如信用；三是不怀疑，认为可靠，比如信心、信念、信条；

四是崇奉，比如信仰、信徒。

我们要给"品牌"下一个定义，可以采用由表及里的方式来探讨它的意义。我受到江苏省信息中心副主任陈俊先生观点的启示，他说源自古印度的佛学研究世界就像是剥"洋葱头"，一层又一层剥下去，最后什么都没有，这就通透了，只剩下"空"。源自古希腊文化的西方文明是研究"有"，从有形的物质角度，通过实证的科学方法来证明世界是什么。中国的老子开创道家思想研究世界，关键词是"无"，认为"无中生有，有终归无"，大道无形却隐藏于一切有形的事物中发挥着必然规律的作用。一切有形之物生生灭灭，唯有天道始终一以贯之，不生不灭。这其实就是"品牌论"：品牌代表的精神价值观就是大道无形，它存在于一切有形的产品中又统率着这些产品的发展，一个好的品牌就如同一种"空"的名，可以无限容纳同一种灵魂特质的产品代代传承，轮回转世。

首先品牌是人类发明的信号，一套传递信息的符号系统，以便让"同道"之人能识别出你是谁。

这套符号系统包括了自己的名字、标志、吉祥物、代言人、标准的声音、标准的色彩、标准的口号等。早在一万多年前，人类的原始祖先就在法国和西班牙的洞穴里画了很多动物的图腾，马呀、牛啊、羊啊。这有什么用呢？也许是表示自己对大自然生命的崇拜，同时还能够让同伴识别到这一带经常能打到什么样的动物。比如说画一匹马可能就表示这一带经常有野马出入。这些古老的图案就是最早供人类识别的符号系统。到了公元前6世纪，数学家毕达哥拉斯画了个三角形的符号来标志人类智慧，这个符号最后被基督教会用来表示圣父、圣灵、圣子三位一体。一直到了13世纪整个欧洲才把符号标识用到了商业上，他们的那些商业行会都有自己的商标来表示自己是从事什么业务的，哪些地区是我的地盘，你别进来跟我竞争。还有一些贵族也设计了自己家族的身份识别徽标，甚至出现平民出身的土豪出钱购买贵族头衔和徽标来提升自己的社会地位，这就是最早的品牌交易。中国家谱的姓氏与辈分排列体系也可以看成是一种基于血缘关系的品牌识别系统。到了1804年，法国政府通过了人类第一部商标保护法，把商标作为无形资产在法律上加以保护，从此，注册品牌商标和保护商标成为企业最重要的专利意识和商业法则。符号专利成为自己的核心无形资产。

第二层含义，品牌是一个企业所积累起来的信用。

我在讲课时拿出一瓶没有任何品牌标识的饮料，问大家敢不敢放心喝这瓶饮料。几乎没有人愿意喝这瓶无商标、无生产厂家、无生产日期、无生产原料配方的饮料，因为没有任何安全保障。当我拿出另一瓶贴有规范标识的饮料时，大家立刻对这瓶饮料产生了一种信任感和安全感。同样，把几杯没有任何品牌标志的可乐让一群被测试者盲饮，他们几乎分不出哪一杯可乐的味道更好。可是当你让他们亲眼看见这些可乐是从天府可乐、娃哈哈非常可乐、百事可乐、可口可乐……的瓶子中倒出来的时候，测试的结果就会完全不一样，大多数人认为可口可乐、百事可乐的味道更好一些。这说明名牌产品给了人一种更值得信赖、更加可靠的心理暗示，这种暗示极大地影响了他们的购买选择。这说明品牌不仅仅能够让你的目标顾客在上百种同类产品中一眼就找到你，极大降低了他们的选择负担和困惑，而且还能给他们带来安全感和信任感，所以品牌是一个企业创造出来的信用。

第三层含义，品牌是消除自卑感，提升顾客自信心的心理化疗工具。

如何摆脱自己内心自卑的阴影往往是一个人努力奋斗和创造力的源头。价格昂贵的奢侈品品牌恰恰就是理解了所谓成功人士的这种人性的需求，通过精心设计和反复传播自己品牌的高贵形象，从而吸引高端人群以使用自己的品牌产品为荣，使这群人产生一种与众不同的"自我优越感"，使自己的虚荣心得到满足。这种精神胜利法的消费为企业带来了极高的定价标准和远超对手的丰厚利润。名牌塑造的奥妙在于能让普通人"高看你一眼"，"用给别人看"才是其核心价值和用途所在。当年我建议一个定价每块手表在十万元以上的外国品牌要在大众媒体上做广告，他们拒绝了，理由是把广告做给草根看是无效广告。但老外不知道，他们的品牌在中国并不知名，如果没有人知道这是"名牌手表"，那些土豪们花大价钱买来戴在手腕上吸引不到羡慕的目光和赞美的语言，他们产生不了心理优越感，谁会买？名牌并不是少数人的秘密，名牌应该是多数人都知道却只有极少数人买得起的殊荣。对待奢华品牌的态度可以划分出不同境界的人生：很有钱又很自卑的人一定会买名牌；没有钱又很自卑的人只能买假名牌；对自己充满信心的人完全不关心名牌，因为他们本人就是被大家景仰的名牌；最强大的人是，他们用什么，什么就会变成大家追捧的名牌。

第四层含义，品牌是企业培育铁杆粉丝和信徒的洗脑工具。

如何使你的品牌成为同类产品唯一的代名词，这是品牌垄断市场的成功；如何使你的品牌成为顾客神圣的信仰，这是品牌垄断顾客心灵的终极营销。为了能买一部刚刚上市的苹果手机，竟然有女生去卖淫，有男生去医院卖自己的肾，苹果品牌的影响力曾经是神一样的存在。所以，最伟大的品牌不仅是大众识别的信号，不仅是企业的信用，不仅是顾客的信心，更是信徒心中的信仰。

从普通标识到大众品牌，从大众品牌到著名品牌，从商业名牌到政党品牌，从政党品牌到国家品牌，能够给人类心灵带来永恒希望、使人类得以摆脱死亡的恐惧和绝望困境的是宗教的品牌。

神圣化是品牌的终极之路。只有唯一的和能够带来永恒希望的才是神圣的，这就是品牌之道。

5.一个公章值 6 千万美元

2012 年 6 月苹果公司与深圳唯冠科技公司就 iPad 商标案达成庭外和解，苹果公司向深圳唯冠公司支付 6 000 万美元。

事件缘由是深圳唯冠科技公司早年曾以 iPad 品牌推出自己的电脑产品，未能打开市场。唯冠的老板杨荣山于 2009 年 12 月 23 日授权将 10 个商标的全部权益转让给英国 IP 应用发展有限公司，其中包括中国内地的商标转让协议。协议签署之后，英国 IP 公司向唯冠台北公司支付了 3.5 万英镑购买所有的 iPad 商标，然后英国 IP 公司以 10 万英镑的价格，将上述 10 个 iPad 商标所有权转让给了美国苹果公司。当苹果公司的 iPad 产品风行全球之时，唯冠科技偶然发现当初的品牌商标转让涉及中国内地使用权的附加协议上只有老板杨荣山在表格上手批了一个"准"字，关键在于这个附加协议只有子公司"唯冠国际（台北）公司"的公章，没有同时加盖母公司"唯冠科技（深圳）公司"的公章。这个"疏忽"让唯冠科技找到了打官司的理由，向苹果公司索赔商标使用权 100 亿美元。双方几经诉讼终于达成了和解。有人戏言：盖这个公章值 1 美元，知道要盖这个公章值 59 999 999 美元。

iPad 品牌商标纠纷事件对我们的警示是什么？每个人、每个商家都应该高度重视自己以品牌为核心的无形资产的经营和保护。甚至专门经营品牌商标的注册和买卖交易就可以让你财源滚滚。例如你的品牌商机意识足够敏锐，很早就注册"私人定制"、"黑客"、"码农"、"极客"、"创客"、"自时代"、"掌中彩"……这类面向信息文明新时代网络流行概念的品牌商标，一定会在未来大有收获。因为品牌不仅是一个企业发展的核心指导思想，更是一种打开市场、形成竞争壁垒的稀缺资源。品牌与"价值观、人才、机制、信息大数据、技术、资金、市场资源、人脉"共同构成了一个企业九大关键性的战略资产。

根据数英网（Digitaling）的报道，在全球知名品牌咨询公司Interbrand发布的2016年度"全球最具价值100大品牌"排行榜中，苹果（1 781.19亿美元）、谷歌（1 332.25亿美元）、可口可乐（731.02亿美元）名列前三位。进入前十名的品牌还包括微软、丰田、IBM、三星、亚马逊、梅赛德斯奔驰和通用电气。全球100大品牌总价值近1.8万亿美元。在2016年的榜单中，Interbrand还特别关注了品牌价值成长最快速的品牌。其中，表现最好的是Facebook，品牌价值比上年增长了48%。中国的华为名列品牌价值增长第十名，品牌价值比上年度增长了18%。

我们需要说明的是Interbrand作为奥姆尼康集团旗下的品牌咨询公司，每年在《商业周刊》发布全球顶级品牌的排行榜，为衡量品牌这种无形资产提供一种有效的价值评判尺度。这份榜单也是全球最有影响力的品牌榜单之一。比起另一份同样是衡量品牌价值的榜单BrandZ Top 100，Interbrand有两大特点，一是更注重品牌在市场上财务表现的权重；二是它只选取服务全球市场的企业，所以绝大多数中国企业只在国内赚钱，就未能入选这个榜单。

2016年3月21日，WPP和华通明略公司发布第六届BrandZ最具价值中国品牌100强年度排名。排名结果显示，中国最具价值100强企业的品牌总价值年度同比增长了13%，达到5 256亿美元。腾讯此次蝉联排名榜首，品牌价值增长24%，达到821亿美元。前十名依次为腾讯、中国移动、阿里巴巴、中国工商银行、百度、中国建设银行、华为、中国农业银行、中国平安、中国人寿。科技品牌占100强品牌总价值的27%，高于两年前的16%，其增长提升了市场导向型品牌的实力。这些科技品牌也是海外市场创收比例最高的企业：联想（68%）、华为（62%）和中兴（50%）。乐视（排名第32）与网易（排名第40）是品牌价值增长最快的，幅度分别为 81% 和 73%。

分析这两个国际和国内企业相对权威的品牌估值排行榜，我个人的感受是：

第一，中国企业在品牌价值经营领域与美、欧、日之间无论品牌总体价值还是单个品牌价值之间都存在巨大差距。

全球品牌 100 强中美国有 52 个，前 10 名中又占 7 个，是遥遥领先的品牌超级大国。欧洲德国占 10 席、法国占 8 席。亚洲日本占 6 席、韩国占 3 席，中国仅占 2 席（华为和联想）。这种差距的原因在于：中国企业普遍未将"品牌"置于与"人才"、"科技"并列的三大核心战略高度进行苦心经营；国内对品牌知识产权的保护意识和执法力度欠缺，冒用名牌造假现象严重，没人愿意冒险投重金打造名牌；中国企业绝大多数只能在国内市场窝里斗，极少能走出国门用品牌去赚外国人的钱，品牌国际影响力弱。当然，品牌竞争也是风水轮流转的，十年前诺基亚、戴尔、万宝路、GAP、摩托罗拉、柯达、劳力士、亨氏和卡夫、李维斯、家乐氏、UBS、哈雷……它们都从 2016 年 Top100 榜单中消失了。相信未来十年会有更多的中国名牌走向世界。

第二，高科技企业的品牌价值异军突起。

全球品牌 100 强中前 10 名有 5 家属于高科技公司（苹果、谷歌、微软、IBM、三星），在新增企业中也有 5 家高科技公司首次上榜，2016 年度科技品牌价值总额较上年增长了 8.3%，达到 6 231.9 亿美元，超过 4.2 万亿人民币，是榜单中增长最快的类别之一。同样，在最具价值中国品牌 100 强中，科技品牌也十分突出，前 10 名中也占了 5 家（腾讯、中国移动、阿里巴巴、百度、华为）。科技品牌占总榜单价值由两年前的 16% 上升到 27%。可见无论国际还是国内，驱动品牌价值提升的核心动力和最大机会来自于与信息革命相关的科技创新。

第三，中国企业前 100 名有超过 50% 表面看资产体量很大，但内在的品牌竞争力却未必强，因为主要是国有企业，靠政策支持强行合并形成垄断变大的。

它们的名号在国内如雷贯耳，在欧美市场往往消费者从未听说过，除了靠国家援助亚非拉友邦，把相关业务指定给自己的国企外，中国国企很难在市场公平竞争的规则下以不亏本、能赚钱的方式打败外国对手。反而是华为、联想这样极少数民营企业靠市场竞争才能扬帆出海，经受得住全球市场狂风巨浪的洗礼。这种现象值得我们对下一步的国企改革进行反思。

第四，国内未来品牌无形资产的评估方式应该更权威、更科学、更合理，品牌价值的交易市场应该建立一套更规范的管理运作机制。

价值评估是品牌资产化买卖的基础，目前比较流行的品牌价值评估方法主要有四种，分别是市场结构模型法、Kemin 模型法、Interbrand 价值评估模型、千家品牌价值评估模型。

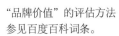

"品牌价值"的评估方法
参见百度百科词条。

6.品牌如何分类?

先问一个简单的问题，索尼（SONY）是属于哪个类型的品牌?

你可以回答：这是一个有国际影响力的日本品牌。你也可以回答：这是一个电子、通讯、娱乐等信息服务的企业品牌。你也可以回答：这是一个代表手机、音响、电视、游戏的产品品牌。你也可以说：这是乔布斯创造苹果之前最受年轻时尚人群喜爱的品牌。你还可以说：这是一个主品牌，它还可以挂上副品牌，例如索尼随身听。以上每一个回答都有自己的理由，但这些答案背后暗含着什么样的品牌划分标准呢?

我们总结起来，品牌分类可以按影响力分，可以按客户细分人群分，可以按产品和服务满足的需求分，可以按主副品牌的搭配关系来分……每一种分类标准背后体现的是一个企业的品牌战略和商业模式是如何设计和运转的。

第一个角度就是按品牌对人类的影响力来划分品牌。

作为人类信仰的品牌，从基督教的十字架、佛教的万字不到头、伊斯兰教的一轮新月等应该是对人类影响力最深、影响时间最持久，也是最神圣的品牌。作为信仰的品牌，代表了每一个信徒能够为他的信仰奉献生命，所以是影响力最大的品牌。

第二个层面的品牌是国家品牌，包括一个国家的国旗、国徽、国歌。国家综合实力越强大，国家品牌对世界的影响力也越大。

国际组织也属于第二层面的品牌。国际组织分为政府间组织和非政府间组织，也可分为区域性国际组织和全球性国际组织。政府间的国际组织有联合国、欧盟、北非联盟、东盟、世贸组织、亚投行等，非政府间的国际组织有国际足联、国际奥委会、国际环保协会、国际红十字会等。据《国际组织年鉴》统计，截至 2016 年，世界上有 6.2 万余个国际组织。

第三个层面才是能在市场上流行的商业品牌。可口可乐、宝马、奔驰、迪士尼、耐克、苹果、华为、阿玛尼等可以称为具有国际影响力的强势品牌。娃哈哈、李宁、中国移动、云南白药等可以称为能在一个国家被认同的本土名牌。20 世纪 90 年代，许多欧美三线品牌就把握住了中国改革开放初期国人对品牌认知的盲区，抢先进入中国市场，并且成功地把自己包装成国际大品牌，获利丰厚。当年大连万达的董事长王健林先生就很爱穿来自法国的梦特娇，因为梦特娇、皮尔·卡丹、百威啤酒等就是第一批来到中国的外国品牌，很能满足我们开放之初对西方生活的向往。如今，经过三十多年的东西方文化交融的洗礼，中国人对品牌选择的自我判断与选择已经日趋成熟了：适合自己的才是最好的品牌。

第二个角度是按照品牌所代表的对象不同进行分类。

主要包括企业品牌，代表公司形象力的识别；客户品牌，代表专为满足特定客户人群的需求；产品品牌，代表自己有形的实物商品的特色识别；服务品牌，代表自己不以实物形式而以提供劳动的形式满足他人某种需要的活动识别。

企业品牌从表面看，就是你这个企业的名字叫什么，标志是什么，标准颜色等。但从更深的层次看，它又代表了两层含义，一是你的企业从事的事业和市场定位是什么，二是你的企业精神和价值主张是什么。比如"万科"这个企业品牌所代表的就是全世界最大的房地产住宅公司，这是它的核心事业与目标。但是万科品牌的精神和价值主张则是要"构筑人类美好生活"。我用更感性的广告语来表达这种企业理念就是："不仅是栋房子，更是你温暖的家！"

　　企业品牌的定位决定了这个企业在产品、价格、渠道、促销等各方面的基本策略，决定了这个企业与消费者之间的关系和沟通风格，决定了这个企业的基本赚钱模式。企业品牌作为母品牌决定和指导着企业业务的经营战略，为经营战略的执行与落地构建内外部平台，强大的企业品牌将为企业产业的发展与选择、人才聚集、投融资活动的执行等创造良好的内外部环境，进而支撑企业战略目标的实现。从"构建美好生活"的企业品牌理念出发，万科绝对禁止通过倒买倒卖土地而赚钱。万科曾经在青岛买了一块土地，还未开工，青岛政府恳请万科把这块土地转让给一个好不容易招商引进的公司，并且对方愿意出高价，政府还愿意用别的土地补偿万科。分公司总经理向万科董事长王石汇报这件事时还高兴地说："还没开工，倒一手地就赚了这么多钱。"没有想到王石的指示是："土地可以按照政府的请求卖给对方，但按原价卖，不允许加价赚钱。"分公司总经理很不理解，问为什么。王石的回答是："如果你通过这次倒卖土地就完成了全年收入考核任务，以后你就会老想着怎么倒卖土地赚钱更轻松，全公司的人都向你学习，谁还愿意去构建美好生活？"这件事给我留下了深刻的印象。很多人会给自己写一个极其动人的企业理念和价值观，也天天挂在嘴上说得天花乱坠，可是在金钱的诱惑面前，有几个人能像王石这么有定力呢？扪心自问，我王立新恐怕很难拒绝赚这一大笔合理合法的钱，所以我没有办法建立一个像万科这样"不追求高利润率"的独特公司。对每一个人而言，能真正做到才是价值观能发挥作用的根本所在。一个社会最可怕的是没有人相信自己讲的那些冠冕堂皇的话，大家说一套，做的完全是另一套，设计再好的企业理念都无法在人心中建立自己正面的影响力。

　　客户品牌是企业定位于为某一个特定细分人群市场进行营销沟通的工具。它以同一群人的需求和欲望为核心，提出自己的价值主张，设计和开发相对应的产品和服务，甚至可以围绕这同一群人的吃喝玩乐行等不同的需求进行跨行业的品牌扩张，本质就是"这个品牌永远只赚同一群人的钱，尽量满足他们所有不同的需求"。米奇品牌就是根据迪士尼米老鼠动画形象创造的一个基于其庞大粉丝的客户品牌，在服装、玩具、图书、手表、游戏、文具、旅游等各个领域都能看见这个品牌跨界授权扩张的身影。我参与策划的中国移动"全球通"、"动感地带"、"神州行"这三大品牌都是典型的客户品牌。全球通定位于高端人群，以服务好取胜；动感地带定位于年轻时尚人群，以娱乐化取胜；神州行则以普罗大众为目标，以价格实惠取胜。

产品品牌代表对企业的有形商品的识别，代表这种产品的市场特色定位和核心卖点，享受注册法律保护的符号是R，包含两个层次的含义：一是指产品的名称、术语、标记、符号、设计等方面的组合体；二是代表有关产品的一系列附加值，包含功能和心理两方面的利益点，如产品所代表的效用、功能、品位、形式、价格、便利、售后服务等。

潘婷就是宝洁公司推出的一个洗发水产品品牌。产品功能是修复头发损伤，营养你的头发。品牌故事是：20世纪40年代，化学家Gustav Erlemann博士了解到Pro-V维生素原在"二战"中为士兵疗伤的广泛应用后，历时七年，经过数百次的测试最终证明，Pro-V维生素原B5不仅可以滋养秀发，帮助长效保湿，减少分叉，还可以增强发丝强韧度。在20世纪90年代，全世界每年仅能生产几百吨，是当时极度珍贵与稀缺的美容圣品。这种成分就被添加到每一种潘婷产品中，以帮助秀发实现健康与强韧。卖点口号是：潘婷，拥有健康，当然亮泽。形象代言人有章子怡、汤唯、高圆圆、刘亦菲、全智贤、林志玲、林心如、林嘉欣、萧亚轩、叶童、周慧敏、张可颐、范冰冰等。

2015年推出"潘婷，包机直飞，美美回家"促销活动，在新年营销中突出重围，惊艳众人眼球，主要得益于以下几个方面：首先，洞察直戳人心，每个人都有过年回家的经历，大家对回家之路的艰辛能感同身受，如此引起消费者强烈的认同感；然后，率先开启包飞机送消费者回家的先例，有包机作为噱头，吸引了消费者的目光和眼球，引起了广泛的关注和讨论；最后，借助热点引爆，在社交网络上的每一条热点，都是精心制作，文案和配图都得到了粉丝的好评，也扩大了影响，让更多的人关注到了事件。

服务品牌代表的是企业通过无形的服务过程来满足消费者的心理需求的一种特殊的品牌形式。服务品牌首先体现为金融、电信、邮政、零售、快递、餐饮、家政等专业服务领域的专利，注册受法律保护的符号为S。包括微信、百度、淘宝、携程、顺丰快递等都属于专业的服务品牌。目前，还有许多公司专为顾客提供围绕自己主业售前、售中、售后的全程服务品牌。比如供电公司的"五心服务"、中国移动的"沟通100"、普乐士仪器公司的"贴心24"都属于客户服务品牌的范畴。

第三个角度是按主体母品牌与副线子品牌的关系划分。

主品牌指的是在市场中能影响顾客购买的核心价值所在的品牌，而副品牌则指的是对主品牌的价值识别进行补充和区隔的品牌。"主品牌"是"副品牌"的根基，"副品牌"是"主品牌"的延伸，二者是相互联系的一个有机体。其中的关系好比一个家族必须根据"姓"来取不同孩子的"名"，"姓"是母体主品牌，"名"就是"副品牌"或叫"子品牌"。主品牌与副品牌的搭配运用主要体现在以下两种情况：

一是主品牌无法覆盖同一种产品满足不同顾客多层次的需求时，就需要推出副品牌去占领更大的市场份额。"奔驰"作为全球高端汽车的主品牌就分别推出了S级车型（豪华）、E级车型（舒适）、C级车型（时尚）三个不同定位和价格的副品牌。但值得注意的是如果副品牌超出了主品牌的核心价值定位，这种搭配就一定会失败。比如你推出一个定价十万元一辆车的副品牌，而主品牌仍然用"奔驰"，完全脱离了奔驰高端品牌的定位，就会对"奔驰"主品牌的价值认同产生致命的伤害。所以奔驰公司最小型的车就完全不使用"奔驰"商标，干脆另外单独推出一个新品牌叫"Smart"。比较失败的品牌搭配是重庆长安汽车公司推出"长安·沃尔沃"轿车。"长安"主品牌是一个低端的形象，它与"沃尔沃"高端安全的品牌组合立刻让消费者对"沃尔沃"品牌的价值感知大打折扣。

二是主品牌希望针对同一群顾客进行跨需求、跨行业、跨产品延伸时需要使用副品牌。比如以"海尔"为主品牌分别在不同行业推出系列副品牌去赚同一群顾客的钱："小小神童"（洗衣机）副品牌、"探路者"（电视机）副品牌、"简爱"（笔记本电脑）副品牌、"小松鼠"（电熨斗）副品牌、"统帅"（空调）副品牌等。这种品牌的延伸也必须注意，如果你用副品牌进入的新领域与主品牌完全没有相关性，超出了顾客对主品牌价值认知的边界线，也一定会失败。比如你推出"海尔·爽歪歪"啤酒可能就没人喝，因为主品牌"海尔"是家用电器之王的定位，啤酒和"海尔"这个品牌完全没有关联性，借不上主品牌的光，副品牌"爽歪歪"啤酒就很难畅销。

表 7–4　品牌的分类

序号	分类		解析	示例说明
1	影响力	宗教	代表信仰，对人类影响力最深远持久、最神圣品牌。	标识、宗教形象、经书、法器、礼仪等。
		国家	国旗、国徽、国歌。国际组织也属于这类品牌。	国家综合实力越强大，国家品牌对世界的影响力越大。
		商业品牌	国际品牌。	可口可乐、宝马、迪士尼、耐克、苹果、华为等具有国际影响力的强势品牌。
			本土品牌。	娃哈哈、李宁、中国移动、云南白药等在一个国家被认同的本土名牌。
2	所代表的对象	企业品牌	公司形象力的识别。两层含义：一是市场定位，二是价值主张。	中国移动，代表移动通信领域的领导者，价值主张是："中国移动通信，移动信息专家。"
		客户品牌	为某一个特定细分人群市场进行营销沟通的工具。	中国移动"全球通"、"动感地带"、"神州行"三大客户品牌。全球通定位于高端人群，服务好；动感地带定位于年轻时尚人群，娱乐化，形象代言人有：周杰伦、SHE、潘玮柏；神州行则以普罗大众为目标，价格实惠，代言人有：葛优。
		产品品牌	有形实物商品的特色识别。法律注册保护标识：R。两层含义：一是指产品的名称、术语、符号、设计等方面的组合体；二是代表有关产品的一系列附加值，包含功能和心理两方面的利益。	中国移动业务品牌：彩信、彩铃。中国移动数据业务统一品牌：移动梦网。说明：短信，因为没有及时注册，其他运营商也可以使用，成为一种业务名称。
		服务品牌	不以实物形式而以提供劳动的形式满足他人某种需要的活动识别。法律注册保护标识：S。两种类型：一是金融、电信、邮政、零售、快递、餐饮、家政等专业服务品牌；二是围绕自身主要开展的全流程的客户服务品牌。	中国移动客户服务品牌：10086。中国移动综合信息服务品牌：12580。中国移动营业厅品牌：沟通100。
3	品牌关系	主品牌/母品牌	在市场中能影响顾客购买的核心价值所在的品牌。	
		副品牌/子品牌	对主品牌的价值识别进行补充和区隔的品牌。	
		主副品牌搭配	主品牌无法覆盖同一种产品满足不同顾客多层次的需求时。注意：副品牌不能超出主品牌核心价值定位。	"奔驰"全球高端汽车的主品牌分别推出了S级车型（豪华）、E级车型（舒适）、C级车型（时尚）三个不同定位和价格的副品牌。注意：最小型的车另外单独推出一个新品牌叫"Smart"。
			主品牌针对同一群顾客进行跨需求、跨行业、跨产品延伸时。注意：副品牌不要超出顾客对主品牌的认知边界。	"海尔"为主品牌，覆盖不同需求的副品牌："小小神童"（洗衣机）、"探路者"（电视机）、"小松鼠"（电熨斗）、"统帅"（空调）等。注意：海尔推出"爽歪歪"啤酒就很难畅销。

7.品牌架构如何设计？

所谓品牌架构就是你该如何运用品牌经营工具去管理一个公司旗下的产品、服务与客户之间的关系；能够描述一个组织在做些什么，处在一个什么样的市场位置，能够为什么样的客户提供什么样的独特价值；品牌架构的核心是要反映企业满足客户群的需求和业务的布局。本质上讲，你决定采用什么样的商业模式就会设计什么样的品牌架构。

最基本的品牌架构设计有两种模式：单一品牌架构和多品牌架构。

无论是企业品牌、产品品牌、服务品牌，都只用一个核心品牌来命名，所有市场推广和经营的模式都围绕同一个品牌展开，这就叫单一品牌架构。

这种模式特别适合刚刚起步发展，综合实力还不够强大的中小企业。它的本质就是我只想赚同一群顾客的钱，我可以用同一个品牌尽量去满足这群顾客所有的需求。产品和服务的开发可以跨行业、跨需求，但这种多元化跨界扩张的灵魂是，无论做再多的行业产品，我都是为同一群顾客做的，我用的都是同一个品牌和同一种理念，我也只赚同一群人的钱，我为他们开创了同一种消费方式和生活方式。

索尼公司就是单一品牌架构的典范。1945 年井深大在东京日本桥地区的百货公司仓库成立"东京通信研究所"。盛田昭夫在井深大的邀请之下加入共同经营，并于 1946 年正式成立"东京通信工业株式会社"。1953 年，盛田昭夫第一次去美国时，就察觉到他们公司的全名"东京通信工业公司"放在产品上不大好看，读起来像绕口令。为此，盛田昭夫考虑，应该想出一个独特的品牌名称，让别人一眼就认出他们的产品。盛田昭夫和井深大研究很久，决定只要一个简短的四五个字母的名字，不要另外设计商标，因为大部分消费者记不住商标，所以，名字就是商标。新名字必须让全世界每个人都能认出来，让操不同语言的人都能读出来。有一天，他们翻到一个拉丁字 Sonus，意为"声音"，听起来很有音感，于是他们开始在这个字上打转。当时，日本已使用许多外来的英语，很多人叫可爱的小男孩 Sonny，相近的 sunny 又是"阳光普照"之意，都有乐观、光明、积极的含义，这点非常符合他们的心理形象感知。美中不足的是，Sonny 读起来与日语"输钱"

谐音，有些"触霉头"。后来盛田昭夫灵机一动，去掉一个"n"，拼成"Sony"。这就是 1958 年 SONY 公司品牌的由来。从此以后，该公司生产的半导体收音机、电视机、随身听、游戏机、照相机、摄影机、手机、计算机、机器人（狗）、音乐唱片公司、电影公司、电子图书……所有的产品和业务都以 SONY 主品牌命名。SONY 以单一品牌的架构为核心，以电子产品的芯片、硬件终端、娱乐内容为主导，成功打造了一个辉煌的商业帝国。可惜的是它是一个极为封闭而非开放的帝国，内部的技术部门与艺术内容部门未能实现"硬件 + 平台 + 内容"的转型整合。他们各自为战，缺乏强有力的协同发展能力，最终被乔布斯领导的同样是以单一"苹果"品牌为核心的公司击败了。因为，它没有真正理解为同一群时尚人士创造一种数码时代的生活方式才是自己商业赚钱模式的根本。

反之，德国的宝马（BMW）公司将自己定位为全世界最好的驾驶机器，无论从企业面到产品面，不管它做汽车、摩托车，甚至做脚踏车，它都采用同一品牌，都只做与车相关的高端产品去满足同一群顾客。宝马的摩托车、脚踏车、汽车都是在交通工具三角形的最尖端，都是体现速度与自由的昂贵机器，一辆宝马脚踏车比一辆普通汽车还要贵。宝马的业务还延伸到了服装和生活日用品领域，它将自己标榜为"BMW style"，是一种个性化的生活方式。

单一品牌架构的优点是适合将目标定位于只赚某个细分顾客市场的钱，在品牌推广过程中资源可以聚焦使用，花钱少而见效快。不足之处在于，首先你在任何一个需求行业领域中都只能赚同一群顾客的钱，只能做同一个价位的产品和服务，没有办法实现高中低、男女老少通吃的行业霸主地位。SONY 不可能在电视机领域定为高价格产品，在照相机、手机、计算机等领域又把自己定价成低端产品，否则消费者就会对 SONY 到底是高端还是低端品牌产生困惑。其次，由于使用的是同一个品牌，不同产品之间没有办法进行品牌识别的区隔，一旦 SONY 电视机爆炸出事了，其他行业的 SONY 产品（手机、照相机、计算机、游戏机等）通通会受到牵连，背黑锅卖不出去。

第二种品牌架构的设计可以选择多品牌模式。

就是把自己的企业品牌、客户品牌、产品品牌、服务品牌进行区隔，用不同的名字和商标组成一个相互作用又独立运营的品牌事业群去赚钱。核心本质是我只赚取人类某一种需求的钱，只在一个行业中称霸，在同一类产品中形成多个品牌扩张的独自垄断，在这个需求领域赚所有人的钱，不给竞争对手留下有机可乘的市场空间。

多品牌架构的集大成者就是我们前文提到过的宝洁公司，它只赚一个行业的钱（洗涤清洁健康），只想满足人类这一种需求，但是在这一种需求的满足上，我要坐庄通吃，我要做强做大去赚所有人的钱。所以宝洁有洗衣粉多品牌系列，有厨房洗涤用品多品牌系列，有洗发水多品牌系列……只要是跟洗涤清洁相关的需求都是我要做的。而且每一种产品功能不同、定位的顾客人群不同、价格不同，它的品牌包装和经营策略也不同。企业品牌定位就是：全球清洁健康之王，总有一款适合你！

这种模式的关键在于每个品牌的定位要准、经营完全独立核算、品牌经理需要非常高的管理能力和权力。其不足之处在于，一是有时候在市场上由于定位不清晰，甚至可能会出现自己的品牌之间相互竞争的状况。二是这种模式众多品牌推广的人力与资金耗费巨大，一般中小企业根本难以承受。宝洁公司每年单单花在上百个子品牌宣传上的广告费用就超过 200 亿人民币。三是公司管理难度加大，非常容易在新品牌运营上失控，甚至老板都不知道自己到底有多少个品牌。目前宝洁公司就正在大量关闭赚钱能力差的品牌事业部，涉及近 200 个品牌将被出售或者停产退出市场，全公司最终希望保留不超过 100 个优质的品牌继续聚焦做强做大。

多品牌架构的优点在于，一是能够在某一个行业内迅速形成市场垄断地位，竞争对手很难找到成功的机会，最终只有政府动用反垄断法或者该行业遭遇颠覆性技术的突变才有可能击垮这样的行业巨头。二是由于有多品牌的市场区隔，即使某一个品牌出现恶性事件也不会影响到自己的其他品牌。

在我的顾问生涯中曾经建议大连万达集团实施单一品牌架构的战略，在商场、体育、游戏、旅游、宾馆、影视、文化等领域围绕同一个品牌为顾客打造一种"万达"生活方式。王健林先生正在取得阶段性的成果。我也曾经在 2002 年建议中国移动通信集团公司实施多品牌架构，以"中国移动通信，移动信息专家，畅享移动新生活，总有一款适合你"为核心，先后推出了"全球通"高端品牌、"动感地带"时尚品牌、"神州行"大众品牌,取得了巨大成功。可惜国有企业难以贯彻同一个战略的持续实施,现在中国移动自废武功,取消了上述三大客户品牌,退回到了"和"的单一品牌架构状态。试想在一个客户差异化极大的时代,你想只用一个"和"品牌就能满足9亿用户的需求?恐怕有点困难。

表7-5　品牌架构

序号	品牌架构	优点	不足	示例
1	单一品牌战略	聚焦一个细分顾客市场,花钱少见效快,一荣俱荣。	只能赚同一群顾客的钱;一损俱损。	SONY、苹果
2	多品牌战略	容易在同一个需求领域形成垄断优势。	可能导致多个自有品牌间内部竞争;市场营销成本高;管理难度大。	宝洁旗下200多个品牌,每年广告费100亿美元左右。洗涤:汰渍、碧浪等。洗护:飘柔、海飞丝、潘婷、沙宣等。

8.品牌塑造五个度

前面讲述了关于品牌的定义和价值,现在我们要讨论一个人、一个企业、一个组织机构应该怎样才能把自己塑造成为品牌?从塑造品牌过程的逻辑递进关系出发,从把握品牌塑造的关键点出发,我们可以从五个不同的方面来成功打造一个品牌:定位的准确度、传播的知名度、形象的联想度、口碑的美誉度、购买的忠诚度。

需要着重强调的是,这五个角度虽然是分开探讨,但其实是一个不可分割的有机整体,它们之间存在着内在的因果关系,任何一个度的弱化和缺失对品牌形象的塑造都会产生致命的影响。品牌定位的准确度是根本,它决定了其他四个度的方向和举措的对错。购买的忠诚度则是品牌塑造最终要实现的目的,其他四个度都是为它服务的,品牌价值的实现也必须体现在客户持续忠诚的购买行为上。最常见的问题是,许多人都把品牌传播的知名度当成了品牌塑造的核心,愿意为提升自己的知名度投入巨大的宣传推广资源,但往往是知名度很高,客户购买的忠诚度低,业务收入和利润未必理想,这有可能是客户使用业务之后的评价不高,产品和服务有缺陷,品牌美誉度出了问题,或者是整个品牌的定位一开始就犯了错误。另一种情况是品牌的美誉度很高,忠诚度也不错,收入与利润却不理想,这就有可能是品牌知名度太低,或者渠道销售面太窄。

我用找对象打一个不太恰当的比方来说明品牌塑造五个度的作用:知道现在白富美的姑娘内心都渴望暖男,这叫定位的准确度。让白富美的姑娘都知道你就是最好的暖男,这叫传播的知名度。白富美的姑娘每当看见大雪纷飞、阴雨连绵、孤寂无助时就自然而然想起你的温暖,这叫形象的联想度。白富美姑娘们都在口碑相传你曾经"千里送鹅毛"的动人故事,这叫口碑的美誉度。最后无论你出现在哪里都有一大群白富美铁粉追逐你、死缠着非要嫁给你,这叫购买的忠诚度。

首先,定位的准确度是塑造一个品牌的开始,也是决定全局成败的根本。

它的本质是"你为谁设计的品牌"决定着"该如何塑造这个品牌"。

重点要解决以下几个问题:

表 7-6 品牌定位的准确度

序号	问题	说明
1	这究竟是为谁设计的品牌?	粉丝到底是谁?
2	这个品牌是针对他的什么痛点和梦想?	客户实用功能之上的心理需求是什么?
3	这个品牌最核心的价值主张是什么?	品牌的诉求点是什么:希望、健康、美丽、自由、安全、浪漫、快乐、公正、均贫富……
4	这个品牌延伸的边界线在哪里?	什么是绝对不能做的?
5	这个品牌落地的战略重点和规范是什么?	产品、服务、技术、价格、渠道、广告、公关、促销的支撑。法则的界定:宝马品牌强调享受驾驶的乐趣,一切与提升速度相关的事项就是工作的重点,尤其是发动机技术的创新和风阻系数的降低。

品牌定位的准确度如何操作,要害在于精准。精准把握这个时代的主要矛盾、各阶层的社会心态、价值观念、流行文化、时尚新潮的变化,才有可能一针见血地准确定位品牌的诉求对象与利益卖点。具体方法可以参阅本书第五章关于定位的内容。我想再一次着重强调的是,品牌定位必须与目标客户内心永恒不变的人性需求、欲望和梦想精准匹配,才能产生心灵的共鸣共振,绝对不能定位在支持

这种内心需求的某个具体技术、产品和服务上。技术、产品、服务会不断更新换代，它们只是为了更好地支撑和满足品牌所对应的人性需求和价值主张。产品是企业生产的，品牌才是顾客心中追求的。你的产品能承载这种心灵的追求吗？口红是一种用于化妆的产品，一个取名为"诱惑"的品牌诉求的不是这种口红用了什么原料，能让颜色保持几天时间，对嘴唇有无伤害……这些都是产品层面的描述，"诱惑"牌口红的价值诉求应该是"用性感之美去吸引别人的关注，从而产生自我魅力的认同"。如果要用一句口号来宣传这个品牌，我会说："诱惑牌口红，俘获你爱人的心！"

第二，传播的知名度是品牌塑造的必备条件，但绝不是充分条件。

所谓死亡其实就是再也没人知道你，你仿佛从来没有存在过，没有价值可言。永恒就是你死后一万年还有人知道你。现在流行刷存在感，就是要奋力博取知名度。由于互联网时代信息过度泛滥，注意力正在像石油一样成为竞争的稀缺资源，所以知名度就是宝贵的财富。用娱乐化的语言总结：如果不能流芳百世，那就争取遗臭万年，默默无闻一生不如成名哪怕一刻。有人跑来骂你，我要恭喜你，你要感谢他，因为骂也是一种关注。大家连骂都懒得骂的东西，基本就完蛋了。木子美、芙蓉姐姐、兽兽、凤姐、Papi酱……网红们都在实践如何出名，如何用更奇葩搞怪的方式出名。不能"鹤立鸡群"就搞"鸡立鹤群"。不是名人就要去骂名人，让名人回骂你就成功了。什么收视率、点击率、下载率、搜索率、转发率……都是钱，也都是钱堆出来的。

的确，知名度意味着更大的关注量，但并不一定能带来更多的商业机会和更高的收益，没有内涵和实力支撑的出名也只能是过眼云烟。名利二字表面看是紧密相连的，但光知道出名却不知道如何利用好自己的知名度去变现获利，纯粹为出名而出名是无益的，这需要营销的智慧。"罗辑思维"表面看是一个拥有千万粉丝的自媒体，可他聪明之处就在于并没有靠做广告来赚钱，而是靠卖书、卖与内容相关的产品来赚钱，他是在经营一个粉丝经济的电商平台，所以估值才会超过13亿人民币。

当年大连万达因为自己的足球队夺得了五个甲A联赛冠军赢得了极高的知名度，但却很少有人知道万达是一个商业地产公司，它推出的万达干红葡萄酒也没人抢购，这就是典型的知名度与商业认知的错位。最后还得靠"中国房地产主要看二万：北万达，南万科"来借光校正。

所以，知名度是为自己品牌市场定位的准确度服务的，符合自己品牌定位的知名度才是有价值的。关于如何提升自己的品牌知名度，关键在于抓住"内容的相关性、创意的新奇特、形式的震撼性、传播的准确性"。具体我们会在第八章有关广告和促销的内容中进行详细讲解。

第三，形象的联想度主要指通过反复洗脑方式把你的品牌形象与某些动人故事、场景、口号、人物进行标志性、习惯性的强行连接，看见这些东西就马上联想到你，更重要的是联想到你的品牌所代表的那种价值感知，比如希望、美丽、安全、快乐、健康、浪漫、财富、自由等。

可口可乐就长期与圣诞故事和奥运会绑定，它甚至完全按圣诞老人的红白色彩设计自己品牌的标准颜色，所以一看见圣诞老人形象，一开奥运会你就会自然而然地想起可口可乐带来的激情与欢乐。万宝路品牌几十年都与美国西部牛仔野性、粗犷、豪放的男人形象连接，每当你看到群山中骑马奔腾的牛仔场面，就会想到万宝路带来的激情四射，甚至根本没有出现香烟的产品。每当你想到浪漫的婚礼，你也会想起一句话"钻石恒久远，一颗永流传"，这就是南非戴比尔斯的品牌联想度。一提起葡萄酒和时装你就会想到法国巴黎的埃菲尔铁塔和浪漫的情怀；一提起质量好你就会想到德国人的严谨与认真；一提起科技先进你就会想到美国硅谷；一提起神圣你就会想到教堂、庙宇、清真寺；一提到青春你就会想起哪一首歌？一提起假货与骗子你就会联想到什么？

品牌形象的联想度其实是一种人为培养的定向移情效果，通过固定形象之间的连接从而激发出顾客内心与你的品牌相关的某种美好感情，这才是用正能量为品牌打鸡血的根本。核心有三点：你希望别人看见什么会想到你？你需要让别人看见你想起什么？这种联想会激发别人对你品牌产生什么样的感受？

第四，口碑的美誉度才是一个品牌成败的关键所在。

它是客户使用体验过这个品牌旗下的业务之后产生的价值感知判断：满意还是不满意？觉得值还是不值？想不想继续使用？会不会推荐给亲朋好友？只有在定位准确匹配，商品力、销售力、形象力都没有致命弱点的情况下，顾客才会产生好的口碑，形成对品牌的信赖与偏好。

品牌美誉度如何打造？一是企业经营综合实力的体现，任何环节都不能出现短板；二是这是一个长期赢得客户信任的过程，是一种信用财富的逐步积累，并非一朝一夕能完成的。

在打造品牌美誉度的过程中，一方面要充分激发公司每一个员工以"顾客至上"为理念的主动性和积极性，经常超越顾客期望，在服务的细微之处、顾客为难之处、超出自己责任范围之处，甚至在不为人知之处创造出令人感动的"品牌故事"。当年，55岁的王桂梅老太太花多年的积蓄买的一台海尔空调刚一出店门就被骑三轮车的人骗去，正在王老太太痛不欲生时，海尔一位员工建议上级将一台崭新的海尔空调送到了王老太太家里。这样，海尔集团"真诚到永远"的企业形象在特殊消费情景下得到了强化和升华。同时也因为这一事件本身的特殊性，令海尔集团的美誉度远播。在企业文化的感召和利益机制激励下，美国西南航空公司几乎每一个员工都在主动为自己的企业创造美誉度的传奇，其精彩内容已经出版成书，特别向大家推荐由凯文·傅莱伯写的《西南航空：让员工热爱公司的疯狂处方》（法律出版社，1999年）。

另一方面，随着互联网思维的出现，如何把具有共同情怀的顾客通过开放式的参与互动方式变成自己品牌的共同创造者，这又成为了打造品牌美誉度的新思维。其中最成功的就是中国的小米手机，当小米开发产品时，数十万消费者热情地出谋划策；当小米新品上线时，几分钟内，数百万消费者涌入网站参与抢购，数亿销售额瞬间完成；当小米要推广产品时，上千万消费者兴奋地奔走相告；小米产品售出后，几千万消费者又积极地参与到产品的口碑传播之中。通过互联网，消费者扮演着小米的产品经理、测试工程师、口碑推荐人、梦想赞助商等各种角色，他们热情饱满地参与到一个品牌发展的各个细节当中。这些奇葩品牌故事也被小米联合创始人黎万强先生写成了《参与感：小米口碑营销内部手册》一书，已由中信出版社出版，值得大家学习借鉴。

第五，品牌忠诚度是品牌价值的核心。

它是指消费者在购买决策中，多次表现出来对某个品牌有偏向性的（而非随意的）行为反应。它是一种行为过程，也是一种心理（决策和评估）过程。品牌忠诚度的形成不完全依赖于产品的品质、知名度、品牌联想度及传播，它与消费者本身的特性也密切相关，靠消费者从愿意购买、习惯购买、满意购买、情感购买，最终上升为忠诚购买。提高品牌的忠诚度，对一个企业的生存与发展，扩大市场份额极其重要。

　　品牌的忠诚度主要表现为：一是铁粉顾客直接指名购买某个品牌，完全把这个品牌当成了同类产品的唯一代名词，形成了心理上的独家垄断。比如顾客在买啤酒时直接说：给我来三瓶青岛！连"啤酒"这个产品名称都省去了，别的啤酒竞争对手就完全丧失了销售的机会，因为在青岛啤酒品牌忠诚度极高的顾客潜意识中，青岛就是啤酒的唯一代名词，而啤酒就只有青岛。二是在某个产品领域中顾客会长期甚至是终身都只用这一个品牌，把偶然的消费变成了永久的忠诚消费，实现了可持续的赚钱模式。三是对这个品牌的热爱进入"脑残粉"模式，不仅自己买，还竭力向别人推荐，成为不领工资的口碑传播员，甚至不允许别人批评这个品牌。四是即使该品牌产品的价格比同类产品高很多，铁粉顾客仍然坚持购买，绝不会砍价。正是这种品牌忠诚度给产品带来了极大的溢价能力和超额的品牌利润。

　　品牌的忠诚度来自形象神圣化的"洗脑"灌输过程，从印象变成形象，最后成为心中的偶像。然后是对顾客的购买行为进行长期习惯性的、条件反射般的强化培养，看见就想买，品牌成了令人上瘾的"毒品"。当年娃哈哈有种儿童饮品，天天在儿童节目的电视广告中说一句话："今天你喝了没有？"我曾亲眼看见我3岁的侄子在睡梦中被这句话惊醒，猛然坐起来说："妈妈，我要喝！"史玉柱的"脑白金"也是长达十几年时间，一过节就在电视上狂播一个广告："今年爸妈不收礼，收礼只收脑白金！"虽然看得你呕吐，但一给长辈选礼物你也不知咋回事儿就在潜意识支配下买了"脑白金"。最绝的是喜之郎品牌，它找到了一种最直接有效而又简单的洗脑方式：把这种通用的产品名字放在自己品牌前面，一遍又一遍反复朗读，这样久了你就会产生幻觉认为这个品牌就是该类产品唯一的品牌。不信你就把"果冻布丁喜之郎"（产品名在前，品牌在后）这句话连续重复50遍，立刻见效！反之，如果你改成"喜之郎果冻布丁"（品牌在前，产品名在后），你再念50遍，不管怎样都觉得"喜之郎只是众多果冻布丁中的一种而已"。你可以马上就试一试！

　　一个忠诚的信徒胜过无数个没有信仰的乌合之众！这就是品牌威力所在。

表 7–7　品牌塑造的五个度

序号	维度	解析	说明
1	定位准确度	准确定位的五个关键: 为谁设计? 针对什么痛点? 核心价值主张是什么? 延伸的边界线在哪? 落地执行的战略和规范是什么?	女人用口红的价值诉求是:用性感之美去吸引别人的关注,从而产生自我魅力的认同,俘获爱人的心。
2	传播知名度	提高知名度的四个关键: 内容的相关性; 创意的新奇特; 形式的震撼性; 传播的准确性。	罗玉凤、芙蓉姐姐都是用另类的炒作方式提高自己的知名度,创造了自己的商业价值。所有新品牌上市首要的就是提升知名度。互联网经济也就是注意力经济,"出名"就是生产力。
3	形象联想度	通过反复洗脑方式把品牌形象与某些动人故事、场景、口号、人物进行标志性、习惯性的强行连接,更重要的是联想到品牌所代表的某种价值感知,比如希望、美丽、安全、快乐、健康、浪漫、财富、自由等。	一提起葡萄酒和时装你就会想到法国巴黎的埃菲尔铁塔和浪漫情怀,一提起质量好你就会想到德国人的严谨与认真,一提起科技先进你就会想到美国硅谷。
4	口碑美誉度	打造美誉度条件: 一是企业经营综合实力的体现,任何环节都不能出现短板; 二是这是一个长期赢得客户信任的过程,是一种信用财富的日积月累。 打造美誉度方法: 一是远超顾客预期的优异服务,二是顾客参与共同创造。	通过互联网,消费者扮演着小米的产品经理、测试工程师、口碑推荐人、梦想赞助商等各种角色,他们热情饱满地参与到一个品牌发展的各个细节当中。小米的第一部手机也把第一批铁杆粉丝放在了开机屏幕上作为回报。
5	品牌忠诚度	把这个品牌当成了同类产品的唯一代名词,形成心理上的独家垄断。	青岛作为啤酒代名词:给我来三瓶青岛!
		把偶然的消费变成了永久的忠诚消费,长期,甚至是终身都只用这一个品牌。	微信之父张小龙曾经只抽肯特牌香烟。
		"脑残粉"不仅自己用,而且向别人推荐,甚至不准别人批评。	明星的崇拜者。
		即使该品牌产品的价格比同类产品高很多,铁粉顾客仍然坚持购买,绝不砍价。	爱马仕限量版手提包。

9.想法、做法、看法

有人问我马云创办阿里巴巴成功的秘诀是什么。我认为核心是这句话："你是谁"其实并不重要，让大家都"相信你是谁"真的很重要！

马云在早年推销自己的阿里电商"梦想"的时候，也是四处碰壁，经常被人看成是搞传销的骗子，好几次陷入绝境，但是他成功地让身边有十八个人相信他、一直追随他，这就是阿里巴巴最著名的联合创始人"十八罗汉"。紧接着他赢得了来自海外的蔡崇信的信任，放弃几百万的年薪，成为他的死党。然后是日本软银的投资人孙正义、雅虎的创始人杨致远……先有自己的"想法"，吸引铁杆员工有坚定不移的"做法"，最终让大家对你产生良好的"看法"。一切伟大的组织和企业基本都是在这"三法"的炼狱煎熬中发展壮大的，"想法、做法、看法"正是企业品牌形象策划的核心。从无中生有，从思想到行动，从精神到物质，从内在到外表，从自我认同到感召他人，这就是一个品牌形象铸造的过程。

第二次世界大战后，国际经济复苏，企业经营者感到建立统一的识别系统，以及塑造独特经营观念的重要性。自1950年，欧美各大企业纷纷导入自己的企业品牌形象管理体系。1956年，美国国际商用机器设备公司以公司文化和企业形象为出发点，突出表现制造尖端科技产品的精神，将"International Business Machines"的公司全称设计为蓝色的富有品质感和时代感的造型"IBM"。这八条纹的标准字在其后四十几年中成为"蓝色巨人"的形象代表，即"前卫、科技、智慧"的代名词，也是企业品牌形象经营工具正式诞生的重要标志。

20世纪60年代以后，欧美国家的企业品牌形象管理导入出现了潮流般的趋势。20世纪60年代的代表作是由无线电业扩展到情报、娱乐等8种领域的RCA；20世纪70年代的代表作是以强烈震撼的红色、独特的瓶形、律动的条纹所构成的可口可乐标志。总之，20世纪60年代到80年代，是欧美CI的全盛时期。日本企业在1970年以后，中国企业如太阳神、健力宝、中国移动等在20世纪90年代后也开始创造自己的企业品牌形象，从而使之发展成为一个世界性的趋势。

企业形象识别系统（Corporate Identity System），简称CI，有些文献中也称CIS，是指企业有意识，有计划地将自己企业的各种特征向社会公众主动地展示与传播，使公众在市场环境中对某一个特定的企业有一个标准化、差别化的印象和认识，以便更好地识别并留下良好的印象。完整的CI一般分为三个核心内容，即企业的理念识别（Mind Identity，MI）、行为识别（Behavior Identity，BI）和视觉识别（Visual Identity，VI），用我通俗易懂的总结就是"想法MI"、"做法BI"、"看法VI"。

企业品牌形象究竟在竞争中有什么作用？我先问大家一个问题：你认为在我提到的下面这些企业里面哪个是日本最大的企业？丰田、索尼、松下、东芝、三菱、日立……

我想很多朋友心里面想的肯定是丰田是全世界最大的汽车公司，肯定就是日本最大的企业。实际上，控制整个日本经济30%~40%资产的是三菱、三井、住友这几个财团，其中三菱财团实力又是最大的。大家为什么会认为丰田或者索尼或者松下是日本最大的企业，反而没人选择三菱呢？那是因为如果把一个企业真正的实体实力称作A的话，那么它被大家认知的形象实力就是A'。什么叫A'？就是你心中认为它是什么，消费者认为它是什么，公众心目当中认为它是什么，合作伙伴认为它是什么，金融机构认为它是什么，大学毕业生认为它是什么……A和A'这两者是有差别的。所以好的企业品牌形象策划，就是让别人能够在心目当中认为A'（在大家心目当中的形象）大于A，这就是好的品牌战略。

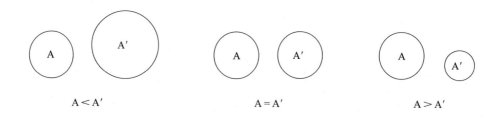

A < A'   A = A'   A > A'

备注：A——你
A'——别人眼中的你

这样做的好处是什么呢？这个企业形象好：第一，知名度和信用度更高，产品容易被人接受。第二，容易招到优秀的人才。所以三菱的老板曾经训斥下面的人说，我们到世界名牌大学去招新人，结果永远抢不过索尼、松下、丰田。为什么？新人一听三菱认为是一个传统僵化、不酷、没有魅力的企业。所以根本不理睬。第三就是投资、并购、贷款、资本运作更容易了，你的企业形象好，人家对你更信任。第四，也更容易吸引各种业务上的合作伙伴。

人生的一切都是从想法开始的，企业形象策划也不例外。一个企业的"想法"其实就是精神理念与价值观，专业术语就是理念识别，这是每个创始人或领导者对自己与世界感悟的心血，真正的自我处世信条而非抄来的空洞口号。主要包括企业精神、企业使命、企业价值观、企业信条、经营宗旨、经营方针、市场定位、产业构成、组织体制、社会责任和发展规划等。

IBM的核心"想法"是三大原则：顾客至上、以人为本、追求卓越。它的公司使命是成为全球资讯处理服务的领导者。从原始的计算尺、打卡机，到巨型计算机、个人电脑，再到ICT四海一家解决方案的系统集成服务，从电子商务到智慧的地球，从云计算到有认知的人工智能技术，虽九死一生，它依然初心未改。刚刚成立时公司才十几人，创始人老华生就有勇气给自己取名为"国际商业机器"公司，可见其"想法"一开始便非比寻常。我欣赏IBM曾经使用过的企业形象宣传说辞："不仅追求庞大，更要创造伟大！你每天干的叫工作，你一生干的是事业。"

谷歌公司理念更为简洁实在，十条法则充分体现了互联网的新思维：

（1）以用户为中心，其他一切水到渠成。

（2）专心将一件事做到极致。

（3）越快越好。

（4）网络也讲民主。

（5）信息需求无处不在。

（6）赚钱不必作恶。

（7）信息无极限。

（8）信息需求无国界。

（9）认真不在着装。

（10）追求无止境。

对中国企业而言，缺乏的不是整天挂在嘴上的理念口号，而是这些理念你自己是否真的相信，是不是真的在行动中践行着这样的信条。我要向各位强烈推荐《华为基本法》，从 1995 年萌芽，到 1996 年正式定位为"管理大纲"，到 1998 年 3 月审议通过，历时数年。这期间华为也经历了巨变，从 1995 年的销售额 14 亿元、员工 800 多人，到 1996 年 26 亿元，再到 1997 年销售 41 亿元、员工 5 600 人，到 1998 年员工 8 000 人的公司。截至 2016 年年底，华为年销售额超过 5 000 多亿人民币，海外业务占比 70%，员工达到 17 万人。华为是中国知行合一经营成功的典范。

从华为创始人任正非身上我们可以看到，真正适合开创自己事业的只有两种人：要么是走投无路陷入绝境要为生存而战的赌徒，要么就是拥有信念和使命的信徒。大多数人可以追随他们跑跑龙套，而且关键看你是否跟对了人。远见卓识、冒险的勇气、坚韧的意志力、感召和培育人的能力才是人类诞生英雄的源泉。

企业的"做法"叫行为识别，是以经营理念为基本出发点，对内是建立完善的组织制度、管理规范、职员教育、行为规范和福利制度；对外则是开拓市场调查、进行产品开发，通过社会公益文化活动、公共关系、营销活动等方式来传达企业理念，以获得社会公众对企业识别认同的形式。

在知识经济时代，企业行为规范正在从单向管理转向双方互动激励，从标准化转向个性化，从等级制度转向去中心化。谷歌公司的成功就来源于自己的文化特色，高层管理人员与普通员工一起办公，沟通反馈，为员工提供厨房与一流的各种餐饮，休息的沙发，鼓励员工发展各种爱好，帮助员工参加培训，在谷歌公司有健身中心，午休时间可在排球场地打排球。上下班时间可以自行决定，甚至可以穿睡衣牵着宠物狗来上班……让工作在休闲娱乐的氛围中员工才更具创造力。

对企业的"看法"叫视觉识别，是以企业标志、标准字体、标准色彩、标准声音（歌曲旋律）为核心展开的完整、体系的视觉传达体系，是将企业理念、文化特质、服务内容、企业规范等抽象语意转换为具体符号的概念，塑造出独特的企业形象。

视觉识别系统分为基本要素系统和应用要素系统两方面。基本要素系统主要包括：企业名称、企业标志、标准字、标准色、象征图案、宣传口语、市场行销报告书等。应用系统主要包括：办公事务用品、生产设备、建筑环境、产品包装、广告媒体、交通工具、衣着制服、旗帜、招牌、标识牌、橱窗、陈列展示等。视觉识别在 CI 系统中最具有传播力和感染力，最容易被社会大众所接受，具有主导的地位。

正是企业个性化的"想法、做法、看法"构成了立体的心灵美、行为美和仪表美。

表7–8　企业形象识别系统CI

序号	维度	英文	内涵	象征	示例：Google
1	理念识别：想法	Mind Identity MI	精神理念与价值观：企业精神、企业使命、企业价值观、企业信条、经营宗旨、经营方针、市场定位、产业构成、组织体制、社会责任和发展规划等。	心灵美	十条法则示例：以用户为中心，其他一切水到渠成。赚钱不必作恶。
2	行为识别：做法	Behavior Identity BI	对内建立完善的组织管理制度、职员教育和福利制度。 对外进行市场调查、产品开发，通过营销和公关活动传达企业理念，以获得社会公众对企业识别认同。	行为美	高层管理人员与普通员工一起办公，为员工提供一流餐饮、休息健身场所，鼓励员工发展爱好，帮助员工参加培训……美好休闲环境员工更有创造力。
3	视觉识别：看法	Visual Identity VI	以企业标志、标准字体、标准色彩、标准声音（歌曲旋律）为核心展开的完整、体系的视觉传达体系，将企业理念、文化特质、服务内容、企业规范等抽象语意转换为具体符号的概念，塑造出独特的企业形象。 VI在CI系统中最具有传播力和感染力，具有主导的地位。	仪表美	Google

10. 从取个好名字开始

古人说：名不正，则言不顺；言不顺，则事不成。企业品牌形象的策划是从取名字开始的。取一个好的名字并不是封建迷信，而是一个人、一个企业、一个产品、一个组织成功的必要条件。当然，光有一个好的名字也未必能成功。但是一个不好的名字绝对不会成功。

清光绪三十年（1904年）举行殿试，状元是刘春霖，这是中国最后一个状元。然而，刘春霖得状元拼的不是实力，而是名字！在会试中考中第一名的是湖南茶陵人谭延闿。在殿试时，由于他本人的谭姓与参加戊戌变法的谭嗣同相同，担心慈禧怪罪，主考官们在给慈禧的十张考卷中，没有把他列进去，而是将朱汝珍列为头名。就这样，谭延闿因为姓氏不仅与状元无缘，而且连榜眼、探花也没选上。当时，慈禧翻开主考官列为头名的试卷，见该卷文辞畅顺华丽，内心颇喜。但一看落款，心头阴云顿生。夺魁的举子是广东清远人朱汝珍，这让慈禧不禁想起太平天国的洪秀全，维新派的康有为、梁启超，以及高举反清大旗的孙中山……这些人都出自广东，在慈禧看来广东是频出叛逆的地方。加之朱汝珍姓名中有个"珍"字，"朱"与"诛"同音，联想起珍妃支持光绪皇帝改良变法，"朱汝珍"这三个字一下子便触动了慈禧那根敏感的神经。于是她将朱汝珍的试卷扔到一旁，换上了原是殿试第五名的刘春霖。这刘春霖擅长小楷，在当时书法界颇有名气，恰好慈禧又性喜疏淡清新字体，所以当翻开直隶肃宁刘春霖的试卷之后，自是大为欣赏。同时，这一年又逢大旱，朝野上下急盼一场春雨。而"春霖"二字含"春风化雨、甘霖普降"之意。加之其籍贯为直隶肃宁，地处京畿，"肃宁"又象征肃静安宁的太平景象，这对烽火四起、摇摇欲坠的清王朝，自然是"吉祥"之兆。于是慈禧在刘春霖的殿试卷名字上，点上了一点朱红，名列榜首，状元及第，一时名扬天下。名字就是最好的广告。

用什么标准来判断什么叫好的名字？怎么取好名字？其实有五条原则：

第一条是符合期望原则。

你取的名字是否符合你想推广沟通的对象（比如你的消费者、合作伙伴、政府、人民群众）对你的产品、服务或者你的职务所扮演的"角色"的内心期望。

比如中国共产党的领导人从陈独秀开始，一枝独秀，泽被东方，国之锋芒，光耀吾邦，紫阳高照，泽惠万民，锦上添花又财源滚滚，趋盛世近太平……全都符合老百姓对大国领袖的期望。如果你希望自己的孩子成为领导人，却取个名字叫李二狗，那很难当国家领导人，除非改一个名字，因为不可能在神圣庄严的天安门城楼上对全世界说：下面有请国家主席李二狗讲话。

商业名号同样如此，速度再快的汽车取个名字叫"蜗牛"牌汽车，谁买呀？所以高端大气的豪华汽车都符合顾客的期望，名字叫宝马、奔驰、悍马、凌志。饮料叫可口可乐、百事可乐、王老吉、娃哈哈、乐百氏，很喜庆。连外国名译成中文也讨彩：美丽的国家叫美国、英雄的国度叫英国、有德行的叫德国。

第二条取名字的原则是简洁、好读、易懂、好记、好写、容易传播。

台湾导演魏德圣拍了一部很棒的电影，票房却惨淡，首先就是名字太难读、太难记住，阻碍口碑相传，叫《赛德克·巴莱》。国外每逢开会排名是按 26 个英文字母排序，取英文名字最好是字母 A 开头。中国则是按姓氏笔画排先后次序，所以笔画简单最好。过去我们有一任外交部部长叫杨洁篪，最后这个篪字读什么？估计有 90% 的人都不知道，估计有 99% 的人都不会写篪字。所以生僻的字词其实是阻碍你传播的。我听说有个兄弟有个怪名字，他一生都没有办法在银行存钱，因为电脑字库里打不出他的名字，没有办法按实名制存款，极不方便。只有取那些简单而又独特的，与自己的梦想相符合的，容易传播的名字就是好名字。比如画家叫陈丹青。

第三条取名的原则是不要有负能量的联想，不吉利的含义总是让人下意识难以接受。

网上流传最坑孩子的爹妈取的名字：第一名"刘产"，第二名"赖月京"（还是个男的），第三名"范剑"，第四名"姬从良"，第五名"范统"，第六名"夏建仁"，第七名"朱逸群"，第八名"秦寿生"（亏他父母想得出），第九名"庞光"，第十名"史珍香"。

日本曾经有一种清酒，日语名字的意思是"味道好"，在日本很畅销，但是同样这个名字的发音在西班牙和拉美国家却卖不动。原来在西班牙语里这个品牌的发音意思是"马尿"。今天晚上我们喝"马尿"，谁喝呀？所以取名字必须放到各种方言和外语中检验一下是否有负面意思，尤其是想进入国际市场的品牌，更要跨越不同文化习俗、信仰、价值观的障碍。

第四条商业取名的原则是必须能够注册，受到法律的保护，"名字"和商标才能成为企业的无形资产。

如果注册不了，你花那么多钱去做广告推广这个"名字"，人人都可以借用，你就成了冤大头。

最后一条取名的原则是要用与时俱进和未来发展的眼光看问题。

能不能够持续地按照这个"名字"增加新业务、进入新市场，一个很容易过时的名字绝对不是好"品牌"。比如当年中国移动推出 3G 业务的时候取的名字叫

G3，我当时就不同意，并且开玩笑说，如果到了第八代移动通讯8G业务来了，难道我们的名字也升级叫G8？相反，国内还有一个洗发水企业，花重金请当年的明星周润发做形象代言人，而且洗发水的品牌名字就叫"百年润发"，这个名字不但今天因为周润发而受欢迎，相信未来也是很受欢迎的护发品牌，尽管那时候根本没人知道周润发是谁。

另外，要特别关注新技术带来的新的流行语汇，这些词语不仅广为流传，而且代表了未来新的生活方式，如果有心人能收集并抢先注册这些词语，一定是一笔宝贵财富。我自己就注册了"自时代"品牌。

表7-9 取好名字的五条原则

序号	维度	说明	示例说明
1	符合期望原则	符合推广沟通的对象（比如顾客、合作伙伴、政府）对产品、服务的期望。	汽车叫宝马、奔驰，一听就喜欢，叫蜗牛就是问题。
		符合自己职务所扮演的"角色"期待。	画家叫陈丹青是画家错不了，叫胡画你会怎么想？
2	好认好记便于传播	简洁、好读、易懂、好记、好写、容易传播，避免生僻字。	前外交部长杨洁篪，篪字你会读、会写吗？
3	没有歧义和负面影响	不要有负能量、不吉利的联想。	深圳黄田机场，更名为深圳宝安机场。
		国际品牌要兼顾跨文化。	日本清酒，日本名意思是"味道好"，西班牙语意思是"马尿"。
4	能被注册保护	必须能够注册，受到法律保护的"名字"和商标才能成为企业的无形资产。	苹果支付6 000万美元购买iPad中国商标权。
5	未来可以扩展延伸	在产品线、地域、文化上可以延展。	中国移动3G业务品牌叫G3，难道8G业务叫G8？
		新技术带来新潮流的词语。	自时代。

11.标志、颜色、声音、口号

我的营销生涯是1994年从北京视新广告公司开始的，而且是从平面设计的策划与文案开始。后来我也创办过自己的广告公司，叫北京星光传奇。之前我只是一个非专业的广告爱好者，读了大卫·奥格威《一个广告人的自白》，才对广告策划产生了浓厚的兴趣。我服务的第一个客户就是摩托罗拉（中国）电子有限公司，从企业形象广告延伸到寻呼机和手机事业部。感谢当时摩托罗拉的周忆、罗霞女士和韦青先生对我们这群新手的信任，让我在实战中真正理解到广告策划与设计与一般人理解的好看、与专业美术与摄影强调的唯美风格相距甚远。

评判一切广告形式的好坏标准是："广告是做给谁看的？你为什么要做给他看？看完广告你想让他产生什么想法和行动？"

不符合这几个标准，再好看的广告都是白白浪费钱的垃圾。中国广告估计超过70%都是信息垃圾。同样，企业品牌视听觉形象的设计也不是纯艺术，而是目的性、功利性、实用性最强的艺术化传播工具。

我建议在设计企业品牌视听觉形象的时候先列出一个大家讨论的工具分析表格：项目、设计目的是什么、要解决什么问题、给什么人看、让他看什么、能吸引他的是什么、主题概念和项目品类是什么、他能接受什么形式和风格、创意方案可以从哪几个角度切入、可供参照的同类作品示范研究、一堆信息中哪个能让人一眼记住、评价好坏的几个标准清楚吗？

如果以上问题客户与专业制作人员没有达成共识，很容易不断返工，瞎折腾。这个表格告诉我们：知道目的是什么才知道自己该要什么方案，我们的喜好不重要，目标受众的感受是根本，最终的评价标准必须先确定才有决策依据。双方统一评价标准的认同才是创作的关键一步。不能是随便一个人（包括客户的老大）凭自己的主观标准说一句"老子不喜欢！"就把方案否决了。

以上适用于所有项目的核心思路和流程。也是我做十年广告人被客户折磨出来的心得：在卖方案之前，先用评价方案的标准给客户洗脑，你同意了这个评价标准我们再干活儿就有了依据和方向。后来我在大连万达和中国移动兼职做咨询顾问，又常常代表客户（甲方）去评审广告公司（乙方）的方案，等于我自己从乙方变成了甲方，更加理解甲乙双方看问题的立场和角度，因此受益匪浅。

企业形象策划的根本原则在于无论是品牌名字、标志、标准颜色、声音、口号等，它们都必须服从于企业理念识别的要求，并且能以更个性化和艺术化的方式表达出企业的核心价值观和独特的视觉形象。

企业标志又称商标，是品牌符号系统中的核心所在，用途最多，是企业被公众识别的超级符号。有三种标志设计思路：

一是直接用名字本身做成文字标志，好处是传播起来省钱，受众注意力和记忆力更聚焦。但不是每一个品牌名字都适合直接图形化做成标志的。最容易实现这种方式的就是以字母取名的品牌，比如SONY、IBM，中文首都机场的标志（飞机和跑道组合而成首字）、北京大学标志（鲁迅设计三个人组成北大两字）。

二是专门设计一个图形做标志，与名字分开。比如苹果公司标志、万达集团标志。

三是图案与名字共同组合为复合标志。比如万科标志、美国梦工厂标志。

在图形设计上，除了几何图案和文字以外，还可以用人物、动物、植物、景物、物品来造型。在几何图形上又分三大类：圆形代表圆满与无限扩张。方形代表稳重与正直。三角形代表锐利与创新。

标志设计必须体现品牌的定位：企业精神（联合国标志和中国共产党标志）、行业及产品特征（中国银行标志和首都机场标志）、独特性格（耐克标志和米老鼠标志）。

标志设计正朝着简约化、三维立体化、国际字母化、感性化、应用电子化、动感化、卡通化方向转变。尤其要注意标志在应用时近看与几百米外远看的效果（中国移动标志远看线条太纤细、奥运会标志远看黄色一环缺失了）、在放大和缩小到厘米以下效果（标志太复杂缩小用必模糊）、在手机和电脑上运行的效果。

标准颜色也是品牌识别的重要构成因素，颜色也是沟通的跨国界语言，颜色也代表不同意义与情感，大学有专门的"色彩学"。我只简单介绍下：白色代表纯洁与恐怖；蓝色代表科技与宇宙（西方也代表色情）；绿色代表环保与通行、希望；黄色代表食色欲望与皇权；黑色代表庄重高贵与死亡；银灰色代表时尚与高科技；红色代表热情、忠诚、危险和暴力。

最容易被传统设计忽略的是标准的声音识别系统。声音与旋律是仅次于死亡恐惧对人情绪影响力最大的元素。美国纽约地铁犯罪率极高，后来市长下令每天都放莫扎特的几首曲子，很快犯罪率就降低了。中国国歌和法国国歌旋律都充满悲壮激昂，让人一听热血沸腾。日本国歌则充满哀怨与柔情。英特尔的品牌音乐五个音节充满个性。当年怀汉新创立的太阳神则以一曲"当太阳升起的时候，我们的爱天长地久"响彻神州。如何利用音乐作为品牌传播的符号，如何利用手机开机音乐、彩铃等新媒介方式来塑造品牌实在是大有可为。目前电影公演宣传的标配就是写首主题曲让王菲唱，然后在网络上被疯狂下载转发，电影就火了。音乐才是难忘的情感记忆：当年你和初恋一起爱听的是哪一首歌？

品牌口号，只用一个口号来说明自己的威力："一句话让顾客爱上你！"当年我对一个企业说：写出这句只有六个字的广告语我只收一元钱，知道写这句话最适合你的品牌我收十万元。我靠写广告词起家，我的作品有："传承文明，沟通未来。中国中央电视台。""决策者的选择。中国中央电视台。""北万达，南万科。""来自法国，情趣无限。万达干红。""中国移动通信，移动信息专家。""关键时刻，信赖全球通。""自由互联，移动梦网。""掉线就是掉钱，网络好更省钱。""客户信赖过亿，唯有加倍努力。""计费精益求精，让您双倍放心。有实力才有自信。中国移动通信。""融古今智慧，创健康人生。东阿阿胶集团。""中国宽带互联网，让我们胸怀更宽广！""节俭是种美德，小灵通。""大庆油田，为中国加油！""天地人和，植根中国。摩托罗拉。"当然我参与创作最知名的广告语是央视经济频道汪文斌先生邀请范东阳、林少芬、我、于丹老师、邓峰一起做的"心有多大，舞台就有多大"！当时于丹老师还没上"百家讲坛"，讨论中我已领教到她比机关枪扫射更猛烈的语言天赋。

的确，广告口号必须简短有力，字数不可超过十个字，可以去注册受法律保护。广告语传播的是这个品牌的灵魂，写广告口号就是要突出"这个品牌它是谁，它的价值主张是什么，能给客户带来什么好处"。我一直建议我们北京邮电大学的口号就是：IT黄埔军校，就业率领先。家长一听都让孩子报考北京邮电大学，互联网专业技校好找工作，这就抓住了卖点。当年毛泽东主席在领导中国共产党革命的时候就靠6个字广告口号夺得天下：打土豪，分田地！知道主要客户不是城里人而是3亿多农民，农民的中国梦就是想要土地。农民愿意为土地上战场打国民党，胜负立判。据说一讲分土地，只需几分钟，被俘国民党士兵摇身一变，连衣服都不换就变成解放军了，马上掉转枪口打国军。这才是全世界最牛的广告语，听完这一句话马上开枪去消灭前战友！

标志元素

序号	标志元素	示例		
1	字母	IBM	CHANEL	VW
2	中文	國家圖書館 NATIONAL CENTRAL LIBRARY	CAH	北京大学 1898
3	数字	3M	360	G20 2016 CHINA
4	人物	STARBUCKS COFFEE	sina 新浪	老干妈
5	动物	WWF	AIR CHINA 中国国际航空公司	腾讯网 QQ.com
6	植物	🍁	LANCÔME PARIS	FOUR SEASONS Hotels and Resorts
7	景物	UNITED NATIONS NATIONS UNIES	农夫山泉	天坛医院
8	物品	中国银行	C9A	Shell
9	几何图形	⬤⬤⬤⬤⬤	Microsoft	UPS

标志形状

序号	标志形状	说明	示例
1	圆形	圆满与无限扩张	万达集团 WANDA GROUP　LG Life's Good
2	方形	稳重与正直	万科 让建筑赞美生命　IKEA 宜家家居
3	三角形	锐利与创新	adidas　MITSUBISHI

标志颜色

序号	标志颜色	说明	示例
1	白色	纯洁、恐怖	VERA WANG　DE BEERS
2	蓝色	科技、宇宙（在西方也代表色情）	中国移动 China Mobile　SPACEX　ERICSSON
3	绿色	环保、通行、希望、轻松	bp　Heineken 喜力
4	黄色	食色欲望、快乐、警示	M　TOY STORY Land　!
5	黑色	庄重高贵、死亡	ROLLS ROYCE　AMERICAN EXPRESS　MAFIA
6	红色	热情、忠诚、危险、暴力	LEGO　DHL　119
7	银灰色	时尚、高科技	Apple　Mercedes-Benz　Zippo
8	金黄色	高贵、奢华	VACHERON CONSTANTIN GENEVE　皇家马德里

12. "自品牌"就是未来

在所有的词语当中,每一个人最喜欢哪几个字?

为什么你最痛恨把你给的名片散落在地上任人踩踏的人?

为什么那么多人都想出名?

为什么人都烧成灰了还要把名字刻在墓碑上?

其实每个人一生在心中最珍惜的就是自己的名字。让自己的名字彪炳史册、流芳百世就是最大的光宗耀祖。

像孔子、老子、孟子、苏格拉底、柏拉图、亚里士多德、李白、唐太宗李世民、拿破仑、牛顿、雨果、爱因斯坦、祖冲之……这些人名不仅代表着是名人,更代表着他们每个人都是人类历史上的品牌。虽然作为产品的肉身已经消失,但他们的思想和精神文化、知识的DNA却依然世代流传,一直影响着我们的社会。这就是一个名字与一个品牌的距离。

还有一些人干脆直接用自己的名字注册公司,在商业上开创了以自己名字为标识的品牌:宝洁企业品牌就是以两个创始人的名字命名的:Procter & Gamble,简称P&G。三个汽车发明人戈特利布·戴姆勒、卡尔·弗里特立奇·本茨、威廉·迈巴赫则用自己的名字命名了两个超级豪车名牌:戴姆勒·奔驰和迈巴赫。

加布里埃·香奈儿、路易·威登、乔瓦尼·詹尼·范思哲、伊夫·圣罗兰……都以自己的名字命名了世界顶级的时尚品牌。甚至我最喜欢的广告大师大卫·奥格威也用自己的名字打造了广告公司的传奇品牌奥美广告。

科学家中以自己的名字来命名自己成就的人更是比比皆是:牛顿定律就是以物理学家艾萨克·牛顿命名。热量的公制单位,简称"焦",是为了纪念英国著名物理学家詹姆斯·普雷斯科特·焦耳而创立的……

为什么人要买昂贵的名牌?因为内心自卑需要自信心,需要满足虚荣心,需要与众不同的自我优越感,需要量身定制更适合自己的产品和服务。

为什么你不把自己的名字转化为一生所有用品的品牌?因为定制价格太高,普通人花费不起。

一个崭新的"自时代"正在来临,让每一个普通草根定制自己的人生成为可能，因为"互联网＋大数据的云计算＋3D打印"为低成本的接需定制服务提供了可能。用智慧的IT技术去创造自我、自由、自主、自造的生活，是"智时代创造了自时代"，IT被重新定义为I TIME。这是我在2012年IBM全球影响力论坛作为嘉宾演讲的内容，而今正在以日新月异的速度变成现实：自品、自组织、自媒体……

北京三里屯几个青年创业者接受皮鞋私人定制，你只需把赤裸的双脚往扫描仪下一伸，瞬间68个关键数据便已传入云端，你接下来可以自主挑选款式和不同的皮料，十五天之后一双烫着你名字的定制皮鞋便送到了你家，平均价格在2 600元一双……青岛红领服饰公司用同样的方式正为你定制时装，衣服上绣着你自己的名字，一件衬衫只要800元……你的名字还可以出现在你自己亲手打印的茶杯瓷器上、送给爱人的首饰上、自己定制的汽车上……一切名牌都会在未来50年后消亡，每个人都不再崇拜名牌，因为他就是自己的名牌，他的名字就是自我的识别标识。

用一个智能化系统为每一个人的名字设计一个他自己喜欢的品牌标志，经营他们的生活大数据，以合理价格为他们定制自己想要的人生，这个互联网平台可以注册为"自品牌私人定制"公司，宣传口号就是：

你的名字，自信标志！自品牌。

第八章

肉搏的武器
营销与招术

一把枪的价值在于，
你用它打中了什么。

中国人学习时喜欢讲如何"明道优术"。明道是战略，优术是战术。道偏重于思维、观念、原则与规律的总结，术偏重于工具和实用的技巧，也可叫招术。我在前七章基本是在讲赚钱之道，那么本章就给大家介绍一些实用的战术工具。

1.提升客户价值感知八招

第一招：投射幻觉

为什么躺上美女之后床垫的估价涨了一倍？

美国有一家卖席梦思床垫的公司做价格测试调查，一开始是一个床垫放那儿，让土豪男人来估价，无论医学专家如何讲解这床垫对身体健康有多少种好处，男人们平均只愿意出价200美金。换一种方式，请了一个身材超性感的女模特，穿着很暴露，躺在同样一张席梦思床垫上向他们展示十二种健康的睡姿。在这种情境下，被测试的这一批土豪男们居然愿意平均出价400美元买这款床垫。这说明"美女＋席梦思"方式对男人的价值感知和心理定价产生了巨大影响。

无独有偶，全世界的豪华轿车和跑车在展销推广的时候旁边一定是穿得很暴露、很性感、很漂亮的美女。有一句话叫：香车美女相互辉映。男人既喜欢好车，又喜欢美女。因此所有的车展都是由性感美丽的车模来投射自己的汽车。如果你花一千万人民币买一辆跑车，结果请一个司机来开着这个跑车，自己坐边上，这就属于脑子进水了。你自己开着这辆豪华跑车，旁边坐一美女，这就对了，这才是跑车的主要用途：爽！炫耀。

看来凡是要把昂贵的东西卖给土豪男人，借美女来助销都应该是有效果的。这就是营销中提升顾客价值感知的爱屋及乌"投射法"。

投射就是利用顾客喜欢的人或事物做移情转换，把与之有内在相关性的产品顺利卖给这些粉丝顾客。做广告和促销都可以采用这种方式。

当年我给中国移动当顾问的时候和北京奥美一起策划"动感地带"，推荐周杰伦做"动感地带"的第一个形象代言人。当时中国移动的领导坚决不同意，他听了周杰伦的歌声后说：这个人连说话都说不清楚，唱的什么呀。最后我说，领导，请您十六岁的女儿来判断。因为"动感地带"是服务年轻人的，周杰伦是他们的偶像，一定会喜欢。您的偶像是宋祖英。最后他的女儿说：爹，你奥特曼了，周杰伦是亚洲天王，他唱的叫Hip-Hop、RAP、R&B，我们都喜欢他，你太土鳖了。所以，用了周杰伦的形象投射到年轻人身上，"动感地带"获得极大成功。

投射法的实施：

> 一是必须找准顾客喜欢什么人和事物：他的偶像是谁？让偶像来为你开光。
>
> 二是要找到你的产品与顾客喜欢的偶像之间的强势连接点。
>
> 三是要注意管控偶像"出事"受连累的风险。

第二招：对比感知

> 美味是什么？与饥饿对比的感知。
>
> 光明是什么？与黑暗对比的感知。
>
> 先进是什么？与落后对比的感知。
>
> 快乐是什么？与痛苦对比的感知。
>
> 生命为何可贵？与死亡对比的感知。
>
> 自己是否满足？与别人对比的感知。

可口可乐曾经在麦当劳推出两款杯装的饮料。大杯是准备卖给大人的，小杯是为儿童准备的。结果大杯与小杯对比，大多数人都选择了小杯，销量一直难以突破。后来有高人指点，在原来只有两种产品规格的基础上增加一个比原来的"大杯"大一倍的"超大杯"装，原来的"大杯"在对比之下立刻成了"中杯"。于是三款对比之下，参照新的大杯太大，小杯嫌少，绝大多数顾客都自然而然地选择了"中杯"。可口可乐在麦当劳的销量据说因为这一个小招术的运用就翻了好几倍。

对比感知方法的运用首先要抓住市场定位的"可比性"。市场定位不同的产品之间，比较必须完全区隔。顾客不同、产品质量不同、服务不同、价格不同……价值感知才能不同。即使同样是丰田公司生产的汽车，使用"丰田"品牌标志的产品就必须和高端定位的"雷克萨斯"在标志、外观、技术、质量、材料、价格、服务、营销方式、渠道等各个方面进行区隔，否则消费者对比之下很难做出这两者的购买选择。所以在雷克萨斯的汽车上完全看不见丰田公司的标志，丰田汽车和雷克萨斯的4S专卖店也不会为了节省成本放在同一个大厅中，必须分开在不同的场景中陈列和接待顾客才能显现出"雷克萨斯"品牌的高贵。所以，你不能把标价7 000元的手机和标价500元的手机摆在同一个柜台里卖。一个极其昂贵的产品和一个极其便宜的产品摆在一起，这种比较就会产生不和谐感，消费者不知道你到底是高档还是低档。一件阿玛尼的服装，不能摆在一个菜市场的地摊上标3万人民币卖，顾客一看会说你脑子有病。反过来，在一个商品价格昂贵特别高级的奢侈品店里面，衣服都标价上万，如果有件西装标300元人民币一件，不仅卖不掉，连整个商场的形象都被毁掉了。切记，只有相同定位和档次的产品才具有可比性。同样的价格，谁的质量更好、功能更强、服务更好、款式更美。同样的质量，谁的优惠更多、价格更划算。性价比高才是可比性中顾客价值感知的核心评判标准。

其次，对比感知应该选择适合的角度才能让顾客产生"正向感知性"。是从纵向还是从横向来进行对比，每个人的价值感知就完全不同。改革开放30年后的老百姓解决了温饱，能吃得饱饭、穿得上衣了，为什么对现实还不满意？甚至满意度还不如过去饿死人的时候，因为他们更主要的是在做横向比较。虽然我能吃饱饭，但是有人吃山珍海味，有人坐宝马，而我骑自行车。这叫横向比较，产生了不平等、不平衡的感觉。中国文化就叫不患穷，患不均。因此只有引导大家进行生活质量提升的纵向比较，与自己的过去比才能感知到属于自己的幸福和快乐。宝马推出自己的自行车，标价 10 万元人民币，纵使卖不掉也让人在对比当中产生"宝马汽车 40 万元一辆很值"的感觉。还有两家紧挨在一起的服装店，卖的产品完全相同，一家比另一家价格平均高 50%，对比之下便宜的这一家生意当然就特别红火，其实这两家店都是同一个老板开的。奥特莱斯的某些品牌商家就特别的聪明，他们给奥特莱斯特供的同一品牌的商品，款式与专营店一样，但据说原料不一定是一样的，成本当然就不一样。更聪明的是有一些断码或者过季的老产品拿来衬托对比，让你有了占便宜更划算的感觉，这就是奥特莱斯的商业模式。

最终对比感知要具有"直观性"。我总结从以下方面进行对比都可能直观呈现出自己的优点：与对手产品的使用人数对比、市场增长速度对比、权威数据对比、销售渠道的对比、货柜摆放的对比、使用前与使用后的效果对比、价格对比、服务对比、技术对比、企业悠久历史的对比、所用原材料对比、著名产地的对比、生产工艺对比、款式（重量、体积、美观）对比、包装豪华度对比、大包装与小包装实惠的对比、顾客口碑的对比等。

善于运用巧妙的对比是提升目标顾客价值感知的法宝。

第三招：承诺一致

说话要算话，不能自己打自己的脸。这是承诺一致策略得以运用的基础。通过掌控消费者与价值判断有关的逻辑关系，不断地抛出看似明确的问题，让他一个接一个地说"是"，表达同意，最后一翻底牌，他很难说"不"，只好接受这个方案。尽管有时明知自己的承诺是错的，他也会保持行为的一致性，因为做出的承诺已潜移默化地指导了他的思想。在大多数消费者看来，不管是由于何种原因，推翻刚刚做出的承诺，都可能留下言而无信的不好印象。违背自己的承诺带来的负罪感，常常超出了商品的瑕疵所带来的不快。为此，他们尽管对自己购买的东西不甚满意，也不好意思找商家退货，只好说服自己接受这件带有瑕疵的物品。

"承诺一致"该如何具体应用？假设我家乡的政府要求老百姓捐钱修一座桥，老百姓都不愿意出这钱，怎么办？如果请我去募捐，那就召集一个群众大会，我开始演讲提第一个问题："无论是谁，离开家乡后官当得再大，钱挣得再多，再有名望，都必须回报家乡，对不对？"大家说："对！"第二个问题："有的人说一套做一套，光说要回报家乡却没有实际行动，这种人是王八蛋，对不对？""对！"大家又鼓掌。第三个问题："我相信无论是我王立新还是在座的各位乡亲们，你们都不是这样的人，不是王八蛋，大家说对不对？""对！"第四个问题："政府为了给乡亲们修一座桥，现在还缺点钱，我先捐五千，各位老乡每人至少捐一百！好不好？"不要当王八蛋哦，不要自己打自己的脸哦，这不就成功了嘛！

如果我们用在营销上面也一样。比如说中国移动，它的资费为什么比联通贵，比电信贵？它说因为我自有可"贵"之处：我有150万个4G基站，别人只有几十万个，所以我建基站的成本比别人高，对不对？对呀！基站多，到处都能打得通，到处都有信号，都能上网，提高了你的通信服务品质，对不对？对呀！关键时刻，信赖全球通，打通这个电话能救你一命，对不对？对呀！好了，我为了能救你一命才在许多人迹罕见的地方建了无数个基站，我投资的钱多，但必须收回成本对不对？对呀！所以我每分钟收两毛钱，比建基站少的对手价格高一点点，对不对？……这就叫贵自有"可贵"之处，所以你还去选便宜的吗？多出这点花费和你面对的损失相比，值得吗？这就是典型的用"承诺一致"来说服消费者。

再引用一个经典案例：在美国，圣诞节期间玩具生意最为红火，然而在接下来的几个月里，玩具的销量就会一落千丈。这是因为，大人们刚刚花完了为孩子买玩具的预算，不再轻易答应孩子们买玩具的请求了。于是，玩具商想出了一个绝妙的促销方法。他们在圣诞节前插播某种玩具的广告，很多小孩看到广告后，希望这件玩具能成为自己的圣诞礼物。大人们都毫不犹豫地答应下来，然而，当他们去商店中购买这种玩具时却被告之已经断货。于是，大人们只好购买其他的玩具作为补偿。圣诞节刚刚过去，以前那种玩具的广告又铺天盖地出现了。孩子们看见后开始嘟囔着说："那是你答应我的圣诞礼物，可到现在还没有买。"大人们为了履行自己的诺言，只好再次跑到商店中去询问，这次所有的商店都货源充足。这正是玩具商们的计策：他们故意播出广告，却不提供充足的货源。大人们对孩子做出购买的承诺后，却到处都买不到这种玩具。等到圣诞节过去后，大人们为了使自己的行动与承诺保持一致，只好为孩子再买一次玩具。聪明的玩具商所用的策略，正是心理学上的"承诺一致原理"，它认为："一旦我们做出了某种承诺，或是选择了某种立场，就会在个人和外部环境的压力下，迫使自己的言行与承诺保持一致，尽管这种行为有悖于自己的意愿。"这是因为，我们大都不希望被别人认为是言行不一的人，在这种群体的压力下，我们往往会选择履行诺言，同时也希望以实际行动来证明我们以前的决定是正确的。

如何通过洞察人性来利用人性，这才是营销创新的根本。

第四招：权威光环

通常我们看见有人穿各种专业制服如警服、白大褂、飞行服……就会产生相应的信任感。消费者更信任专业权威。专业与业余的区别在哪里？看问题更准，工艺与品质更精，反应速度更快，成功率更高，表现更稳……因为可靠，所以信赖。我曾经在电视上看见记者采访早年留学德国回来的外科手术专家裘法祖老先生，年过七十岁居然能把几张薄纸叠在一起，一刀划下去，说只划破两张纸，第三张纸竟然毫发无损。那种对力道的掌握，真正是心手合一，怪不得医学界称他为"裘一刀"。专业工匠精神必须有十年之功，有上万小时的刻苦学习和训练方能游刃有余。

在《战国策》里有一个伯乐相马的故事。说有一个人买了好几百匹马一直卖不动，后来想到个主意，去找相马专家伯乐，给他点出场费，然后伯乐整天就在马群里面瞎转，一会儿拍拍这匹马，点点头。一会儿又拍拍另外一匹马，伸出大拇指……伯乐拍完马拿钱走了。然后这哥们儿就开始做广告说：大家快来买我的马呀，每一匹马都很棒，都是伯乐赞不绝口的好马，很快这批马就卖光了。这可能是最早知道利用专家权威来推销自己产品的案例。

再注意看，牙膏电视广告中的人物穿的全是白大褂，因为这会让观众立刻联想到他一定是牙科专家。所以制服就代表权威，你穿着专家的制服，别人认为你就是专家，这实际上就是一种借光的权威效应。我当年给中国移动写的口号：中国移动通信，移动信息专家。业精于专，而专业的是更可靠的，具有权威性。

营销中运用"权威效应"，一是必须与你要推广的业务和企业具有内在的相关性和一致性；二是要符合相关国家的法律与法规，比如医疗产品就不允许专业医生出面推广；三是表现形式必须生动形象，切忌枯燥无味地讲深奥的理论；四是权威可以体现在很多方面，可以是一个权威机构的认证，可以是一个权威专业人士的好评，可以是一组权威的数据，也可以是一个权威的专利技术，也可以是一个权威的媒体在传播，公信力是权威效应的根本，不能把专家变成了被网民讽刺的拍板砖的"砖家"；五是即使是那些反权威的人也有"自己的权威"，一切打倒老权威的人最终自己也会成为"新权威"。人类从内心深处的崇拜开始，就逃脱不了被权威统治的命运。即使在信息化时代，人工智能只是改变了新权威产生的方式，以及权威影响世界的方式。未来更是极少数智能化平台作为"新权威"在垄断人类的认知能力。作为终极智慧的权威与人道主义的权利之间博弈，人类又会产生怎样的命运？

第五招：先予后取

在人际交往当中有一个很重要的观点，就是每当你认识一个新的朋友，首先不要想他能为我做什么，而是想他需要什么，我能为他做什么，也就是说先给予。实在找不到他所需要的东西怎么给予？可以对他微笑，赞美他啊。在这个世界上微笑是你永远都可以施予别人的最好的礼物。微笑代表着友善，发自内心的微笑是一种美好的习惯。有人曾经问俄罗斯一位杰出的芭蕾舞大师何以如此成功，她的回答就是："即使足尖正有钻心的疼痛，我仍然是以微笑面对观众。"

先给予才是赢得世界的第一步。

过去的重庆，大街上，尤其在商场边上，经常有很多十来岁、学生模样的少年在那儿免费给人擦皮鞋。我就遇到过一次，把你的皮鞋免费擦得锃亮，这就先给予你了，然后他才说："先生，你觉得我们这个免费服务学雷锋皮鞋擦得亮吗？""擦得亮！""主要是我们的鞋油好，你看才擦了几下就这么亮！先生，您能买两管鞋油回去吗？"这时候你就傻了，你不好意思拒绝他，因为他已经特别卖力地把你的皮鞋擦得锃亮，已经给予你了。这时候你只好说："那好的，我买两管试试。"这就是一个很成功的以免费给予开始的销售活动。有可能他卖得比商场还贵，鞋油的价格中早就把擦皮鞋的钱赚回来了。

当然更简单的运用是，当你看见一个顾客抱着孩子走进你的商店，你怎么给予呢？最简单的办法就是赞美他的小孩说："大姐，您这孩子几岁啦？""两岁。""嚯,长得真高,看着像是 4 岁哦! 这么聪明,这么帅! "这一下通过赞美,就拉近了你跟陌生顾客之间的心理距离。讲到给予策略,微笑、随时随地赞美对方、恭维对方,这是最好的也是成本最低的营销策略和法则。对父母夸赞他们的孩子、对老人重提他的"当年勇"、对女士夸赞她的魅力……这都是很容易让对方兴奋的话题。但在给予夸赞时,务必注意以下原则,否则就会弄巧成拙:第一称赞对方时务必真诚和发自内心,否则对方会觉察你的虚伪而心生厌恶。第二为了真诚赞美,你要善于发现对方身上真正令你佩服的闪光优点。善于在一个"坏人"身上发现优点是一种才能。当你由衷钦佩对方的某个优点,说话时的眼神都是诚心诚意的。第三要注意赞美的场合与技巧,不能过度而肉麻,效果适得其反。赞美的最高境界是让对方飘起来了,还浑然不知你在拍他"马屁"。比如这么表达:"领导,您和别人最大的不一样是什么? 没有人敢拍您的马屁,因为您就不喜欢别人拍您马屁! "在领导高兴的时候,他不知道你刚刚给予他的就是一个最大的"马屁"。

我曾经给中国电信"小灵通"做过一个广告,中国电信当时老说用小灵通资费便宜,但是所有的顾客在用小灵通的时候都觉得很不好意思,恨不得偷偷用,因为觉得用小灵通没面子,便宜无好货,用小灵通就是贪便宜的人,肯定都是没什么钱的人。中国电信老说小灵通便宜,其实对它的顾客是一个巨大的障碍。后来我给中国电信出了一个主意,宣传小灵通不要说便宜,应该换个角度赞美顾客:节俭是一种美德,从小灵通开始。画面是"富而不奢,时尚不需追求昂贵,节俭生活是智慧……"这个广告实际上是赞美这些小灵通用户,不是你们没有钱,也不是你们想贪便宜,而是你们懂节俭才是美德。用中国电信副总经理孙康敏先生的话讲:关键时刻用全球通,平时多用小灵通! 平时在家要节俭,出门时你才有舍得花的钱!

不仅要给予对方赞美,关键还得看你会不会赞美。

第六招:从众之心

网上有个视频,一群人在诊所门外等候就诊。这时候来了位女士,她很惊奇地发现,诊室门外有盏铃,规律性地发出嘟嘟之声。每次铃声响起,所有候诊的人全都起立，微微躬腰——实际上这些候诊人群全都是托儿，是实验者安排来迷惑唯一的被实验女士的。起初，女士还不肯从众，独自坐着。但铃声越来越急促，周边的人规律性起立，越来越紧张，越来越严肃。终于，女士顶不住了，也随之起立，躬腰。就这样，诱导实验者的人员一个个退场，而新的患者不断来到。很快，诊室门外，全都是真正的患者。所有的患者，都随着女士的动作，听到铃声就起立，躬身。这就叫从众效应，又称羊群效应。

当年法国的古斯塔夫·勒庞先生（Gustave Le Bon，1841 年 5 月 7 日—1931 年 12 月 13 日，法国社会心理学家、社会学家，群体心理学的创始人，有"群体社会的马基雅维里"之称）写过一本书非常有名，叫《乌合之众》，他从传播心理学的角度揭示了人类具有集体无意识的这样一种倾向，就是通过媒介的传播用一种概念进行洗脑后大家就会形成一种羊群效应，就是从众心理，在集体无意识中狂热，失去自己独立的思考能力。你可以注意看养羊的人，赶着羊往山上走，当一大群羊走到山上或者走到某个十字路口的时候，后面的羊一定是看前面的领头羊怎么走，领头羊往左拐，所有的羊都会往左拐，领头羊往右拐，所有的羊都往右拐。这就联想到我们人类，比如我们去火车站坐火车，检完票后一群人往站台上走，走到前面十字路口到底往哪拐，后面的人也不想，看前边的人往右拐大家就跟着拐。这是什么心态？第一，大家都往右转肯定没有错。第二，即使错了，大家都错了我害怕什么？这种从众心理的本质是每个人对选择的恐惧，是一种习惯性的懒惰。而商家就特别敏锐地把握了老百姓的这种从众心理，把它发展成一种营销策略。比如德国大众生产甲壳虫这款车有几十年历史了，他们的宣传文字就是：从诞生以来全世界已经有超过两千万人买了甲壳虫，都喜欢开甲壳虫，你还有什么值得担心的？言外之意就是全世界几千万人都用过、都说好的车，你当然可以放心去买。互联网上"大众点评"模式也是一种典型的利用从众心理的商业服务创新。当年中国移动策划"神州行"大众客户品牌的形象广告，就请了葛优，他对着镜头说：选移动网络就像选饭馆，人少的地方不能去，哪人多往哪去，神州行有两亿人用，我看行！

从众心理的运用首先适合大众消费的产品，市场潜在规模越大，营销效果越明显。其次，必须用真实的客观数据和市场事实说话，这叫事实胜于雄辩。第三要尽量顺从和利用大众已经养成的从众习惯，不要轻易尝试去改变大众的习惯。与大众的习惯作对，企图靠一己之力去培养几亿人消费的新习惯，并非不可能，但所花的时间成本、资金投入和风险是一般企业难以承受的。当然风险越大，收益越高。最伟大的企业是在一个全新的层次上主动创造"新的从众行为"。苹果的乔布斯、阿里巴巴的马云就是用自己的方式扭转习惯，为消费者创造了更方便的"大众流行"。

第七招：锚定必选

无论多大的船，从海上回来进港湾的时候，它要在风浪中停下来，为了稳定，一定要抛一个锚在海底固定。心理学上也有个"沉锚效应"：人们在做决策时，思维往往会被对方"设定"的信息所左右。锚定策略就是借用这个现象来进行营销。

我给大家讲一个故事，在一条街上开了两家完全相同的早点店。第一是它们位置背靠背，但相互是独立的。第二卖的东西几乎是完全一样的，比如豆浆、油条、鸡蛋、粥、咸菜、馒头、包子。第三价格也是同一档次的。第四更有意思的是每天到这两个店来吃早餐的顾客的人数也是差不多的，比如每天来两百人，基本上就这两百人，两个店都是一样的。但是到了年底，两家店老板一聊天，发现两家店的利润和销售额竟然相差一半：这是什么原因造成的呢？一定是每个顾客消费的早餐数量差了一半。为什么会差这一半？有人在两个早餐店分别吃了一顿早餐，最后告诉这个销量少一半、输得很不服气的老板说，主要是你没有培训你的服务员要采用锚定的推销技巧。看看下面的对话，你就明白了。

一般人到你的店里来吃早餐，你的服务员都是这样问："先生，您要喝粥吗？"

顾客说："不喝！"

她又问："先生，您想吃茶叶蛋吗？"

顾客回答："不吃！"

她还问："先生，那您想来点小菜吗？"

顾客烦了，说："不要！我自己点好再叫你。"

这家店的服务员每次这么问顾客，几乎有一半的机会都被顾客拒绝了。但是到隔壁去看，人家经过培训的服务员是这么问的："先生，我们的粥全是用绿色食材熬的，健康哦！您是来一碗紫米粥还是白米粥？"

顾客一听就犯迷糊了，因为她没有问你要不要粥，她是让你二选一。顾客马上不由自主地说："那就来一碗紫米粥吧！"

服务员马上再问："和粥营养搭配最好的是茶鸡蛋。您要一个鸡蛋，还是要两个鸡蛋？"

大多数顾客又会回应："先来一个鸡蛋吧。"

训练有素的员工每一次都这么问顾客，实际上就是锚定你必须喝粥、吃鸡蛋，所以销量就多出一倍了。

人们做决策时，思维往往会被得到的第一信息所左右，第一信息会像沉入海底的锚一样把人的思维固定在某处。应用到营销中，就是要让消费者得到的第一信息与你售出的产品相关，不能问顾客要不要，而是直接问他是喜欢你的A产品还是B产品，让他在你的不同产品和方案之间选择，从而提高销量。最好是顾客选择的产品越多，适当再给予总体打折优惠，或者白送一件商品。

第八招：制造稀缺

西晋时山东名门老王家出了个名人叫王戎。官至三品司徒，一品丞相。又是中国历史上有名的"竹林七贤"之一。他七岁时，和小伙伴去郊游，远远看见路边的李子树果实累累，十分抢眼。小伙伴们都争先恐后跑过去抢摘，只有王戎待在原地旁观。大人问他为什么不去抢摘。王戎淡定地回答："这李子一定味道很苦。要是味道是甜的，早就被路人摘光了，哪里轮得到我们？"果然小伙伴们发现抢到的李子都是苦涩的，纷纷丢弃了。王戎的智慧在于能根据逻辑关系的推理预见未来，他也在乱世中多次因此避险，活到七十多岁得以善终。七岁的王戎"不取道旁李"其实还反证了心理学中关于"稀缺心态"的原理。

心理学家做过一个"实验"，在孩子面前摆上两盒品种完全一样的饼干，一盒装得满满的，一盒只剩下十几片，80%的孩子都会选饼干少的那盒。孩子潜意识推测剩下少的应该更好吃，所以才剩下这么一点了，于是赶紧抢。只有"稀缺"才是更好的，这就是大多数人心理价值判断的主要标准之一。

房地产销售人员往往利用了人们的这种心理，在售楼处墙上的销控表上总是插满了红旗，表示本楼盘的房子几乎全卖光了，只剩下最后几套。售楼小姐会说，再不交订金，明天来就没了。于是购房的顾客急忙付钱签合同。结果住进去一年之后，每次经过售楼处会发现总还有几套房等着大家抢购。房地产销售还在开盘时花钱雇用大批水军来排长队抢房，这些方法就是为了给顾客造成稀缺感，迫使你及早做决定。

美国苹果公司新产品上市时，也一直善于采用饥饿营销的手法。第一，提前半年做新品发布会，炒热市场。第二，最早期每一款新产品上市都限制购买，拿护照登记，一人只能买两个。第三，全球媒体报道果粉们通宵达旦排队抢购。北京、上海的果粉们把专卖店的玻璃门都挤坏了。苹果公司不得不宣布为了维护中国消费者的人身安全，暂停上市。此消息一出，抢购的人更多。大批水客从香港偷带手机，把几十个苹果手机绑在身上，甚至伪装在遗像后面。然后媒体继续讲故事，为了买苹果手机，女卖淫、男卖肾。其实不是富士康没有人力生产这么多手机，而是苹果公司需要制造市场稀缺，保持新品上市的节奏，通过人为造成供不应求的表象，这样才能提升品牌价值和形象。

劳斯莱斯汽车把自己定位为"值得收藏的汽车艺术品"。有一条重要的产品法则，任一款劳斯莱斯最高生产量不超过350辆，有的款全球只有7辆。目前，劳斯莱斯的年产量也不过1 000~2 000辆，连其他品牌汽车的零头都不到，全手工打造，售价都在500万元以上，通常为千万元级别。早年，黑色的劳斯莱斯只卖给各国皇室成员以及有爵位者，平民拥有再多的财富也难以拥有黑色的劳斯莱斯，这也是奢侈品牌惯用的"制造稀缺"的营销手段。

运用这种方式应该注意：一是适用于珍奇特等时尚潮流产品、奢侈品，不一定适用于普通消费品。二是重在品牌形象的塑造，靠品牌形象的拉动才能长久保持粉丝的追捧。小米手机更注重产品差异化，品牌塑造不给力，所以出现问题。三是要控制好市场规模和上市节奏。当苹果手机希望去占领中国农村大市场的时候，它还有何"稀缺"可言：凤凰立刻变野鸡！

表 8-1　提升价值感知的八招

序号	招术	说明	示例
1	投射幻觉	利用顾客喜欢的人或事物做移情转换，爱屋及乌。	席梦思床垫＋美女 跑车＋美女
		一是必须找准顾客喜欢什么人和事物：他的偶像是谁？让偶像来为你开光。	动感地带＋周杰伦
		二是要找到你的产品与顾客喜欢的偶像之间的强势连接点。	
		三是要注意管控偶像"出事"受连累的风险。	代言人因负面事件形象崩溃。
2	对比感知	有对比才有感知。	
		一是市场定位的"可比性"。只有相同定位和档次的产品才具有可比性。	麦当劳的可口可乐在小杯、大杯外加一个超大杯，原来的大杯变中杯，顾客自然而然选中杯。
		二是选择适合的角度才能让顾客产生"正向感知性"。是从纵向还是从横向来进行对比，每个人的价值感知完全不同。	纵向对比：改革开放后再也不缺吃少穿。横向对比：住旧房子的嫉妒住新房的，住新楼的嫉妒住别墅的。
		三是要有"直观性"。与对手产品的使用人数对比、市场增长速度对比、权威数据对比、销售渠道的对比、货柜摆放的对比等。	丰田旗下的高端车雷克萨斯在标志、外观、技术、质量、材料、价格、服务、营销方式、渠道等各个方面与丰田车进行区隔。
3	承诺一致	通过掌控消费者与价值判断有关的逻辑关系，不断地抛出看似明确的问题，让他一个接一个地说"是"，表达同意，最后一翻底牌，他很难说"不"，只好接受这个方案。	中国移动投入大、基站多、覆盖广、网络好，消费者因此认可资费应该贵一点。
4	权威光环	借助权威的影响力，让消费者相信自己可靠，这就叫"权威效应"，也叫"制服效应"。	
		一是必须与你要推广的业务和企业具有内在的相关性和一致性。 二是要符合相关国家的法律与法规，比如医疗产品就不允许专业医生出面推广。 三是表现形式必须生动形象，切忌枯燥无味地讲深奥的理论。 四是权威可以体现在很多方面，公信力是权威效应的根本，不能把专家变成被网民讽刺的拍板砖的"砖家"。 五是即使是那些反权威的人也有"自己的权威"。一切打倒老权威的人最终自己也会成为"新权威"。	伯乐相马。 中国移动通信，移动信息专家。
5	先予后取	给予：不要想他能为我做什么，首先想他需要什么，我能为他做什么，也就是说先给予。	免费给你擦皮鞋，请买我的鞋油。
		赞美：实在找不到他所需要的东西，可以对他微笑，赞美他。	夸赞对方或对方的孩子。 小灵通资费低，节俭是美德。

（续表）

序号	招术	说明	示例
6	从众之心	人类具有集体无意识的这样一种倾向，就是通过媒介的传播用一种概念进行洗脑后大家就会形成一种羊群效应，就是从众心理，在集体无意识中狂热，失去自己独立的思考能力。	德国大众汽车甲壳虫广告：全世界已经有超过 2 000 万人买了甲壳虫，你还有什么值得担心？ 中国移动神州行请葛优代言：神州行有 2 亿人用，我看行！
		一是适合大众消费的产品，市场潜在规模越大，营销效果越明显。	
		二是必须用真实的客观数据和市场事实说话，事实胜于雄辩。	
		三是尽量顺从和利用大众已经养成的从众习惯，不要轻易尝试去改变大众的习惯。	
		四是最伟大的企业是在一个全新的层次上主动创造了"新的从众行为"。	苹果的乔布斯、阿里巴巴的马云就是用自己的方式扭转习惯，为消费者创造了更方便的"大众流行"。
7	锚定必选	心理学上有个"沉锚效应"：人们在做决策时，思维往往会被对方"设定"的信息所左右。 应用到营销中，就是要让消费者得到的第一信息与你出售的产品相关，不能问顾客要不要，而是直接问他是喜欢你的A产品还是B产品，让他在你的不同产品和方案之间选择，从而提高销量。最好是顾客选择的产品越多，适当再给予总体打折优惠，或者白送一件商品。	两个粥铺的不同沟通效果。
8	制造稀缺	利用人的"稀缺心态"，只有稀缺才是更好的。	房地产"惜售"策略。 劳斯莱斯限量策略。
		一是适用于珍奇特等时尚潮流产品、奢侈品，不一定适用于普通消费品。 二是重在品牌形象的塑造，靠品牌形象的拉动才能长久保持粉丝的追捧。 三是要控制好市场规模和上市节奏。	苹果手机善用"饥饿营销"：第一，提前半年做新品发布会，炒热市场。第二，最早期每一款新产品上市都限制购买，拿护照登记，一人只能买两个。第三，全球媒体报道果粉们通宵达旦排队抢购。 不是富士康没有人力生产这么多手机，而是苹果公司需要制造市场稀缺，保持新品上市的节奏，通过人为造成供不应求的表象，这样才能提升品牌价值和形象。 当苹果手机希望去占领中国农村大市场的时候，它还有何"稀缺"可言：凤凰立刻变野鸡！

2.产品策略两招

第一招：产品运营四种方式

第一种方式：先发现人的某个痛点，把需求和应用场景叠加，然后去组织产品、服务的设计和生产，这种方式叫创业。

第二种方式：有了一个技术或产品，然后去找能赚钱的市场需求，这叫营销。其中包括用一种新产品去替代某个老产品，或者改变一种老产品的用途和对象去创造一个新市场。推荐阅读《水平营销》。

第三种方式：物联网时代，让产品本身拥有智慧，能持续采集顾客行为的大数据，去中介和库存，最终实现供需之间的匹配，这叫精准营销。

第四种方式：让顾客直接定制产品，甚至让顾客直接参与产品的设计和自造，这叫自时代营销。

表8-2　产品运营的四种方式

序号	方式	说明	示例
1	创业	发现人的某个痛点，把需求和应用场景叠加，然后去组织产品、服务的设计和生产。	出行行业：滴滴打车、摩拜单车。
2	营销	有了一个技术或产品，然后去找能赚钱的市场需求。	美国贝尔实验室发明手机，摩托罗拉打开移动电话市场。
		用一种新产品去替代某个老产品，新渠道替代老渠道。	社区大米贩卖机，替代超市卖米。
		改变一种老产品的用途和对象去创造一个新市场。	助听器变窃听器。
3	精准营销	物联网时代，让产品本身拥有智慧，能持续采集顾客行为的大数据，去中介和库存，最终实现供需之间的精准匹配。	冰箱采集家庭日常食品的消费品种、数量、消耗进度，后台及时供给。
4	自时代营销	让顾客直接定制产品，甚至让顾客直接参与产品的设计和自造。	互联网+3D打印：自己设计、自己制造。

第二招：业务评估规划七步骤

第一步按营销对象划分业务，通过客户是谁、购买角色与社会角色判别、价值感知方式区隔。

第二步按选定客户的四大需求（用途）划分业务，包括工作类、生活类、学习类、娱乐类。其中娱乐类是未来主要增长点。

第三步按操作难度和涉及的产业链复杂程度划分业务。

第四步按收益划分业务，包括产品生命周期、市场规模、营销难易、利润率高低。重要理论有"波士顿矩阵"：有问题的孩子，即面向未来的战略业务；明星，即核心业务；奶牛，即现金盈利业务；瘦狗，即亏损应关停卖掉的业务。

第五步按市场竞争差异度与激烈程度划分业务。包括同质型业务与创新型业务，有竞争壁垒业务和低门槛进入业务。

第六步按消费趋势与环保划分业务。朝阳产业与夕阳产业、环保生产行业与污染行业。

根据彼得·德鲁克的研究，朝阳产业是市场需求增长速度超过人口和收入增长速度，而成熟产业是市场需求增长速度与人口和收入增长速度持平，衰退产业是市场需求增长速度低于人口和收入增长速度。

第七步按技术、材料、产业划分业务。高科技信息产业、传统制造业、能源化工产业等。

表8-3　业务评估规划七步骤

序号	划分方式	类别	说明
1	按营销对象划分		通过客户是谁、购买角色与社会角色判别、价值感知方式区隔。
2	按选定客户的四大需求（用途）划分	工作类、生活类、学习类、娱乐类。	娱乐类是未来主要增长点。
3	按操作难度和涉及的产业链复杂程度划分		
4	按收益划分	根据"波士顿矩阵"分为：有问题的孩子，即面向未来的战略业务；明星，即核心业务；奶牛，即现金盈利业务；瘦狗，即亏损应关停卖掉的业务。	考察产品生命周期、市场规模、营销难易、利润率高低等。
5	按市场竞争差异度与激烈程度划分	同质型业务与创新型业务，有竞争壁垒业务和低门槛进入业务。	
6	按消费趋势与环保划分	朝阳产业与夕阳产业，环保生产行业与污染行业。	
7	按技术、材料、产业划分	高科技信息产业、传统制造业、能源化工产业等。	

3.定价支招

做生意你该如何定价?

价格的本质其实是顾客主观价值感知的货币化认同。企业关心自己投入的劳动代价,希望以自己的成本为核心来定价,其实这是一厢情愿的笑话。顾客只关心付多少钱自己才会感觉值,企业付出的劳动投入(成本)如果不能转化为对顾客价值感知的影响,对定价就不产生任何作用。提升客户的价值感知才是目的,降低企业成本只是众多手段中的一种而已。用通俗易懂的话来讲:企业定价是由顾客说了算,企业必须注意哪些因素会对顾客内心定价的主观标准产生巨大影响。如何利用这些影响来获取更高利润率才是企业定价工作的本质任务。定价作为一个企业市场定位卖点的主要支撑工具,当然必须服从于自己的核心战略定位,"市场定位决定业务定价"这是顶层设计的大原则。在本书第五章关于"如何卖手摇电筒"的整合营销内容里已经有较为详细的示范。

在具体的"定价模型"构建上,我总结为五大关键要素的综合平衡:第一,消费者对你的心理价值感知是定价的根本标准,其他定价因素都是为此服务的;第二,价格变化与总体收益增长的关系;第三,竞争对手的价格影响;第四,消费者的收入以及支付心理预算;第五,企业的总体成本。

首先我们来讨论,除了本书第二章提到的"价值感知七个尺度"外,还有哪些更直观的因素会影响到顾客的价值感知。

一是供需关系,这是核心主轴,是起决定性作用的因素。短缺市场处于供不应求时,顾客对商品的价值感知最强烈,定价的主动权因此主要掌握在企业手上。极端情形是"你有钱也未必能买到"。供需平衡时,企业投入的总成本会和顾客认同的价值感知基本一致,商品的价格可以定在供需双方都能接受的"合理价位区域"。供过于求时,顾客对商品的价值感知会变小,企业只能降价直到亏损倒闭。这时候只有那些拥有核心技术、拥有成本规模优势,或者有钱可烧的企业才可以采用降价大战去消灭竞争对手,实现市场独占的垄断。

二是强势品牌对特定顾客的价值感知有极大的"高估值"影响力,一个名牌比普通同级商品的价格至少可以高出15%,这就是定价当中的"品牌溢价"能力。

品牌上升到最高境界就是"信仰无价"，为至爱偶像付出，很少有"砍价"行为。

三是特定顾客的主要赚钱方式也会对其花钱时的价值感知方式产生巨大的影响。赚老农民的钱很难，因为他辛苦一年种西瓜才收入一万元，花钱时就会很抠。反之，一个赌徒、贪官、煤老板、高级交际花来钱感觉容易，花钱也就大方。

四是企业的产品和服务如果是"开源"型业务，能够直接帮助顾客增加收入，顾客的价值感知一定会超过"节流"省钱型的业务。

五是消费场所的不同也会对顾客的价值感知产生差异巨大的影响。一碗面条在街边小店顾客只愿出 8 元，但在五星级宾馆和机场、私人会所中顾客却可以接受 100 元的价格。

六是在与客户、上下级、男女朋友、亲友之间的社交场合中，每个人出于"面子"考虑，对商品和服务的价值感知也会不同。这就是为什么"礼品"的价格可以定得比成本高很多的原因。

七是在某些"紧要关头"，顾客出于急迫的需求必须马上满足，在这种时刻对价格不敏感。比如危急救命的时刻、迫切需要知道结果、只欠东风的时候、急于完成的事情、情人节玫瑰花涨价等。

八是顾客对自己特别感兴趣，甚至迷恋上瘾的事物价格不太敏感。比如收藏品拍卖模式的价格形成、游戏装备定价、吸毒者等。

第二个影响定价决策的要素是"价格高低与总体利润增长的关系"。

一是在一个总体收入就不大的细分市场，或者在市场已经进入饱和期没有新增用户的时候，即使你采取低价格竞争方式，也很难提升你的总体利润增长，低价策略必然失败。

二是当你有多种商品和服务的整体套餐可以交叉补贴销售的时候，你可以采用总体打包的优惠定价方式。

三是当你在实体商品售出后可以依靠后续服务持续收费时，实体商品可以采用低价策略和免费赠送。比如吉列剃须刀、电信公司送手机。

四是在虚拟经济领域，如果用户规模够大，企业的成本趋近于零的时候，用户"免费"成为互联网平台公司的标准定价策略，企业的收入会来源于第三方合作伙伴（参阅安德森写的《免费》一书）。

第三个影响定价模型构建的要素是竞争对手的价格策略必须对比考虑。

首先你的竞争对手并不一定是同行。只有当你们的市场定位针对的是同一群顾客、满足同一种需求、处在产业链同一个环节，并且实力是同一个档次的时候，你们才会形成相互竞争的关系。

其次在一个比较成熟的现实市场中，竞争对手之间经过激烈的价格血拼之后往往会形成彼此之间"心领神会"的理性价格同盟关系，大家都以大致相同的价格去面对顾客，获取比较稳定的利润回报，避免行业巨头之间的两败俱伤。所以在欧美市场上很难看到猛烈的价格竞争，也很难出现"行业暴利"，利润的回报率保持在一个合理的水平上，几乎常年稳定不变。

再次，只有当你通过创新拥有了某种独特的竞争优势，比如新的替代产品、新技术、新材料、新工艺、新的定位模式的掌控，你才可能在价格上与原来的对手进行差异化定价。比如当日本雷克萨斯以低价格去挑战奔驰汽车时，奔驰汽车立刻改变自己的市场定位，由"百万富翁之车"提升为"千万富翁之车"，反而宣布涨价来支撑自己的新定位。虽然最终奔驰汽车销量减少了，但利润率和总体利润收入却增长了。更重要的是涨价之后奔驰品牌在富人心目中的价值感知更强大了。我曾经问过汽车界的专业人士，为什么同级豪华车中宝马、沃尔沃、奥迪的价格都比奔驰低一些。他的回答很无理却很给力：因为它叫奔驰！

第四个影响定价模型构建的要素是消费者的收入和支付心理预算。

首先，消费者对你的业务价值感知无论多好，当你的定价超过了他的收入水平和承受能力的时候，这些需求都是无效需求。

其次，在每个消费者心中都有自己收支平衡的财务预算，比如一个家庭每月收入税后一万元，支出计划是：基本生活花费三千元、物业费四百元、存款两千元、孩子课外班两千元、通信上网费八百元、娱乐休闲一千元、亲友交往八百元。几乎每月都按这个计划在开支。你是做娱乐的企业，你只能去和同行争夺这个家庭一千元的份额，你不可能让家庭主妇每个月花两千元来接受你的娱乐休闲项目。因为你的定价已经超过她在这种需求满足上的心理预算了。

再次，我们应该如何按照消费者的支付能力和支出预算定价？日本人创造了一套方法叫价格目标倒推压缩成本管理法。就是通过调研知道顾客的支付水平和预算额之后，按照这个价格标准反过来把节约目标分解到企业内部的每一道工序上，通过目标精准的成本强行压缩来适应顾客的预算和支付能力，还能保证企业有利可赚。所以日本的商品从性价比的角度看是全世界最好的。

第五个影响定价模型的要素是企业成本。

传统的企业定价是以成本为基础往上加利润形成价格。而今天则反过来了，成本只是一个企业定价最后要考虑的底线，当顾客愿意接受的价格低于你的成本时，你只有四种选择：一是亏本生意不做了；二是想办法去压缩成本；三是想办法提升顾客价值感知，然后把价格涨上去；四是想办法从别的合作伙伴身上赚钱来补贴顾客、补贴自己的亏损成本。

表8-4　定价模型

序号	定价要素	分解	说明
1	顾客的价值感知	供需关系	决定性因素。
			短缺市场处于供不应求时，顾客对商品的价值感知最强烈，定价的主动权因此主要掌握在企业手上。 极端情形是"你有钱也未必能买到"。
			供需平衡时，企业投入的总成本会和顾客认同的价值感知基本一致，商品的价格可以定在供需双方都能接受的"合理价位区域"。
			供过于求时，顾客对商品的价值感知会变小，企业只能降价直到亏损倒闭。这时候只有那些拥有核心技术、拥有成本规模优势，或者有钱可烧的企业才可以采用降价大战去消灭竞争对手，实现市场独占的垄断。
		品牌	强势品牌对特定顾客的价值感知有极大的"高估值"影响力，名牌比普通同级商品的价格至少可以高出15%，这就是定价当中的"品牌溢价"能力。品牌上升到最高境界就是"信仰无价"，为至爱偶像付出，很少有"砍价"行为。
		赚钱方式	特定顾客的主要赚钱方式也会对其花钱时的价值感知方式产生巨大的影响。 钱越难赚，花钱越节俭；钱越好赚，花钱越大方。
		"开源"胜"节流"	企业的产品和服务如果是"开源"型业务，能够直接帮助顾客增加收入，顾客的价值感知一定会超过"节流"省钱型的业务。
		场景	消费场所的不同也会对顾客的价值感知产生差异巨大的影响。一碗面条在街边小店顾客只愿出8元，但在五星级宾馆、机场、私人会所中顾客却可以接受100元的价格。
		社交	与客户、上下级、男女朋友、亲友之间的社交场合中，每个人出于"面子"考虑，对商品和服务的价值感知也会不同。这就是为什么"礼品"的价格可以定得比成本高很多的原因。

（续表）

序号	定价要素	分解	说明
1	顾客的价值感知	紧急需要	在某些"紧要关头"，顾客出于急迫的需求必须马上满足，在这种时刻对价格不敏感。比如危急救命的时刻、迫切需要知道结果、只欠东风的时候、急于完成的事情、情人节玫瑰花涨价等。
		兴趣与迷恋	顾客对自己特别感兴趣，甚至迷恋上瘾的事物价格不太敏感。比如收藏品拍卖模式的价格形成、游戏装备定价、吸毒者等。
		价值感知七个尺度	感知度、快速度、简便度、试用度、可分度、相容度、易得度，参见第二章。
2	价格变化与总体收益增长关系	饱和市场低价无效	在一个总体收入就不大的细分市场，或者在市场已经进入饱和期没有新增用户的时候，即使你采取低价格竞争方式，也很难提升你的总体利润增长，低价策略必然失败。
		多产品打包价	当你有多种商品和服务的整体套餐可以交叉补贴销售的时候，你可以采用总体打包的优惠定价方式。
		产品免费服务收费	当你在实体商品售出后可以依靠后续服务持续收费时，实体商品可以采用低价策略和免费赠送。比如吉列剃须刀、电信公司送手机。
		后向收费	在虚拟经济领域如果用户规模够大，企业的成本趋近于零的时候，用户"免费"成为互联网平台公司的标准定价策略，企业的收入会来源于第三方合作伙伴。
3	竞争对手的价格策略	确定竞争对手	市场定位针对的是同一群顾客、满足一种需求、处在产业链同一个环节，并且实力是同一个档次。
			同行未必是竞争对手，比如宝马和比亚迪，都是轿车，都是蓝白标志，但针对的是不同顾客群，因此不是竞争对手。
		价格同盟	不成熟市场常打价格战。
			成熟市场彼此默契形成价格同盟，行业利润达到均衡利润率。
		差异化定价	当通过创新拥有了某种独特的竞争优势，比如新的替代产品、新技术、新材料、新工艺、新的定位模式的掌控，才可能在价格上与原来的对手进行差异化定价。
4	消费者的实际支付能力和心理预算	实际支付能力	消费者的价值感知无论多好，当定价超过他的收入水平和支付能力时，这些需求都是无效商业需求。
		消费预算预期	消费者的收支平衡财务预算和心理预期，产品或服务价格超出消费预算或心理预期，即使有钱也不会购买。
		倒逼定价	按照消费者的支付能力和支出预算定价。日本人创造了"价格目标倒推压缩成本管理法"，日本商品的性价比全球最好。
5	总成本	定价底线	传统的企业定价是以成本为基础往上加利润形成价格。今天及未来，成本只是定价的底线。
		消费者心理价低于成本	当顾客愿意接受的价格低于你的成本时，只有四种选择：一是亏本生意不做了；二是想办法去压缩成本；三是想办法提升顾客价值感知，然后把价格涨上去；四是想办法从别的合作伙伴身上赚钱来补贴顾客、补贴自己的亏损成本。

4.渠道变招

渠道就是连接供需双方的中介桥梁。传统渠道是以商品的货物流"强推"为主导，从而"拉动"顾客流、资金流和信息流的交汇。由于传统终端渠道是面向顾客完成交易的最后一个环节，对顾客具有最直接的掌控力，所以号称"渠道为王"。渠道层级环节越多，流通成本越高，供应厂商和顾客所负担的成本越大，钱被中间商赚了。渠道不畅的根本原因在于供需双方的信息不对称。互联网＋大数据、云计算技术的出现对渠道产生了颠覆性的改变：

一是供需双方可以在线上实现以信息精准匹配为基础的直接交易，减少中介是趋势。

二是传统商业是先生产再销售，生产、促销、广告、交易场所和支付都是分开进行的。互联网电商可以逐步实现先有订单再去生产，按需服务，消灭库存。线上消费一体化体现在顾客"想要"便可见到（线上精准搜索），见到便可判断（大众点评），可判便可买到（线上支付），买到便可送到（线下送货上门）。

三是线上与线下渠道的（O2O）互动融合成为新常态。线上渠道会主导线下渠道转型。

四是对消费大数据信息流的采集和运营才是渠道管理的灵魂。

五是顾客成为商业交易的主动发起人，私人定制化和顾客参与的自造化消费将是未来发展方向。

企业渠道转型策略：

（1）建立自己的线上互动渠道：网站、二维码、手机客户端、微信公众号、微博、微信小程序。

（2）采用各种抽奖、优惠、优质内容、大V推荐、娱乐互动等手段吸引粉丝流量，并注意采集和运营粉丝大数据，为精准营销打下坚实基础。

（3）大数据运营是渠道变招的灵魂所在。通过对已知用户的数据采集和分析，你能知道"喜欢你业务的是谁"，用顾客画像去精准发展用户；还能知道"喜欢你的人还会喜欢别的什么"，进行跨界交叉营销其他产品。

（4）利用线上渠道可以进行产品预售、定制、资本众筹、顾客参与产品设计、调动老顾客口碑推销等互动活动。

（5）线下实体店的主要功能将转为线下用户数据采集、向线上导流、有形产品的展示与体验、产品就近配送、面对面社交沟通聚会、维修服务等。餐饮、宾馆、交通运输、农牧业、制造业、房地产、物流配送、旅游景观、体育场馆等线下服务依然不可或缺。

（6）互联网＋传统渠道转型成功标志在于：线下渠道投入成本大幅下降；线上收入超过线下实体店收入；粉丝会员收入超过散客收入；预售和定制收入超过偶然消费；店外收入超过店内收入；跨界多元收入超过传统主营收入。

表 8-5　线上渠道

序号	线上渠道	概念	应用
1	网站	在因特网上根据一定的规则，使用HTML（标准通用标记语言下的一个应用）等工具制作的用于展示特定内容相关网页的集合。目前多数网站由域名、空间服务器、DNS域名解析、网站程序、数据库等组成。	网站是一种沟通工具，人们可以通过网站来发布自己想要公开的资讯，或者利用网站来提供相关的网络服务。人们可以通过网页浏览器来访问网站，获取自己需要的资讯或者享受网络服务。
2	二维条码/二维码	用某种特定的几何图形按一定规律在平面（二维方向上）分布的黑白相间的图形记录数据符号信息。在代码编制上巧妙地利用构成计算机内部逻辑基础的"0""1"比特流的概念，使用若干个与二进制相对应的几何形体来表示文字数值信息，通过图像输入设备或光电扫描设备自动识读以实现信息自动处理。它具有条码技术的一些共性；每种码制有其特定的字符集，每个字符占有一定的宽度，具有一定的校验功能等。同时还具有对不同行的信息自动识别功能、处理图形旋转变化点。	二维码与O2O模式的结合，即利用二维码的读取将线下用户导入线上，或将线上用户引流给线下的商家。二维码是线上线下的一个关键入口。只要培养了足够多的用户群，再结合良好的商业模式，二维码将成为连接现实与虚拟最得力的低成本工具之一。

（续表）

序号	线上渠道	概念	应用
3	APP	APP是application的缩写，通常专指手机上的应用软件，或称手机客户端。	随着移动互联网的兴起，越来越多的企业、电商平台将APP作为销售的主战场之一。数据表明，APP给手机电商带来的流量远远超过了PC端传统互联网的流量，通过APP进行赢利也是各大电商平台的发展方向。事实表明，各大电商平台向移动APP的倾斜也是十分明显的，原因不仅仅是每天增加的流量，更重要的是由于手机移动终端的便捷，为企业积累了更多的用户，更有一些用户体验不错的APP使得用户的忠诚度、活跃度都得到了很大程度的提升。但APP推广成本高，如果不是用户每周每天都要使用的常用服务，很难被保留在手机上。
4	微博	微博是微型博客的简称，也是博客的一种，是一种通过关注机制分享简短实时信息的广播式的社交网络平台。微博是一个基于用户关系信息分享、传播以及获取的平台。用户可以通过WEB、WAP等各种客户端组建个人社区，以140字（包括标点符号）的文字更新信息，并实现即时分享。微博的关注机制分为可单向、可双向两种。	微博具有广播性，容易形成传播的蝴蝶效应。
5	微信公众号	开发者或商家在微信公众平台上申请的应用账号，该账号与QQ账号互通，通过公众号，商家可在微信平台上实现和特定群体的文字、图片、语音、视频的全方位沟通、互动。	一种主流的线上线下微信互动营销方式。
6	微信小程序	简称小程序，是一种不需要下载安装即可使用的应用，不占用户手机内存，耗费流量少，实现了应用"触手可及、用完即走"的梦想，用户扫一扫或搜一下即可打开应用。	这是中小企业跨越不同手机操作系统建立自己低成本线上线下互动的新方式，对APP应用会产生极大冲击。目前微信还没有给小程序预留入口，想要进入小程序目前有三个方法：扫描二维码、别人分享、搜索。

5.促销法则

促销就是营销者向消费者传递有关本企业及产品的各种信息，说服或吸引消费者购买其产品，以达到扩大销售量的目的。促销实质上是一种沟通活动，即营销者（信息提供者或发送者）发出作为刺激消费的各种信息，把信息传递到一个或更多的目标对象（即信息接受者，如听众、观众、读者、消费者或用户等），以影响其态度和行为。常用的促销手段有广告、人员推销、网络营销、营业推广和公共关系。具体方法有抽奖、积分回馈、折价券、赠送礼品、试用、会员制、公关赞助、限量、加量、降价、涨价、游戏活动等。企业可根据实际情况及市场、产品等因素选择一种或多种促销手段的组合。

促销必须服从于企业的核心定位：

一是必须与品牌形象保持统一性和连续性；

二是必须与广告、公关、线上与线下的主题活动保持整体协同性，立体推广的效果将成倍增长；

三是必须注重互联网时代消费过程的一体化服务：把场景、欲望、体验消费的全过程统一融合，尤其应加强顾客主动参与的互动性和自主性选择；

四是促销对新业务的市场导入、培养用户使用习惯、短时间内刺激销量提升、对抗竞争对手、抢占市场份额等方面行之有效。但促销对提升顾客品牌忠诚度、对推广有缺陷和过时的产品、对提高利润率等效果不佳，反而容易养成顾客等待观望的消费心理。尤其是直接降价的促销活动必须慎用，除非你有把握彻底消灭竞争对手，或能从别的业务和合作方获得弥补的收入；

五是把促销活动与娱乐游戏相结合，尤其是利用VR（虚拟现实）和AR（加强现实）技术来增强促销的娱乐性。

表 8-6　销售沟通七部曲

序号	沟通内容	示例：看病卖药
1	顾客的问题是什么？	先生您脸色很不好。
2	产生问题的原因是什么？	您的肝脏肯定有问题。
3	不解决的后果会有多可怕？	恶化下去只能换肝。您是全家经济支柱，身体绝对不能垮，否则全家受苦。
4	我用什么办法能为你解决？	吃我的药三个月保准好。
5	顾客为什么应该相信我？	我家世代为医，出过两个太医。
6	解决之后顾客有什么好处？	肝好，身体好，全家好！
7	现在购买有什么优惠？	有缘，现在买半价！

6.广告套路大全

广告策划七点

俗话说，广告不是万能，没有广告万万不能。企业要提升知名度，一是打广告，二是公关炒作，三是通过互联网传播形成口碑。这里面最重要的就是传统的办法：打广告！

如何打广告？这对每一个做生意的人来讲都是一个很头疼的问题。全世界每年花广告费最多的是宝洁公司。据说宝洁公司每年大约要花费 200 多亿人民币做广告。宝洁的董事长曾经开玩笑说，我知道我这 200 个亿的广告费当中，有一半的广告费对销售是起了作用的，有一半的钱是扔水里啦，完全没有用。但是有谁能告诉我，究竟是哪 100 个亿起了作用？

如何做出一个好的广告策划方案？我总结要抓住七大关键点来构成一个完整的方案。

第一点，你为什么要做这个广告？做这个广告的目的是什么？是为了品牌知名度，还是为了促销产品，还是为了应对一个公关危机，还是为了提示性的让大家继续记得你……目的不同，广告策略就不同。

第二点，你对谁做广告才是对的？影响消费者的购买角色有购买建议者、意见参与者、购买决策者、购买执行者、产品使用者或受益者。这五个角色里面，你对谁做广告才是最有用的？选错了广告对象，再好看的广告都没有用。

第三点，广告由谁来说？是你自己说，还是让你的顾客来帮你说，还是让你的合作伙伴来帮你说，还是请一个名人、明星、专家权威代言人来帮你说？广告由谁来说更适合也很重要。

表 8-7　广告策划七点论

序号	要点	说明	示例：男装定制
1	为什么要做这个广告？	做这个广告的目的，是为了品牌知名度，还是为了促销产品，还是为了应对一个公关危机，还是为了提示性的让大家继续记得你……目的不同，广告策略就不同。	一个男装私人定制新品牌，需要提升知名度，扩大销量。
2	对谁做广告才是对的？	在购买建议者、意见参与者、购买决策者、购买执行者、产品使用者或受益者这五个角色中，对谁做广告才是最有用的？选错了广告对象，再好看的广告都没有用。	男人忙事业，无暇打理形象，因此也无暇关注这类服务。因此，男人身边的女人才是购买建议者、意见参与者、购买决策者、购买执行者，男人只是产品使用者。受益者既包括男人，形象提升有面子；也包括女人，获得满足感。
3	广告由谁来说？	是自己说，请顾客说，请合作伙伴说，还是请一个名人、明星、专家权威作为代言人来帮自己说？	请对女人吸引力大的男明星代言。
4	广告说什么才有用？	一个广告只能聚焦讲一个卖点，这个利益点对消费者来讲一定是至关重要、能够解决最核心痛点的。	"男人穿着不得体，打女人的脸！"
5	广告该怎么说？	用什么样生动的形式、奇特的创意才能够吸引人和打动人？	男明星改变着装之后对女人本人、对事业的变化，变装更有爱、更有财！
6	在哪里说更划算？	媒介选择策略。电视广告、报纸杂志广告、互联网广告、户外路牌广告，广告选择在哪里传播，如何组合，什么频次播出，千人成本是多少，怎样才能让性价比更高？	在女人爱看的时尚杂志、电商平台、都市题材电视剧等做广告。
7	怎么评测广告效果？	广告效果评测，用什么样的工具和数据来评估和测试广告效果，计划该怎么调整。	线上广告点击率，顾客咨询提供的信息来源等。

第四点，广告说什么才有用？一个广告只能聚焦讲一个卖点。你不能说我的产品这也好，那也好，什么都行。讲自己什么都行的广告，针对性不强，一定没

有效果。所以广告的传播要聚焦到一个点上，这个利益点对消费者来讲一定是至关重要，能解决最核心痛点的。

第五点，广告该怎么说？你用什么样生动的形式、奇特的创意才能够吸引人和打动人？

第六点，在哪里说更划算？这叫媒介选择策略。你选择电视广告，还是选择报纸杂志广告，还是选择互联网广告，还是选择线下的路牌广告？广告在哪里传播，如何组合，什么频次播出，千人成本是多少，怎样才能让性价比更高？

第七点，你用什么样的工具和数据来评估和测试你的广告效果，计划该怎么调整，这叫广告效果的评测。

这就叫广告策划七点论。

广告的能与不能

广告作为促销工具有三大功能：一能提升企业和产品知名度；二能刺激消费者的购买欲望，心动变行动；三能持续广告形成企业品牌无形资产累积。但广告也有三个不能：一不能帮助你卖出有缺陷的产品，二不能帮助你卖出过时产品，三不能帮助你卖出无需求的产品。

广告之所以诞生是因为人类到了供过于求竞争激烈的时代，消费者有了太多的选择，反而成了决策的负担。面对眼花缭乱的同质化商品他怎么选择呢？谁在他印象当中见到过，听说过，这种印象对他的购买行为影响极大。

所以做广告第一能提升自己的知名度，知道你的人越多，你的知名度越高，业务卖出去的机会就越大。

知名度是产品销售额，也是市场占有率非常重要的一个评判指标。但是反过来讲，并不是说知名度高，市场份额就一定高，销售额也一定高。为什么呢？如果你的产品有致命的缺点，广告是解决不了问题的。如果你的产品是一种老产品，已经处在它自己的市场衰退期，有新的替代产品出来了，你广告做得再好也不能解决产品、渠道、价格、服务方面出现的问题。还有就是顾客真的不需要你这个产品和服务，他广告看得再多也不会去购买你的业务。所以大数据时代，广告不再是广而告之，必须进行精准投放。

第二，好广告的确能刺激消费者的欲望，让他从心动转化成行动。

广告创意必须从顾客的欲望出发，不能从生产技术角度出发，卖牛排广告表现的是色香味感官刺激的食欲，而不是客观科学的说教。看到这个广告刺激了他的购买欲望，恨不能马上就去买，这才是广告要达到的效果。

第三，如果你策划得好的话，每一支广告都依据你的品牌定位策略来进行创意和设计，就可以让你的每一支广告——产品广告、促销广告，甚至是招聘广告、庆典广告都可以成为你这个企业品牌无形资产的累积投资。

当年我跟王健林先生做一个万达的招聘广告就起到了这样一石二鸟的作用。在深圳 2000 年中国房地产住交会期间，我在《深圳特区报》做了一个万达招聘广告，表达万达企业的人才观。创意是"说文解字"。把招聘的"招"字拆开，招什么人？"扌"：动手能力强。"刀"：性格果敢如刀。"口"：言之有理者。这就是"招"人的标准。"聘"来了如何对待？聘字拆开首先是"耳"：洗耳恭听您的高见。"由"：给你自由发挥才干的空间。"丂"：百万年薪起价，一点也不能亏待。这则有趣的"招聘"广告一下吸引了四百多人来现场应聘，不但起到了实际招人的作用，还使大家对万达的企业文化产生了深刻的印象。

广告操作流程

广告是一个系统工程，只有环环相扣才能成功。从专业广告公司扮演的角色来看，第一环节是客户关系部，负责竞标与广告主沟通，对外代表广告公司，对内代表自己所负责的广告客户；第二环节是市场调研部，收集相关资讯，研究目标客户和市场；第三环节是策划部，确定广告计划、广告策略、广告诉求对象和利益诉求点；第四环节是创意部，决定如何表现，撰写文案和制作脚本；第五环节是制作部，设计平面广告、拍摄视频广告、制作促销礼品等；第六环节是媒介部，选择媒体渠道宣传发布。最后再回到市场调研部进行适时的效果评估。有的广告公司还专门设有促销或者公关活动部门，专门负责市场和新闻公关活动的执行。

我对企业广告主的忠告是：

第一应该选择适合你的专业广告公司为你提供服务，单凭自己市场部的几个人拍脑袋很难做出好广告。

第二如果采用招标的办法寻找广告合作伙伴，关键要看他们曾经做过哪些客户的广告，尤其是主创人员都是哪几个人，最好向他们的客户了解一下真实情况。邀标单位控制在 3 到 5 家即可，最好给应标公司留出 15 天以上的准备时间。评判标准应当明确和公平，也可以邀请第三方专业人士担任独立的评委。选中一家之后，最好再保留另外一家作为预备队。

第三对广告专业公司应该采取尊重和信任的合作态度，特别忌讳自己的员工指手画脚、出烂主意强加给创作人员。用大卫·奥格威的话讲："既然你花钱请来了专业的看门犬，你自己又何必汪汪乱叫？"合作中应该一开始就把自己的业务优缺点、市场竞争状况、预算等真实的情况坦诚告之广告公司，节约沟通时间。最重要的是双方首先应该在前期沟通中就本次广告活动的目标、诉求对象、竞争对手、核心诉求利益点以及将来对广告方案评价的标准进行文本确认，尤其要重视制作之前对目标客户的事前测试：能否看懂？是否喜欢？愿不愿意购买？必须以目标客户的立场来评价方案，广告不是做给你的老板看的，好不好应该听客户的意见，否则后期会出现企业方面每个人都有自己的修改意见，广告公司无所适从，最后一定会是一个"四不像"的烂方案。

立新广告十一字诀

我操盘实战做广告二十年，把创作广告的心得总结为十一个字："奇、情、理、利、简、妙、准、跟、复、猛、诚。"

以奇特吸引人、以情感打动人、以道理说服人、以利益诱惑人、以简明取胜人、以妙趣娱乐人、以精准匹配人、以紧跟借光人、以重复深入人、以猛烈征服人、以诚心化解人！

我一直在讲广告其实是科学和艺术的融合。广告可分为两大部分，一部分是广告说什么内容才是对的。这个完全靠市场调查、大数据分析，以科学的逻辑推理去找自己的卖点，做适合自己的市场定位。顾客迫切需要的，竞争对手又做不了的，恰好是你最擅长的，最后浓缩成能打动消费者的那句广告语，这就是科学的理性概括过程。第二部分是广告怎么说才能打动人，更感动人，更吸引人。这是"怎么说"，广告的表现形式和风格，这就是艺术。用英文讲叫creative，叫灵光闪现的创意。普通人认为广告有意思就是因为创意有意思，这叫外行看热闹。专业的人应该看门道。我这一辈子有意思的是在华东师范大学先是学的哲学和思想政治教育专业，哲学思维能够解决广告说什么的问题。后来又在华东师范大学夏雨诗社当社长，诗歌是形象思维，跳跃思维，开发想象力，这又适合解决创意怎么说的问题。所以我从广告切入商业领域，就是一个人既担当了"说什么"，又担当"怎么说"的双重角色，把这两块融到一起了。怪不得彼得·德鲁克说大学只有两门课对商业有用：诗歌培养人的想象力，小说培养对世界的观察力。

奇

先讲第一个字"奇"。

现在信息化时代对广告最大的威胁是什么？互联网信息泛滥，所以争夺消费者的注意力就成了广告最重要的第一任务。你的广告花钱投入再多，如果根本没有人看，没有人注意你，那么你80%的广告费都扔水里损失掉了。大卫·奥格威说：标题没写好，广告就没人看了。如何吸引眼球？广告必须以奇特的创意来吸引人。而且这种奇特的广告创意尤其适合用在新产品和新品牌刚刚进入市场的导入期。如何提升知名度，让人看一眼就记住你，这是广告的首要任务，所以创意一定要以奇特取胜。

我就看到过一个互联网上流传的"段子"广告：诸葛亮死之前预见到"魏延"这员大将要造反，他为什么会提前安排一个名不见经传叫"马岱"的人去斩魏延？原来马岱姓马名岱，关键是字：丁琳。所以"吗丁啉"专治胃炎（魏延）。这是西安杨森的产品广告。这个段子因为奇特，有几千万人在网上自动转发，这就叫自传播的广告。

我还看过一张奇怪的户外广告照片，有一个厂家是专做避孕套的，在美国的高速公路进隧道的时候，它在洞口做了一个巨大的户外广告：一个极其性感的女模特把两腿正好放在那个隧道的洞口上，所有的汽车远远地开过来都要从她两腿中间钻进去。车上的人肯定要注意看啊。结果人家的广告语是："进洞之前，注意安全。某某牌避孕套。"中国广告法是不允许这么做的，但这个创意很奇特，很容易让人记住。我要着重强调的是，广告创意的"奇"必须要与宣传的业务相关，只有猛一看"出人意料之外"，仔细一想一回味"又在情理之中"的奇特才是真正的好创意。如果光是出人意料之外，和你的产品完全没有相关性的广告，那也是没有用的烂广告。

情

第二个字"情"。

广告要以感情打动人。在中国做广告创意最保险的就是走情感路线，因为中国是一个特别讲究人情味的国家。你走幽默路线，可能老同志不喜欢，广告审查通不过。但是走情感路线是老少皆宜，可以通吃。

我在做广告创意的时候基本上为了保险都走情感路线。我给中国移动做过一个广告：关键时刻，信赖全球通。128个中国游客到越南海上旅游，船长喝醉酒把游船撞在礁石上，船要沉了，非常的危险。当时幸好有一个叫邓佳初的中方导游用的是"全球通"，他向国内相关部门打通了求救电话，拯救了全船人的生命。全球通，国际漫游通全球。我写的文字是：打通一个电话的最高价值是拯救您的生命。我们要对中国移动说一声谢谢。这个广告比较感人，是以情动人。

我再给大家讲一个故事：当年中国工商局广告处带着那年中国电视广告的金奖"南方黑芝麻糊"的广告，首次参加法国戛纳国际广告节大展。当时上千个法国观众坐在下面观看来自世界各国的优秀参展广告片。如果看到精彩的，他们就使劲鼓掌，雷鸣般的掌声。如果看到某个国家的电视广告创意很烂，法国人就嘘声四起。当主持人宣布说下面由中华人民共和国广告代表团播出他们国家的金奖广告时，全场看完，既无掌声，也没有嘘声，几乎是鸦雀无声。原来"南方黑芝麻糊"广告走的就是中国人的情感路线：

麻石小巷，黄昏，挑担的母女走进幽深的陋巷，布油灯悬在担子上，晃晃悠悠。

小男孩挤出深宅，吸着飘出的香气，伴着木屐声、叫卖声和民谣似的音乐。

画外音："小时候，一听见芝麻糊的叫卖声，我就再也坐不住了。"小男孩搓着小手，神情迫不及待，看着大锅里那浓稠的芝麻糊滚腾。大铜勺提得老高，往碗里倒芝麻糊。小男孩埋头猛吃，碗，几乎盖住了脸。研芝麻的小姑娘站在大人的背后新奇地看着他。小男孩大模大样地将碗舔得干干净净，小姑娘捂着嘴笑。

卖芝麻糊的母亲爱怜地又给他添了一勺，轻轻地抹去他脸上残留的芝麻糊。

小男孩抬头，露出羞涩的感激。

画外音："一缕浓香，一缕温暖。"

古朴的街景，旧日的穿着，橘红色的马灯，熟悉的叫卖声，共同构成了一幅立体的画面。

为什么能感动中国人的情感对法国观众完全没用？因为文化背景不一样，法国人没有看懂。他们早已不知道饥饿是什么感觉。所以我们在讲到广告采用感情创意的时候，你还要考虑到文化背景的不同。

在中国移动上 4G 业务做宣传时，光宣传上网速度如何快，老百姓根本不知道每秒 100M 是什么概念，还以为是每秒能传 100 米。我给过他们一个广告创意：

一个刚生完孩子的年轻妈妈，每天哄小宝宝睡觉的时候就哼着外婆教她的古老的摇篮曲。小宝宝习惯了，每次听妈妈哼这首曲子就能甜蜜入睡。

镜头一转，这个白领妈妈被老板派到法国出差去了，剩下爸爸晚上在哄这个小宝贝睡觉。他不会哼摇篮曲，小孩子又哭又闹要找妈妈。爸爸非常的狼狈。

这时候旁白：为什么不用中国移动"和 4G"？

镜头切换：妈妈在法国打开自己的 4G 手机摄像头。靠近。开始哼摇篮曲。

镜头再一转：这边爸爸把婴儿放到了摇篮里，拿着一个大屏幕的 4G 手机对着婴儿。正在哇哇哭的孩子突然听到了妈妈熟悉的摇篮曲的声音，抬头一看，原来妈妈就在自己眼前。小宝贝咯咯笑了，不久便甜蜜地睡着了。这时候夫妻两人用中国移动的 4G 手机视频相视一笑。出广告语：看得见的速度，看得见的爱。中国移动和 4G 套餐。这也是以情动人。

但是我后来看到泰国电信的 4G 广告，比我这个水平更高一级。为什么？这个创意同样是妈妈不在身边，爸爸哄婴儿很狼狈。可它最后的口号是：爱永远是科技无法代替的！这不但感人，而且比我的境界更高了一个层次。

理

第三个字"理"。

广告创意之"理",是讲原理、摆事实、看数据、权威说、实验证,以道理说服人。西方一直都认为人是理性的,人有逻辑思维,有理性思维。

第一点,要求你在广告中能把产品和服务的科学原理给大家讲明白。

第二点,也可以讲数字和事实。你的数字能证明什么?通过数字和事实能看出什么效果来。

第三点,还可以是消费者亲身体验的说法。我是一个顾客,我用了你的产品和服务,我的感受如何。这就叫口碑传播。消费者当然更相信消费者的点评。

第四点,群众也相信名人、权威、科学家的证言广告,让他们来给你的产品背书。这也是一个理性的广告创意思路。

第五点,可以采用实验论证,给你做一个实验,让你眼见为实。

这样的广告案例很多。宝洁公司的汰渍洗衣粉曾在一个广告里说:我们的科学家用了整整 5 年的时间,耗费了 5 000 万美金的科研经费,终于在实验室里面发现了速效去污因子,一串原理把你整晕。速效去污因子能深入到衣物纤维的根部深度去污。然后数据是新汰渍去污能力是老汰渍洗衣粉的 4 倍,又快又好。这就是典型的理性诉求。

再比如说雀巢有一种奶粉叫能恩奶粉。它的广告就跟你讲婴儿从生下来 1~3 岁期间容易食物过敏,最常见的就是喝牛奶的时候牛奶有蛋白质过敏因子。我们雀巢能恩奶粉是科学家发明了一种水溶解科学方法,通过水溶解质生产的奶粉就可以去掉奶粉当中的蛋白质过敏因子。这样就可以让有专业养护需求的妈妈多一层给婴儿的保护。

沃尔沃汽车的广告也常常采用理性诉求:我们发明了汽车历史上第一个安全气囊。我们发明了人类汽车的第一条安全带。2008 年又发明了人类的第一个自动刹车系统,只要你开车低于 30 公里/小时的速度,如果快要碰撞时你忘了刹车,电脑会自动介入帮你刹车。沃尔沃还承诺到 2020 年,它的汽车自动化的程度能够保证开沃尔沃的人再也不会因为碰撞事故而死亡。沃尔沃有一支广告获得了戛纳国际广告节金奖,创意就是奇特加理性的风格。他们请了比利时著名的动作明星演员尚格云顿双脚分开蹬在两辆并列行驶的沃尔沃货运卡车之间，虽然惊险却很稳定。口号：安全！眼见为实。沃尔沃。

表8–8　广告以理服人的方法

序号	要点
1	讲科学原理。
2	讲数据和事实。
3	消费者亲身体验后的证言，形成口碑传播。
4	名人、权威、科学家的证言，权威背书。
5	实验案例验证。

利

第四个字"利"。

广告创意之"利"，以利益诱人。所有的广告都必须找到自己能带给消费者的利益点。顾客不会因为你的广告拍摄美而买你的产品，而是因为这广告传达出了他所需的利益。

"利"又分两个层面：

第一个层面，所有的广告都必须找到自己对消费者的利益点。你跟他内心的欲望相吻合能带来的好处是什么？宝洁公司的广告单从创意的精巧性、奇妙性的角度评价基本上都乏善可陈。但是它特别有效，为什么？全是实实在在的利诱。它的舒肤佳香皂广告，除了讲能够清洁皮肤以外，它突出的利益是杀菌，能保护家人健康。它的潘婷洗发水广告则强调拥有维生素原B5，能够营养你的头发，让你的头发健康亮泽。它的汰渍洗衣粉广告又强调能够去污，能特别强力去除蛋白质污渍。它的飘柔洗发水广告强调能够让你的头发更柔顺，用飘柔就是这么自信。它的所有广告都有一个实在的利益承诺来诱惑自己所针对的目标顾客。

第二个层面，从促销活动广告来看，"利"主要是强调如何"让利"给顾客，传递的是"占便宜"的感觉。第一种是抽奖广告，第二种是折扣广告，第三种可以是直接降价的广告，第四种是有积分回馈的广告，第五种可能是加量不加价的大包装广告……我曾经看到过一个宣传饮料促销活动的广告是这么利诱老百姓的：

你每喝 7 瓶这个饮料，7 个瓶盖可以换一个木勺，集满 7 个木勺可以换一个铁勺，用 7 个铁勺可以换一个铜勺，7 个铜勺可以换一个纯银的银勺，7 个银勺就可以换一个 24k 纯金的金勺。$7 \times 7 \times 7 \times 7 \times 7$ 五个 7 相乘你得喝一万六千八百多瓶饮料啊，喝死你都拿不到那把金勺。

可口可乐在迪拜曾经以公益活动做过一个广告。迪拜有很多来自孟加拉国的农民工，他们想跟家里面通信联系，但是没有钱打国际长途电话。于是可口可乐专门号召他们喝可乐，拿一个瓶盖就可以在专门的可口可乐电话亭里面打 3 分钟国际长途。这就是把产品促销与公益爱心相结合的广告，既有实实在在的利益诱惑，还特别感人，兼顾着提升了自己的品牌形象。这才是广告好创意，不得不让人点赞！

我给大家出一个效果最好、成本最低的广告点子：在你所有产品的包装上都醒目地印上你的微信公众号的二维码，下面加两句话："扫一扫辨真假，摇一摇能抽奖。"以利益诱惑把买你产品的顾客轻松导流到线上，这既能为你吸粉，又能为下一步的线上精准促销推广打好基础。互联网＋产品包装＋二维码就是最好的广告方式。

表 8-9　广告以利益诱人的方法

序号	层面	含义	示例说明
1	心理、生理、功能等非经济方面的利益	广告传达的好处与消费者内心的欲望和利益诉求相吻合。	宝洁公司舒肤佳香皂广告，既清洁皮肤，又杀菌，保护家人健康；潘婷洗发水拥有维生素原B5，营养你的头发；汰渍洗衣粉去蛋白质污渍能力特别强。它的所有广告都有一个实在的利益承诺来诱惑自己所针对的目标顾客。
2	经济利益	广告传达"让利"给顾客，让顾客有"占便宜"的感觉。"让利"广告：抽奖、折扣、降价、积分回馈、加量不加价大包装、多买多赠、换购等。	互联网＋产品包装＋二维码广告组合，广告宣传"扫一扫辨真假，摇一摇能抽奖"。

简

第五个字"简"。

广告过目难忘只有减简剪。一支广告要简单，只讲一个点，只说一件事。化繁为简，才更加有力，能抓住顾客的注意力。现在是一个信息泛滥的网络时代，平均每个人每天有意无意地接触到的广告都超过上百条，因此每个人都很烦广告。自来水公司曾经统计全国每天耗水量最高峰就是中央电视台播"焦点访谈"之前，因为人民群众躲避广告都去上厕所了，一起冲马桶耗水严重。

我在做广告创意的时候特别害怕客户要求我把他产品的多少个优点全都要在广告里讲一遍。亲，其实这是无意义的！因为广告篇幅有限、时间有限呀！比如中央电视台黄金时段播出一次 5 秒钟的广告就要交 85 000 块的广告费。每一个广告画面必须有 2 秒时间观众才能看清楚。你播一支 30 秒的电视广告，最后 5 秒是你的品牌和广告语，所以只有 25 秒能讲故事，最多也只能出现 12 个画面，能把你七八个优点都讲明白？你做报纸广告，很小的方块叫半通栏，一通栏，或者是 1/4 版，或者是半版。一个整版报纸广告动不动就十几万块。在这种情况下，要惜字如金，少就是多。一个广告的内容要尽量简单，只能讲一个点。

我曾经看过一个菜刀品牌的广告，它要突出一个优点就是锋利。电视广告创意就非常简单：厨师切完肉后把这把刀挂在刀架上。一只苍蝇闻到肉腥味嗡嗡嗡飞过来，停在了这把菜刀的刀刃上。没想到就在停上去的一瞬间，苍蝇就被刀刃劈成了两半。凡是看过这个广告的人一定终生难忘，印象深刻。

2000 年春节的时候，我给大连万达集团王健林董事长当策划顾问，当时我们花了 500 多万买断了春节联欢晚会前播一次 15 秒钟的电视广告。当时我有一个创意，就是当别的广告都在比谁的声音大，比谁的颜色五彩缤纷的时候，到了我们这 15 秒的广告时间，突然什么声音都没有了，什么色彩都没有了。全国观众一定会想是不是自己的电视机坏了？（绝对吸引注意力。）电视屏幕上先出现一行字："也许你什么都没有听见。"在观众惊诧的时候又出现第二行字："也许你什么都没有看见。"最后 5 秒钟才是一个彩色的标准版，出现万达的标志和广告口号："默默奉献，无声祝福！万达集团。"当时董事长助理黄平特别喜欢这个创意。可惜王健林董事长没有采用。

绝对简单，绝对震撼！

妙

第六个字"妙"。

广告创作之"妙"是巧妙。巧妙必须体现出智慧。当要从正面去表现一个东西很困难的时候，就可以用侧面、背面的形式来表现，以妙取胜。

比如，我们怎样才能表现出"西施、王昭君、貂蝉、杨玉环"这四个人的绝色之美？无论你怎样正面描写，去画她们的脸，都满足不了人们对这四大美女的想象。任何一个小说家，任何一个摄影家，任何一个画家，任何一个导演都很难通过正面表现来完成这个艰难的任务。正确的做法是什么呢？只能从侧面用夸张对比的手法来表现她们美到什么程度：鱼见了西施都沉到湖水里去了，大雁见了王昭君都从天上掉下来了，月亮见了貂蝉都只好躲到云朵里去了，美丽的花朵见了杨玉环也只能羞愧得低下了头。这些美好的事物在这四个美女面前都感觉自愧不如。"沉鱼落雁，闭月羞花"，仅仅八个字便传达出了只有靠想象力才能填补和企及的美，这就是巧妙的智慧。

如果我们要为一种香水策划品牌形象广告，这种香水的特点是什么？不但自然天香，而且香气很持久。该如何来表达这种看不见的持久之香呢？我的创意就是下面这个画面：一件典雅的裙子经过洗衣机洗涤后，被晾在户外的衣架上。这时候飞来了一只蝴蝶停在这件还滴着水的裙子上。一会儿又飞来一只蝴蝶，围绕着这件裙子飞舞。镜头一转，远处一大群蝴蝶也正在飞来。最后是旁白："肯定用过'蝶恋花'香水。自然天香，恒久魅力。"这个创意就比你正面去夸这个香水如何好更能够让人印象深刻。

我们曾经还有一个创意是为"伟哥"做的：一个太太对丈夫的能力感觉不满足。丈夫回来问吃什么。太太在厨房回答：今天吃凉面。镜头转向厨房，太太在厨房里把凉面做好后偷偷把"伟哥"捏成粉放到了凉面里面。镜头切换：凉面端出来的时候，夫妻两个人都惊呆了。画面特写：因为放了伟哥，所有的凉面在盘子里都竖立起来了。最后广告语一句话：用伟哥，没有什么立不起来的！

这就叫巧妙。

准

第七个字"准"。

广告创作秘诀之"准"是匹配的精准。正确的观众、正确的卖点、正确的媒体和内心的欲望实现了精准的匹配。广告创意讲求三条原则：相关性、原创性、震撼性。其中，相关性就是准。

一支广告首先要选准正确的观众，诉求对象是不是本商品真正的购买者？戒烟产品把烟鬼作为自己的广告对象，当然卖不出去：烟鬼上瘾了，有多少人能戒烟？应该对烟鬼身边关系密切的女士做广告才对：如烟，送给心爱男士的健康礼物！

第二要选准卖点，他的刚需和痛点是不是我们的商品能解决的问题，给他带来的利益点是什么。北京邮电大学光宣传自己有多少个院士没有用，家长感兴趣的利益点是"学生就业率全国领先"！

第三要选准正确的媒体和广告的场所、时间段、栏目。当年中国移动主管广告宣传的领导就很生气地批评市场部：为什么他一次都没有看到"全球通"的广告？他住的小区门口是中国联通"世界风"的户外广告，他坐在车上听到的是中国电信"天翼"的广告，他打开电视机看央视财经频道"对话"栏目终于看到了中国移动的广告，却是"动感地带"。他本人作为高端品牌"全球通"用户，居然每天都接触不到这个品牌的广告，当然是媒体选择和组合出现了投放失准的问题。

除此之外，广告还要巧妙地借助看似不相关的事件之间相匹配的结合点。我有一个朋友肖玉洁先生，当年在庆祝北京大学成立 100 周年的晚会上，就拉广东科龙集团来赞助做广告，为什么是匹配精准呢？因为他的两句话就把科龙集团和北京大学百年大庆匹配在一起了："科教兴国，百年巨龙。科龙集团恭祝北京大学百年华诞！"很精准。

我们当年还为"美的"空调策划广告，它的卖点是噪音小。我们推荐著名的女演员宁静做广告代言人。创意是炎热的夏天，在一个装有"美的空调"的环境当中，宁静在凉爽中熟睡。旁白的广告语是："美的世界，也是宁静的世界！"美的和宁静就这么精准地结合在一起了，很精准，但美的集团居然没有采用！

当年中国移动让我帮他们做一个庆祝中国成功加入 WTO（世界贸易组织）的广告。当时我就做了一个地球在移动的画面，然后剪接中国男子足球队第一次出线走向世界，参加世界杯足球赛的画面。然后是萨马兰奇宣布北京取得了 2008 年奥运会的举办权，举国欢呼的画面。最后镜头切回到中国成功加入世贸组织的现场画面。点睛之笔是用几句话把这些事件精准地连在一起：中国正在向世界移动，世界的移动需要中国。有实力才会有自信！中国移动庆祝中国加入 WTO！

我还写过一句业务和行业地位都比较精准匹配的广告口号：大庆油田，为中国加油！

表 8–10　广告精准匹配的方法

序号	要点	说明	示例
1	选准正确的观众	广告诉求对象应该是真正的购买决策者。	戒烟产品如烟的购买者是烟鬼身边的女人。 儿童教育的购买者是父母，尤其母亲。
2	选准卖点	广告传达的利益点匹配消费者的刚需和痛点。	孩子读大学，家长的利益点是找工作，立新老师给北京邮电大学策划的广告语：IT 黄埔，就业率全国领先！
3	选准媒体和组合	广告媒体和投放栏目、场所、时间与观众行为和注意力匹配。	中国移动"全球通"广告应该投放在商务人士经常出入的场所、收看的电视节目、阅读的报刊杂志上。
4	妙用相关事件	巧妙借助可以找到共同性的事件、人物。	北京大学成立 100 周年庆典，科龙集团赞助时的广告语：科教兴国，百年巨龙。科龙集团恭祝北京大学百年华诞！ 立新老师为大庆油田策划的广告语：大庆油田，为中国加油！

跟

第八个字"跟"。

就是有时候你要像跟屁虫一样做广告。

第一要死跟竞争对手广告，用自己的广告压住对手，不犯原则性错误。

第二要紧跟同档次品牌一起做广告，让广告价值最大化。

记得当年中国联通推出 CDMA 技术的"新时空"业务广告时，主推的卖点就是"技术先进、辐射小，绿色环保更健康"。恰好当时"非典"横行，全国人民都很关心健康。中国联通乘机剑指中国移动的市场，拍了一个该换手机网络的电视广告：白领儿子下班回家，说自己最近头疼。母亲关心地说：GSM 网络辐射大，赶紧换联通 CDMA"新时空"，辐射小，绿色环保更健康。

中国移动要求我作为策划顾问，必须针对联通的这个广告进行严厉的反击。我先让中国移动去工信部告中国联通用没有"科学依据"的概念损害全行业GSM网络的共同利益，希望叫停中央电视台的这支联通广告，结果中央电视台和工信部都不理睬中国移动。我只得采用不太光彩的手段为中国移动拍了一支很烂的广告，预算只有不到七万元，却立刻迫使中国联通停播了自己的广告。我找到联通广告里的两个扮演母亲和儿子的演员，一问，中国联通每人只给了三千元代言费，但是……竟然没有和这两位演员签订不允许再代言竞争对手广告的协议。中国联通的自我法律保护意识真是淡薄呀！于是，我建议中国移动立刻签约这两位演员，穿同样的衣服，在同样的场景中又拍了一支电视广告。妈妈问儿子："换号没有？"儿子答："听说全世界80%的人都和中国移动一样用GSM技术。"这时我又加了一个角色，很权威的父亲马上批评母亲："你家庭妇女懂啥？欧洲最讲环保健康，GSM手机都用十年了，全世界都用GSM漫游多方便。"妈妈赶紧说："儿子，那咱们就永远用'全球通'，妈错了！"然后旁白："健康漫游双放心。中国移动！"我要求中国移动不惜一切代价出钱，让这支广告必须紧跟在中国联通的广告后面。看广告的观众立马看傻了，刚刚上一个广告妈妈还劝儿子换号转网用联通，怎么马上又在下一个广告里打自己脸认错呢？在两个省中国移动只跟了中国联通一个星期的广告，中国联通就把自己全国电视台的这支广告全撤了。如果你实在不知道在什么地方打广告，我教你一招：对手在哪里做广告你也做，最好对手播一次，你播两次，压着对手打！当然用这个办法，你得比对手有钱哦！

第二种方法更高明的"跟"：紧跟同一个档次、不同行业的知名品牌做广告。只要你们针对的是同一群人，但是满足的是不同的需求；或者你们针对的是同一群人，满足的虽然是同一种需求，但处在产业链上下游不同的环节上，你们都可以互相跟随做广告，甚至可以联合起来拍同一支广告，互相借力又省钱。我就建议过中国移动全球通的广告要死跟奔驰的广告。因为奔驰汽车也是针对高端人群的，只不过它是卖汽车，全球通是卖移动通讯服务，两者并不矛盾。当奔驰赞助上海网球大师杯比赛时，全球通也同样赞助了广告，在现场既看到了奔驰的品牌广告，同时也看见旁边紧挨着的是全球通的品牌广告。目的就是一个：希望你看见奔驰就自然想到全球通。同时，我也两次建议中国移动和摩托罗拉、诺基亚共同合作拍广告。口号就是：好手机配好网络，享移动新生活！

死跟的启示是：如果你要做一个高档女式包，那就死跟普拉达（Prada）。普拉达在哪开店你就在哪开店，它在哪做广告你就在哪做广告，它定价多贵你也定价多贵，死跟十年你还活着，你当然就是另一个普拉达！

表 8-11　广告紧跟借光的方法

序号	策略		示例
1	紧跟竞争对手广告，用自己的广告压住对手。		当年中国联通CDMA网络"新时空"上市主打技术先进、辐射小、绿色环保，广告直指GSM网络辐射大。 立新老师为中国移动策划的反击广告为：中国移动请相同的演员，说最注重环保的欧洲用GSM，全世界80%的人用这个技术，健康漫游双放心。并且，紧跟中国联通广告后面播。 两周后，中国联通主动撤下了自己的这条广告。
2	紧跟同一档次、不同行业知名品牌一起做广告。	针对的是同一群人，满足不同的需求。	立新老师曾建议：中国移动紧跟奔驰轿车做广告。
		针对的是同一群人，满足的虽然是同一种需求，但处在产业链上下游不同的环节上。	立新老师曾建议：中国移动和摩托罗拉、诺基亚共同合作拍广告。口号就是：好手机配好网络，享移动新生活！

复

第九个字"复"。

广告创作之"复"是要你坚持做同一种风格、同一个卖点的广告，千万别害怕重复。在喧哗的世界里面，保持同一种声音、同一种形象反复地重复，运用巴甫洛夫条件反射原理去刺激观众，在消费者心目中留下累积叠加的印象资产。

我经常看到有些企业做广告的时候最容易犯的一个错误就是一年一个样，甚至一天一个样，总是喜新厌旧，把自己的广告来回地改变折腾。广告口号改变，策略改变，诉求点改变。生怕被顾客记牢了自己是谁，生怕自己的品牌形象深入人心了。这样去做广告，钱花了，不见效果，一点意义都没有。

在广告坚持同一种风格重复上面做得最好的是谁呀？就是全世界最知名的香烟品牌"万宝路"。它的无形品牌资产曾经被评估价值600多亿美元。菲利普·莫里斯烟草公司的万宝路香烟诞生于1924年，当时他们一直宣传万宝路是女人抽的优雅的香烟。后来遇到一个策划高人、广告大师李奥·贝纳，他建议说：你们想让万宝路成为全世界第一品牌的香烟吗？老板说想啊。大师说：那你们认为全世界是男人抽烟多还是女人抽烟多？当然是男人抽烟多啦。于是把万宝路的定位由女士优雅的香烟重新定位为最具男子汉气概的香烟。男人为什么抽烟？就是要表现自己的男性气概，在社交中顺便打发无聊。从 1954 年 11 月份开始一直到今天，长达 60 多年的时间中万宝路这个品牌的广告全都由菲利普·莫里斯烟草公司委托给美国同一家广告公司李奥·贝纳广告公司制作。这恐怕是在世界广告史上都罕见的一段美好而传奇的合作奇迹。这家广告公司给万宝路定位的形象代言人就是美国西部拓荒中最具男人豪气的牛仔。万宝路一直使用牛仔的形象做广告，在崇山峻岭当中骑着野马、胡子拉碴、穿着各种破损粗犷的牛仔裤，一言不合拔枪就打，跟猛兽搏斗的男人就是万宝路品牌气质所在：野性、勇敢、豪迈。这就是万宝路的世界，乡村的世界，男人的世界。当然，还编了不少浪漫的故事，比如说，什么叫万宝路？万宝路这个单词居然创造出一句话：Men Always Remember Love Because Of Romance Only，翻译成中文就是"男人只因浪漫而牢记爱情"。实际上这就是在创造一个品牌故事来传播自己。那么万宝路牛到什么程度？后来全世界禁烟协会做了一个号召大家戒烟的慈善公益广告。他们把矛头直指万宝路，也选了一个牛仔形象代言人，酷似万宝路的风格，照样穿上牛仔服骑着马，但是显得无精打采，一点男人气概都没有了。旁边一个牛仔骑着马过来问："鲍勃，你怎么啦？"这时候鲍勃对着镜头说："我很难过，因为我得肺癌了。"这个拿万宝路的形象代言人开涮来做的公益广告也得了戛纳国际广告节公益类广告金奖。

　　还有一个中国的广告案例，也是不断重复，被很多人讨厌，觉得是很烂的一个广告。它就是史玉柱先生策划的脑白金广告。脑白金厉害在哪？脑白金含有安眠成分，但既没有当安眠药卖，也没有当保健品卖，而是作为年轻人送给长辈的健康礼品在卖。所以它的成功首先是市场定位的成功。脑白金抢的是"不健康的老人礼品"市场。比如当年你去看你岳父，左手两瓶白酒二锅头，右手两条香烟。结果现在一去，你岳母把门一挡说：今年爸妈不收礼（不收你的白酒，不收你的香烟，这是害人的），收礼只收脑白金。这句话重复了十几年，就形成了累积叠加的效应。所以买脑白金、送脑白金的人从来没有吃过，而吃脑白金的老年人也从来没有买过。脑白金每年 10 个亿以上的销量都来自于中国每年的几大节日，比如春节、元旦、端午、中秋、国庆、五一等。这几个节日的销量占脑白金销量的 90%。只有定位正确并且广告风格不断地重复才是我们最终品牌形象能够深入人心的根本。

猛

第十个字"猛"。

广告预算怎么花？在第一阶段（前三个月）必须舍得砸入 70% 广告费，从空中广告、地面促销、O2O 线上线下协同配合，实行协同猛烈的立体推广和宣传，广告整体效果才能提升 3 倍以上。猛的本质就是讲广告怎么做预算，怎么花广告费。

很多企业把广告看成是一个可有可无的支出。有钱做，资金紧张就不做。企业一不景气就首先砍掉广告宣传费用。我当年应邀做评委去参加一个广告招标的会议，挨着我边上坐的是这个大公司财务部的副总。他就对我说：我们这广告费可花得不少，如果不做广告，全是利润多好！原来该公司是按第一种广告预算办法，就是按照行业经验，比如说通信行业、建筑房地产行业都按总销售额的 2% 来预算自己的广告成本。该公司一年收入 6 000 多亿，全国 31 个省按 2% 来分摊广告费的话一年得花多少广告费？ 120 多亿人民币。他说能不能省掉啊，你看我们不做广告不也挺好卖的吗！当时我就笑着对这个老总说：第一年不打广告是可以的，第一年不做广告肯定市场销售还是很好。但是第二年呢？第三年呢？第四年呢？所有的企业家必须记住，广告就像你买地皮、建工厂、买设备、投科研经费、给员工发工资一样，是一个企业必要的成本投入，而且是一个长期的、可持续的、累加的投入。不树立这个观点，一到经济危机的时候，一到企业困难的时候，就先不做广告，它将来就死得更快。

第二种是更科学的广告预算：你决定花多少广告费实际上取决于你想实现的市场目标。比如今年你的市场份额、你的产品销量想提升 5% 吗？为了提升这 5% 你要增加多少新的用户？你要如何让这些新的用户知道你的产品好在哪儿？他为什么应该买你的产品？比如说你新增用户100万，你要对包含这100万潜在用户的人做广告。每个人头上摊100元广告费的话，那么预算就是1个亿。这个方法就是比较科学的，按照你今年要达到的营销目标来确定你的广告费用。

第三种广告预算费用可以取决于竞争对手的状态。就是看竞争对手花多少钱做广告。比如中国电信，它看看中国移动今年投多少广告费，中国联通投多少广告费。根据竞争对手的投入来决定自己与之抗衡的广告费该投多少，这就是第三种广告预算的办法。

第四种办法是什么呢？就是我们中国最常见的拍脑袋法，管他呢！老板一拍脑袋投两个亿做广告。这是民企最常见的、非理性的广告投放，也没有计划，做完广告有什么效果？也不知道。

广告的投入其实在一个"猛"字，如果你的产品处在市场导入期和市场的快速成长期，主要的钱就要花在广告上。如果你确定一年你的广告费是一个亿，开始前3个月是第一阶段，最好把你70%的广告费用砸出去做广告。最害怕广告投放像老头撒尿：滴答、滴答又滴答，细水长流式的。这样做广告绝对对顾客没有冲击力、影响力和震撼力。所以广告费就像在地面部队冲锋之前先搞空中轰炸一样，在地面部队进入之前先花掉70%广告费，这是一个很重要的策略。

另外，花广告费要协同火力。当你在空中的电视上、互联网上做广告的时候，线下最好配合以跟广告主题相同的地面促销活动，O2O线上与线下、空中与地面如果能够协同作战，这样的广告效果对销售的提升至少能达到3倍以上。也就是说比你单做地面促销，或者单做空中广告的整体效果要好许多。

抓住时机立体协作把市场砸开，这就叫火力要猛。

表8-12　广告猛烈征服人的方法

序号	要点	说明
1	第一阶段大力投入	产品的市场导入期（产品上市的前三个月）必须投入70%广告费，否则没有冲击力、影响力、震撼力。
2	多渠道组合协同	空中的电视上、互联网上做广告，线下配合以跟广告主题相同的地面促销活动，O2O线上与线下、空中与地面协同作战。

表 8–13　做广告预算的方法

序号	方法	示例
1	参照行业经验制定广告预算。	通信行业、房地产行业按照总收入的2%作为广告预算。
2	按照预定的市场目标确定广告预算。	新增用户目标为100万人，每人平均广告费100元，广告预算就是1个亿。
3	根据竞争对手的广告投入确定与之抗衡的广告预算。	中国电信看看中国移动今年投多少广告费，中国联通投多少广告费。
4	凭感觉拍脑袋。	非理性、无计划的广告投放，做完广告也不跟踪广告效果。民营企业经常这样。

诚

第十一个字"诚"。在危机公关处理中，必须以真诚为本，首先保证公众和消费者的利益，沟通真相，赢得信赖与谅解，才能化危为机。

有一个非常著名的案例。1982年，强生公司旗下的泰诺在美国遭到了暗算，短短两天内7人因服用泰诺胶囊死亡，后来医院查明的结果是氰化物中毒。泰诺当时占有止痛药90%以上的市场份额，这个消息经过美国的主流媒体一报道，全社会一片哗然。这对泰诺来讲是灭顶之灾啊。它该怎么应对？

首先就是要真诚。所谓真诚的诚就是一定要站在消费者利益的角度，要站在公众利益的角度去思考问题，一定要保证消费者和公众的利益，这是处理危机公关最核心的策略。

泰诺母公司强生做的第一件事情就是立即成立以CEO为首的危机处理小组，在媒体上发表声明：在真相没有查明之前，停止全世界所有泰诺药品的销售和使用，封存药品，为已经购买胶囊的患者免费更换为泰诺片。这就是第一个保障公众安全的措施。

第二，立刻委托美国联邦调查局介入调查这7个消费者真正的死因和中毒的情况。

第三，在媒体上承诺随时随地由官方权威的联邦调查局来不断实时地公布调查真相。

这是第一阶段的反应。其中特别关键的是，危机出现时必须派出最高层领导来坐镇，就跟作战一样进入紧急状态。

曾经有一个石油公司，他们运油的万吨轮船在海上翻了，石油污染大片海面。结果出事的消息在电视台播出后，记者却发现该公司的董事长还满不在乎地在打高尔夫球。这个镜头一经播出，这个石油公司的品牌形象遭到了极大的损害。并且，他们当时只派了一个职位很低的部门经理来处理这件事，给公众一种没有诚意的印象。

回头讲在第二阶段强生又是怎么应对的。当联邦调查局公布，可能是在运输或者仓储过程当中，有人故意偷偷撕开泰诺包装将这些氰化物注入泰诺药品，强生立刻做出了第二个阶段的反应：

第一悬赏 1 000 万美元捉拿凶手。谁提供线索能抓到凶手，公司就悬赏 1 000 万美金。

第二从人道主义关爱出发，立刻宣布启动自己的公益基金对 7 位死者的家属进行援助性的资金抚恤。虽然不是泰诺伤害了他们，但对他们的不幸深表哀切，先行出钱安抚家属。这是一个很重要的处理。

第三宣布在找到新办法从生产、仓储、运输、销售全过程当中防止被别人下毒之前，泰诺不会重新上市。这几项举措也赢得了大家的信心。

几个月以后，泰诺宣布他们重新建立了一整套的安全保障流程，尤其是顾客可以清楚识别的安全新瓶盖，足以保证每一个环节都不可能有外人能够再下毒药进去。同时还把一套识别方法做成广告让消费者学习。当你购买泰诺药品时认准这几个关键的识别的地方，要是被撕开过的，这个药品就无条件退换。这样让消费者有识别这个药品是否安全的方法，并且简单易学。

做完这一切后泰诺只用了不到 10 个月的时间就重新赢得了全球消费者的信心，它的销量又重新回到同类产品市场份额第一的位置。这就是危机公关宣传，以诚为本的案例。

值得提示的是：首先，危机公关必须反应迅速，坚决杜绝躲闪回避责任，第一时间建立危机处理专项小组，最好由最高领导坐镇；其次，统一信息出口不断公布权威消息是防止谣言的关键；第三，尽量借助政府相关部门的协助更具公信力；第四，企业应该针对自身行业和产品特征进行研究，对容易出现的问题预先准备好预案，并且平时应该演练；第五，甚至可以应势而动，采取以攻为守的方式化危险为机会。

当年我在万达集团兼职工作的时候，曾经负责万达干红葡萄酒市场策划，公司总经理叫冯雷，也是介绍我认识王健林先生的人。我的第一个建议是万达因足球队的形象知名于全国，虽然知名度很高但足球球迷跟干红葡萄酒实际上是配不到一块的，两者定位并不在一个层次上。但是王健林董事长已经做了决策不能停下来。当时我说既然已经定了要做，那么请问，什么样的葡萄酒在全世界人们心目当中是最好的？当然是法国葡萄酒，来自勃艮第和波尔多地区的才是最好的。这是几百年形成的概念，不是一般人想改变，做几次广告就能改变的。我当时就说，你怎么不说买法国的龙井茶？因为没人会相信法国产出的龙井茶比中国的还好喝。同样，你也不能说中国的干红葡萄酒、中国的香水和时装比法国的还好。这样的想法本身就必死无疑，跟人的心智认知是对立的。万达接受了我的观点，我策划的口号："万达干红，来自法国，情趣无限。"

打法国本土牌就是我对它的核心定位，力争与张裕、王朝、长城区隔。没想到宣传了不到一年，突然危机出现了。当时欧洲出现了疯牛病，牛血里面带有病毒，而在整个法国酿造干红葡萄酒有一道工序用到膨化剂。膨化剂里面就要用到牛血。这引起了全世界对法国的牛肉牛血相关的包括葡萄酒等产品在内的一片恐慌拒购。而中国本地的葡萄酒公司趁机到处做宣传打广告说：我们就是100%中国生产的葡萄酒，我们与法国没有半点关系。来自法国的万达葡萄酒你还敢喝吗？这时候对我们万达干红来讲就是一个巨大的考验。当时我们内部有一派说要赶紧跟法国划清界限，也说我们是中国本地生产的，我们不是来自法国的。我当时就否决了这一种观点，我认为疯牛病危机只是一个短暂的插曲，影响力不会超过一年。我们应该趁机逆流而上，顶风大力宣传万达干红的确"来自法国，情趣无限"。

第一，当所有的酒都说自己不是来自法国的时候，如果你敢跳出来说，万达干红确实是来自法国，所有的人都会立刻记住你。

第二，大家虽然现在不敢喝万达干红，但对你的诚实的品行会产生好感。

第三，如何自证没有问题？当时我出主意让万达干红去赞助北京马拉松国际邀请赛，作为庆功酒，在天安门城楼上李岚清副总理举杯宴请外国著名运动员的时候喝的就是"来自法国的万达干红"。这个公关举动既宣传我们来自法国，又证明我们品质安全没有问题。

第四，买下《人民日报》一个整版做广告，而且要记者采访王健林先生或者冯雷先生：为什么在大家都跟法国红葡萄酒划清界限的时候，你们还说自己来自法国？这就是一个契机。

当时我的文案设计是：的确，现在每个人都要跟法国疯牛病划清界限，都说自己的酒、自己的产品不是来自法国，但万达干红确实是来自法国波尔多原产地。我们必须真诚面对消费者。同时，我们全方位地检测了我们所有的红酒产品，符合中国和法国AOC品质标准。我们刚赞助了北京马拉松赛事，有上千名运动员和国家领导人都在喝这个酒。茶是中国的好，干红葡萄酒还是来自法国的好。万达干红：来自法国，情趣无限。

当初如果这样做，万达干红一定会成功。但可惜的是因为决策层的胆略问题，没有接受我的这个建议去化危机为转机。

最搞笑的是，两年以后，中国的张裕葡萄酒、长城葡萄酒、王朝葡萄酒都步当年万达干红的后尘说：我们在法国建立了生产基地，我们请来了法国的酿酒大师……这时候中国的几大葡萄酒品牌都开始想跟法国原产地扯上关系了。这就说明我当年的判断是正确的。可惜没有这样实施，没有把法国定位坚持下来。万达干红已经不存在了，非常遗憾。

凡事要诚心而为，但根源不可动摇！

表8-14 广告以诚为本应对危机公关的方法

序号	要点	示例：1982年"泰诺杀人案"的危机公关处理
1	快速反应不回避，建立危机处理小组，最好由最高领导坐镇。	第一阶段：危机处理，稳定人心。一是第一时间成立危机处理小组，CEO坐镇，申明真相查明前全球停止销售泰诺。
2	统一出口不断公布权威消息，防止谣言。	二是委托美国联邦调查局介入调查死因和案件真相。三是承诺由联邦调查局实时公布调查进展。
3	借助政府相关部门的协助获得公信力。	第二阶段：调查保安，获得信任。一是查明有人故意投毒后，悬赏1 000万美元捉拿凶手。
4	研究自身行业和产品特性，改善流程，提高安全性。日常中有意识演练危机应对。	二是向7名死者亲属提供援助性慈善捐赠，以表达哀悼安慰。三是宣布重塑自身全流程安全措施，否则不重新上市。第三阶段：成功回归，赢得市场。一是建立新安全措施，多重密封包装重新上市，广泛宣传。
5	化危机为转机。	二是加上促销手段，泰诺重新获得95%的市场份额。

第九章

自时代
营销与信息化

IT 就是 I TIME。
用智慧科技创造"自时代":
自我为核心,自由为追求,
自主做选择,自造是方向。

1. 智时代·自时代

晚清重臣李鸿章曾经在谈到西方列强对中国文明的冲击时说道,此乃三千年未见之大变局。李鸿章作为一个满族政权下的汉族高层政府官员,已经感觉到这次西方洋人的入侵与历史上蒙古族、满族对汉族政权的冲击有根本区别。过去中华文化、儒家之道能把外来蛮夷以文化之,外族野蛮人由衷佩服和接受中华文化,说汉语、讲儒家礼仪、沿用科举制度,主动与汉文化融合,成为中华民族其中的一个民族。但是这次西方洋人带来的思想观念、文化制度、行为方式是孔孟之道罩不住的,我们的中华文化要被西方外来文化化掉了,我们要讲英语、穿西服、吃西餐。李鸿章所处的时代,是工业文明对农业文明进行降维打击和颠覆。而今天我们所处的时代是信息文明正在颠覆工业文明,我们的生活、教育、工作、娱乐方式都在被颠覆。

2012 年 7 月 12 日,我很荣幸受邀参加IBM IMPACT 2012 高峰论坛,作为移动互联网专题的嘉宾做演讲。在这个论坛上,我提出了 I Time(自时代)的新观点。IT原本是 Information Technology 的缩写,即信息技术,但是到了移动互联网时代,我重新定义IT就是 I Time的缩写,也就是自时代。自时代的内涵就是:自我、自由、自主、自造。以自我为核心,以一个人、一台车、一头牛为核心的个体全数据采集和运营，提供个体化精准服务。以自由为追求，任何人在任何时间、任何地点都可以享受适合自己的服务。自主做选择，把选择权最大限度还给个体，还给消费者，最终还给万事万物本身，由You give变成I want。以自造为方向，用3D打印这样的智慧工具实现"自己动手、丰衣足食"的生产。

人类正在从工业文明进入全新的信息文明时代，不应该再用工业N.0来看问题，所以我们有必要放眼人类历史，回顾文明变迁与颠覆，重新审视这个时代。之前，中国过于沉醉于农耕文明的辉煌，总是向后看，后视镜中其实是永远看不到未来的，只能看见对手正在超车。"危机"这个词真正的精妙在于阐明了危险与机遇的辩证关系：大转折中潜伏着大危险，大危险中蕴含着大机遇！这个章节就是立足于信息科技，远见未来，有远见才有预见，有预见才能像马云一样抢占先机。未来虽远，总有目光更远！

2.文明的颠覆

人类进步的创新按照影响力可以划分为：一是产品和服务的创新，用一种新的业务去取代老业务，比如短信代替电报；二是产业模式的创新，用一种新的生产方式创造新的行业，比如汽车代替马车；三是文明的创新，用一种新的技术颠覆人类一切领域，改变思维和行动准则，使人类赖以生存的主要资源和财富发生质的转移，社会产生质的飞跃。这种文明的颠覆九千年来一共只有三次。

文明的变迁

2015年12月4日我在微信朋友圈发文：信息文明来了，别再用工业N.0来总结正在发生的一切颠覆。铁器锄头代表农业文明，铁＋发动机是拖拉机，代表工业文明，铁＋发动机＋云计算控制的无人驾驶拖拉机（有智慧的拖拉机）代表信息文明。发动机烧煤是工业1.0，烧汽油是工业2.0，烧电是工业3.0，烧清洁能源是工业4.0，现在无人驾驶汽车还能用工业N.0来评价吗？已经变天了！

我们脚下的地球有45亿年历史，从动物进化成人只有300万年历史。在这

300 万年当中真正有语言、文字、图形符号、公式的文明史只有 9 000 多年。在这 9 000 多年当中，先后诞生了农业文明、工业文明和信息文明。

第一个，农业文明。

距今 4 500 年前，亚洲赫梯族人发明了炼铁技术，因此有了铁锹、铲、犁、锄头，人类从流离失所变成安居乐业，不再像石器时代拿着石头追野兽，但是仍然供不应求吃不饱饭。农业文明的核心资产是土地，有钱人叫地主，有几千亩土地的叫大地主，最有钱的地主住在紫禁城，叫皇帝，天下之土莫非王土。商业模式是自给自足，不讲专业化，社会机制是封闭、等级制度、中央集权。

第二个，工业文明。

400 年前英国人瓦特发明了工业应用的蒸汽机，解放了人的体力劳动，人类出现大规模的机械化、标准化、专业化大生产，人类从短缺变成生产过剩。土地下的煤、石油、天然气、铜矿、铁矿、稀土取代土地成为第一核心资产，最有钱的是煤老板、石油大亨。我国改革开放近 40 年就是把中国从凭票吃饭穿衣的农业文明短缺经济，过渡到物质极度丰富的工业文明丰饶经济。但工业文明的痛点是信息不对称状态下的盲目生产与周期性经济危机，供需双方相互找不到对方，生产者不知道消费者需要什么、需要多少，生产多了只能库存、积压、贱卖，甚至倒掉、毁掉。马克思是伟大的，在资本主义市场经济早期就提出计划经济、按需生产、按需分配，只是太超前了，因为当时没有计算机、互联网、云计算，拿不到消费者的实时需求数据，无法实现精准的计划生产。

其实对人类产生本质影响的是三种核心关系：能量转换关系、供需平衡关系、信息对称关系。第一种能量转换关系，声光热电相互转化、煤炭发电、电产生动力、电力推动汽车火车，这是牛顿、焦耳、瓦特等科学家解决的问题。第二种供需关系，需求就是市场，供需关系决定价值与价格。物以稀为贵是供需关系的典型表现。供需关系平衡是政府、经济学家、企业家最想解决的问题。但是，供需平衡关系问题只有通过第三种关系信息对称来解决，今天的互联网＋大数据是解决信息对称，实现供需精准匹配的最佳工具和手段。

这标志着人类正在进入第三个文明：信息文明。

1946 年 2 月 14 日美国宾夕法尼亚大学按照美籍犹太数学家冯·诺伊曼的设计思想和英国数学家阿兰·图灵的创意，发明了人类第一台计算机（占地 110 平方米，重 30 吨，运算只能加减法每秒 5 000 次）。1969 年美国军方一家导弹研究所里诞生了最早的互联网。1973 年美国摩托罗拉公司工程师马丁·库帕发明了第一部手机，创造了移动互联网终端工具。这些人工智能技术引领人类进入信息文明，本质是解放人的脑力劳动，信息大数据成为核心资产。"互联网 +"就是利用互联网平台实现供需多方信息对称的精准化匹配，消灭全部中间环节，直接掌控最终消费者，这使得信息文明能够对工业文明实施降维打击，双方的对决犹如武功高强的吕布迎着机关枪冲锋。不能再用农业文明和工业文明的老思维来评判今天的时代大转折，说互联网是工业文明 4.0，就像把拖拉机说成锄头 4.0，拖拉机是加上了发动机的锄头，所以拖拉机已经属于工业文明，信息文明是无人驾驶的拖拉机，已经有了自主的智慧力。

信息文明有四个关键词：人工智能、互联网、大数据、3D 打印，四者是什么关系呢？如果把信息文明的创造比喻成一个人，人脑被 AI（人工智能）、机器人、电脑取代后，AI 就成了脑袋，而互联网是躯体，在这个躯体里面有血液和氧气循环，有大脑神经的信息的循环。大数据就是血液和氧气。通过 AI 让信息流大数据实现供需双方的精准匹配。3D 打印就是手脚，在大脑计算的精准匹配下实现自生产，每一个人有一个标准。什么叫最好？只有适合你自己的、适合这件事的、适合这台机器的、适合这个对象的解决方案，才是最好的。量身定做的、自我的个体化的需求满足，独一无二的衣服、独一无二的汽车、独一无二的解决方案是人类在信息文明时代的终极目标。

信息智慧技术发展的最终结果就是让人类退出生产与服务工作。农业文明人类只劳作无休闲娱乐，也未必能吃饱饭。工业文明人类盲目生产，一半时间工作一半时间休闲娱乐，依然过剩。未来信息文明的人类唯一的工作就是按兴趣爱好去发展健康、文化、娱乐。只有肉体必须参与的"亲身体验"，才是人类的工作，主要体现为娱乐、体育比赛、旅游、健身、做爱，甚至对方伙伴未见得是人类。娱乐工作化，工作娱乐化，是发展自我、解决全人类失业的根本出路所在。

表 9-1 三大文明总结

	农业文明	工业文明	信息文明
标志性工具	铁器	发动机	人工智能
核心资源	土地	矿产能源	信息大数据
财富拥有者	地主	石油大亨	互联网巨头
生产力特点	人力耕种	解放体力	解放脑力
商业模式	自给自足，供不应求，短缺	盲目生产，供过于求，库存积压	信息对称，精准匹配，按需生产，没有库存

信息文明对中国的特殊影响

我们这一代人仅用不到 50 年时间便穿越了 9 000 年来人类三大文明的颠覆。我 1967 年出生在重庆一个农村，8 岁之前没有见过电灯、自来水，没有见过汽车、火车，用弹弓打玉米种子到山上，能活几棵是几棵，靠天吃饭，是个农业文明的孩子。1984 年考到上海华东师范大学，来到上海十里洋场，看到了飞机、万吨巨轮，经历工业文明的繁华。毕业后分配到北京邮电大学当老师，经历了互联网大潮成为"互联网＋"研究人员。我们的后代永远不会再有我们这种一生经历三大文明的幸运。

但是，我们也同时经受了这种飞速巨变带来的茫然失落与惶恐。中国社会当前的核心问题就是这种文明巨变引发的四大矛盾：心灵失重、发展失衡、生产失准、安全失信。每个中国人都切身感受到失重漂浮的存在，每件事都呈现出强烈的不均衡撕裂。崔健喊出的"不是我不明白，这世界变化快"是这个时代的真实写照。中国现在有 3 800 万抑郁症患者，因为无法适应社会急剧变化。北京上海广州深圳正以每 18 个月运算速率存储量翻一倍的摩尔定律速度进入互联网时代，老少边穷地区却还是原始农耕状态，差异不仅是贫富，更是思维、价值观与行为模式的对峙！今日中国的现实是人类整个历史状态的活展示：我们是同一时代的完全不同的"人类"。此外，生产能力严重过剩，库存积压、中介加价压垮传统企业，本质是供需信息不对称引发的生产失准。安全问题是中国当前最大痛点，食品安全、水安全、隐私安全、医疗安全、治安状况、金融安全、网络安全，国家安全……解决任何一项安全问题都是亿万级的信用大市场。

这是个空前绝后的伟大变革时代，也是个会出大英雄、大企业家、大政治家、大思想家的时代！认清时代本质，乃是建功立业之始！

3. 产业的颠覆

传统产业转型的关键是通过信息技术达到供需双方的信息对称，实现精准匹配。

什么是互联网？

马化腾先生说，"互联网＋"就是连接一切，利用互联网的平台、信息通信技术把互联网和包括传统行业在内的各行各业结合起来，从而在新领域创造一种新生态。2015 年李克强总理在政府工作报告中提出"互联网＋"行动计划。2016 年 9 月中国移动提出"大连接战略"。其实，何止物联网，何止万联网，我认为在 2046~2049 年，人类的思维、脑神经也要跟互联网进行互连互通。但是，连接只是信息文明的基础，并不是目的，也不是关键。

互联网的关键是掌控平台。现在最大的平台都在云端，云存储、云计算、云交易平台，通过分布式的存储、运算，把一个运算任务交给无数分布式的计算机协同运算，这样的低成本、大规模平台才是核心。谁掌控了这个平台，谁才能够掌控智慧产业、智慧城市、智慧国家。互联网跨时空、跨规模的低成本汇聚效应其实最终是加快了全球新垄断平台的形成。这种垄断是以某种免费应用汇集亿万用户打造生态系统，最终实现了跨行业的横向野蛮生长，对传统产业产生毁灭性颠覆。过去只是垄断一个行业，现在的垄断是跨界横行天下。

苹果是典型的虚拟运营平台为王，iOS 操作平台、Safari 搜索引擎平台、iTunes 音乐及管理平台、APP Store 应用平台，四大平台通过智能手机控制了 3 亿多用户。把硬件生产交给富士康几十万农民工做，仅分走 1.2% 的利润。2 600 万首歌曲交给数万个唱片公司或音乐人提供。150 多万个 APP 应用交给 100 多万合作伙伴，收入二八分账。推广交给各大电信运营商，甚至还能坐收流量费。苹果自己只做平台，控制整个生态价值链，因为它掌控了最终用户。

未来价值 100 亿美元以上的公司一定是平台公司。无论硬件、软件、服务，如果不能转换成平台就无法赚大钱。平台垄断是互联网的本质特征：要么成为平台，要么会利用平台，要么被平台毁灭！你要投靠哪个平台？未来的世界首富、中国首富一定是一个"互联网＋"的平台型公司。

互联网的灵魂是大数据。信息文明时代，一切都是数据，整个世界都可以被编程。大数据就是以独立个体为核心的全数据的采集和运营，最终要解决的就是在全世界 74 亿人中找到你的客户，然后实现精准的按需服务。未来企业最核心的竞争是大数据的运营能力之争。未来所有组织最核心的权力部门一定是大数据运营中心！未来一切行业、一切业务的本质都是大数据运营！

互联网的根本是精准匹配。连接万物、掌控平台、运营数据最终目的就是解决信息不对称的痛点，实现供需双方的精准匹配，降低人类的交易成本、生产成本、风险成本、合作成本、管理成本和投资成本，实现个体化定制服务，没有库存、消灭中介。定制才是供给侧改革的出路所在。

我有一个观点，降低交易成本就是进步，"互联网＋"能消除传统中介渠道、降低生产与交易成本，企业按需生产没有库存，消费者省钱，当然是商业模式的进步！民主投票选举新政府，相比用枪杆子打仗实现改朝换代，没有成千上万人血流成河的牺牲，当然是降低改朝换代成本的政治制度的进步。民主本质仍然是精英主政，精英决定人类命运，互联网只是改变了精英产生的方式，改变了精英影响世界的方式。

互联网的方向是私人定制和个人自造。比私人定制更进一步的是个人自造，互联网＋3D打印为每个人提供了从自我设计到自我制造的可能。直接选择艺术家的设计，按照自己的喜好调整艺术家的设计，或者自己当艺术家来设计，然后网上订购制造原料，自己动手 3D 打印。工业化大生产将成为过去，每个人都是自己的工厂。

因此，我总结"互联网＋"是五句话：**连接一切是基础，掌控平台是关键，运营数据是灵魂，精准匹配是根本，私人定制和个人自造是方向！**

4.互联网的本质

（1）信息流与货物流谁主导谁

人类社会只有四大资源的流通是核心：人员流、货物流、资金流、信息流。这四大流决定了社会的组织结构和管理运转模式。

在农业文明、工业文明时代，传统经济发达城市一定在水边，长江、黄河、珠江，三条江河决定了中国的命运，印度河、恒河决定了印度的命运，幼发拉底河、底格里斯河决定了古巴比伦的命运，尼罗河决定了埃及的命运。蜀道之难，难于上青天，没有高速公路、没有铁路、没有航空，只有水运最便宜、成本最低。一条长江，带动了多少大城市，我的家乡叫重庆，重庆为什么成为大城市？长江和嘉陵江在这个地方交汇，形成朝天门码头，所以有了重庆。再往下游，形成另外一个大城市，叫武汉，长江加汉水，长江再向下经过南京和上海进入太平洋。为什么当年开封是北宋的都城，后来一直是河南省的省会？因为开封紧挨着黄河。后来怎么河南省会变成郑州了？因为有陇海铁路和京广铁路在郑州交会，这两大铁路干线形成中国物流枢纽，火车一响黄金万两，所以开封完蛋了，水运干不过铁路。铁道部的历任部长，大多在郑州铁路局当过局长，没在郑州局干过，很难当铁道部部长。

信息化企业与传统企业的核心区别是什么？所有传统企业、传统政府、传统机构，它们的岗位、组织结构、工作流程、生产流程、审批办公流程，都是按照物流来设计的，核心是为物流服务的。这一套制度马上就要完蛋了，因为有了信息技术，以掌握信息流为核心的新模式将颠覆传统的管理，颠覆传统的组织结构、生产流程、工作流程。

因此，凡是以线下货物流为核心，让资金、人员、信息的流动全都服从并支撑货物流的，都叫传统模式和传统产业。即使把这套方式搬到互联网上，只要流程、等级制度没变，还是物流决定信息流、线下决定线上、线上为线下服务、先采购生产再去找顾客，还是员工报告处长、处长报告局长的等级管理制，互联网就只是一个节省成本的工具而已。不以线上供需信息流精准匹配来调动线下"人、财、物"

为主导的转型都是伪信息化，充其量叫"+互联网"。凡是以信息流为核心，先在线上实现供需双方信息的精准匹配，先有订单，先收定金，再去采购生产，精准调动线下的货物、人员、资金的流动，永无存货，永无中介，流程管理没有等级制度，员工、处长、局长协同办公去中心化，这才是真正的信息化"互联网+"。

"互联网+"与"+互联网"的最好例证是美国两大零售业巨头沃尔玛和亚马逊。

沃尔玛曾经连续多年位列世界500强企业首位，在全球有将近9 000家线下购物广场和会员店，多达10亿人到沃尔玛购物，是全球最大的连锁超市集团。沃尔玛当年之所以能够取得成功，是因为它相对竞争对手至少提前10年将尖端科技和物流管理系统进行了巧妙搭配，高效控制各种成本。沃尔玛从20世纪70年代开始建立物流的管理信息系统（MIS）。20世纪80年代初，花费4亿美元购买了商业卫星，实现了全球联网。20世纪90年代，采用了全球领先的卫星定位系统（GPS），控制公司的物流，提高配送效率。但是，沃尔玛今天依然由物流主导人流、资金流、信息流，沃尔玛并不知道谁逛沃尔玛、买了什么、还想买其他的什么，没有实现顾客预先定制的消费服务，依然有库存。

另外一个零售业大佬叫亚马逊，成立于1995年，完全的线上电子商务平台，线下只有配送。亚马逊以供求信息的匹配来设计它的组织结构，线下是为线上服务。我总结，一个叫沃尔玛的信息化，另一个叫信息化的沃尔玛。沃尔玛的信息化，只是把互联网作为维护原来物流为主导的管理模式、生产模式、销售模式、服务模式的一种节约成本的工具，而不是依托互联网进行组织再造、管理再造、流程再造、商业再造，说白了，还是互联网服从于物流。

"互联网+"与"+互联网"的本质区别在于：是以供求信息流的精准匹配来重构组织和流程，还是以传统货物流为核心用互联网的新瓶装旧酒？是线上决定线下布局，还是线上为线下服务？客户大数据的掌控与应用是否比其他资源运营更重要？是先有订单再生产还是先生产进货再找订单？是精准到为一个人服务还是一类人？是一体化营销还是4P割裂？是客户自主选择还是强推？

（2）互联网四大特点：跨规模、跨时空、跨产业、跨角色

跨规模分两种情况，跨超大规模和跨超小的个体规模。

第一种跨超大规模，一个应用可以服务亿万人，这决定互联网服务为什么可以免费。

比如讲一门课成本 10 000 元，1 个人听课他的学费就是 10 000 元，100 人听就是每人 100 元，如果放到网站上 10 000 人听每人 1 元，如果 10 亿人听呢？人均成本趋近于零，因此可以免费听课。而线下没有一个礼堂能现场容下 10 亿学员，只有互联网能汇聚全世界的网民。然而，一瓶水你喝了我就不能喝，生产水的成本永远不可能降到零。这就是互联网比特虚拟经济和原子实体经济的区别。互联网草根经济，无限分享，规模越大越好，服务 1 人的成本和服务 1 亿人的成本没有本质的区别，互联网平台公司有几亿用户，价值 1 000 亿美元，如果只有 10 个用户，公司一文不值！

主体业务免费，公司怎么赚钱？广告！比如 10 亿人在我的自媒体"立新说"微信公号上免费听课，出版社来推销书、基金公司来推荐理财产品、旅行社来推销旅游产品，按点击收广告费、按成交收佣金。这就是羊毛出在猪身上让狗来买单付钱。电视台最先发明了这种商业模式，互联网发扬光大了，并命名为互联网思维：free！自由与免费。

第二种跨个体规模，可以为一个人、一辆车、一棵树提供个体化的定制服务。

通过互联网、物联网、万联网，通过手机、传感器、摄像头，平台可以采集、传输、存储、运算每一个个体的全数据，然后为这个个体提供只适合他的解决方案，一切都是定制化。比如一台车的核心零部件全部联网到零配件提供商，能够记录生产、销售、使用的全部信息，在车辆使用过程中及时记录和分析各零部件的运转和磨损情况，提前向车主预警更换故障部件，车主下单后直接上门修理或更换。这台车的忙时闲时也被实时调配，加入"共享车"的车主可以在自己不用车的时间把车租给其他人使用，发挥闲置经济效益。根据这台车的实时使用情况，保险公司按照每天的车况、行驶地域的风险高低（比如城市还是野外），天气状况甚至驾驶员的驾龄和水平按天计算保费。任何一台车都有一个大数据运营解决方案。

要做到跨个体规模服务，只有在采集、传输、存储、运算数据足够方便、便宜、全面的前提下才有可能实现。

跨时空，使得互联网的消费和服务可以分离。

小升初、初升高家长为什么闹心，为什么砸锅卖铁买学区房？就是为了上重点学校听名师讲课提高学习成绩。我一直想注册一个网站叫：重点学校.com。互联网＋重点学校，把北京实验二小、北京四中、重庆一中等一百所重点小学、中学特级教师的讲课视频搬到网上来，只要注册会员每月交20元，在贵州山区的孩子也可以天天听这些特级教师讲课。全国3 000万学生的家长，一人交20元就是6亿元收入，学生、家长高兴，老师、学校也高兴，政府因为教育资源公平共享也高兴，我就成了市值千亿的互联网教育平台公司！

再比如，你在北京给远在上海的初恋情人送束鲜花，在北京买了花快递过去吗？花都蔫了，初恋收到后骂死你。互联网的做法是，身在北京上"鲜花.com"网站下单，上海花店把鲜花送到初恋手上，初恋再次被感动怀念你的好。这就是互联网线上调度线下资源的跨时空运营。

跨产业，是互联网思维的精髓，产生更大的跨界垄断。

看看这个名单：UC优视、新浪微博、陌陌、丁丁优惠、菜鸟网络、高德地图、海尔、银泰、新加坡邮政、恒大足球、优酷土豆、文化中国、中信21、华数传媒、虾米音乐……从2013年至今，阿里巴巴展开频繁收购和投资，被媒体戏称为"买下半个中国互联网"，名单中的公司和产品悉数成为阿里"盟友"。阿里巴巴多元集团生态的布局是金融、大数据、O2O，未来阿里巴巴最有价值的就是平台上的交易数据。阿里巴巴以电商平台为基础进行跨产业野蛮扩张，最大的盈利却不是电商，而是互联网金融服务和替代传统IT的阿里云信息服务。

跨角色，是互联网颠覆传统社会角色的革命。

互联网让相互隔离的传统商业角色融合为一：顾客就是股东，股东就是免费的员工，观众就是记者，私家车就是出租车，读者就是作者，创作过程就是市场推广过程。

2015年6月12号大连万达通过自己收购的快钱互联网金融平台向全体网民和机构投放了万达"稳赚1号"的互联网投资产品，拿出河南郑州、河南三门峡、江西宜春、广东梅州、湖南常德五个万达广场项目，在网上向广大网民和机构众筹原始股，起始投资金额仅为1 000元，革命性地拉低了传统商业地产的投资门槛，你可以与商业地产龙头企业共同分享丰厚的投资回报。这个众筹产品发布仅三分钟，万达就筹集到了上亿的网民的投资资金，三天以后这五个万达广场筹得50亿元，众筹额度一抢而光。接下来，我建议王健林先生把这些个人投资人转化成万达广场的VIP会员，肥水不流外人田，忠诚度当然高。再用奖励的方式促使这些VIP会员去拉身边的亲友同事加入万达会员，来万达广场消费。现在每年逛万达商场的有20亿人次，这样一来会更多。若干年以后，500个万达广场在全国就会有几千万股东，他们也同时变成万达几千万会员顾客，而且又是几千万不领工资的员工，万达从此不借银行的钱而成为轻资产的公司。这就是互联网＋万达跨角色运作的新思路。

互联网＋出版怎么做？请诺贝尔文学奖得主莫言，莫言不来韩寒也行，韩寒不来郭敬明也行。第一阶段，对广大网友说，想不想和诺贝尔文学奖得主一起创作，现在机会来了！请莫言写第一章，网上悬赏10万元稿费号召成千上万有写作爱好和热情的人来参与写作第二章、第三章，不断接龙写到最后第三十章，网友一轮轮投票选出A、B两个版本。整个小说的创作过程、投票过程就有十亿人次参加，作者就是读者。小说截稿后立刻众筹，你想买这本书吗？网上预订，永无存货。第二阶段，把两个版本都拍成电影，在网上海选男女主角，继续号召网民投票分别选A、B版的男女主角、导演，想演配角的还可以参加真人选秀。同时，众筹拍摄资金100元一份，参加众筹电影的粉丝将来购买电影票半价。又有几千人参与选秀、几千万人参与投票，观众就是主创，还是投资人。第三阶段，电影上映，大家再掏点钱看电影，两个都看，网友再选最佳男女主角、男女配角、最佳导演。从小说到电影，网友参与创作的全过程，作者、读者、编剧、投资人、观众合而为一，创作、推广、销售、上映、评奖合而为一，这就是互联网＋出版＋电影的玩法，网友自主、自造、自消费。

互联网的四跨特征催生了一种新的经济模式：闲置资源的共享经济。

闲置共享经济的要害是所有权和使用权分离，任何人都可以把闲置的物品、空间、时间、能力拿出来分享交易。比如旅行房屋租赁社区airbnb，在191个国家的34 000个城市拥有超过6 000万个房间。airbnb成为全球最大酒店，但并不实际拥有一个房间，使用权比所有权更加重要。再比如孟加拉裔美国小伙子萨尔曼·可汗原本在美国一家基金公司工作，因将辅导侄女数学的视频放到网上一下子火了，后来在线上开办了公益性的可汗学院让更多孩子免费观看视频学习。可汗学院现在有4 800个教学视频，点击率接近5亿次，共有4 800万人观看，月访问量达500万人次，美国已经有2万多所学校采用可汗的视频教学，老师不讲课，只答疑。连教育培训机构新东方创始人俞敏洪都说，他的儿子每天在可汗学院学习。可汗当初将闲置的能力和时间拿出来分享，成为了全球最受欢迎的明星老师。

共享将是未来的大生意。共享单车、共享雨伞、共享充电宝、共享睡舱、共享汽车……未来共享经济可能取代一大部分私人财产。因为私人财产已经不必要，共享生活方式更自由，个人也需要轻资产生活。

（3）互联网发展的五大阶段

互联网的核心就是通过各方信息对称让一切精准匹配。一共经历了四个发展阶段：第一阶段人与信息匹配，第二阶段人与人社交匹配，第三阶段人与物匹配，第四个阶段物与物精准匹配。

第一阶段：实现人与信息的精准匹配。

要买我的书，先到百度、谷歌上搜搜看，了解这个老师的背景、经历。要写论文了，先搜搜别人都写了什么，我看很多学生的论文相似度很高，估计来源都一样。从海量的信息里面找需要的信息，以前靠一个个问人、一本本翻书，可能三天三夜都找不到需要的信息，现在有了搜索引擎，用百度、谷歌一秒钟把答案送到眼前。

信息检索是互联网第一阶段要解决的主要矛盾，门户网站雅虎、新浪、网易、搜狐，搜索引擎谷歌、百度是第一代成功的互联网公司，它们是当时的全球500强公司。实现人与信息的智能匹配，解决信息透明问题，这就是互联网第一阶段发财的最大机会。现在这个阶段已经结束，如果现在还去做门户网站、搜索引擎必死无疑，大佬已经形成，地盘已经占了，互联网在每个领域都是第一平台垄断通吃，甚至没有第二。

第二阶段：实现人和人的社交精准匹配。

人以群分，基于信息服务精准匹配的社交网站，美国的Twitter、Facebook，中国的QQ、微信、微博、陌陌，都是典型的人与人之间精准匹配的社交信息平台。几十年没有见到的初恋，上微信后 5 天就找到了，然后每 10 分钟聊一次天，还免费。

为什么微信难以撬动？因为你的亲朋好友、社会关系都在微信上，不用微信就是自绝于至爱亲朋和同学战友。

第三阶段：实现人与物交互的精准匹配。

这就是电子商务时代的到来。人和物的精准匹配，电子商务平台亚马逊、阿里巴巴、京东……让人在万千商品当中用低成本的精准匹配方法找到你要找的东西，从 B2B（企业对企业）、B2C（企业对个人）、C2C（个人对个人），将来电子商务一定会发展成 C2B（个人向企业定制），再下一步 C2F（个人直接向工厂定制），最后再发展 C23D（自己在家里打印），自生产、自给自足，智能化智慧化的自造。

第四阶段：实现物与物的精准匹配。

物与物的精准匹配，就是物联网。物联网将是下一个风口，5G 的数据传输速度是 4G 的 100 多倍，下载一部高清电影的时间从 8 分钟变成一秒钟。市场调研机构 Juniper Research 发布的数据显示，2015 年，物联网的连接设备预估为 134 亿部，到 2020 年，物联网连接设备数量将达到 385 亿部，5 年时间增长率达到 285%。

我判断 2020 年是物联网元年，因为这一年我国政府会颁发第五代移动通信牌照。万物上网互联将会产生难以计数的海量流量，个人用户上网那点流量都可以忽略不计了。所以运营商的决胜高地是政企客户，如果能拿下一家大企业的物联网，企业员工的上网流量全部白送！中国移动、中国电信、中国联通不要再盯着个人用户了，应该尽早布局政企客户，卡位物联网业务，先去占位置，发牌照后业务重点直接转移到物联网。物联网在安全监控、能源电力、交通物流、智能生产、健康医疗、智慧城市等领域的应用无处不在。实现物尽其用，事尽其理，给万物一粒智慧的芯！

第五阶段：人的思想意念与世界的精准匹配。

这就是"天人合一"的时代。智慧芯片将被植入人的身体和大脑，人的思维会接入云端，最终是人脑与世界实现互连互通。既不需要你动手，甚至也不需要你动嘴，仅仅需要你"心动"，单凭你的意念便可以遥控这个世界。

5.新旧产业的划分

网上有个段子解释传统的产业划分很形象：第一产业是喂牛养羊，叫农业畜牧业；第二产业是杀牛宰羊做罐头，叫工业；第三产业是吃牛排、喝羊汤，叫服务业。那么，什么是第四产业呢？就是"吹牛皮、出洋相"！叫文化娱乐产业！

信息文明时代产业划分标准也被颠覆了，传统产业的界限已经打破，虚拟经济如何参与产业划分？我尝试重新定义信息文明的三大产业：

第一产业是IT产业，智慧化产业。

芯片、服务器硬件设备、操作系统、浏览器、网络、基站、手机、数据库、数据挖掘、传感器、3D打印、人工智能机器人，这些被称为第一产业，也就是这个时代的龙头产业，IT产业，进入门槛高。

第二产业是纯线上产业。

设计、生产、销售、使用、支付、售后服务，完全在线上，不需要线下服务，没有物流，这叫第二产业。这种能够被线上完全替代的传统产业在信息文明时代最危险，传统图书、报纸、杂志、音乐、银行、保险、彩票都很危险。纸质图书必然消失，全部电子版在手机、Pad上看，屏幕小没有关系，有全息投影技术，两个英国人发明了一个手镯，只要戴着这个手镯，有一个信号源，远隔上百米，手一点，你的皮肤、大腿、肚皮、手臂都可以变成屏幕，你可以在200米范围内看。未来，手机一点，施瓦辛格、姚明、巩俐，就站在你面前与你说话，用手一摸什么都没有。虚拟现实技术VR、AR将是纯线上产业的主流技术，大有可为。未来一定是一个虚拟的全球化世界。

第三产业是O2O产业。

线上提供服务，同时需要线下物流配送，需要人亲身体验的产业，比如男女社交看电影、旅游、健身、演唱会、餐饮、交通物流。现在很多人都在电脑、手机上看电影，但王健林的万达电影院为什么会活着？《阿凡达》《速度与激情》《钢铁侠》这些花几亿、十几亿美元拍的大片，必须到电影院坐在3D大屏幕前去感受震撼。更为重要的是，电影院是约会场所，第一次约会都是去看电影，灯光一暗拉拉手、亲亲嘴，看什么电影反而是次要的。再比如旅游业。老婆说，国庆节快到了，听说四川九寨沟秋天的景色特别美，我们去看看吧。老公说，不用了，在手机上花几块钱，看段录像算了。老婆甩手给你一耳光，你太抠了吧？这属于什么？不管信息技术如何发达，旅游还是要身临其境才有感受。宾馆也会活着，你总不能在手机上睡觉吧？万达集团王健林看懂了这个趋势，转型做文化娱乐产业，万达影院、万达娱乐、万达旅游、万达体育。万达广场清退百货，引入电影院、餐饮、儿童游乐场，在吉林长白山、三亚海棠湾、云南西双版纳买地建五星级休闲度假村，还推出未来十年建300个五星级宾馆的全球计划。

我有一个互联网＋旅游＋VR的创意，注册搭建一个"VR好风景.com"网络平台。第一，采用先进的VR拍摄技术把全世界所有神奇的5A级的景点全部拍摄成精美的宣传片，创造新感知的旅游风光片的表现形式，平台可以收拍摄制作费。第二，把全世界景区的VR风光片都放到 VR好风景.com，让全世界网民用各种VR智能终端免费看美丽的长城、九寨沟、黄山、埃菲尔铁塔，平台按照每个景点风光片的点击率收虚拟展示广告费。第三，看完这个景点VR宣传片想去旅游，马上点击进入旅行社私人定制旅行路线和服务，平台向旅行社收佣金。一个VR好风景.com平台，线上VR风光片打动消费者、线下私人定制旅游服务，做一件事赚三份钱。

6. 传统产业转型："怎么生产"与"为谁生产"

讲一个老太太互联网＋煎饼果子的故事。有个60岁的老太太在某大学校园里卖煎饼果子，大学生帮她开了个王老太煎饼果子微信公众号，二维码贴在煎饼果子摊上，扫二维码买煎饼果子八折，提前一天下单支付六折，还能约时间取煎饼果子。老太太一下子发展了2 000名会员，老太太从此知道第二天需要准备多少原材料不会浪费，同学们不但省了钱还能少排队吃到热气腾腾的煎饼果子。老太太互联网＋煎饼果子摊就是传统企业转型实现定制营销、会员持续营销、消灭库存的经典榜样。

一切线下实体转型的目标和成功标志是，线上订单超过线下销量，会员消费超过散客消费，店外销售超过店内销量，预售定制产品超过传统标准产品，跨界多元收入超过传统单一业务收入。运营客户数据的精准匹配营销是转型成功的灵魂。

传统产业转型的方式：第一，通过微信、APP、网站、短信、语音电话等一切可能手段把用户拉上网，采集用户使用和消费数据。第二，通过线上信息流的掌控来激活和引导线下人流、资金流、物流。第三，从规模化标准化生产到按需求计划生产、按个体需求提供私人定制服务，先有订单再生产，最大限度降低交易成本，这就是传统企业转型的核心思路。实体经济与"互联网＋"的关系是：实体经济是基础的龙，"互联网＋"是点睛的魂，由实升华为虚，用虚去主导实。

传统行业怎么转型？

"互联网＋"转型的特征是：营销互动化、客户参与化、虚实融合化、资源共享化、生产智能化、产品智慧化、产业免费化、收入多元化。

表9-2　传统企业互联网转型成功标志

序号	传统方式	转型标志
1	以物流为核心	以信息流为核心
2	线上为线下服务	线上决定线下布局
3	层级管理	组织流程去中心化
4	资金、生产能力为经营核心，如何生产	客户大数据的掌控和运营为核心，为谁生产
5	盲目生产	会员预订
6	商家强推	客户自主选择
7	4P割裂	想到即见到，见到即体验，体验即买到，买到即得到，一体化营销
8	传统主业是收入支柱	跨界副业收入大于传统主业收入

比如汽车行业，第一步，生产智能化，人工智能机器人全程生产汽车，不需要人参与。第二步，产品智能化，汽车通过互联网＋云平台控制成为无人驾驶汽车。第三步，设计自主化，按需定制汽车，根据经济收入、出行状况、性能需求、色彩偏好定制一辆完全属于自己的唯一的车。第四步，将汽车变成一个移动的电子商城，经营这个人与汽车相关的全部需求，然后羊毛出在狗身上，与商家、加油站、保险公司分成，汽车可以免费白送。

汽车保险也可以转型。现在的保险公司都是标准化产品，按年份长短买保险不合理，应该按使用状况和风险程度卖保险。在每一台车上加装传感器与云端连接，根据行驶状况、保养情况、是否违章按天计算保费，今天停在车库不收保费，开在北京二环一直堵车开不动一天收 5 元保费，开在青藏高速上危险大一天收 300 元保费，按需按数据智能收保费。按照这种方式，传统保险业务死了。这个创意我说了 5 年，终于马明哲、马化腾、马云合资的互联网保险公司众安保险推出了"保骉车险"，与我的这个创意不谋而合。

再比如海尔卖冰箱，一台冰箱成本 1 400 元，商城卖 1 800 元，海尔从商城仅分到几十元利润，这是苦活、重活、累活，重资产运营。我会怎么卖冰箱？在冰箱里装一个无线上网路由器，再装一个红外线扫描仪，把冰箱里的食品饮料包装上的条形码、二维码都扫了，每天你怎么吃这些食品的数据，全部上传到海尔的消费数据云平台。从此，海尔就不再是一个家电企业，而是一个经营家庭食品饮料的电商精准大数据平台营销公司。冰箱里只剩两瓶啤酒了，海尔商城短信提醒你在海尔商城下单价格 7 折，酸奶快过期了，海尔商城提醒你赶紧喝。平均每台冰箱每个月补充 2 000 元的食品饮料，海尔只分 10% 就是 200 元。一台冰箱平均用 5 年，直接卖冰箱只赚几十元；冰箱白送，开电商 5 年赚 12 000 元，这就是互联网 + 海尔冰箱，转型轻资产运营。我预言未来所有智能终端，包括手机、电视、冰箱、马桶、汽车等都会白送，硬件白送，提供终生相关跨界服务持续赚钱。

我曾经预言联想如不转型必死。联想 2005 年以 17.5 亿美元收购了 IBM 几乎亏损的个人电脑业务，而个人电脑必将被手机替代。随后 2008 年以 1 亿美元卖掉了手机业务，尽管随后又买回，但智能手机发展时机已经错过。

华为在与联想的竞争中目前看来胜出了，华为真正做到了从手机终端到网络接入、网络传输、数据通信、软件的全产业链覆盖，尤其终端手机销量国内排名第一。但是，华为最大的危险在于还只是硬件软件服务商，没有转型互联网做大数据运营。华为最好的做法是与三大运营商成立大数据合资公司，搞混合所有制，运营商授权该公司使用脱敏的数据，华为出技术挖掘运营，否则华为的明天也将走向衰落。

我关于各行各业的"互联网 +"转型和创业创意将在第十章具体展开。

7.核心竞争力的颠覆

从IT到DT

IT信息技术最终是对大数据这一核心资源基于DT（Data Technology）数据处理技术的运用。

农业文明时代谁有能力控制和运营土地谁强大。罗马帝国时期总共控制了大约590万平方公里的土地，是世界古代史上最大的国家之一。人类历史上版图最大的国家，不是罗马帝国、英帝国、俄罗斯帝国，而是成吉思汗建立的蒙古国。成吉思汗及其后继者在25年的时间里，以总数不到20万人的军队，先后灭亡40多个国家，征服720多个民族6亿人口，其稳定时期版图面积超过3 500万平方公里，版图最大时期面积超过4 400万平方公里，占当时整个人类世界的五分之四还多。而现在整个亚洲的陆地面积（包括所有岛屿）不过4 400万平方公里。所以成吉思汗本人光男性后代就有1 600万人是有道理的。

工业文明时代谁有能力控制和运营石油谁就是世界霸主。美国前国务卿基辛格曾经说："如果你控制了石油，你就控制了整个世界。"美国从20世纪70年代开始，控制了石油输出国组织欧佩克，将美元与石油绑定形成石油美元，控制了全球近70%的石油资源及石油运输通道。美国不需要在现实中去占领油田、运输管道，但实际掌控了石油价格，就掌控了石油的产量和销售。而今美国国力和对石油的控制力都开始衰落。中国石油56.9%依靠进口，进口数量全球第二，仅次于美国，国内石油战略储备只有100天。为了石油安全，中石油2014年与俄罗斯天然气工业股份有限公司签订了总价值为4 000亿美元的天然气购销合同，世界上最大一单生意，直接从俄罗斯修输气管道到中国，绕开美国控制的海上运输线。

信息文明时代变天了，谁控制全球大数据谁控制世界。美国国家安全部门自2007年起开始实施代号为"棱镜计划"的绝密电子监听计划，对美国互联网公司的外国用户进行广泛的无差别的窃听与监控。2013年前美国中情局职员爱德华·斯诺登披露了这一计划，全世界哗然。棱镜计划与大数据时代的发展密不可分，每个个体的行为也许都不尽相同，但都是有规律的，通过获取与分析海量数据，能够获得人们的行为习惯的有效信息，从而对个体行为习惯进行推测。

美国花了 10 年时间追杀本·拉登无果。最后在一家叫作帕兰提尔（Palantir）的大数据公司的帮助下找到了本·拉登，美国于 2011 年 5 月 1 日派出海豹突击队第六分队用两架直升机秘密进入了巴基斯坦，仅用 45 分钟突袭击毙了本·拉登。这是互联网 + 大数据反恐 O2O。找到本·拉登在哪是信息文明的胜利，开枪击毙本·拉登只是工业文明的小菜，精准才是根本。帕兰提尔公司的 CEO 亚历山大·卡普是一个哲学家，所以看清事物本质的能力才是一个人的核心竞争力。该公司刚刚融资 4.5 亿美元，现在价值 200 亿美元，在全球未上市公司估值排第四名，而公司只有三百余名员工。

8. 一比特也是大数据？

（1）大数据的由来和特征

1980 年，美国未来学家阿尔温·托夫勒在《第三次浪潮》中第一次提出大数据，并指出大数据将成为第三次浪潮的核心资源。2008 年，英国数据科学家维克托·迈尔·舍恩伯格在其著作《大数据时代》中厘清了大数据的本质。

大数据具备五个特征：一是全数据不是抽样数据，大数据不是数据大，而是数据全。二是混杂数据非结构化数据，文字、图片、声音各种类型数据混杂在一起价值更高。三是追求相关性不问原因。最早的应用就是中国的易经算命，为什么男人女相非富即贵？那是因为把古代几千年来长成这个样子的人一统计，发现他们不是当官就是发财，这是共同性，至于为什么长成这样会当官发财，长成那样就不好，不知道，也没有必要知道。四是数据密度越大、传输处理速度越快，整体价值上升，但是局部价值下降。五是物质资源越用越少，大数据却是越用越多，因为使用大数据的过程本身也是新的大数据产生的过程。

大数据历来存在，但直到今天才成为企业的核心资产，是因为有了传感网，数据采集变得容易，有了宽带、光纤通信，数据传输成本极大下降，有了云存储、云计算，海量数据运算处理成为可能，没有信息技术组合式的质的飞跃，人类不可能进入以定制服务为标志的大数据自时代。

我认为大数据的本质是以任何一个生命个体与物体为核心进行全数据的运营，最终实现个体化的精准服务与智慧化、低成本的私人定制！最适合的匹配才是最好的。

比如互联网＋婚恋精准匹配的应用，在遗传基因、性格、兴趣、经济、教育背景、外貌、价值观七个方面进行数据信息对称匹配寻找最佳伴侣。比如兴趣，是否热爱足球？世界杯期间离婚率升高就是兴趣不同造成的矛盾，如果当初在兴趣方面做了匹配就可以找有共同兴趣的爱人。2015年北京离婚率高达49%，未来依靠大数据＋婚恋精准匹配可以降低离婚率，提升婚姻幸福度。

（2）大数据的运用模式

信息文明商业模式的新标准是，能采集到大数据的小企业未来必然是大生意，采集不到大数据的企业规模再大，将来也是小生意。做任何行业的任何企业，一定要学会采集和运营大数据！

大数据根本上就是要解决供需双方信息的精准匹配，主要解决两个问题，第一，通过大数据分析挖掘，找到谁喜欢你。第二，凡是喜欢你的人，根据大数据分析，他还喜欢别的什么。只要运用大数据能解决这两个问题就可以赚大钱。

第一，谁喜欢你？谁喜欢你的产品？

如何找到这种喜欢你的人，就是在已经喜欢你、已经在用你的产品的现有顾客中通过数据挖掘找到他们的相关共同点，然后以此画像为标准在更大规模的人群中进行比对，就可以精准地把他们筛选出来，从而精准地进行营销推广，很容易把他们发展成新顾客，为他们提供匹配的服务，精准地赚他们的钱。

第二，喜欢你的人，还喜欢别的什么？

找到了喜欢你的人，主要是为了卖你自己的产品，如果能进一步找出他们还喜欢买什么保险，喜欢到哪去旅游，喜欢抽什么烟，喝什么酒，买什么品牌的服装，你就可以代理别人的这些产品，顺便都卖给他们，这就叫跨界抢劫，通过满足他们吃喝拉撒睡的更多需求，实现多元化盈利！因为你掌握了他们的需求大数据，这是该模式成功的根本。

9.两种数据库，三种商业模式

大数据有两种数据库的构建思路：第一，以个体对象为中心的水平全数据库。第二，以某种需求为核心的垂直数据库（一个行业上下游产业链的全数据汇聚）。

这两种数据库的运营可以创造以下三种商业模式：

第一，以独立个体为核心的横向水平数据库，聚焦同一个对象，跨需求赚钱。

比如运营一个人的全数据：人口数据，包括籍贯、生日、家庭成员；DNA数据，包括身体健康、性格、天赋；位置数据，当前位置、经常活动的地方；经济数据，包括收入、工作职务权限、理财投资；消费数据，包括购买行为、偏好、消费水平、使用习惯。输入王立新的名字、手机号、身份证号任一信息，你就能够跨行业看到王立新给谁打过电话，给谁发过短信，在哪买过图书，在银行里存了多少钱，给谁转过账，最近又坐了什么航空公司的飞机。把他衣食住行的数据都能集中起来，这样的数据运营能力叫作横向水平需求的全数据。就可以永远赚他的钱，满足他所有的需求。

再比如一个手机的全数据运营包括：首先是为谁定制生产，它应该具备哪些功能，应该是多大尺寸、什么样的外观、造型、颜色。应该如何定价、使用周期多长、质量能用多久、如何维修保养、如何防盗、如何保护信息安全、如何进行原材料选择和生产、如何提供金融保险服务、如何进行营销推广、如何进行二手市场转卖，直到如何报废处理更环保。这种贯穿一部手机全生命周期的精准服务设计才是大数据的威力所在。

微信AI硬件的首家官方合作伙伴广州蛙鸣智能科技公司正在推出微信家庭AI服务硬件终端和云平台。微信8亿用户天然覆盖家庭成员，可以从一个人的生活数据延伸到一个家庭的生活消费全数据。微信AI硬件＋微信小程序＋家庭生活消费全数据云平台，不仅管理家庭的智能家居硬件，而且通过小程序接入海量家庭生活服务，采集和运营家庭消费和生活服务全数据，最终成为面向中国4亿家庭的智能化生活服务管家和千万商家的精准营销和持续服务平台。

第二，以某种需求为核心的行业垂直数据库，一个行业的全数据采集和运营。

比如输入"汽车"两个字，就能够看到所有跟汽车相关的人、相关的事，有多少人去看过车展，有多少人买过什么车，办过什么汽车贷款和保险，去4S店保养过……建立一个汽车行业上下游相关的全数据库，才能把汽车产业链所有环节的钱全赚了，这叫只赚一个行业的钱，跨人群满足这个行业所有人的需求。

第三，基于大数据的精准投资，取代风险投资。

据统计，全球风险投资的平均成功率仅为1%，也就是投资100个项目只有1个成功上市。"大数据精准投资模式"将颠覆未来资本市场。当大数据让信息完全对称的时候，博弈炒作失去了投机的机会，资本市场进入精准化的价值投资时代，价值投资真正取代了投机。谁拥有实时直播式的消费者使用和购买行为全数据平台，谁就是投资之王，成功率奇高，分析财务报表弱爆了。当然投资也就失去了不确定性带来的赌徒式的泡沫化涨跌。

中国移动未来最适合扮演这个颠覆传统资本市场的角色，建立手机用户使用行为实时数据库，实时筛选最受欢迎的应用、用户增长最快的应用、用户停留时间最长的应用、收入最高的应用……这才是投资最根本的行业分析和企业研究。中国移动大数据精准投资平台比音乐、阅读、游戏平台值钱得多。作为掌握9亿用户裸奔数据的运营商，还可以通过预存话费吸收巨额低成本资金，永远不还本不付利息，中国移动按用户使用数据进行移动互联网相关应用和内容投资的收益价值多少万亿？不可估量！可惜它是个国有企业。

和君商学"教育＋咨询＋资本投资"也是精准投资降低风险的高明模式，当你完全了解一个企业最坏的数据和病因后，带着人才和咨询特效药去向一个生病的企业投资时，风险最低，成功率会很高，优秀人才＋精准疗效的特效药比金钱的威力更大。

大数据平台＋精准孵化、教育＋咨询＋资本投资必然是未来资本运作模式创新的方向。

到哪里去找投资机会？由于新三板上市对盈利要求不如A股、创业板那么高，未来中国业绩最烂但会讲故事的上市公司一定在三板。但是，新三板里也一定蕴藏着未来中国互联网＋转型、互联网＋创新的100强企业，因为短期没有盈利压力可以烧钱推动用户规模的飞速增长，这正是互联网公司成长的基本特征。但如何筛选可能价值亿万的独角兽？只有通过相关市场实时数据的挖掘才能提升成功率。比如互联网办公服务公司今目标,已经有近300万中小企业的3 000万员工使用今目标办公。如果能每天监控到每天多少人在使用、用多长时间、办理哪些业务、交易是否活跃,这个可靠性远超财务报表。今目标还可以推出"中小企业办公行为指数",作为国家和社会优化资源配置、合理引导就业的参考。

因此,互联网大数据时代,不看财务报表,而是看市场用户的实时数据,包括用户增长、在线购买、使用、评论等数据,才是互联网+精准投资的根本。

表 9–3 大数据的三种商业模式

序号	商业模式	示例
1	以独立个体为核心的横向水平数据库,聚焦同一个对象跨需求赚钱。	输入王立新的名字、手机号、身份证号任一信息,就能够跨行业看到王立新给谁打过电话,给谁发过短信,在哪买过图书,在银行里存了多少钱,给谁转过账,最近又坐了什么航空公司的飞机……然后向他推荐适合他的产品和服务。
2	以某种需求为核心的行业垂直数据库,一个行业的全数据采集和运营。	输入"汽车"两个字,就能够看到所有跟汽车相关的人、相关的事,有多少人去看过车展,有多少人买过什么车,办过什么汽车贷款和保险,去4S店保养过……建立一个汽车行业上下游相关的全数据库,把汽车产业链所有环节的钱全赚了。
3	基于大数据的精准投资,取代风险投资。	中国移动如果建立手机用户使用行为实时数据库,实时筛选最受欢迎的应用、用户增长最快的应用、用户停留时间最长的应用、收入最高的应用……就可以进行精准投资。

10.大数据挖掘三个思路

一是时间维度的数据挖掘,就是古老的算命模式,用过去的历史精准预见未来。

美国塔吉特(Target)商场曾经向一个还在中学读书的女孩家庭推送孕妇优惠购物的促销券,被女孩家长告上法庭,法官判这个孩子去做检查,发现这个女中学生果然怀孕了。塔吉特公司运用大数据,比家长更精准地知道自己的女儿是否怀孕。塔吉特怎么做到的呢?它建立了一个顾客的消费数据库,挖掘出了25种孕妇经常购买的商品,比如无味的润肤品、补充维生素和微量元素的营养品、特大包装的棉签等,凡是在一段时间内集中购买这25种"孕妇标准商品"的女人基本上就可判断为怀孕了，于是塔吉特自动精准地推送与怀孕和婴儿相关的广告。这是根据历史统计数据找到共同性，从而实现精准营销的模式。

二是用跨行业交叉数据比对寻找相关性的分析模式。

中国移动如果通过建立通信与金融保险、零售电商、家用电器、房地产、交通、旅游等不同行业、不同企业的大数据合作联盟，交叉精准分析出用某个中国移动手机套餐的用户群同时又买了什么保险、在哪个银行存了钱贷了款、去了什么地方旅游、买了什么类型的住房、开的是什么汽车……这些企业就可以整合各自的资源针对共同的客户进行业务捆绑的交叉精准销售，甚至建立跨行业的超级会员通平台实现共赢。这种模式就是针对同一群客户，合作伙伴结盟满足客户的不同需求，彼此不形成竞争，但通过数据共享、促销资源共享、渠道共享却能实现平台增值效应。

大数据时代，企业经营的其实不是产品，而是通过大数据挖掘掌控消费者的需求和购买力，最终实现个体化的贴心服务，要么跨界横向多元化赚钱，要么纵向垂直赚整个产业链的钱。

三是行为与欲望之间关系的数据挖掘，给每个人画像，预判他的行为。

在旧金山举行的KDD2016学术会议上，罗格斯大学的熊辉等学者向大家报告了他们关于公交大数据抓小偷的研究论文。熊辉教授分析了北京智能公交一卡通2014年4~6月三个月间600万乘客的约16亿条记录，分析了896条公交线经过的44 524个公交车站和18条地铁线经过的320个地铁站的数据。首先，从每个人的日常出行记录中提取特征，然后，进行无监督的异常行人检测和有监督的模式分类，从而挖掘出异常的出行轨迹。通过数据分析，可以看到绝大多数的行人会选择最优的交通方式，比如，最短时间、距离，或者最少的换乘。但是，如果一个行人（嫌疑人）选择的交通路线为一种流浪的模式，没有清晰的目的地，频繁换乘，随机停留，经常短途出行，还一段时间内频繁地访问多种功能区：交通枢纽（例如西直门）、购物区（例如王府井）、景点（例如鼓楼）。对于正常行人而言，他们短时间内只访问一个/一种功能区。这就是一种异常的交通方式，那么他很可能是一名扒手。熊辉教授的公交大数据分析能够正确地识别出92.7%的小偷。

表 9-4　大数据挖掘的三个思路

序号	数据挖掘思路	说明	示例
1	时间维度的数据挖掘。	古老的算命模式，用过去的历史精准预见未来。	美国百货公司塔吉特通过大数据统计出孕妇购物清单，推测大量购买清单物品的人为孕妇。
2	跨行业交叉数据比对寻找相关性的数据挖掘。	针对同一群客户的不同行业企业结成大数据合作联盟，交叉分析客户需求，要么跨界横向多元化赚钱，要么纵向垂直赚整个产业链的钱。	中国移动如果与金融保险、零售电商、家用电器、房地产、交通、旅游等不同行业、不同企业结成大数据合作联盟，就可以交叉精准分析出用某个中国移动手机套餐的用户群同时买了什么保险、在哪个银行存了钱贷了款、去了什么地方旅游、买了什么类型的住房、开的是什么汽车……
3	行为与欲望之间关系的数据挖掘。	大数据用户个人画像，预判未来行为。	公交大数据抓小偷。

表 9-5　四大企业级信息化应用模式

序号	应用模式	分解延伸
1	B2C	B2C：企业对个人，如小米商城
		B2B2C：企业对企业的客户，如天猫、携程
		C2B：个人向企业定制
		C2F：个人向工厂定制
2	B2E	B2E：企业对员工，如移动办公
		G2E：政府对员工，如警务通
3	B2P	B2P：企业对合作伙伴，如供应链管理系统接入供应商合作伙伴
4	B2M	B2M：企业对机器，如车联网
		M2B：机器对企业，如按每天使用状况计费的车险

11. 互联网虚拟经济的收与支

　　在电商和数字化的商业当中，98%的冷门产品带来的收入和利润，超过了那些2%的大热门的产品，品种越多，利润越高。这是克里斯·安德森的著作《长尾理论》的观点，颠覆了由意大利经济学家帕累托提出的20%的畅销产品为我们创造了80%的利润的二八法则规律。

为什么会出现这种状况呢？因为有了信息化、人工智能、云计算、大数据、3D打印，生产成本、销售成本、展示成本、传播成本……整个成本显著地下降，去了库存、去了中介，供需双方消灭信息不对称进行精准匹配的交易，产品和服务的品种越多，它的成本越低，价格就应该越便宜。因此，每一个细小的服务对象也可以是盈利的市场。这和工业文明的所谓的原子经济、物质经济的经济理论的规律恰好相反。传统经济学产品品种越多，成本就会越高，总体价格就应该越高。

根据我的研究，在信息流、货物流、资金流和人的流动的四大流中，前三者合一的领域，比如音乐、图书、金融、彩票，长尾理论就更加显著。而有原子物质参与流动的领域规律正好相反，二八法则更明显。

一个聚集成千上亿人的业务平台，比如说谷歌搜索、百度搜索、腾讯QQ、微信、360杀毒软件，都形成了平台效应，所以它们免费。但是在这些平台上卖游戏道具、卖保险、做精准营销推荐，这样增值服务就可以收费。因此互联网经济的模式是：平台业务免费，增值服务收费。

2017年4月19日，百度宣布开放自动驾驶平台，在这个取名"Apollo"的计划中，百度将向汽车行业及自动驾驶领域的合作伙伴提供一个软件平台，帮助他们结合车辆和硬件系统，快速搭建一套属于自己的自动驾驶系统。Apollo项目包括车辆平台、硬件平台、软件平台、云端数据服务等四大部分。据报道百度已经为无人驾驶技术的研发投入200亿元人民币。这使无人驾驶领域的研发公司和风险投资人欲哭无泪，几百亿美元的投资打了水漂。可见免费是占领市场并控制整个产业链最具有竞争力的杀器。

免费的目的，第一是控制更多的用户规模，使自己成为亿级用户平台；第二是控制整个产业链，控制合作伙伴，成为产业联盟的盟主。

免费可以有几种方式：

B2C面向个人；

B2B 面向企业；

B2B2C 面向企业的个人用户；

B2B2E 面向企业的员工；

B2M（machine）面对机器和万物，物联网启动后免费将从 2B 转移到 2M。

综合传统实体经济和互联网虚拟经济，我总结免费的商业模式有以下五种：

第一种：先免费试用体验，后收费。

比如免费喝我的饮料，作为一种促销手段，喝了觉得好你再付钱来买。再比如互联网上一本小说先让你读一半，读到关键的要知下回分解的时候，再收你的钱。

第二种：工具免费送，耗材源源不断收钱。

吉列剃须刀，刀架可以免费送你，卖配套的刀片赚你百分之三四百的利润，因为刀片耗损大。打印机可能低价甚至白送给你，后面靠卖墨盒和打印纸挣钱。中国移动把手机白送给你，靠收你的上网流量费、电话费赚钱。

第三种：跨界抢劫。

比如到加油站加油，如果你买我的保险、买我的汽车金融理财产品等，达到一定的额度，汽油可以免费。

第四种：业务不要钱，广告主来出钱。

你使用我这个业务不要钱，但是请看广告。在这个时代注意力就是核心资源，比如点击率、收视率、使用率，一千人次可以收到两百块钱的广告费。

第五种：让顾客选择付费还是免费。

比如，如果你的时间比较宝贵，你付费不用看广告，享受更高质量的服务。如果有的人有的是时间，但舍不得出钱，那可以浪费生命来看广告。到底是付费还是免费，根据你的情况你自己做主，我认为这才是最好的商业模式。

主营业务免费，通过广告第三方收费，或增值业务收费，是互联网业务的主要商业模式。免费是互联网业务爆发式增长的最大杀器。随着市场发展和分化，也有很多互联网公司重新宣布收费，进入价值营销时代，专业化、差异化、价值化将成为它们继续发展走向成功的关键。

表 9-6　五种免费营销模式

序号	免费模式	示例
1	先免费试用体验促销，长期使用收费	在网上，电影试看 5 分钟，接着看完 5 元钱。
2	主体产品免费送，耗材源源不断收钱	中国移动充话费赠手机。
3	跨界抢劫	加油站卖水、卖汽车保险，达到一定额度，加油免费赠送。
4	主体业务免费，附加广告	网上免费看电影、视频、听歌。
5	让顾客选择付费还是免费	消费者自己选择是不看广告享受有偿高质服务，还是看广告享受免费低质服务。

未来二三十年，人类在商业领域最大的经济成本，一是物流成本，二是原材料成本，此外是极度丰富信息的选择成本。因此，未来商业的核心是成本的控制和降低。

第一，工业文明最大的成本是中介渠道的成本，其次是供过于求的库存成本。通过信息化、云计算加大数据实现供需双方精准匹配、按需生产、定制生产的自时代的生产，是降低成本的根本。

第二，共享的闲置经济降低闲置资源的沉没成本。比如全世界最大的宾馆叫Airbnb，它没有一个自己的床位和房间，利用信息化的平台把全世界 1.6 亿个闲置房间和要住房的人做了对接。这个成本当然就比传统的自己投资建宾馆便宜得多。最终人们还会共享闲置的才华，比如平时上班，业余时间从猪八戒网站接设计订单。

第三，原材料成本是不可避免的。我个人认为未来一定会出现一种万能原材料，要么是液体状的，要么是粉末状的，这种用纳米或者某种技术生产出来的原材料，所有的东西都可以用这种原材料通过不同的生产方式，使它的硬度、柔度、抗高温的能力、磨损的能力产生变化，以后无论是建房，还是生产汽车，还是做芯片，只要你有这种万能材料加一台 3D 打印机都能完成。

第四，能源的创新和变革。未来人体一定会植入芯片，如何为体内的芯片供电？页岩油技术、海底可燃冰、核能……未来最大的能量消耗一定是电，发电、传输、存储一定会产生颠覆性变革的技术。这个能源在未来信息时代一定是一个主要的成本。

第五，运输方式和成本也会出现颠覆性变革。无人机已经用于快递包裹投递。超远距离的真空管胶囊运输，在地下挖一个真空隧道来运输物品。埃隆·马斯克的SpaceX火箭反复使用，则使进太空的运输成本大大降低。

第六，最后一个成本我认为是降低用户购买的选择成本。太多的音乐没办法一首一首地听，只有通过大数据帮你精准地推荐，提供适宜选择。

12. 权力运行的颠覆

权力除了来自枪，来自金钱之外，还来自信息不对称。比如说我站在这能够影响你，那是因为我懂的知识比你多，见识比你高。如果你懂得比我还多，我就丧失了讲课的权力。买卖双方也是一样，中国有句古话叫，买的没有卖的精，因为生意当中的主动权掌握在企业手里、商家手里，它们掌握的商品信息比消费者多。政府也是一样，政府掌控的信息比我们老百姓多，所以它更有权力和影响力。

到了互联网时代，人类正在经历权力的大转移。举个例子，学生现在什么东西不懂，用谷歌、用百度上网一搜就都知道了，所以现在的老师讲课越来越难，因为学生通过网络可能知道的比你还多。而且知识在互联网时代更新很快，我是营销学老师，但有一半的传统营销知识在电商时代都变成了垃圾。反过来买卖双方也一样，过去是商家说我有这个，你爱买不买，或者强行推销给你。而现在我要什么我做主，在网上私人定制，我不需要的东西千万不要来骚扰我、麻烦我。所以市场权力正在从企业商家向消费者转移，自主、自信正成为新的社会潮流。

自组织

2008年华尔街金融风暴过后，银行倒闭，美国政府率先拿出美元注资华尔街的银行，拯救银行大亨，于是开动印钞机刷刷刷地印美元。全世界的政府一遇到金融危机一缺钱就是大量的印刷钞票，超发货币导致通货贬值让老百姓兜里的钱缩水，相当于抢劫老百姓。在这样的背景下，人民币靠不住、美元靠不住，日元和韩元也靠不住。

于是在2008年12月，出现了一个化名中本聪的人，他隐藏在互联网背后，编出来一套完整的区块链的加密程序技术，用这个技术可以建立一个自组织的社区。他就发行了互联网上的虚拟货币比特币，比特币据说现在价值翻了 1 万多倍。比特币的逻辑是，政府没钱就印钞票，而比特币的发行量由全体比特币的拥有者表决决定，用一种特殊的计算机软件程序挖矿发行新货币。这样一来，世界上有成千上万的人（企业）开始信任并接受比特币。美国有一对夫妻居然什么钱都不带，就用自己持有的虚拟比特币用一年多的时间走遍了全世界。因为全世界已经有两万多个商家、宾馆、饭馆、租车行开始接受比特币。从这个意义上来讲，权力来自什么？既不是枪也不是政府发行的钞票，而是人民心中的信心、信用、信仰。

比特币就是去中心化。设想一下有一个黑客攻破了中国工商银行的大数据库，一夜之间中国工商银行所有消费者的存款就可能变成一无所有，如果有黑客攻破了马云的支付宝的大数据库，支付宝的账本就可能一塌糊涂一片混乱。而比特币背后的区块链技术是没有中心，没有只属于某一个人的数据库，每一个参与者，哪怕 5 亿人、10 亿人，每个人的手上都有一个总账本。如果你要篡改任何一个信息、数据，必须区块链上至少 50% 的人同意。任何人想消灭这个账本，除非他是上帝。在这样一种情况下，自组织就出现了，将来无论是哪个地区哪个民族的人都可以在网上成立一个虚拟的社会，虚拟的自我组织，政府传统的权力正一点一点地在区块链技术上丧失。如何应对区块链自组织这样的挑战是每一个传统政府必须研究和重视的问题。

根据信仰、血缘、业缘、兴趣、利益都能形成自组织，比如佛教协会、同乡会、网球协会、商会。

自媒体

中央电视台采访我时问：未来传统媒体的前景如何？我说：能说实话吗？中央电视台不转型必死！

今天一个人拿着一台智能手机在互联网平台上就能创办一个自媒体电视台，走哪儿拍哪儿，他既充当记者、编辑，又是主播，5 亿用户就有 5 亿个电视台。现在已经有很多新闻不是由专业的电视台首先报道，而是网友。一架飞机也可以是一个电台，比如说这里是马航 787 航班，我现在北纬多少度东经多少度，正在坠毁，机上乘客 376 人，机组 12 人，他们的名字分别是……这些报道不是人报道的，而是这架飞机的智能监控设备。这就是未来的智慧物媒体播报。

自品牌

未来在互联网平台上按你自己的个性需求预先定制产品和服务，并且亲自参与这些产品的自主设计、自我选择、自己生产（3D打印）、自己定价等，连产品上的商标都是自己的名字——自品牌。每个人都是自己生活方式和消费的创造者，商家则提供平台、智能工具及原材料配送等辅助性服务。通过"互联网＋"、通过数据的采集和运营，最终实现每个人从服装到饮食，到健康，到娱乐，到学习的精准的个体化服务。无中介、无大工厂、无库存。个体全数据精准匹配，实现个体化按需服务。

未来一切大品牌都会消亡，因为过去的那个时代，是一个偶像崇拜的时代，一个跪着去买名牌的时代，一个丧失自我的人、虽然有钱却自卑的人是没有自信的人，他需要一个偶像，需要一个品牌崇拜，于是传统的名牌应运而生。

我有一个品牌论，对品牌态度有四种人：第一种有钱自卑的人，必须用名牌，显摆。第二种没钱自卑的人，就用假名牌，A 货。第三种像我这种人不需要名牌，为什么？不自卑。洗澡时我赤身裸体站在镜子面前看着自己，老子就是名牌，不需要包装。牛人不需要名牌，我不需要拿这些东西来证明我的价值。一位大咖曾对我说我们这样的人即使买块 500 元的假名牌手表戴，人家都会认为是真的。你牛，假表也是真货。你矬，戴真表也被人认为是假货。所以主要是看人厉害还是牌子厉害。第四种最牛的人是什么？我摸着什么，什么就是名牌。活佛一摸狗屎也是名牌。我们这一届的党和国家领导人就特别注重宣传中国的民族品牌，一个国家的名牌越多代表这个国家越有世界影响力，经济实力越强大。习近平同志下令接待外宾的轿车必须用红旗牌轿车。彭妈妈也不穿外国名牌，只穿中国国产的品牌，她一穿"例外"的服装，这个品牌立刻成了名牌。

根据WPP集团发布的"2016 年 BrandZ 全球最具价值品牌百强榜"，世界百强品牌无形价值评估一共值几万亿美元。将来这些价值将消失无踪，因为互联网自品牌时代来了！

互联网时代是一个以自我为核心的时代，极其自我和自信的时代，没有必要再去穿别人的品牌，你自己的名字就是最好的品牌，你的名字就是你自信的标志。自品牌的本质就是每个人都发自内心认同自我，彰显个性，自强自尊。在这样的一个时代需要的是什么？需要的是草根也能享受到与世界首富一样的私人定制，而且成本将会大大下降。阿玛尼、登喜路对我没有意义了，我要一个叫"王立新"的标志，这个标志只属于我，不属于其他任何人。这个时代的到来，如果谁能够抢占先机，谁就可以打垮淘宝、打垮阿玛尼、打垮香奈儿。

怎么实现自品牌运营？开发一个软件，把你的名字中英文输入进去，自动生成 50 种自己名字的品牌 LOGO 设计，你选出自己比较喜欢的方案，让设计师融入你的喜好再修改修改，设计出一个专属自己的 LOGO。这个 LOGO 可以绣到自己量身定制的服装上，比穿阿玛尼更有品位，彰显你的自信。烧到瓷器上作为定制礼品送给朋友，朋友自然珍惜。你的所有物品都可以贴上自己的品牌。这将是一种全新的自时代生活方式。

自生产

3D 打印是自时代自造的最好案例和工具。在 1983 年 3 月 9 日晚上，美国人查克·赫尔在他的家庭实验室里面，用一种特殊的液体材料通过紫外线成型技术，在一台特殊的 3D 打印机上面打出了一个纸杯，这就标志着 3D 打印技术发明出来了。3D 打印技术就是把特殊的液体材料、塑料、陶瓷粉、金属粉，按照计算机软件、智能软件、数字化设计的模型，接到特殊的打印机上面把比特图纸变成三维立体的原子实体。3D 打印是自时代自造的一个最好的案例和工具，它实际上是把比特和原子通过自我的创造力最好地融为一体。这个技术一出现，迅速在汽车、轮船、医学等各个领域得到了大规模的应用。

2015 年，美国旧金山的 Divergent Microfactories（DM）公司推出了世界上首款 3D 打印超级跑车"刀锋（Blade）"。DM 强调自己的这套以 3D 打印节点加碳纤维管的设计能比正常制造出的汽车底盘轻百分之九十，整车质量仅为 1 400 磅（约合 0.64 吨），搭载一台可使用汽油或压缩天然气为燃料的双燃料 700 马力发动机，从静止加速到每小时 60 英里（96 公里）仅用时两秒，轻松跻身顶尖超跑行列。同时制造所需的人工和材料成本更少，两万多个零件的汽车浓缩为40几个零件模块进行组装，更安全可靠，更经济环保。新生汽车公司凭借着3D打印套件建立起自己年产量10 000台新车的微型工厂成本不过2 000万美元，而传统汽车业同样产量的厂房则要投资10亿美元，3D打印小型工厂的成本优势非常明显。

2016年2月15日，来自美国北卡罗来纳州维克森林大学再生医学研究所的科学家们称，他们已经创建了一台可以制造器官、组织和骨骼的3D打印机，而这些通过3D打印机打印出来的器官、组织和骨骼能够直接植入人体。他们用一种特殊的活性细胞材料加网眼打印技术，打出了一个老鼠的头盖骨装在老鼠身上，不但跟肉体融为一体，还自己分裂细胞再生长，长出了毛细血管。将来人类可以打印肾脏、肝脏装到人体里去，这就是一个更大的突破，这样的技术势必改变人类的医疗和整容方式。

13. 自时代的隐忧

我有个IT界的好朋友，是互联网知名公司创始人。他上大学还是穷学生时到五台山去旅游，碰到一个算命先生追着要给他算命，说相书上写他这张脸100万人才出一个，为了验证相书讲得对不对，算命先生愿意免费给他算命。他一听不要钱于是答应了。算命先生告诉他三个预测：第一，某年某月你会成为亿万富翁。第二，你结婚后一炮双响，生龙凤胎一儿一女。第三个预测朋友不肯告诉我了，我猜很可能是他能活多少岁。朋友当时只当作一个笑话，但是后来，他公司上市时一看，上市的日子就是算命先生说他发财的日子。结婚后果然生了一对龙凤胎。到了现在，我估计他的日子就不好过了，因为算命先生一共讲了三件事，前面两件事都应验了，他现在如果知道自己哪天死，还会活得快乐吗？

并不是所有信息对称都能给人带来幸福和快乐。信息化大数据运营固然是一种先进的技术，但是依然要站在以人为本的角度，而不是完全任由技术滥用。真正的人道是：第一，我想知道的信息，如何及时准确地告诉我。第二，我不想知道的信息，千万不要未经同意来打扰我。第三，我不想让别人知道的信息，如何来保护我的隐私不被泄露。第四，如果我有限度的自愿拿出一部分隐私信息交给你去经营，你赚到钱会分给我多少？信息是否对称最终还是自己做主，必须让每个人主动自我选择，同时分享利益。

三个隐忧：

安全的隐忧

信息沟通越方便，隐私安全越暴露，这是你要付出的代价。自时代个体化服务，实现自由和免费服务，牺牲的是个人隐私的网上裸奔和广告插入的强奸感受。手机等智能设备病毒也将是信息生活的肿瘤。离开了法治保护和自我防范，自我张扬、免费自由就是信息化的地狱。尤其是物联网兴起后，网络虚拟世界的安全必将对现实世界的交通、电力、金融、健康等领域产生生死攸关的影响，智慧化程度越高，这种影响越深重，因为整个现实都控制在云端。互联网空间已经成为继领土、领空、领海之后又一必须捍卫的国家主权。信息和网络安全已经是我国政府当今关注的关系国家安全的问题。

人工智慧的隐忧

科技改变的不仅是世界，更改变了人类。科技企图征服自然，最后是人类自己被科技征服。科技是人类最猛的春药，最大作用是刺激人类贪婪的欲望。科技是人类自毁的加速器，却是以狂欢的方式，比如我们正在使用的手机、微信，以及人工智能机器人。未来，是人类掌控机器人，还是成为机器人的奴隶？

丧失偶然的隐忧

一个没有偶然的世界还有期待和希望吗？一个没有意外的人生还有惊喜吗？从被自然压抑到被人工智慧技术压抑，人类如何实现真正的自由与幸福？

科技永远应该以人为本，永远应该降低人的生存与发展成本，永远应该带给人自由与希望，永远应该帮助人成为一个具有独立尊严与个性的自己。这才是人类永恒的商业法则，这才是智时代通向"自时代"的人文价值所在。

第十章

创意未来

营销与
互联网 + 创意

● 立新说 ●

用"互联网＋"，
一切地面之物都会升空，
一切空中之物都要落地，
能将两者融合，便是通向未来的最大商机。

我在自媒体"立新说"中专为"互联网＋"的创业和创新提供了近 60 个创意，有的已经被企业采用，正在实践推进。在本章中，我将这些创意贡献给所有读者，希望能对您有所启迪。

1. 互联网＋预订预售：60 岁老太互联网＋煎饼果子创业

首先我要告诉大家，为什么我 48 岁了（2015 年），还要来做自媒体创业。因为我特别欣赏陀思妥耶夫斯基的那句话：我一生最害怕的一件事情，就是对不起我所经受的苦难。我认为我们这一代人，最害怕的一件事情，就是怕配不上我们这代人所处的这个时代。我们处的是什么时代呢？就是崔健的那句歌词：不是我不明白，这世界变化快。为什么变化快？我 8 岁之前，生活在重庆市綦江县一个海拔一千米的山上，从来没有看到过电灯，没有自来水，没有铁路公路，纯粹的农业文明。后来考大学，进了上海，看到了工业文明。最后又从上海分配到了北京邮电大学，进入了信息产业黄埔军校，看到了"互联网＋"，看到了信息高速公路光通信。我们只用短短五十年的时间，经历了人类九千年的文明更替。如果在这样一个九千年难遇的时代，前无古人，后面也再没有人有这种机会的时代，我们无所作为，那么我们确实配不上自己所处的时代。

在一个信息化的时代，如果站在了风口，就像雷军所说的，一头猪都可以飞翔。当然他没有告诉你怎么平安着陆。所以"互联网＋"可以改变每一个人的命运，尤其是在商业上，在赚钱上。我举个例子，一个老太太六十岁了，在校园里卖煎饼果子，她注册了一个微信公众账号，然后把二维码摆在她的果子摊上，下面写上，扫一扫成为我的粉丝，在线上订煎饼果子八折。结果，几个月之后，她拥有了两千多粉丝，她就经营这些粉丝，就源源不断地有订单。接着她又说，如果你们提前 24 小时来订我的煎饼果子，可以六折，于是大家为了贪便宜，又提前24 小时下订单。她就说，我已经办了手机支付——支付宝，你们把钱转过来。从此以后她就实现了按需做煎饼果子，先有订单，先收钱，再生产！从此以后，她就永无存货，精准地卖煎饼果子。

连一个六十岁的老太太都知道，利用自己时代最先进的科技来改变命运来赚钱，你难道没有什么想法吗？

2.互联网＋重点学校：只花 1 000 元，重点中小学孩子随便读

我们讲互联网＋教育的痛点。很多人拿互联网做教育，我觉得他们都没有马云聪明，马云做的是互联网＋三甲重点医院的挂号。我早就说，我们可以注册一个"重点学校.com"，把重点小学、重点中学这个概念建立在网上。现在中国教育的问题是什么呢？就是教育资源分配不公，一个重点小学，你要赞助入学，动不动就收七八十万还得排队，因为特级老师少啊。而中国的家长又迷信重点中学、重点小学，愿意花钱在孩子身上。互联网的特征是什么？恰好就是能够把那些线下的受到局限的稀缺资源放到网上去，供成千上亿的人来使用，分摊后成本非常低，这就是用互联网来放大线上有特殊才能的人的价值。所以我的建议就是找那些重点学校的老师，特别厉害的，说动他们，跟他们签合作协议，让他们把自己的英语数学语文这些课程，讲课的实况拍下来，经过剪辑加工放到网上，放到"重点学校.com"上面，给他们分钱，怎么分呢？按点击率分钱。然后再对几千万家长说，注册成"重点学校.com"的会员，一年交 1 000 块钱，你就可以让你的孩子在 3 万个特级教师当中听他们的课，而且每年还可以在线下搞巡回现场辅导，把重点学校明星老师请来巡回演讲，就跟明星出台是一样的。

从这个意义上来讲，"重点学校.com"让家长只交 1 000 块钱年费，就可以让孩子听到重点中学的老师讲课，对孩子家长是有利的。第二对国家来讲，通过"互联网＋"的方式实现了教育资源的公平分享。第三，对老师来讲，如果你能够一年分 1 000 万，那不就增加收入了吗。第四，对这个平台来讲，这就是解决痛点的互联网教育的热门题材。

3. 互联网＋儿童市场：让我们荡起双桨

让我们荡起双桨……水面倒映着美丽的白塔。那时候我在农村，一个城里来的老师教我们唱这首歌，对北京，对白塔，对北海无比的神往。今天是六一儿童节，"立新说"恭祝全国小朋友节日快乐。

实际上大家可以看到 2015 年整个中国儿童消费品的市场达到了三万亿人民币，这么大一个蛋糕里面最重要的是什么？花在儿童教育上的。第二个是什么？食品安全健康方面的。第三是什么？娱乐。这三项构成了儿童市场三大蛋糕，而其中最重要的是什么？每年儿童市场的消费增长是 15% 到 20%，中国有句话，再穷不能穷孩子。望子成龙，全家人从爷爷奶奶外公外婆，到父母七八个人都愿意在孩子身上投钱，赚儿童的钱实际上谁起决策作用，谁是购买者，谁是决策者？当然是妈妈。所以我们互联网＋儿童市场怎么才能够成为一个独角兽，值上千亿的这么一个平台呢？那一定是建立妈妈俱乐部。怎么吸引全中国每年几千万新生儿的妈妈成为我们的会员？说白了就是要线下拦截，当年美国有一个卖纸尿布的公司就锁定每个妇产科医院，看到大肚子的准妈妈，就直接把她发展成会员，等到生完孩子后就送她帮宝适纸尿布做体验，发展五千万妈妈成为会员，当然它的商业模式是只卖纸尿布，只卖洗涤用品，我们可以在网上弄一万个专家，比如搞教育的、优生优的、关爱健康的、才艺开发的，把这些专家请来演讲，提供咨询服务，来吸引这些妈妈。第二是线下拦截，守住所有的妇产科医院，线下的幼儿园，这样只要发展上亿的妈妈，我们就可以再发展第三方产业线下联盟，比如迪士尼、宝洁、乐高、学而思，把吃穿拉撒睡、吃喝玩乐形成一个平台，有了这个平台后我们就可以充分发挥线上的优势，来吸引线下的企业加盟，最终经营五千万母亲、一亿母亲，满足孩子所有的需求，我们就成了全世界最大的妈妈俱乐部的平台。

4.互联网＋因材施教：每个孩子都是天才，看你如何培养

中国最大的投资，最愿意投的就是望子成龙，在孩子身上的投资。孔子也说因材施教是教育的根本，还有一句话叫天才就是99%的汗水加1%的灵感。其实我要告诉大家，所有的教育当中，所谓因材施教，就是要先知道你这个孩子的天赋在哪，所以互联网＋你孩子的培养，我们应该赶快成立一个网站，去注册天才.com，或者叫因材施教.com，这个网站干什么呢？专门为你的孩子提供教育咨询和教育供需双方精准匹配，首先是跟线下的一些机构联系，只要扫描你孩子的DNA就可以给这个天才网提供一个报告分析这孩子适合干什么，天赋在哪。比如我儿子两岁的时候，我就去找了一个检测机构，最后给了我一个40页的报告，说这个孩子适合从事音乐，有了这个，我就注意去鼓励他发展音乐爱好，经常跟他说，你是跟莫扎特同一天生的，你不搞音乐太可惜啦，然后他有了兴趣，我又给他选了一个海政文工团的小提琴手做他的老师，一直学了10年，拿了北京市市一级和区一级7个金奖，现在小有所成。从报告上看他的阅读能力很差，所以他语文很差我也就知道原因了，因此找到了这个孩子的天赋，通过数据去精准匹配培养他的兴趣，然后再提供各个领域的名师网，可以跟他们进行配对，家教也好，学校也好，教材也好，书籍也好，围绕这个点，实现一条龙的精准匹配的服务。这一定会受到广大家长的欢迎，因此我认为这也是一个互联网＋教育，是子女培养的重要的突破点。

5.互联网＋找对象：离婚率那么高怪网上社交?

我看到一个报道说，2014年中国离婚的夫妻达到了362万对，从2003年到2015年，12年来中国离婚夫妻的总量翻了3.8倍，其中北京市离婚率排在全国第一，大概有39%，这么高的离婚率，有意思的是离婚的主要原因就是性格不合，

互相之间的生活习惯不适应。我们大家都知道，互联网是要通过连接来实现信息流的数据掌控，最终实现人和信息的精准匹配，人和人的精准匹配，人和物的精准匹配，一直到最后物联网，物和物的精准匹配，这才是互联网的本质。如果我们通过互联网＋大数据的方法，建一个精准匹配的婚姻介绍所的互联网站，在这个平台上我们首先可以采集找对象的男女双方的遗传基因的信息，如何进行基因的匹配才不会让未来生出的孩子有遗传的心脏病、白血病、近视眼，来保证下一代的幸福和健康，这是第一个精准匹配。第二个，通过对性格进行精准匹配，你是A型B型AB型O型，你性格是内向外向狂躁安静柔弱，进行一个匹配，解决性格不合的问题。第三个就是兴趣爱好，你要填你喜欢足球、诗歌还是旅游、电影。世界杯足球赛期间离婚率显著上升，就是因为兴趣爱好不匹配。除了这些以外，还有什么？颜值外貌是否匹配，你喜欢身高多少，体重多少，皮肤白皙到什么程度。除了这些以外再就是经济条件、文化水平、家庭社会背景的匹配，生活习惯的匹配。比如东北人跟上海人结婚，很容易离婚，为什么？上海人嫌东北人喜欢吃大蒜和大葱。从这个意义上讲，如果你匹配不上，没有符合你要求的人，那怎么办？搜不着，那你就改变你的条件，减少几个条件，总会找到跟你相匹配的，有了这样的互联网＋婚姻介绍，我们的家庭幸福感就会增强。

6.互联网＋饭馆：手机怎么开饭馆

我们讲互联网＋餐饮，民以食为天，吃得饱味道好，吃得放心吃得健康，吃出朋友圈社交，吃得便宜，这是消费者的需求。那么互联网＋餐饮业首先是什么呢？每个餐馆，每个餐饮公司，必须发展自己线上的会员，通过线下的促销扫二维码下载客户端登录网站，如果一个餐饮公司拥有10万、20万、30万粉丝会员，如果一个小面馆拥有3 000或5 000粉丝会员，采用预订用餐的方式，我觉得这是一个餐馆未来生存的根本之道。如果你做了几年餐饮，一个会员都没有，你完蛋了。第二个是采集数据，比如说我们可以在手机上弄一个软件，叫点菜软件，只要跟餐饮店合作，让它们把自己的菜单发上来，消费者可以拿这个软件，在家里也好，在路上也好，直接先点菜，一点菜就知道他喜欢吃什么，所以我们可以叫点菜网，或者叫味道网。采集每个人的味道喜好，这就是把控需求，你可以掌控整个产业链，尤其是掌控餐饮业。王立新点一道回锅肉，餐馆必须给味道网交两块钱，才能看到王立新的回锅肉口味配方，应该配多少盐，什么咸淡的口味，这个是厉害的。

除了这个以外，还可以办厨师网。就是把几十万厨师注册成会员，号召大家在网上点厨师回家给你做饭，特级厨师价格高一点，一般厨师低一点，这跟e代驾是一样的，厨师也高兴啊。

除了这个以外就是健康配餐，你有糖尿病、有心血管病，你有胃病、有痛风，我怎么根据你的身体数据终生为你提供健康配餐的服务，这也是未来最大的商机。

除了这个以外要学会什么？要学会把人民群众在吃货网上形成一个平台，大家来讨论最近什么地方有新开的餐馆，哪的菜做得最好，相互介绍，谈心得写文章。

另外还可以进行培训，你想学做菜吗？在网上教你怎么做菜。除了这个以外还干什么？你可以自己创造新的菜，做得好，把配方贡献出来，大家共享，把吃货变成厨师，厨师也是吃货，这就是一个美食主题下社交的概念。

除了这些以外，最后是什么？餐饮业是线下接触人最大的入口，你总不能在手机上涮火锅吧？如果能够利用线下的拦截了解他的需求，卖彩票卖保险卖酒水，进行跨界赚钱，甚至比你卖饭菜赚得更多，那你就成功转型了。

7.互联网＋商场：线下实体店生存法则

"互联网+"不仅线上要有制空权，线下实体店也有它的几大功能必须融合。如果你是一个商场，你是一个实体店，那你怎么在"互联网＋"时代实现自己的O2O呢？所谓O2O就是On Line to Off Line，线上和线下的互动，所以有人开玩笑说，看这个人有没有互联网的基本常识，你就问他这是什么，说O2O那就是懂互联网的，说020那就是不懂互联网的。如果我是商场老板的话，第一件事情我就要在商场导流，比如说通过免费的Wi-Fi、通过二维码、通过商场的网站，把线下的客户通过抽奖都弄到线上去。第二件事是把他们变成会员，把一次性的买卖变成终生的服务。第三是要采集他们的信息实现精准服务。第四是跟他们的需求相结合，搞专场，线下的感情社交购物。比如说情侣购物专场、生日购物专场、婚礼购物专场、给老人互动的孝心购物专场，说白了你得做广告说，光刷卡在线上买东西并不代表爱，能够陪你逛商场，一块挑礼物，这才是真爱，这话要说给女人听，让她们拉着她们的男朋友和丈夫来逛商场。除了这些还有什么很重要呢？线下我觉得实体店要把生意从店内做到店外去，说白了叫送货上门。最终实现的是什么？在线下实现时尚的展示之旅，说白了就是要把你这个商场变成一个新的体验式的旅游，新产品搞个时尚的展示发布场所，还可以号召消费者进来，我为名牌代言，选普通人做代言人，在商场走T台秀，告诉他们怎么着装，穿什么最适合，这是线上做不到的。

8.互联网＋积分平台：商场积分制最大痛点，一招解决

我们今天要讲的主题是如何在"互联网＋"的时代打造一个积分超级会员通平台。现在所有商家为了发展会员，笼络住顾客，都采用了一个手段，就是你在我这儿消费得多，我就给你反馈积分，积分可以在下一次消费的时候当钱用，消费者当然高兴。但是有一条，如果是理发馆会员的积分，要到隔壁饭馆去吃饭，理发馆的积分饭馆不认，不能当钱用。反过来，饭馆会员的积分要用来理发，理发馆也不认，这就是一个痛点。

怎么用互联网平台来解决这个痛点？说白了就是要建立一个跨行业、跨企业、跨地区的超级积分通、会员通平台。也就是让大家按照一定的标准，把各自的积分都兑换成统一的积分，这个积分所有商家都认，消费者拿这个积分就可以去所有的商家进行消费，消费者当然高兴了。实际上这个平台变成了什么？一个虚拟货币的银行，互联网金融。去年一年，中国所有商家和企业发行的积分折合成人民币的话，至少是上万亿人民币，像腾讯Q币，包括中国移动的积分，国航的积分，工商银行的积分，这个数量都是巨大的，比如说中国移动去年收入7 000多个亿，它是按照3%来返还给它的用户积分，7 000多个亿的3%就相当于200亿人民币，中国移动如果建这么一个第三方的平台，所有的商家为了得到这200个亿的消费，一定会接受它的邀请加入这个平台，把自己的积分也放进去，大家都认。

当这个平台的会员超过 10 亿人，积分总数达到几万亿的时候，这个平台的市值一定是上千亿。

9.互联网＋酒店：线下星级酒店该怎样反击携程

我们来讲一讲互联网＋宾馆饭店，我 2015 年参加了一个国家旅游局饭店协会的年会，有五六百个星级宾馆的老总听我讲"互联网＋"。我感觉他们非常悲观，为什么呢？因为有了携程，携程收购了竞争对手艺龙，紧接着收购了去哪儿，所以携程现在在互联网上，订房间买机票，处于绝对垄断地位，于是又要求各大合作伙伴，无论是航空公司还是宾馆，必须把给携程的零售折扣价再降几折。这一次我得到的消息是，所有星级宾馆饭店去年一年亏损 59 亿人民币，那么对它们来讲如何反击呢？它们只有线下没有线上，实际上非常之简单，所有的星级宾馆，它们经营的是什么？不是一个住宿行业，互联网思维要求你，你经营的不是某个业务，不是某个产品，不是某种服务，你经营的是什么？经营的是这群消费者所有的需求和购买力，经营的是他们的大数据。所以我建议中国饭店协会成立一个云平台的高端俱乐部。所有入住星级宾馆的人非富即贵，他们是中国最有钱的几千万人，所以星级宾馆正好是他们线下导流的入口，采集数据的入口，进行线下宣传的入口，这样的入口很少，星级宾馆、航空头等舱，还有高端会所、高尔夫球场，除了这些地方你能够拦截到中国高端人群以外，还有哪里能拦截到？中国几千万高端人士到你的宾馆来住一晚上，你赚了他点住宿费就走了，你不是傻吗？你应该尽量采集他们的数据，然后形成高端奢侈品连锁店，在协会的指引下，统一装修，统一谈判合作，把 LV、阿玛尼、高尔夫、游艇等所有好的高端奢侈品统一在线下展示，在线上订货，扫一扫就可以把土特产带回家，可以订私人定制的名牌，这样赚的钱、跨界抢劫的钱远远比住宿费多得多。这就叫五星级宾馆转型成功。

10.互联网＋智慧社区：这里将诞生下一个阿里巴巴

互联网上已经有淘宝、天猫、京东等百货类大电商，也有苏宁易购、唯品会、聚美优品等垂直领域电商，有全国信息大杂烩58同城、赶集网，还有消费者吐槽的大众点评。唯独还没有一个聚焦社区提供本地服务的大平台。

我个人认为，未来只有两类平台能赚大钱，一是专业化的垂直行业平台，比如汽车平台，汇集买车、修车、卖车、买车险、车友会、自驾游等一切与车相关的信息和服务。另一个就是区域本地化智慧社区服务平台，汇集一个人、一个家庭所在社区周边的所有本地服务，能够精准、及时、优惠地满足其全部社区生活需求。

互联网＋智慧社区服务平台的核心是：社区周边微商服务和社区居民生活需求的精准匹配一站式O2O服务。平台的最大价值是以本地C2B为核心的家庭大数据运营，这是灵魂。智慧社区平台服务中国4亿家庭，网罗周边1 000万社区微商，叠加家庭电商、家庭装修、家电用品、家用机器人、家庭教育、家庭理财保险、家庭汽车……这将是一个价值万亿级的平台

第一，社区微商的痛点是：缺技术、少资金，没有能力从线下到线上去。平台帮助微商上线，把社区周边的吃饭、理发、洗衣、培训等社区微商接入平台，把线下微商从街边送到客户眼前。

第二，社区居民的痛点是：家务多散杂、社区周边信息不全、没有专用工具，家庭主妇尤其烦恼。平台为社区居民提供本地化服务，一方面足不出户尽享社区周边微商服务，变随机消费为C2B精准消费；另一方面社区居民可以在平台上基于"内部信任"开展邻居社区，共享资源，二手图书、玩具相互交换或线上跳蚤市场，上同一个兴趣班的多个孩子拼车，不同家长轮流接送，甚至在自己小区众筹一个儿童兴趣班等。

第三，社区生活大数据运营。平台通过一段时间的运营将积累这个社区所有线上用户的生活需求和消费数据，为微商提供开店投资指南、经营指南，为用户提供消费指南、爆款预订超低价供应。

第四，嫁接一个家庭机器人进入家庭。最终形成一个硬件＋一套软件＋一个云平台＋4亿家庭＋1 000万社区微商的智慧社区O2O服务平台。

智慧社区平台运营的关键是区域分布密度。围绕一个接一个的社区拓展和运营，每一个社区周边的微商、社区居民上线率越高，平台价值越大。微商和用户

在地域上分散，这个平台就没有价值。

我在五年前开始讲这个创意。今天，亚马逊家庭智能音箱echo、谷歌home、小米智能家居等纷纷登场，家庭生活需求和消费开始成为各家互联网大佬和人工智能应用场景争夺的亿万市场。

西安景兆信息科技公司是"智慧社区服务运营商"的先行者。景兆科技以"社区人"APP为线上服务端，以社区合伙人方式发展线下智慧社区体验店，打造快递代收代寄、本地生活服务、社区电商、精选爆品、邻里社交功能集成化的O2O服务平台。"社区人"APP于2017年4月正式上线，截至2017年8月已经发展600家线下体验店，累计注册用户超过35万。APP上的第一款爆品销售也非常成功，3天卖出6吨陕西宜川县苹果。"社区人"已经进入西安、成都、银川、长春等城市，正在全国规模复制。未来，管理家庭生活信息、需求、消费以及智能家居设备的平台＋硬件的制高点将是比智慧汽车更大的蛋糕。

不久的将来，您家一定会有一个机器人管理家庭的全部需求和消费，它将成为您家庭生活的管家。

现在争夺的是切入点：从上网切入、智能家电切入、家政服务切入，还是从一家亲的社交与电商切入？

11.互联网＋线下体验：马云说万达影院会死，会吗

"互联网＋"时代，线下到底有什么作用？有什么优势？当年马云预言王健林的万达影院早晚都要死。其实我告诉大家，万达影院不可能死。不管线上的影视，数字化影视多么发达，甚至你就是采用了现在最先进的VR虚拟现实的技术手段来看影视节目，最后电影院还是会活着，为什么呢？因为线下的电影院有一个核心的功能，马云没有看到，你记得你当年第一次约你的女朋友，或者你跟你男朋友第一次约会去哪了？就是去电影院，在电影院黑咕隆咚的环境里面，你们第一次手拉手，摸一摸，接个吻，这就叫线下的肌肤相亲，面对面的社交功能，这是线上永远无法替代的。比如说王菲，线上有所有她演唱的歌曲的数字化版本，但是如果王菲到线下来开个演唱会，888块钱的票价，照样有无数的粉丝会来。

经常有人说，王老师你讲的线上和线下的东西一样，为什么线下还有人来请你讲课。这就是所谓偶像现象。你讲什么不重要，能面对面地看着你，身临其境，这种享受是线上无法替代的。第二个，线下能干什么呢？就是就近配送，最后一公里的配送，进小区、进家庭、进办公楼，无论是小店还是商场，如果有一个就近配送的功能，包括物业管理，这是很重要很值钱的。第三个很重要的是什么？采集数据。你要量身材，你要采集空气的数据、水污染的数据，所有这些数据的采集，必须在线下持续地实时地进行。除了这个还有第四个展示功能，时尚的展示，跑车的展示，总比你在线上光看照片好吧？你可以摸，可以体验试驾跑车，你还要试衣服。第五个是线下发展粉丝向线上导流的能力，所以携程精准地守住机场，守了十几年发展了几千万粉丝，到线下发展会员和粉丝进行面对面互动，永远不会过时。

12.互联网＋垃圾：怎样才能知道你用几个避孕套

互联网＋垃圾怎么挣钱？大家都知道，中国在处理垃圾，环保地利用垃圾方面跟日本有较大的差距，这差距是什么呢？就是垃圾的分类，你把厨房的垃圾，不可循环再生利用的垃圾和可利用的垃圾要进行分类，这样更环保。其实垃圾除了可以再生循环利用之外，它的价值何在？那就要站在"互联网＋"的角度来看问题，垃圾里面暗藏着更大的财富，这个财富就是每一个家庭使用日耗产品的需求耗费数据。我曾经遇到过一个做市场调查的人，拦住我说："先生，对不起，我们做市场调查。"然后问："你多少岁了？什么职业？"最后他说你今年48岁了吧，请问你每个月用几个避孕套？每个月用的避孕套品牌是什么？那你说我怎么想，我一想不能说少了，男人不能讲用得少，不能啊。所以张嘴就说，差不多20个吧。你用的是什么？杜蕾斯吧。调查员就把我的话这么一记，如果他拿回去按照这个数据去调动生产，肯定卖不掉。

所以即使是面对面的市场调查的数据采集，因为消费者的虚荣心，都可能是假数据，那么你在哪能看到避孕套使用的真实数据和需求？就在小区的垃圾桶里。所以我们应该成立一个垃圾大数据网站。就是找那些物业管理的清洁工，给他们再发一份工资，让他们把垃圾分类好，然后扫描那些扔掉的包装上的条形码，这样你扔的避孕套的那个盒一扫就知道是什么品牌，几单元哪个家庭，采集到这些数据后，再拿去经营电商，做避孕套代理商、啤酒代理商、卫生纸代理商，所有日耗品的电商、代理商，这才是物业管理，互联网 + 垃圾大数据的转型方向。

13.互联网 + 公厕：德国一年赚 3 亿，中国赚多少

我们来讲一个互联网 + 公共厕所如何赚钱的创意。早在五六年前，我就演讲说，如果我们能够承包中国一百万个公共厕所，那我们这个公司的市值就可以超过上千亿，因为公共厕所对政府来讲，是一个财政负担，不得不免费提供的一项公共服务。20 世纪 80 年代北京市政府曾经在公共厕所收过钱，拉一泡屎五毛，小便一下两毛，后来遭到群众的抗议，最后取消了。现在全国的公共厕所都不要钱，政府得花钱雇人，每个月发工资，男厕所一个，女厕所一个，还得有人打扫卫生。如果我们成立一个公司，叫"厕所.com"，找各地政府说，把你的公共厕所给我，我免费来帮你维护服务，打扫干净，你给我做广告的权利，做电商的权利，还有那些拉的粪便，归我所有，成为我的资产。

怎么赢利呢？两大赢利方向。第一个就是把这些粪拉到工厂去，通过工序直接把它转化成天然的肥料，然后办一个公厕绿色食品农场，每个大城市边上弄一万亩地，弄一个粪便处理工厂，然后把它变成绿色环保蔬菜，价格涨三倍，专门在网上卖给高端家庭，口号就是吃我们的环保蔬菜，更健康放心。第二个更重要的是什么？就是要充分利用一百万个公厕里面每一个蹲坑的挡板，把挡板弄成 LED，然后通过 Wi-Fi 接上网，在上面投放马应龙痔疮膏、洁尔阴、泻停封以及特种药品广告。比如你有痔疮，蹲在那拉屎，屁股流血，疼，难过。这时候，最难过的时候，情急的时候，突然看见近在 20 厘米的那个蹲坑的挡板上面，正在说马应龙痔疮膏，一下就能治，效果好。这时候把手机掏出来一扫二维码，把钱一付，线下厕所就是卖线上特种药品、保健品的最大的电商入口，因此当你有一百万个公厕的时候，你就比江南春的分众传媒还值钱。

14. 互联网 + 旅游：由头、看头、玩头、买头、说头

旅游业实际上是线下未来硕果仅存的几个产业之一，为什么？它必须你亲自到了景区，身临其境体验。你总不能在手机上游马尔代夫吧？你老婆说去马尔代夫，你说手机上看看视频，你老婆得甩手给你一耳光。那么作为景点怎么利用互联网呢？

第一个最重要的是要知道什么样的人最喜欢你这样的景点和景色，旅游项目。怎么知道呢？首先建一个免费的 Wi-Fi 网络，只要在门口让游客下载一个景区的 APP，他就能够免费上网，你就可以采集他的数据，他的手机号，他来自哪，看得一清二楚，然后他在哪个景点停留的时间最长，哪个景点会形成热点，你还可以自动通知他现在先别去哪，要错峰旅游。这些都是旅游过程的管理，但是更重要的是，找到这些游客的共同点后，你就可以精准地判断，他们来自什么地方，他们是什么类型的人，在线上做什么广告最有效。除了这些以外还能做什么呢？就是能够全程用线上线下的方式互动，进行智能化景区导游，你还可以搞一个比如九寨沟的最佳线路个人体验推荐。他可以推荐自己的旅游线路，根据他的体验，怎么旅游九寨沟最好，然后你以他的名字来命名这种旅游的服务，他也会很高兴。除了这个以外还能干什么呢？采集到了数据你就可以对原来的那些游客说，你如果能够拉三个人来，我还有什么好处给你，也就是发动老顾客去游说发展新顾客。旅游无非是找对人，给他一个来的正确的由头，来了以后有看头，光看不够，还能参与，这叫玩头，玩完了还能够通过电商在线上有买头，买完了回去在朋友圈还有说头，同时你还要知道这个景点一年四季景色不同，拍摄最佳地点游客也未必知道，所以你可以用专业摄影师拍好景区的照片，让游客自拍然后进行软件融合，制成电子明信片，发到朋友圈，发给自己的朋友，这又是一个附加产品，所以互联网 + 旅游业大有可为。

15. 互联网 + VR：VR 赚钱是靠苍井空 AV 还是靠好风光 view

我们来讲一个主题——虚拟现实应用。虚拟现实技术目前是最火爆的 IT 科技，

它可以把你带入可感知的梦幻世界。其实科技的价值并不在于它的先进性，而在于你用它来干什么，策划商业模式卖给谁才是最重要的。当然一说到VR，大家都想到了日本的AV，说如果VR没有AV肯定打不开市场。苍老师的片子怎么用VR来表现？但是在中国黄赌毒都是违法的，我给大家做一个创意示范一下VR怎么赚钱。赶快去抢注一个网站叫VR好风景.com，建一个网络平台。然后采用先进的VR拍摄技术，把全世界所有神奇的5A级景点全部用VR进行精美的拍摄，首先创造新感知的旅游风光片的表现形式，这就收到第一份钱，你去景点拍摄，专业人员拍摄费用总得给吧？第二，把全世界的景区的VR风光片都放到VR好风景.com上面，让全世界网民用自己的手机或者VR头盔、各种VR的智能终端免费观看，神奇之旅、感知之旅，这就有内容了，如果有上千部上万部的海岛风光片、九寨沟、黄山、埃菲尔铁塔、长城，全世界人民都会看。第二笔钱怎么收呢？就按照每个景点片子每天的收视率，向景点收虚拟展示的广告费，这就收到第二笔钱了。第三笔钱，如果某个人看完这个景点的VR片子觉得特别想去，马上一点击就把你介绍给私人定制的旅行社，旅行社得给你分钱吧？所以利用VR建立一个好风景的网站和平台，这就是互联网＋VR能挖到的一桶巨大的黄金。

16.互联网＋鲜花：如何通过鲜花帮助顾客经营人际关系——花语传情

我们讲互联网＋鲜花有什么样的赚钱模式。前不久我去大兴区青年企业家创业协会做一个公益演讲，有一个兄弟是专门种植贩卖鲜花的，问我怎么才能扩大生产。我跟他说必须利用"互联网＋"，不要去种鲜花了，那是一个重资产的公司。你在网上建立一个鲜花销售平台，然后调动全世界各地种花的人，给他们提供精准的订单，这才是互联网＋鲜花的根本。我当时给他取了个名字，让他去注册www.huayuchuanqing.com花语传情。因为每一种鲜花都代表了一种感情的语言，比如康乃馨应该送给老师、送给母亲；红色的玫瑰花应该送给恋人；黄色的玫瑰花代表分手的前男友女友。

从这个意义上来讲，我们经营的www.huayuchuanqing.com是通过鲜花这样一个产品的载体，在帮助人们经营他们最亲密的重要的人际关系，这才是www.

huayuchuanqing.com真正的商业定位所在。前不久我回到家里，我太太问我，今天是什么日子你还记得吗？我说今天好像不是你的生日吧，也不是孩子的生日吧，也不是老丈母娘的生日吧，所以猜不中。太太非常生气，把我痛骂一顿，原来是我们结婚19周年纪念日。相信这样的事在你身上发生得很多。比如你记得你老板、你上级的生日吗？你记得你重要顾客的生日吗？这样的一些好朋友的生日、重要关系的生日是需要经营的。好了，你就登录我们这个网站，把你认为生命当中重要的那些纪念日、生日都登记在这儿。一到时间我们就通过电脑自动提醒你，发到你手机上，某某先生，下个月是你老板的生日，你要送一束鲜花吗？我们有7种档次的鲜花供您选择，您只要给出老板的地址，我们就会让最近的鲜花店给他送一束花去。这样，1 000块钱的鲜花，我们留200，花店收800，这200就是净赚的。同时你还可以卖蛋糕，将来可以卖钻戒、卖首饰。通过鲜花经营的是人际关系管理服务，这才是"互联网＋"的根本。

17.互联网＋微信相框：送微信相框，每看一眼都会想起你

又到了送礼物的时候，今天我给大家讲一个微信电子相框策划，这是微信出的第一款硬件产品。它打通了微信朋友圈，摆在客厅或者办公桌上的电子相框，形成一个人际关系沟通的平台。它的好处是什么？除了能内置各种照片视频，可以打电话，IP电话免费的，它还可以在后台组成群，朋友圈的群一般只有500人，买微信相框在后台组群可以超过500人。这是一个很重要的特点，什么样的人会买微信相框？这就是我要帮它策划的问题，它的价格也不贵，几百块钱，所以我认定它的主要竞争对手实际上就是手机，就是iPad，人家有了手机和iPad谁还要你这个微信相框呢？所以我把它定位成价格1 000块钱左右的最佳的送客户送亲人好友的礼品。第一个就是企业，比如说我是一个企业，我要采购一批礼物送给我的顾客，送什么？那就专门定制采购微信相框，里面可以内置这个企业老总的问候相片，甚至可以在这里面展示你的新产品，只要你送出这个相框，你还可以建一个客户关系管理的平台和群，可以通过后台和你成百上千上万的客户建立带视频照片的这样一个沟通的关系管理平台。所以我个人认为，微信电子相框首先是

企业送给自己客户的最好的礼品，而且还是跟他们联络感情和推送自己最新产品的广告平台，这个已经做得很成功了，有很多企业已经开始订购微信相框。第二个是个人送个人，爸爸妈妈在家里思念远方的孩子，你送什么，朋友过生日你送什么，朋友乔迁之喜，闺蜜生小孩你送什么呢？我觉得最好的就是送微信电子相框，你内置一段问候和照片在里面，让收到礼物的人每次一开机就看到你。我的口号是送微信礼品相框，收到礼物的人"每看一眼都会想起你"。送礼不就是要让别人看到这个礼物的时候想起你嘛，这就是我给微信电子相框的策划，如果有兴趣，你们可以去买这个相框。下面是我送微信相框给母亲的留言视频。

老妈，今天是你80岁的生日，我要祝你生日快乐，特别感谢你生养我栽培我！记得我7岁的时候你工资只有20块钱，你就花30多块钱买了一个红灯牌的收音机，让我在山上能够听到遥远的孙敬修爷爷讲故事，培养了我的口才。今天我送一个微信相框给您，希望通过这个相框您随时随地能看到我在外面讲课，在外面旅游，也希望您能够通过这个相框制作您最喜欢的音乐相册，祝妈妈安康吉祥，谢谢妈妈！

18.互联网＋诗歌：李白如何利用互联网发财

我们来谈谈互联网＋诗歌怎么赚钱。大家知道诗歌这种艺术不像其他艺术品，画家可以卖画，音乐家可以成歌手，都能挣到钱，诗人很难挣钱。但是实际上诗歌作为人类的高级精神营养品或者叫精神鸦片，它最大的力量是能够打动人、感动人，而这种力量用好了是最具有商业价值的。所以当年我就劝音乐人小柯把他创作的《因为爱情》，就是王菲陈奕迅唱的这首歌，把"因为爱情"这个名字注册成品牌，然后授权让别人使用，卖婚纱的卖钻戒的，所有跟爱情相关的产品，你可以把这个品牌授权给他使用，这叫什么品牌？因为爱情钻戒，因为爱情婚纱，因为爱情红酒。我们先拿一笔钱，把现在被低估商业价值的诗歌朗诵网站、诗人的网站、微信微博公众账号，把粉丝最多的前二十个诗歌平台收购了，我们就成为跟诗相关的新媒体的第一名的平台。在这个细分市场当我拥有六七千万粉丝的时候，我们怎么变现？就是我刚才讲的，可以用电商把这些流量变现，可以卖跟爱情情感相关的香水、首饰、服装、礼品，这是很重要的。还可以定制诗歌，为你的爱人定制诗歌、为你的父母定制诗歌、为你的老师定制诗歌，定制的诗歌还可以印在服装上，可以烧在瓷器上，情感价值就更高了。除了这些以外，你还可以卖跟爱情相关的书籍，爱情心理学，爱情小说，甚至卖爱情电影票，推爱情电影、网剧，可以卖跟爱情相关的红酒，最后你还可以为跟爱情产品相关的企业推送定制广告。

19. 互联网＋音乐：最大的商机还在哦

音乐作为艺术的第一形式，它对人的心情影响力仅次于死亡，甚至超过了金钱和爱情对人的心情的影响力，乔布斯当年就是用iPod加iTunes音乐软件才拯救了苹果公司。中国移动最赚钱的增值服务就是音乐彩铃业务，当年庞龙写了"两只蝴蝶"，在移动的音乐彩铃基地一共卖了2.4亿人民币，磁带、CD、唱片，都被互联网颠覆掉了。

未来音乐跟互联网结合，最大的商机在哪呢？第一个我认为就是，如何帮每一个人在海量的歌曲当中精准地选到最喜欢的歌，音乐属于体验消费，你听完这首歌后才会知道它的好坏，喜不喜欢，但是时间已经浪费掉了，金钱已经浪费掉了。如果你能够根据王立新过去选择音乐的数据，选择歌星的习惯，通过精准的算法，每天在新的歌曲当中给王立新推荐两三首符合他的口味的歌曲，这种精准匹配式的服务，我认为这是音乐欣赏当中最大的痛点。这是一个商机。第二个是什么呢？我觉得就是以音乐加照片加视频，再加一些鲜花礼品，作为一种社交功能的礼品卡片视频，对生日、纪念日、节日、情人节的纪念和祝福。美国去年情人节音乐贺卡公司就赚了20亿美元，这是一个巨大的商机，它的本质是传情达意的以音乐为媒介的社交电商推广。第三个，我觉得更大的商机是音乐家和计算机专家合作，做一个傻瓜化智能化的作曲家软件，所以我们赶快去注册zuoqujia.com，说白了就是让一个人用一个客户端，对着手机哼哼几句，马上就变成一首美妙的曲子，如果能实现这个，人人都是作曲家，这个商机和市场不可限量，你就可以自己作个曲，送给你的亲朋好友。

20. 互联网 + 明星：什么人才能在 4G 时代当歌星

给大家介绍一个我没有被中国移动接受的顾问建议。当中国移动拿了 4G 牌照，第四代移动通信套餐出来后，它最主要的问题就是流量卖不出去，流量要卖出去主要靠手机视频内容来拉动。当时我给他们出了个主意，我说你这个音乐基地，中国移动成都音乐基地，你单是卖彩铃卖音乐卖不动了，现在手机有 4G 了，手机就变成电视机了，最好的拉动 4G 的拳头应用是什么呢？就是手机上歌星连唱带跳的 MV，因为时间短，一首歌三分钟之内，超过十几分钟的视频谁看啊。

从这个意义上来讲，三分钟的手机 MV 视频，才是 4G 的核心主打的套餐，而且消费者崇拜歌星，尤其是青年学生，那么你跟一百个歌星签协议，这些歌星可以跟你分流量费，比如你跟王菲签一个套餐，一百块钱，王菲保证这个套餐里面每个月给你唱一首歌，而且是 MV 的方式，在别的地方根本看不到，网上也没有。第二，十二个月之后王菲还有一个线下演唱会，送你两张票，别人想买也买不到，这个套餐包每月一百块钱，有 5 个 GB 流量，这样王菲的粉丝就会来追捧。未来什么样的人当歌手才行呢？像赵传这样的就完蛋了，未来在手机 MV 上，除了声音要好，唱歌唱得棒，而且要长得帅，长得漂亮，还要能跳舞，所以像邓紫棋、萧亚轩这样的将来一定会大红大紫。有了这样的成功，三百个歌星跟你合作，你想你请一个歌星做你的代言人都得花一千万，三百个歌星代言费免了，这些歌星自己到各大学去给你站台，去给你忽悠，去发动自己的粉丝来用自己名字命名的套餐包，中国移动动感地带就可以说，4G 三百个明星套餐包，总有一款适合你。这样一来你就跟电信跟联通进行了差异化的区隔，靠音乐视频独家捆绑套餐包，借明星的名气大获成功，可惜他们居然不用。

21. 互联网 + 电影：每个人都可以包养明星

我们来讲互联网 + 电影产业有什么新的玩法。前不久我碰到了电影学院的一个领导，我就开玩笑说，我们可以创业注册一个公司，叫表演戏 .com。这个戏就是演戏的戏，表演戏 .com，然后把北京电影学院表演系、中央戏剧学院表演系、上海戏剧学院表演系这几个有名的艺术院校的表演系的帅哥靓女都招进来注册成会员，然后来展示他们的表演小品、上课、生活，把这些东西展示出来真人秀，可以接到手机上、视频网站上，这就会吸引无数的追星族的粉丝，大家可以点赞、评论，看哪个人更具有明星相。聚集了粉丝后，根据他们的特点，我们就可以号召大家出创意，有了好的故事创意，然后我们专业的编剧和业余的文学编剧爱好者合作，量身定制剧本，有了剧本就可以集资众筹，不超过两百块钱，你投资你喜欢的那个表演系的学生，然后从手机短剧、网络剧，一直到拍大电影。比如说这个剧本需要两千万的投资，那么一个人砸 200 块钱，美国的众筹法律就规定每个投资者不要超过 1 000 美元，这样风险小，投了以后，大家就可以选导演，你认为谁适合做这个导演。那么整个互动下来回报首先是什么呢？所有投了 200 块钱拍电影经费的人，领两张电影票，不要钱，有了利润，按股份分红，那么就彻底改变了电影工业的传统封闭模式。投资也有了、演员也有了、剧本也有了，大众参与，传统角色就改变了，这些人既是投资人，又是粉丝，还是看电影的观众，几千万人捧一个人，很容易成功，大家再集资成立他的经纪公司，长期合作。我觉得这样的一种方式，在智能化时代、互联网时代、粉丝社群经济时代，一定会有新的突破。

22.互联网＋游戏：不是王思聪，你也能靠游戏挣大钱

我们来讲一讲互联网时代，游戏有什么样的商机是值得开发的。去年有一群做游戏的小伙伴来找我，他们设计了一个游戏，基于线下的场景，实体、街道、商场、建筑物，开发了一套虚拟现实和加强现实的游戏，只要你用手机下载一个软件，拿着手机对着空中就能看到各种各样的怪物，看到各种各样的气球，看到蝴蝶，你想看到什么就可以做成什么，那是虚拟的，但是你可以通过手机打游戏一样去打它们，还可以自由组合不认识的人组成一队，跟另外一个队进行对战。他们想把这个东西作为一个游戏去推广和开发，但是我想到的是什么？我想到的是如何把这种游戏变成一个线下商家吸引人气，搞趣味化、娱乐化、互动化、精准化营销的工具，最后转化成平台。后来他们在北京大悦城商场试了一下，三天

中老百姓逛商场的都下载这个软件，然后互相打，打了气球可能打中 10 块钱的折价券，可以在商场当钱用，特别火爆。那么反过来，你想怎么赚钱呢？实际上你有了这个平台，有了这个工具后，你就可以去找线下的所有的商家，比如说耐克，你买 1 万个怪物，只要这些人打这个怪物，就会看到你，上面有你的标识广告，有你的抽奖礼品，都在这些虚拟的标靶里面，所以每家商场每个品牌，都愿意把这个游戏作为一个载体来进行推广，来加深品牌印象，来搞节假日的促销活动。我们就按虚拟的标靶收费，而且这个标靶是你想投放到线下什么位置就投放到什么位置，比如一个商场有 10 层楼，你想投到 2 层 3 层 5 层离柜台有多远，它都可以做到。所以从这个意义上讲，营销会变成游戏化推广，比如说你是一个汽车公司，你也可以设计一套赛车游戏，然后植入你的品牌，植入你的车型，让这些人在玩游戏的时候，玩赛车的时候理解你的赛车文化，看到你的新的汽车产品。

23.互联网＋农业：食品安全怎么做才能名利双收

我们来谈一个问题，互联网＋农业会产生一个什么样的赚钱的模式。我一直都在讲，互联网非常重要的是要选痛点。什么是痛点？就是老百姓最关心的最痛苦的问题。从农业的角度来讲，农业问题最痛苦的是安全，食品的安全。绿色环保的健康食品，对高端人群市场的信息不对称，这是农业的根本痛点所在。

所以我的建议是先要建一个网站，能够看出这个农产品是在什么地方产的，谁种植的，用了什么样的肥料、农药，它是否健康安全，是不是真货，这就叫抢占农业信息化的制高点。我们这个网站可以叫绿色健康农产品网站，然后就是号召所有那些符合我们绿色健康标准的有信息化监控的品牌，都到我们这网站上面来建立一个数据库，然后在它们的包装上面印上我们的二维码和条形码，让消费者扫一扫就能看到你的产品是真的还是假的，能够看到你的产品是怎么养殖和种植出来的，全过程的信息溯源能够给消费者以坚定的购买信心。同时为了吸引他们来扫，还可以扫一扫抽奖，每天拿出几百个 5 000 块钱的大奖来吸引广大消费者。这样做的目的是要让农产品供应厂家精准地看到是谁在买自己的产品，这样就可以把他们发展成粉丝和会员，然后从网上给他们建立终生的绿色环保食品的供应关系，把一次性赚钱变成永远赚这些高端人群的钱，而且让他们能够放心地食用我们的产品。

24. 互联网＋扶贫：把扶贫做成"大电商"

我们今天来讲一讲互联网＋扶贫献爱心。大家都知道习主席要求在 2020 年要彻底脱贫，使中国几千万贫困人口都达到小康生活水平。怎么脱贫呢？前两天我碰到了黑龙江一个国家级贫困县的县长，我就告诉他互联网＋脱贫应该怎么做。第一件事情，他们应该把全国 400 多个贫困县的县长领导组成一个脱贫协会，有了这个协会向国家扶贫办申请，可以要政策扶贫。我个人认为 3 年之后，中国的线下商场越来越走向衰落，国家财政收入需要统筹平衡线上线下商业，一定会向电子商务也就是网上的企业和个人电商征税。如果国家政策扶贫，当淘宝天猫京东，所有的企业和个人商业平台在网上都被征税的时候，只有一个特殊政策，400多个国家级贫困县的产品，尤其是土特产农产品可以减免税，这就有助于招商引资吸引资金到贫困地区去投资。第二就是建立一个网站国家爱心扶贫.com，凡是在这个网上买贫困地区的农产品土特产，第一价格便宜，因为免税，第二因为没有污染，环保绿色健康，第三这个网站承诺只要你买 100 块钱的贫困地区土特产，我们这个网站就会向扶贫基金捐一块钱。然后我们再组织壹基金、嫣然基金、治理沙漠的基金，把这些慈善基金会组成一个联盟，所有的电商网民你买了 1 万块钱的东西，因此产生的一笔捐款你想捐给哪个基金你自己做主，这样一来就形成了互联网＋爱心扶贫平台。第一国家完成了自己的攻坚任务，让几千万人脱贫，政府是高兴的，同时还节约了扶贫基金资金，因为输血不如造血。第二，贫困地区的企业，通过这个互联网平台能够把自己的产品推向更多的具有爱心的人、需要环保健康产品的人，企业得到了实惠。第三，对网民个人而言，你既献了爱心，又吃到了健康绿色的环保食品，而且价格还比别的网站便宜。这样一个策划只有赢家没有输家，这就是互联网＋爱心脱贫.com 电商模式。

25.互联网＋健康医疗：有哪四大商机

我们来讲讲互联网＋医疗健康有什么商机。大家知道第一个痛点就是挂号难，尤其是专家门诊，现在已经被马云做了，马云宣布跟400多个三甲医院合作，消费者在阿里巴巴的网上就可以挂号，方便，这肯定好。第二个痛点是什么？卖一个智能手镯给你，戴在手上，可以随时随地测你的心跳、脉搏、血压、体温，把这些数据通过移动网络传到云平台上去，对你进行24小时的健康监护，如果心脏病发作，120救护车马上就来了，这个产业链比较长，做得比较费劲。

除了这个以外，我也建议过国家出面，建一个所有医疗机构的病历资料库。数字化电子版的病历、CT片这些资料全传到一个云平台上，全中国所有的医院，只要你照一次片子，有病历传上去，所有的医院都认，这样对病人来讲就方便了，降低体检成本，如果医患之间出了什么事儿，这个公开的第三方的平台，甚至可以把看病、做手术的这些图像视频也传上来作为解决纠纷的证据，现在医患矛盾比较紧张，这也是个办法。

除了这个还有什么呢？我个人认为还可以建一个病友网，大家都知道，久病成良医，而且，现在病人对医生对医院有一定的成见，不太信任他们，觉得老听说你们卖药。所以我们的口号是什么？立新病友网，"同病相连"，经验共享。我们的页面应该是什么？一个搜索框，上面就这两句话，然后输入你什么病，胃病一输进去，第二页面全是胃病的内容，病友在那聊什么？哪家医院好，哪个医生治胃病比较可靠，哪种药最有效果，胃病应该怎么保养，吃什么保健药。肺病肝病也是一样的。怎么赢利呢？精准广告嘛，胃药的广告，保健品的广告。病友网，我觉得还比较容易赢得大家的信赖。

26.互联网＋服装：比美和云定制

网友许建军咨询我说他想做一个服装租赁公司，让广大人民群众不需要再买更多的服装，可以到网上租他们的服装，这样可以天天都穿新衣服。当时我就告诉他，在互联网大数据时代，服装业最重要的是什么？最重要的方向一定是私人的量身定制服装，因为只有适合你的身材的服装，符合你的色彩审美要求的服装，而且比在商场买的还便宜的，这样的私人定制的服装模式才是未来发展的方向。那么怎么才能实现呢？关键就是不要去做服装厂，而是要采集 14 亿中国人的身材数据，最主要的成本在哪儿呢？就是如何把控采集数据的标准，我的看法是，如果让我们做一个软件的智能化的服装设计平台，让全中国乃至全世界的服装设计师都来免费使用这个软件，在虚拟的智能化平台里面随心所欲地设计服装，这样出来的服装都是按照虚拟标准设计的，我们再做一个手机客户端的 VR，就是虚拟现实的叫"试衣间"这么一个客户端软件，让全中国的老百姓用手机用电脑去下载，然后输入自己的身材三围数据，再输入自己这张脸，因为这个服装是设计师按照虚拟的标准设计的，所以他用手机用电脑端一点，任何一件服装就可以穿在他身上，他就可以看到一个跟自己一模一样的人，脸也长成一样，然后在手机和电脑上 360 度旋转，可以从上面看，下面看，左面看，右面看，侧面看，比你在真正的试衣间里面照镜子看得还清楚。

这样一来你还可以把它变成社交娱乐游戏，你输入范冰冰、李冰冰的脸和身材，一个女同志点完那件裙子，再点范冰冰、李冰冰和自己，就可以看到范冰冰穿这件服装还是你穿这件服装更好看，发到微信朋友圈就形成了一个比美的娱乐游戏，这样免费一用，几亿人就会主动地把自己的身材数据交给你，有了这个你就可以做一个私人服装定制云平台，号召大家在这上面选款式，选色彩，选价格，你可以反向向工厂定制服装。那些工厂都快倒闭了，正需要订单，中间的折扣价就是你的利润，这就叫互联网 + 身材数据的服装业解决方案。

27. 互联网 + 自品牌：阿玛尼、LV、香奈儿……会死吗

我们今天讲的主题是自时代的自品牌，我曾经讲到过在互联网时代 IT 就是 ITime，就是自我成了这个宇宙的中心。将来每一个人的名字就是你自信的标志，你的名字就是最好的品牌。通过"互联网 +"数据的采集和运营，最终实现每个人从服装到饮食到健康到娱乐到学习的精准的个体化服务，在这个时代，谁能够抢占先机，谁就可以打垮淘宝、打垮阿玛尼，打垮可可·香奈儿。未来一切大品牌都会

消亡,因为过去的那个时代是一个偶像崇拜的时代,是一个跪着去看人的时代,一个丧失自我的人,一个虽然有钱却自卑的人、没有自信的人,他需要一个偶像、需要一个品牌崇拜,于是传统的大牌应运而生。反过来互联网的时代是一个极其自我和自信的时代,没有必要再去穿别人的品牌,你自己的名字就是最好的品牌,在这样的一个时代需要的是什么? 需要的是草根也能享受到与世界首富一样的私人定制,而且成本将会大大下降。我的师姐成蓉女士开了一个公司叫 SIRLINK,翻译成中文品牌就叫"先生在线",专门为有个性的男士提供自我品牌的包装,从服饰到未来的娱乐享受都可以到 SIRLINK 来定制,这是一个刚刚开始的事业,也揭开了一个新的时代,我作为他们的第一位私人定制自己品牌的顾客,他们专门为王立新设计了一个"新"字,这就是我未来的品牌,所以登喜路啊阿玛尼啊对我没有意义了,以后你们将看到我的服装都是这个标志,而且这个标志只属于我,不属于其他任何人,所以登录 SIRLINK 开始你的自品牌时代吧。

28.互联网 + 跨界(1):为什么传统企业"只抢自行车"

我们讲互联网 + 跨界"抢劫"。曾经有人给我讲过一个笑话,说十几年前在成都火车北站,有一群人晚上经常出来抢劫,但是他们是按需抢劫,就是需要什么才抢什么。举个例子,他们一看没有自行车了,于是老大找手下 10 个人说,今天你们的考核指标就是每人抢一辆自行车。第二句话,别的东西不能抢,因为那叫扰民。我们缺什么才抢什么。于是全世界最奇特的抢劫现象就出现了,如果你没有骑自行车,他马上让你走。如果骑自行车的过来了,刀一拿,抢劫,所有骑自行车的人吓坏了,命要紧啊。下来一摸兜,摸什么,摸钱包啊,说,对不起大哥,我就只有几百块钱。还有的说我就这手表、项链你要吗? 没想到劫匪说,滚,我们只抢自行车。好笑吧?

因为抢劫犯罪判 10 年,成本是一样的,你只抢自行车也可能判 10 年,所以正确的"抢劫"办法是什么? 把自行车、钱包、手表、皮夹克、首饰全抢光,抢得他只剩一条内裤。实际上我在讲什么? 传统产业商业模式就是,我卖汽油就只赚汽油的钱,我卖鲜花就只赚鲜花的钱,别的我不抢,这就是传统的思维。

真正的互联网思维是什么？如果你开一个加油站，顺便把汽车保险卖了，顺便问要不要矿泉水，要不要饮料。顺便再问问，你有二手车卖吗？现在中石油中石化的加油站已经开始干这个了，这就叫跨界"抢劫"。跨界"抢劫"的要害是什么？你经营的不再是某个产品，也不再是某个服务，你通过经营汽油、经营手纸、经营鲜花，最终经营的是顾客大数据背后所有的需求的掌控，只有精准地掌控了顾客的需求，掌控了数据，你才能够满足他所有的需求，进行跨界打劫的赚钱模式，这就是最好的商业模式。永远赚同一群人的钱，满足他们所有需求。

29.互联网＋跨界（2）：冰箱白送怎么赚上万元利润

我们继续讲互联网＋跨界打劫。前面我们讲到了跨界打劫的根本就是掌控客户数据，你才能够满足同一群人的不同需求。所以我给海尔冰箱出了一个主意，不要靠卖冰箱挣钱，要跨界抢劫。海尔冰箱我问了问，一台冰箱的成本大概是1 400元，拿到商场里卖1 800到2 000元，分到海尔冰箱手里纯利润也就一两百块钱，所以冰箱制造业的模式是一个苦活、重活、累活、重资产。我的建议是什么？在冰箱里面加两个智能化的手段，一个是冰箱加路由器，可以在家里自动通过Wi-Fi上网，第二个就是在冰箱里加一个红外线扫描仪，把冰箱里所有食品饮料包装的二维码一扫就知道是什么品牌，每天喝了多少，消费了多少，有了这些数据，传到海尔的云平台上去，海尔从此以后就不是一个简单的制造业公司，而是一个经营家庭食品饮料的电商大数据平台的精准营销公司。

举个例子，如果你上午还有10瓶青岛啤酒，到了晚上数据一看，冰箱里只有1瓶了，那9瓶哪儿去了？喝掉了，当你能做到这一点的时候，你就宣布从今以后，海尔冰箱免费白送，只要这句话一讲完，3年以后，整个中国市场只有海尔冰箱了，4亿个家庭里面装的都是海尔冰箱。白送的目的是什么？就是采集顾客的家庭消费数据，把冰箱变成一台自动贩卖机安在家里，一缺货就通过电商给你补上。对顾客的好处是什么？第一，冰箱永远白送，免费维修。第二，从电商平台买我们的饮料、啤酒、果汁、酸奶、牛奶货真价实，厂家直销，更重要的是价格便宜一半。第三，还给你提供售后服务。比如王老师正在讲课，手机响了，海尔给我发来一条短信：根据数据，你冰箱里面有四盒酸奶，再过两小时不喝就过期了，喝了要拉肚子的。这就是售后服务。有这三条，你不用，你脑子进水了。那么怎么赚钱？一台冰箱里面的食物每月如果花费平均是 2 000 块钱，你只赚 10%，两百块，10 年就是两万四啊，你想赚 200 呢，还是想赚两万多呢？这就是海尔的"互联网＋"转型策略。

30. 互联网＋房地产：贾跃亭进军房地产干什么

前不久乐视董事长贾跃亭花了 25 个亿，把北京工体的一个商业社区连商场带办公楼全买下来了，难道一个互联网的大咖公司要去做房地产？其实不是的，我个人认为贾跃亭先生是想通过这次收购，把自己的智能家居、智能商场、智能娱乐、智能购物、智能办公，把内容加硬件，加社区空间，做一次实战性的线上和线下互动的样板展示，让全世界看到乐视是可以打通线上和线下生活的，这样他才可以把他的硬件软件和服务卖给全世界所有的商场、所有的办公楼和所有的家庭，如果能落地执行，这是非常棒的一个创意。实际上互联网＋房地产会发生极大改变，第一个就是筹资，把重资产房地产变成轻资产，王健林已经做过了。过去你建一个楼，建一个社区，建一个商场，你必须向银行贷几十个亿，上百亿，你欠银行的钱，负担很重，你是个重资产的公司，经营不善就倒闭。

现在通过互联网金融众筹的方式，你就转化成轻资产公司，管理公司，服务公司，这是第一个转型。第二个就是所有的建筑以及里面的电器家具马桶全部智能化，传感器跟云端的物联网平台、数据平台、管理平台接通，随时随地采集运营数据。这样有什么意义呢？这实际上改变了房地产的盈利模式，过去房地产一次性买卖，只能卖套房子给你赚点钱，以后再也赚不到钱了，现在可以通过安全监控，只要有陌生人靠近你的门，你就知道他是坏蛋还是好人。因为锁定他的脸，智能识别他有没有案底，这个可以收费，保障人身安全。第二个是监护你的身体健康，你撒一泡尿，马桶马上给你发个短信，通过智能马桶验尿数据比对，你得痛风了，赶快吃什么药可以治痛风，物业服务可以从药厂赚钱。第三个抄水电煤气的表给你分析，告诉你怎么节能，收你的节能管理费，又可以赚钱。最后一个就是做电商，通过采集数据知道你们家冰箱里面少了多少瓶啤酒，多少牛奶，应该重新采购，鸡蛋也少了，这时候你到它的电商平台上去采购，它也可以挣钱。最后一个改变是房屋生产建筑过程用智能化 3D 打印，上个月在西安，有一个公司用 24 小时打印了一栋别墅，全部用的是垃圾、建筑废材料和矿渣，一平方米 100 公斤建筑垃圾，只需要 2 000 块钱成本，防九级地震。

31. 互联网 + 汽车：拥有一辆免费的汽车不是梦

我们来讲互联网 + 汽车制造业会产生什么样的变化。第一个变化，大家能够看到的是，从此以后用机器人来全程生产汽车，不需要工人啦，整个车间都是机器人，这是第一个变化。第二个是汽车本身实现智能化，过去的车需要人来开，现在用互联网 + 云平台控制，无人驾驶汽车，这是第二个变化。第三个变化，看得更高一点，以后的汽车是按需定制，按照每一个人的经济收入、出行状况，以及他对汽车色彩和性能的爱好，自己来定制每一辆车。按需定制汽车，就可以消灭库存，每辆车生产的时候，钱已经付过了，订单已经有了，谁的车都知道了，这是汽车工业发展被互联网颠覆的根本。

再进一步，你能不能把汽车白送给别人，让他定制一辆汽车，不要钱，但是你可以采集数据，然后把汽车变成一个流动的电子商场，把人在汽车上的吃喝拉撒睡，需要处理的事情都交给你来办，然后羊毛出在狗身上，你从商家、从加油站、从保险公司和银行赚钱。这是一个更高的境界。比如我们可以进入保险业，现在的汽车保险，只要车是一样的，买的时间是一样的，交的汽车保险费就一样，这叫标准化保险。如果我是丰田汽车公司，我在每一辆车出厂之前全部加上传感器，跟云端的平台接通，通过卫星通讯实时监控，这辆车在哪儿，开了多少公里，走的是烂路还是好路，平均时速是多少，这个驾驶员闯不闯红灯，这些数据采集到手了，我就可以提供按天计费的保险。比如说我监控到你这辆车在车库里，今天没动，那么今天的保险费就不收了。我监控到你的车只在二环跑，一堵车平均每小时 20 公里，撞不死人，一天收你 5 块钱保费，如果你开在高速公路上，开在青藏公路上很危险，那么就收你 100 块钱一天的保费。如果按数据收保费的差异化服务模式出来，所有传统的保险业全部死掉，这时候汽车工业就跨界颠覆了保险服务。

32.互联网＋智能生产：所有大工厂都会倒闭

1983年3月9号晚上，美国人查克·赫尔在他的家庭实验室里面，用一种特殊的液体材料，通过紫外线成型技术，在一台特殊的3D打印机上面打出了一个纸杯，这就标志着3DP打印技术发明出来了。3DP是什么？3D就是三维，长宽高，立体的，P就是print，打印机，所以3D打印技术就是把特殊的液体材料、塑料，还有陶瓷粉、金属粉按照计算机软件、数字化设计的模型，接到特殊的打印机上面，把比特图纸变成原子实体。这是自时代自造的一个最好的案例和工具，实际上是把比特和原子，通过自我的创造力，最好地融为一体。这个技术一出现，迅速在制造业，包括汽车、火箭、轮船、鞋业、医学各个领域得到了大规模的应用。有人用3D打印自造了一辆跑车，叫刀锋，0到95km/h加速只需要两秒，还有人造了个电动汽车，只需要11万人民币。3D打印能把两万多个零件的汽车浓缩为40多个零件模块进行组装，大大地降低成本和简化了工艺。

在这样的一种情况下，人类势必从工业文明的大规模标准化同质化的生产，转回到家庭作坊的智能化生产，实际上是自给自足的时代将会到来，这样人的想法和创造力很容易转化成商品和实体。如果还有专利制度的保护，人人都可以拥有更多的专利产品，成为专利的发明家。现在我得到的更新的资料是，美国有一个很有名的大学叫维克森林大学，它的医学院成立了3D打印部门，就在前不久用一种特殊的活性细胞材料加网眼打印技术，打出了一个老鼠的头盖骨装在老鼠身上，不但跟肉体融为一体，还自己分裂细胞再生长，长出了毛细血管和神经末梢，所以将来打印人的肾脏、肝脏，装到人体里去，这就是一个更大的突破，这样的技术势必改变人类的命运。

33.互联网＋跨角色（1）：诺贝尔文学奖得主请你一起写小说

"互联网＋"怎么颠覆传统社会？怎么用互联网＋新的模式来挣钱？第一个主题就是"互联网＋"颠覆的是传统的角色。比如在传统角色里面，顾客、股东、员工，这是三个完全不同的角色，而在互联网时代，你就有可能把顾客变成股东，把顾客又变成员工，股东、员工、顾客都是一个粉丝群。

拿出版业来说，过去出版业有编辑有作者有读者，这三者也是各自扮演各自的角色。三年前我策划过一个方案，让诺贝尔文学奖获得者莫言邀请广大文学青年，在互联网上和他采用接力赛的方式来共同创作一本小说，莫言只需要写一个人物关系的大纲，只写这个小说的第一章，然后把这个关系大纲和第一章扔到网上，号召成千上万的有写作爱好和热情的人来参与写作第二章。悬赏十万人民币稿费写一章，把这些写好的稿件投到网上后，号召更多的网民，你虽然没有写作才华，但是你可以读啊，读完了投票，自时代出版。你自主选择投票，这是你的权利。然后设定一个投票时间，前两名入选作者各分十万，然后这小说就有了A版和B版，又把AB版作为擂台赛，就跟超女一样，挑起群众跟群众对抗，形成竞赛，刺激更大的热情，于是这小说一章10万，形成AB两个版本，最后30章结尾，整个小说的创作过程、投票过程就有几亿人次参加，所以作者就是读者，而且这小说的创作过程就成了它的市场推广过程，小说截稿后立刻众筹，你想买这本由你参与的书吗？网上订，永无存货。

34. 互联网＋跨角色（2）：如何让几千万顾客既是股东又是员工

我们继续讲互联网＋跨角色的变革，2015年6月12号，大连万达通过自己收购的快钱互联网金融平台，向全体网民和机构投放了万达"稳赚一号"互联网投资产品。它拿出了郑州惠济万达广场、宜春万达广场、三门峡万达广场、梅州万达广场、常德万达广场这五个万达广场的项目在网上向广大网民和机构众筹原始股，1 000块钱投进去就是万达广场的原始股东，只需要三分钟，王健林就筹集到了上亿的网民的投资资金，5天以后这五个项目筹得50亿人民币，5天一抢而光，为什么大家这么追捧？因为它发展了互联网金融，发挥了互联网众筹的特点，就是积少成多，投资成本极低。王健林要做轻资产的公司，他不想再受银行的盘剥，不想再给银行打工了。过去万达广场动不动就要投资10个亿，20个亿一个，都得向银行贷款，银行就是钱的中介。万达"稳赚一号"最终实现了什么？向网民和机构直接筹资，成本极低，年回报率平均在12%，而且大家还可以把自己投资的原始凭证在网上互相交易。那么王健林先生下一步应该做什么？就是把这些个人投资人转化成万达广场的VIP会员，给他们发会员卡，你又是股东，又是我的VIP会员，肥水不流外人田，你就可以使劲到万达广场去消费，这样顾客的忠诚度当然高了。另外，你既然是万达的会员，又是股东，你可以去拉人加入万达会员，拉人来万达广场消费，我再给你奖励。

从这个意义上来讲，20年以后，五百个万达广场在全国建成的时候，就会有几千万股东，几千万会员，又是几千万不领工资的员工，这就是互联网+万达商业地产的新思路。

35.互联网+说明书：为什么说明书厚的产品都要死

互联网+说明书会有什么样的赚钱创业机会？我这个人从小就不爱看产品说明书，没有耐心，我已经买过三四辆车了，但是我从来没有看过说明书，因为它们是无级变速自动挡，知道油门在哪，方向盘、刹车在哪儿，我就开出去了。所以当初苹果手机一出来，我就知道诺基亚也好，多普达也好，黑莓智能手机也好，全都会死。为什么？就一个标志，iPhone也好iPad也好，没有说明书，只有一张纸。那些动不动就是三四百页说明书的产品，包括电冰箱、电脑、电视机、洗衣机都是这样的，将来都得死。

据说当年乔布斯就痛恨说明书，最后他要做iPhone这种智能手机，他的检验条件是什么？样机做出来后，发到幼儿园去，给幼儿园3岁5岁的小孩，一人发一个，谁也不要教他们，也没有说明书，小孩也看不懂，然后过一个星期再把这些小孩叫来说，你打个电话给你家，能打吗？能打！你下载个汤姆猫游戏玩玩，会玩了，产品可以上市了！所以懒惰傻瓜化，才是人类进步的根本动力。

我的想法是，现在搜索引擎已经很精准了，语音智能机器人的应答也很精准了，而像中国移动这样的呼叫中心座席也已经成规模了，为什么我们不消灭说明书，为各行各业制造业的企业提供售后承包服务？消费者无论是买谁的电脑，买谁的洗衣机，只要在手机上输入型号，就可以问你想问的问题，用人工智能的语音给你回答，实在没法回答的难题，它会自动转到专业的人工座席去，这样一来说明书就没有存在的必要了，消费者遇到任何难题，都可以通过互联网来寻找答案。怎么用？为什么这个东西坏了，坏在哪啦？这样一来生产企业的服务成本、后续成本就会降低，所以这样的一个第三方平台一定是社会欢迎，消费者欢迎，企业也欢迎。为什么不做呢？而且还是环保的，每年光印说明书得砍多少棵树，得用多少张纸啊。

36.互联网＋天气预报：利用天气预报怎么赚百亿

前一段时间我上课，有一个听课的学员告诉我，他是给中国国家气象局做IT信息大数据支撑的单位，全国31个省市自治区2 000多个县的气象信息采集的数据，都要汇总到他们的平台上，气象局每个月按人工成本外包给他们，给他们一点信息支撑服务费。他说我除了赚气象局的信息数据IT支撑的服务费以外，我能赚什么大钱？我跟他讲，数据最值钱，如果真的是像他说的采集了中国所有的天气气候状况的数据，把这个跟金融期货相结合，就可以赚大钱。举个例子，现在的技术，数据准确，早已可以实现中长期的天气预报，短期的可以按10分钟、20分钟进行气象预报，长期的可以按10年、5年、两年，进行比较准确的中长期天气的预报。

这些预报都要靠采集数据来进行分析，如果真的全国2 400个县的气候数据都在你手里，大家知道我们做农产品的期货投资，比如说小麦，比如说玉米，比如说土豆，比如说西红柿，比如说水蜜桃、苹果，只要我们把全国的这些农产品产区未来一年两年三年的气候预测大数据精准化，如果我们预测西红柿产区在全中国乃至全世界，明年一定是大旱，百年难遇的大旱，西红柿就会减产，市场价格一定会上升，现在我们怎么办？我们现在马上冲进期货公司，做多明年的西红柿，赌它涨价，到了明年，西红柿一涨价，我们一抛就赚大钱。大数据时代未来的投资一定是基于精准数据的投资，用信息预测把投机变成投资，这才是整个投资行业转型的根本。

37. 互联网＋保险：传统保险业自身难保

互联网＋保险会发生什么样的变化？首先我要告诉大家，保险也是一个非常伟大的商业模式，因为它是利用人对风险的恐惧，通过对风险概率的控制，然后精算，让每一个参加保险的人共同分担这种风险，所以只要算准了精算，它永赚不赔，拿了你们的保费去做投资，这就是空手套白狼的商业模式，很伟大。

互联网来了，保险行业受到的第一波冲击是什么？在传统保险服务不变的情况下，谁能够在网上卖保险，把分给保险推销员的钱拿出一部分返还给被保险人，你的用户就会多，因为保险行业最大的成本就是销售保险的费用，据说某些险种当中，有一半的保费都要分给销售人员，因此那些传统的标准化的保险服务，比如汽车险、航空险，就是拼价格，这只是第一个阶段。

第二个阶段，互联网对保险的颠覆是什么？就是云计算、传感器、云存储、大数据应用，大数据跟过去不一样，是全数据的采集，一个人一生下来，给他在体内安一个电子标签，就可以采集他所有的身体健康数据，心跳、脉搏、血压。一辆车加上传感器，就知道它每天跑多少公里，有没有违章现象，跑的山路出事故的风险有多大，这种情况下就可以按照大数据实时地差异化地为每辆车、每个人，甚至每栋楼的防火提供单独的差异化的保险。这才是本质的颠覆。

到了第三个阶段，整个保险行业在互联网时代最大的竞争焦点是什么？是交完保费后如何利用O2O的方式。用卫星追踪的方式对每个人、每辆车、每栋楼实时地进行安全防风险的监控，比如这个人突然心脏不好了，马上通知120去急救，只要他不死，你的赔偿就低。比如这辆车只要发现司机打瞌睡，就及时远程提醒他，这车就不会出车祸，保险公司的风险降低，成本降低，利润就会提高，所以这三点是对保险业最大的冲击。

38. 互联网＋银行：孩子去银行工作很危险

我们来讲互联网＋金融行业，尤其是银行。未来互联网到底会对传统的银行业产生什么冲击？我已经跟大家讲过互联网最大的特征是什么，通过在线上供需关系直接的精准匹配，直接交易，降低全社会的交易成本，所有的中介都会死掉。银行在传统行业里面其实就属于钱的中介，银行以 2%、3% 的利息把我们手上的钱买到它手上，然后化零为整，你几百块钱，他几百块钱，组成上万亿，银行拿去放高利贷，以 10%、20% 的利率再去贷款卖出去，把钱卖给别人，中间的差价，利息的差价就是银行的利润。现在互联网来了，比如大连万达董事长王健林收购了互联网金融机构快钱平台，直接拿 5 个万达广场项目筹集 50 亿人民币的资金，他没有找银行，而是在互联网上向广大网民和投资机构直接要钱，保证 12% 的年回报率，把银行甩掉了，只用了仅仅 5 天，他那 50 个亿的筹集资金目标一抢而光，这个案例一定会进入历史，5 天 50 个亿，那么 10 天呢，会不会筹到 200 个亿？从这个意义上来讲，互联网是传统银行的克星。第二，银行的传统风险是什么，就是信用。如果银行把款贷给一个烂企业，死账坏账收不回来，银行就会破产，但是如果通过互联网的大数据去选择贷款对象，死账坏账率就会显著下降，我可以在网上分析你的经营，分析你每一天的进账的数据，分析你的客户的行为，最后得出结论，是不是该把这笔钱贷给你。这是第二个互联网大数据对银行信用的精准化评估。第三个还要告诉大家，纸币在未来 30 年一定会消失，2015 年 12 月丹麦已经宣布要开始消灭纸币，瑞典也宣布要消灭纸币，如果没有了纸币，银行营业厅还有什么用，ATM 机还有什么用，印钞机还有什么用？甚至抢银行这个罪都不存在了，所以如果你想到银行工作一定要小心。

39.互联网＋电信运营商（1）：能打垮阿里巴巴的只有中国移动

我们来讲互联网＋电信公司怎么转型。大家都知道，电信公司改革下一轮的方向是网络和业务要分离，我们第一个看到的是移动、电信、联通的铁塔基站，已经被国家合并成一个统一的公司中国铁塔，这是为了减少国家的固定资产的投入，要把三大运营商国有资产变成一个轻公司。按照网络和业务分离的结果，下一步很可能是把所有的固网宽带、传输网，也组成一个国家宽带网络传输有限公司，接下来也可能把移动、电信、联通的呼叫中心再成立一个国家呼叫中心。再接下来，很可能把渠道都独立出去，形成一个销售公司。那么移动电信联通的重资产被剥离了还剩什么呢? 实际上就相当于中国高速公路只有一条,只有一个网络。国家负责收高速费,移动、电信、联通就成了高速公路上的运输公司,你是搞货运还是搞客运 ,你去抢客人、抢货物竞争,你们三家就成了全世界最大的虚拟运营商 。

那么你的核心资产剩下什么了呢? 核心竞争力是什么? 就是运营商大数据库里面十几亿消费者使用手机的位置、喜好,你在手机上看了什么书 ,搜索了什么关键词,曾经到了哪些地方,买了哪些东西,所有这些大数据成为运营商最值钱的东西。那怎么运用呢? 第一,永远不要损害你的顾客的核心利益,而是要利用大数据,代表他们反向向所有的商家砍价,使他们能够精准地从商家那拿到更好的服务、更多的折扣。拿中国移动来讲 ,它可以代表八亿五千万用户向全国所有的商家说 ,想在手机上赚八亿五千万用户的钱吗? 跟我合作给我最低的折扣。倒过来又对所有的用户说,想在手机上买到最便宜的东西吗,登录中国移动的电商平台,我保证价格是最便宜的。第二,你买得越多,我送你的上网流量费电话费就越多,直到上网免费,这是所有的传统互联网电商公司永远做不到的。因为依据大数据的精准匹配营销,这是运营商的天然优势,只要它不泄露顾客的隐私,为他们创造价值,它就是最大的电商平台。当然国有体制是运营商转型的最大问题。

40.互联网 + 电信运营商(2):流量怎么变成钱

我们来讲如何经营流量把它变现。第一个问题:流量是什么? 每问一句流量是什么,答案不同赚钱的方法就不同。你问通信公司运营商,他一定说流量就是比特,8 比特等于 1 字节,1 024KB 等于 1MB,1 024MB 等于 1GB,1 024GB 就等于 1TB。他们回答流量是比特麻包,那么就收传输费、搬运费,就像当年一吨石油运出去,收你运输费 200 块,这就是第一种方法流量经营变现,收传输费、搬运费。

第二种答案:流量是什么? 流量就是注意力、眼球经济,你搜索一个电视剧,有多少人在搜索,有多少人在看。有多少人在打这个游戏,有多少人在听"立新说"，点击率下载率搜索率背后是眼球经济的注意力，这时候流量就可以变成广告费。有 1 000 人听王老师讲"立新说"，王老师理论上讲可以收 200 块钱广告费，商业模式跟中央电视台是一样的，关键是收视率。

第三种答案：流量是什么？流量是一首歌曲，流量是一场精彩的欧洲足球杯比赛，这时候它是可以按内容和应用收钱的。比如说《因为爱情》这首歌，小柯作词作曲，陈奕迅王菲演唱，你要下载到手机上听两块钱一次，这就是内容和版权收费。现在乐视最厉害的就是经营内容和版权，这就不是按比特麻包也不是按注意力收费了，而是按照内容的知识产权收费，按服务收费。

第四，流量可以按照电商收费。比如说罗辑思维有 600 多万粉丝，还不如papi酱粉丝多，那么它为什么比papi酱自媒体估值高呢？因为罗振宇先生是把这些人的收听注意力直接转化成卖图书，你信任我，我就卖图书。所以电商收入是流量变现更好的办法。最后，流量是什么？流量背后就是大数据。大数据是什么？能精准地知道每个人的需求，能够提供精准营销和精准服务平台，这才是流量最值钱的地方。

41.互联网＋电信运营商（3）：中国移动混合所有制改革后如何转型

最近移动电信联通又请我去讲运营商如何转型，如何经营他们的流量。说白了一句话，就是一条信息的价值到底来自什么。如果我们知道明天哪一只股票，它的公司会有重大的利好消息，只要一句话告诉你，你比别人知道得早，那么你去买股票或者去炒期货，一定会发大财。简单来说，未来最赚钱的人，一定是知道如何拥有大数据，挖掘大数据，然后再加上资金投资的杠杆，大数据加金融投资精准化，这一定是未来最赚钱的。对于运营商来讲，它最大的问题是什么，他们主要去研究如何传递信息，这是它的技术和专业，所以它把自己当成了比特麻包信息的搬运传输工，收了点信息的搬运费，而它不明白最重要的是什么，传递信息赚不了大钱，真正能赚大钱的是，知道把这个信息传递给谁，他的价值感知，他的需求，他需要这条信息，传递信息的价值才能最大化，这才是赚钱的根本。

所以三大运营商转型应该从管道比特麻包搬运工，转向以顾客大数据为核心的信息内容的分发商,精准地分发这些信息,按信息分发的精准度向用户收钱。举个最简单的例子,我面对一百万首歌,面对十万本小说,面对一万部电影,我面临的是什么问题?这就是在信息爆炸的时代,每个人都面临选择的困惑,选择成本太高,我总不能把每一首歌都听一遍,把每一部电影都看一段吧,这个成本是我忍受不了的。移动电信联通能够看到,王立新过去听音乐的数据,点击视频的数据,购物的数据,聊天的数据,你根据这些我过去的消费数据,来分析出我在音乐、游戏、影视、投资、购物、生活上的偏好需求,然后你再来分发这样的内容和信息,这时候,短信就不是一毛钱一条了,很可能是一百块钱一条。

开句玩笑,在高考的时候监考老师最大的痛苦是什么?现在有的考生作弊,都是用信息化手机作弊,所以不准带手机,在考场里面有信号屏蔽的装置,否则的话我在做一道高考数学题的时候,谁能够把答案发给我,那你说我会只付一毛钱吗?你让我付一万块钱我都愿意付,所以这就是要害。

42.互联网 + 手机:未来手机什么方向

我们要讲一个问题,三星手机会完蛋吗?好多年前我曾经说,也许三星手机还有机会超越苹果手机,因为三星手机第一个知道手机要替代电视机,所以它率先做大的手机屏幕。而且它是第一个把上千万像素照相的技术放到手机上,让手机替代照相机,另外三星的显示屏技术也是全世界最好的。但是现在的结果出乎我的意料,2016 年 9 月 15 号美国消费者安全委员会裁决,让三星召回在美国市场刚刚上市的三星 note7 旗舰手机一百万部,因为上线几个月就发生了 77 起三星 note7 手机因为电池质量问题发生爆炸起火的事故,紧接着美国联邦航空公司联合了七家航空公司,宣布抵制三星 note7 手机在飞机上开机,这样的消息传来,三星在股市上两天之内狂跌,股票市值蒸发了 190 亿美元。三星这两年市场份额一直在下跌。在中国市场,2016 年前 6 个月智能手机销售的排行榜变成了华为第一,OPPO 第二,苹果手机第三,然后小米手机第四,VIVO 第五,三星第六,后面是中兴。

三星是怎么衰落的?当然第一就是质量问题,你技术再好,基本的质量不好也不行。华为的手机前两天新闻报道有个老外在南非被抢劫的时候反抗，被人在两米远处开了一枪，结果正好华为手机放在他的胸前口袋里，替他挡了一颗子弹，没死。这是什么质量？所以质量好是第一。第二是不要光卖手机，要建立自己的生态链，苹果有硬件软件＋APP Store＋音乐内容和应用打造自己的生态，比拼生态联盟，不能单打独斗。第三个是什么？将来是语音智能操作输入系统，我们只要对着自己的手机说话，手机能听得懂主人在说什么，这是未来的突破。然后才是虚拟现实应用，最后比专业化，做全世界最好的拍照手机、最好的音乐手机、最好的游戏手机，只有专业化才有出路。

43. 互联网＋云 Wi-Fi：未来全球免费上网靠什么

未来我们一定会出现一个市值超过几千亿的互联网平台型公司，这公司应该干什么？就是建一个覆盖全国的吸引线下几千万个拥有Wi-Fi的业主加入的云智能Wi-Fi管理平台。大家都知道，消费者上网都不想付钱，所以他们都找有Wi-Fi的地方，但是免费的Wi-Fi有两个痛点，第一个痛点是不方便，你在一个商场用它的Wi-Fi上网，出了商场进一家理发店，要重新问服务员有Wi-Fi吗，账号多少，密码多少，很不方便。第二个痛点是这些单位规模比较小，投入也不多，反正它是免费服务，所以它的Wi-Fi网络的安全性漏洞很大，你用它的网络免费上网，很容易泄露你的隐私，给你造成不必要的损失。

所以无论从安全性的角度，智慧城市的角度，还是便民服务的角度，政府都需要加强对Wi-Fi的统一的可靠性的管理。当你要投资这么一个云Wi-Fi平台的时候，政府支持，消费者得到了什么好处呢？只要你在我这儿注册成我的会员，给你一个账号一个密码，你走遍中国所有有Wi-Fi的地方，不需要第二次登录，很方便。那么Wi-Fi业主，比如车站、码头、机场、宾馆、办公楼、商场、理发馆、饭馆，它为什么愿意把Wi-Fi接上来啊？第一，我帮你统一管理又不收费；第二，赚到钱了我还给你分钱。有了这个平台怎么赚钱呢？如果我们拥有10亿上网会员用户，他们玩Wi-Fi的所有的数据就沉淀在我们的平台上，我们根据这个数据进行分析，就知道这个人目前想要什么，想到哪去旅游，想看什么书，想打什么游戏，想住什么宾馆，想买什么东西，第一步我们就可以精准地给他推送广告，第二步，我们可以做电商，赚到了钱可以跟大家分。实际上这就是如家模式，如家酒店几千个，其实产权都是不同单位的，只不过贡献出来一个管理平台叫如家，统一的品牌进行运营。所以在火车上、高铁上建 Wi-Fi，也是一个可以市值几百亿的公司，比如说北京到上海高铁五六个小时没事干，只有免费上网啊。

44.互联网＋自媒体（1）：定制一个自己的"中央电视台"

我们来讲互联网＋对媒体的冲击。大家都知道人类历史上传递信息的媒介载体技术分为好几个阶段，第一个阶段是平面媒体，从文字的发明，石壁上图画的发明，包括后来的报纸杂志、路牌、广告、灯箱。第二个阶段叫电波媒体，广播电台有声音没图像。第三个阶段叫电视，是人类的第三大媒体，电视机电视台主宰了媒体市场很长时间。第四个阶段就叫作基于计算机互联的互联网媒体，是第四大媒体。第五大媒体是什么呢？就是我们现在用的手机媒体。这五个媒体是从技术的角度来讲，最终移动互联网基于移动化媒体技术的出现会怎么样？我可以负责任地告诉大家，第一报纸杂志恐怕就死了，路牌灯箱可能还活着，因为它是场景性的、精准度比较高的线下媒体。报纸杂志死了以后，传统电视台和广播电台也靠不住了，因为第三代移动通讯、第四代移动通讯来了，手机变成了不仅仅是电话机，而是变成了收音机，还变成了电视机，从这个意义上来讲，基于手机的自媒体时代就诞生了。

所谓自媒体是什么？首先从受众角度看，是基于人的自主的要求，所以才叫自媒体，第一个是我想知道的新闻信息，你怎么告诉我。第二是我不想听的、不想知道的东西，谁来帮我屏蔽掉，那叫垃圾信息，我不想知道。第三是我不想让别人知道的我的隐私信息，谁来替我保护？第四，如果我把我的隐私信息拿出来，还能够让你帮我经营挣大钱，分一笔给我，怎么分？基于这几点的个体需求，就是自媒体的第一个观点，信息收看方式个人化。一个人的电台，一个人的手机报，根据我的私人需求，来给我定制信息化服务，定制我的报纸，我的电视，我的一切媒体，这是自媒体的第一层含义。

45. 互联网＋自媒体（2）：智能飞机就是最好的新闻联播记者

自媒体的第一讲，讲到了从消费者的角度，如何来定制自己想知道的信息。在手机上可以形成自己需要的一个内容定制菜单的电视台，专门为我服务的，我想看的你告诉我，不想看的你给我过滤掉，这是初级阶段的自媒体服务。第二个高级阶段的自媒体服务是什么呢？就是我自己用智能化的手机在某个平台办一个我自己的媒体，我自己既当编辑又当记者，大家可以做我的观众。大家知道智能手机现在在中国已经有五亿多台，这就相当于五亿个电视记者，他们拿着手机可以随便拍，现在iPhone手机拍的清晰度都可以直接拿到电视台播放，因此自媒体的第二条是每个人可以用自己的眼光，自己的思维，把自己的所见所闻所想表达出来，只要不违反法律，你就是一个电视台，你就是台长，你就是总编，你就是记者。这样一来每个人都形成了自己的发言权，消费者可以根据自己的选择看不同的观点，你选择收看"立新说"，"立新说"就是王立新对商业领域的看法，它既代表了我的观点，也代表了我的角度——金钱的角度。实际上就是王立新一个人办了一个中央电视台财经频道，它叫经济半小时，我叫立新说三分钟，只需要一个人，这在过去是不可想象的。

从这个意义出发，我们需要的是什么呢？需要的是一些智能化的媒体工具，傻瓜化，降低门槛，比如摄像机变成手机。第二种是编辑工具，傻瓜化，你给我做一个软件，那就人人都可以当编辑了。第三需要一个平台，比如微信平台，Facebook平台，要有一个开放公正的平台来提供服务。自媒体再往后，从人的媒体，个人的自媒体发展到物体的自媒体，比如一辆汽车，一架飞机，它全程都有传感器、扫描仪、摄像仪来采集自己的数据，它可以做出自己的新闻报道，比如说这里是马航787航班，我正在坠毁，我现在在北纬多少度东经多少度，机上有376人，机组人员十几人，中国人占多少，这些报道不是人报道的，是这架飞机的驾驶计算机系统报道的。物媒体时代到来了！

46.互联网＋自媒体（3）：美剧怎么会完蛋

自媒体的诞生取决于信息技术进展到了 IT 也就是 I Time 自时代，每个人都可以以自我为核心、以自由为追求、以自主做选择、以自己创造为方向，这是 2012 年我在 IBM 全球影响力论坛提出的移动互联网自时代的模式的一个理论，我个人认为，媒体技术的进步，一定会颠覆内容的生产方式，以及传播方式和盈利方式。为什么古代的文字那么精炼？子在川上曰，逝者如斯夫。那是因为那时候的媒体是要刻在骨头上，要刻在竹简上，你废话太多，一本书 100 万字，那得砍几座山的竹子，得雇多少马车来拉这本书，得找多大一座图书馆来存这些书？我们那时候必须精简到一个字当几个字用，现在为什么废话这么多，就是因为有了微信，有了微博，传播成本低。为什么电视连续剧又叫肥皂剧，就是因为当时美国普及了家庭电视机，那些家庭主妇们在家里面一边洗衣服搓肥皂，一边要打发无聊，所以才要看电视连续剧，洗一次衣服大概 45 分钟，所以电视连续剧的时间是每集 45 分钟，而且主要由卖肥皂的宝洁公司来提供广告赞助。所以现在我说手机自媒体的时间一定要浓缩到 3~10 分钟，所以将来电视连续剧必死，最终人们将把注意力放到手机上，而手机就是随身携带自由自主。一段不要超过 3~10 分钟，在手机上看叫碎片化时间观看，超过 10 分钟，没有人看的，所以 10 分钟以下的视频内容，一定是未来 30 年到 40 年自媒体的发展方向，谁先抢占手机屏幕，谁就是新一代自媒体在移动终端的老大。现在只有"屌丝男士"节目，我觉得正在这个方面进行努力。还有就是王立新三分钟视频讲商道，立新说也属于手机短视频内容。

47.互联网＋自媒体（4）：一个自媒体账号还没上市就值 13.4 亿

自媒体商业模式是什么？ 2015 年到 2016 年被称为中国自媒体的元年，为什么呢？主要是因为手机 4G 来了，上网速度快了，大家可以在手机上利用手机平台来做自己的自媒体。中国做得比较好的自媒体就是"罗辑思维"，罗振宇先生已经率先做了两三年，通过语音，每天一分钟，给 650 多万粉丝进行信息的传导，"罗辑思维"最终估值是 13 亿 4 000 万人民币。实际上自媒体只是表象，只是传递信息的一个载体，它要变现，是可以有不同方式的，比如"罗辑思维"并不是按照收广告费的传统变现赚钱方式，它是按照电商估值的，也就是说"罗辑思维"把一个媒体变成了卖书的卖礼品的电商平台，利用的是偶像和粉丝之间的关系，罗振宇成了650万人心中的偶像，你说什么书好，你说什么产品好，我们大家就去买，甚至买来这个书看都不看。因此是按照电商估值的，不是按照点击率，1 000人来看你的自媒体，收你200块钱广告费，如果按照那种方式，那就是传统媒体的眼球经济，注意力经济，按照收视率、点击率，收的是广告费，经营的是注意力，这是第二种方式。第三种方式，如果你在某一方面自媒体做得好，比如王立新也不可能有600多万立新说的粉丝，但是如果你能够通过你的内容定位准确有效地吸引一大堆比如说1万人，全是企业家、老板、董事长，你就可以给他们做线下的高端培训，或者咨询，甚至是做私募基金。他们看好你，让他们每个人出100万组成一个10亿的立新说基金，然后去做风投，这就是自媒体的变现方式。

48.互联网＋自媒体（5）：中央电视台广而告之为何不灵了

中央电视台作为国家的第一媒体，一定要体现权威性，它应该是决策者的选择，所有的官员，所有的企业家，必须看中央电视台才能搞清楚目前中国的状况，从这个意义上来讲，必须要跟湖南卫视这样的娱乐风格区别开来。实际上从"传承文明，沟通未来"，到"心有多大，舞台就有多大"，到"决策者的选择"，都要体现传统的中央电视台的这种地位。但是在"互联网＋"时代，广告已经不能够广而告之了，而是要对一个具体的个人目标用户进行耳语，比如宝马七系列卖130万，它就不能在中央台向全中国14亿人做广告，因为买得起宝马七系列的最多有2 000万人，而宝马的痛苦是怎么精准地在14亿人当中找到这2 000万人，这个任务只有拥有大数据的中国移动这样的新媒体能够做到。中国移动可以告诉宝马公司，凡是我的话费一个月低于800块的，他们就不应该看你的广告，而我的手机有了4G可以推视频广告了，我800块话费以上的人有3 000万，这3 000万人当中最近两个月去过国际车展，去过宝马4S店，在手机上搜索过宝马奔驰的，恐怕只有800万人，而这800万人当中，根据基站定位目前分布在全国300多个地市，离你的宝马 4S 店只有 500 米的，现在就有 200 万人。现在如果我们向他们精准地推送宝马七系列新款的电视广告，那么准确性就提高了，这样你的钱就没有浪费，你在传统的广告模式当中 90% 的广告费都是浪费的，一个农民工看了你的宝马的广告，再喜欢他也买不起。另外，传统电视不能互动，而且是把看广告和购买分开的，而现在的移动互联网广告，想到就能看到搜到，搜到就能买到，买到就能给你上门送到，所以单纯的广告不存在了，实现了营销的一体化。从这个意义上来讲，中国移动应该跟中央电视台联合成立一个新的手机媒体的广告公司，当年日本 NTT DoCoMo 移动公司就是跟全世界最大的电通广告公司合作取得了成功，信息必须精准匹配。

49. 互联网＋大数据（1）：如何把大数据变成人民币

我们来讲如何利用大数据，大数据究竟要解决什么问题。从根本意义上来讲，大数据是要解决精准营销也就是供需双方精准匹配的问题，具体来讲大数据主要解决两个问题。第一，通过大数据分析挖掘谁喜欢你；第二，凡是喜欢你的人，根据大数据分析他还喜欢别的什么。只要运用大数据能解决这两个问题，你就可以赚大钱了。第一，谁喜欢你的产品，谁喜欢你，找到这种喜欢你的人，你就可以在茫茫人海中挖掘出他们的共同性，精准地把他们筛选出来，精准地满足他们的需求为他们服务，精准地赚他们的钱。第二，如果你还能知道喜欢你的人还喜欢买什么保险，喜欢到哪去旅游，喜欢抽什么烟，喝什么酒，买什么品牌的服装，那你就可以跨界抢劫，赚他吃喝拉撒睡所有的钱。

这就是互联网平台公司的赚钱模式，因为掌握了你的大数据，既知道你喜欢什么还知道你喜欢别的什么，这是跨界抢劫的根本。怎么才能做到这个，第一个就是以个体为单位全数据的采集，只要输入王立新的身份证号，输入王立新三个字或者输入他的手机号，你就能够跨平台看到王立新给谁打过电话，给谁发过短信，在哪买过图书，在银行里存了多少钱，又给谁转过账，最近又坐了什么航空公司的飞机，你把他衣食住行的数据都集中起来，这样的数据运营能力叫作横向水平需求的全数据，就可以永远赚他的钱，满足他所有的需求，这是第一种大数据赚钱的商业模式。第二种叫垂直行业的数据运营，你输入"汽车"两个字，就能够看到所有跟汽车相关的人，相关的事，有多少人去看过车展，买过二手车，办过汽车贷款，去4S店保养过，去过哪个国际车展，曾经买过什么车，这就叫汽车行业全数据库，有了这个你就可以吃透汽车行业，把汽车产业链上下游的钱全赚了，这叫只赚一个行业的钱但是通吃满足所有人的需求。

50.互联网＋大数据（2）：大数据能知道你怀孕了

我们来讲数据挖掘的思路是什么。美国第二大零售商叫塔吉特，它曾经向一个还在中学读书的女孩子的家庭推送了孕妇优惠购物的促销券，结果被人家的家长告上了法庭，最后法官判定这个孩子去做检查，发现这个女中学生果然怀孕了，于是美国所有的新闻媒体都炒作说，塔吉特公司运用大数据，居然比家长更精准地知道自己的女儿是否怀孕。塔吉特是怎么做到的呢？它专门建立了一个顾客的消费数据库，你每在它那买什么东西，它都给你记录下来。最后它发现经过分析，只要一个女人买无味的润肤品，没有味道的香皂肥皂，还有就是买补钙补锌补镁的营养品，还有买特大包装的棉签，它一共找到了25种商品，凡是买这25种商品的女人，基本上预判就是已经怀孕3个月了。于是它就向你精准地推送婴儿用品、尿不湿、奶粉。这就告诉我们，数据的利用最重要的是找到此事物和彼事物之间的相关性。怎么找呢？我总结了两种方式，一个是从孕妇过去发生的购物清单的数据当中，去找到她们的共同性，共同性就是这25种商品，然后再来预言，凡是买这25种商品的人可能就怀孕了。第二种方式是什么，凡是喜欢买王立新《一部手机打天下》这本图书的人，比如说有10万人，他们同时还买了别的什么图书，你可以看到可能这10万人除了买王立新这本书以外，还买了舍恩伯格的《大数据时代》，涂子沛的《大数据：正在到来的数据革命》这样的大数据时代的书。类似的是，凡是买平安保险的人还买了什么样的汽车，找到这种跨界的相关性，也就是第二种交叉挖掘数据的思路，你就可以实现交叉销售，你可以让汽车公司帮平安卖保险，让平安保险帮助相关的汽车公司卖汽车。

51. 互联网＋大数据反恐（1）：美国中情局如何利用电影《指环王》猎杀本·拉登

我们来讲互联网＋大数据是如何帮助美国找到本·拉登的。2011 年 5 月 1 号美国派出了特种部队海豹突击队第六分队，用直升机秘密进入了巴基斯坦，在离伊斯兰堡 60 英里的一个小镇上，突袭了一个三层楼的院落，只用 45 分钟的时间就击毙了本·拉登，而且打死本·拉登后，抽取他的 DNA 做了数据比对，当场证明是本·拉登本人，基因数据比对就是大数据的第一个应用。第二我们可以看到，"9·11"之后，美国整整找了 10 年，才找到本·拉登在哪，为什么呢？因为本·拉登一不打电话二不上网，连他住的院子里面的垃圾都从来没有扔出去过。美国中央情报局招募了一个大学里面的数学天才女生，现在真实名字没人知道，化名叫 Jane，Jane 用了整整五年时间找到了联络员艾哈迈德，并且追踪他的手机，对找到本·拉登起了决定性的作用。第二个起决定性作用的是什么呢？是美国硅谷的一个大数据分析服务公司，叫 Palantir，Palantir 指的是《指环王》里面的那个水晶球，能预见未来，能看到远方的那个水晶球。谁命名的呢？就是这个公司的董事长和天使投资人，叫蒂尔，蒂尔大名鼎鼎，他写了一本书《从 0 到 1》，很畅销，他也是 Paypal 支付软件的创始人，然后他卖给了 eBay，他还投资了 Facebook，他跟现在 Palantir 的 CEO 卡普是美国斯坦福大学的同学，卡普更是一个传奇人物，他是斯坦福大学法学院的，后来又跑到德国法兰克福大学学哲学，他的导师是当代最伟大的哲学家哈贝马斯，专门研究马克思主义的，所以卡普这个人作为一个哲学博士，又不会开车，又不会编程，也不会上网，但是他有洞穿事物本质的能力，找到事物相关性的能力，所以 Palantir 现在融资 4.5 亿美元，值 200 亿美元。找到本·拉登在哪儿，这是信息文明的胜利，开枪击毙本·拉登只是工业文明的小菜，精准才是根本。

52. 互联网＋大数据反恐（2）：什么样的人会是恐怖分子

我们继续讲互联网＋大数据如何反恐，前文讲到了美国通过大数据精准分析找到了本·拉登，它的原理和思路是什么呢？实际上就是建立已知的恐怖主义者的数据库，比如已经被抓获的、击毙的、追逃的，对已经确认是恐怖主义者的这些人，采集他们的所有数据，要尽量的全，比如说衣食住行，他们经常住什么宾馆，怎么打电话，怎么发短信微信微博，怎么社交，他们银行账户资金是怎么转账的，他们坐什么交通工具，所有这些，能采集到的数据，尽量全面地加以采集，采集完了以后，假设这群人有三百个或两百个共同点。记住了这是假设，假设了这些共同点后，就用大数据分析软件建一个数学模型，放进去进行验证，可能最终运算验证的结果是你假设这些人有两百个三百个共同点，最后瞎猫碰见死老鼠，真正的相关性共同点可能只有 10 个或者 8 个。那么恭喜你了，拿这 10 个或者 8 个共同点再编一个搜索软件，放到国家的更大的人口数据库里面去进行比对，只要符合这 8 条或 10 条的，给他们画个圈，进行进一步的调查追踪和监控，他们很可能就是潜在的恐怖主义者。通过这个简单的分析思路，说明大数据主要讲相关性，不一定追求原因，只求相关性。大数据必须精准和全面，大数据就是全面的全数据，当然这里面有个底线，就是如何在反恐、国家安全和个人隐私、公民权之间保持一个清晰的界限，那就是要依法行事。当然美国"9·11"以后做了很多反恐的行为，侵犯了很多人的隐私，但是美国做了一个民意调查，80% 以上的人还是愿意牺牲自己的隐私来维护国家反恐安全的。苹果公司在政府击毙了四个恐怖主义者后，美国联邦调查局让他们提供这四个人使用苹果手机的数据，它拒绝了，最后美国联邦调查局只能花 600 万美元，雇用黑客攻破了苹果的防火墙，才拿到了数据。在欧美，个人隐私权是很神圣的人权。

53. 互联网 + 内容创业：互联网上做什么内容最容易成功

2016 年 9 月 20 日晚上，我应邀在清华大学经管学院郑毓煌老师开办的营销学的网络平台营创学院，做一个现场直播的教育讲座，讲广告和品牌。我在想，无论是网络线上培训还是自媒体内容创作，最大的风险是什么？就是文化内容的创作质量差异风险很高，创作成果品质不可控，比如说拿一个演员来讲，他这部戏演得好，下一部戏未必能演好，一个画家灵感来了，这幅画画得好，下一幅画未必画得好，一个导演比如说张艺谋，他的这部电影跟下一部电影之间，一个歌手比如说罗大佑，这首歌和下一首歌之间，无法保证稳定的标准化的品质，这是整个文化事业投资风险最大的地方。因此就我看来，自媒体或者是教育自媒体、线上教育，有一个巨大的市场，大家知道所有教科书的内容里面，从小学到大学的基础专业教材内容是几代人都不变的，比如说你爷爷学的数学，到了你爸爸，到了你，到了你的儿子，到了你的孙子，几十年来有什么大的改变吗？基础专业内容是标准化的，是必修的，每一代青年都要学习这个内容，因此它的顾客就比较稳定，运营成本就低，你制作一次或者微调几次，它的核心内容是稳定的。竞争体现在哪？就是这些标准的内容谁来讲，所以那些具有个人魅力的有独特表达方式的受学生欢迎的明星老师、有趣的老师将成为这样一种教育平台的核心竞争力。我们看到过在孟加拉有一个叫萨尔曼·可汗的人，考到了美国的麻省理工学院，学的是数学及计算机科学专业，后来又考入哈佛大学拿了硕士学位，是一个数学天才。他有一个侄女数学很不好，要求他给她补课，因为不在一个城市，只有用互联网视频的方式来教他侄女，没想到这套方法让他侄女的数学成绩迅猛提升。从此以后他身边的朋友只要孩子要学数学都找他，他灵机一动，还不如把从小学初中高中到大学的数学直接录成视频，于是他就录了 4 800 个数学的讲课视频放到网上让大家免费观看，没想到这下就火了，因为他的方式是独特的、有创造力的，而内容是标准化的人人都必须学的，一共有 5 亿人次观看他这 4 800 个视频，平均每个月有 500 万人次的访问量，看过这些视频的人有 4 800 万，他成了全世界最超级的明星级的数学老师。有商人来投资他，给他投 10 亿美元，他因为坚持公益性教育拒绝了，后来比尔·盖茨给他捐钱，谷歌给他捐钱，美国总统奥巴马还亲自接见他，他上了美国的《福布斯》杂志的封面。根据专家测算，这样一个中小学的、稳定的基础教育的内容，搬到网上去保守估计商业价值在一万亿美元以上，这样的一个机会是低成本的、可复制的、长盛不衰的、风险最小的，但是天才的老师到哪里去找呢？争夺会讲课的老师才是成败的关键。

54.互联网＋创业：投资与创业的最大机会在哪儿

我们来讲互联网＋创业。第一个大家都知道，这个时代最大的创业机会，就是用"互联网＋"去颠覆每个行业的传统的商业模式。所有传统商业模式的痛点是什么？就是供需双方无法实现精准匹配，被中间商盘剥，无法实现私人定制，无法实现去库存，所以谁能够找到解决这种精准匹配问题的互联网手段，哪个行业都可以是你创业的沃土。

就创业本身来讲，也要实现项目、人才、资金这三者的精准匹配。一个好的项目，没有好的人才，没有资金，也不可能成功。我就知道有一个创业团队专门做了一个软件，这个软件是做什么的？如果你是一个创业者，你不知道怎么写商业计划书，介绍你创业的项目路演的融资申请报告，你就下载这个软件，免费用，你可以写上你的项目是要干什么的，解决什么痛点，针对谁，你要融多少钱，拿到这个钱，你准备干什么。据说已经有100多万个创业公司在用这个软件，他得到了什么呢？他就在后台看，今天有多少人在创业，他们在干什么。他在筛选项目，然后找投资机构来，投资机构看到这个东西，好东西呀，马上给他投钱。为什么？实际上这就降低了投资公司去找项目的成本，这就是好的办法，精准匹配。

另外，我觉得要建立人才库，看哪些人老是失败，老是乱花投资者的钱，把他列入黑名单，不要再给他投钱，这也是投资公司需要的。当然反过来我们也可以给每一个创业者建立一个网上的数据库，根据我的数据，现在上市公司最成功的创业者都是失败过两次以上。第三次第四次重新创业，最容易成功，为什么？前面两次都是别人投资帮你培养了人才，你再去投他，他就有了经验，更容易成功，所以从这个意义上来讲创业的关键是人、钱、项目精准匹配。

55.互联网＋投资（1）：怎样把1%的风险投资成功率提升10%

我来讲互联网＋投资。其实投资也是一个风险极大的行业，当然市场经济是讲风险越大回报越高。实际上我可以告诉大家，所有创业的公司投资后能够上市套现回来的，一百个公司投进去只有一个能上市，1%的成功概率，这就让我想起小时候，看那些农民在山上怎么种玉米，拿着弹弓一粒一粒玉米种子往山上打，打完了就回家睡觉，到了秋天看山上长了几棵玉米，有几棵算几棵，这基本上就是传统的风险投资模式。而现在到了互联网大数据云计算时代，不需要这样去押宝，你去看那些投资公司的财务报表，那都是虚的东西，你要看你投的公司投的项目，他们的消费者怎么使用这个公司的产品和服务，而且是实时的数据，如果能弄到这个数据，你就可以根据实时变化的公司的用户使用规律和行为，来判断它在市场上的表现。按照这个进行精准投资，只要把1%的成功率提高到5%~10%，那就是彻底颠覆了传统的风险投资行业和模式。你说能做到吗，我觉得是有可能的。

随便举一个例子，比如说中国移动，它拥有八亿七千万手机用户，它完全可以从信令端把这八亿七千万用户使用手机的数据采集起来，变成一个精准投资的实时的大数据排行榜。比如说我们要投游戏，非常简单，中国移动调出上个月刚刚上线的一百个手机游戏的用户变化数据，你立刻能够看到，同样是手机游戏，一百个游戏上市一个月之后可能有五个自然用户增长很快，有了这个数据，投资公司就去找这个游戏公司，A轮B轮C轮精准投入，而且还能看到同样的游戏什么人在玩，你的竞争对手是谁，这种基于实时用户大数据的精准投资模式将引领未来。

56.互联网＋投资（2）："画龙点睛"的投资颠覆

有一次我讲课的时候有做资本的学员问我，在互联网时代投资的最大的机会是什么，运用大数据对投资来讲什么价值才能最大化。我可以告诉大家在这个时代最大的投资机会是什么，所有表现得很好的传统企业，团队人很好，利润比较稳定，制造能力、服务能力、管理能力都很好的这些传统的实体经济，它们需要什么？在互联网时代，它们就像一条巨龙，需要用互联网云计算加大数据来点睛，这条龙在地面上，只有点完睛后才能飞到天上去。反过来像淘宝、京东这样的电商，最终这种虚拟经济要落到地上跟传统的实体经济融合，所以一个要落地一个要升天。这就是最大的投资机会，如果你找到一套方法能够把天上的互联网经济、虚拟经济技术跟好的实体经济进行结合，那么这个投资从概念到将来的实际效益都是非常有前景的。所以传统企业的转型是我们最大的投资机会。你要选什么？就是要用精准匹配的解决方案。首先是线下这个企业很健康，这个实体这条龙很健康很实在，其次就是线上的这个平台或者这个工具，这个解决方案、这个软件、这个互联网应用，正好能够帮助这个实体升天，你抓住这样一点，按行业比如制造业、旅游业、服务业、房地产业做出几个模板来，我觉得投资机会之多是无法想象的。

第二个大数据对投资的颠覆体现为通过各种追根溯源的应用工具最终实现投资者和投资项目透明的"信息对称"，这将最大限度消灭传统的"投机"炒作方式，真正实现可操作的"价值投资"。互联网的杠杆加上金融的杠杆才是未来"大数据"赚钱最大的机遇所在。

第十一章

营销你自己
营销与人生

人只有先成为上帝的工具，
才有可能在被利用的过程中
寻找到自我的意义与目的，
最终成为自己的"上帝"。

1.经营人生与钱权名色

我们讲一个跟普通人尤其是年轻人相关的营销的问题，就是如何营销你自己，如何经营你的人生。我个人认为营销应该是一种世界观，也是一种方法论，不仅仅是一个产品，一个企业，一个品牌，甚至一个政党，一个国家也需要市场推广，需要经营和营销。实际上最应该营销的第一个对象就是你自己。所谓的追求自己的成功可能是自我营销的一个普遍的说法，这种说法现在已经被一个词弄坏掉了，叫成功学，大家因为误解的缘故鄙视成功学。世俗的观点认为所谓的营销自己，要成功，无非是四个字：权、钱、名、色。权，官越大越好；钱，越多也好；名气，越大越好；色，青春靓丽，越美越好。这四个东西成为人生成功与否的标志。

我要告诉你们它的误区在哪儿。当官也好，挣钱也好，出名也好，健康靓丽也好，实际上都是人生看得见的手段，并不是目的。你必须反过来问自己，我为什么想要当官，为什么要发财，为什么要出名，为什么要让自己美？实际上这背后归根到底还是马斯洛说的人生的需求五个层次：生理需求，也就是生存，然后是安全的需求，社交的需求，尊重与被尊重的需求。最高境界是什么？自我实现。无论是钱权还是名色，其实只是一种人生自我实现的工具而已。

营销自己，经营人生，第一大误区就是，千万不要把手段工具当成了目的。

在哲学里面有一个概念叫异化。什么叫异化? 在追求目的的过程当中误把手段和工具当成了目的。比如说我们赚钱是为了自己服务, 为了改善生活, 为了造福人类, 甚至是做慈善。它本来是个工具。当官也一样, 我当官是为了实现我的理想和抱负去改变世界。没想到在追求升官和发财的过程当中为发财而发财, 为当官而当官, 这就叫异化了。哲学上来讲这就是人类的一个怪圈。从这个意义上来讲, 人生最成功的, 实际上是影响力的问题。你对这个世界、对你身边的人, 到底有多大的影响力, 这种影响力是好还是坏, 你要获取这种影响力, 采用的手段是损害这个世界和他人, 还是造福了这个世界和他人, 这是成功的根本。钱、官固然重要, 是衡量成功的标准, 但更重要的是如何获利, 如何当官, 获利和当官最终给社会带来了什么样的改变?

2.决定自己人生的三个重点

如何选择自己人生的正确目标? 我经常跟学生说, 我什么都可以教你, 比如获得成功的技巧、思路、手段、知识。但是有一个东西, 也是最重要的东西: 对你的人生来讲, 你的人生目标是什么? 你想成为一个什么样的人? 这个生活是你的, 生命是你的, 这是你自主选择的过程。如果连这个都搞不明白, 那么你的人生就像开玩笑所说的: 不知不觉过一生。孙中山说, 天才叫先知先觉, 一般人叫后知后觉, 还有很多人一辈子不知不觉, 就跟着混, 随大流, 人家喜欢什么, 我就做什么。有一个网上的段子说: 有一个人开车, 从来没有目的地, 也不问方向, 那他开车怎么走呢? 跟着前面那辆车走, 人家停车他就停, 人家启动他就启动, 人家快他就快, 人家慢他就慢, 人家左转他就左转。最后前面那辆车突然停车了, 结果他猝不及防, 哪叽一下就撞上了。他跳下来说, 你怎么不打个信号啊。人家说, 我已经回家了, 车都停到我院子里了, 你跟着我干嘛? 你要去哪儿呀? 这是一个现代寓言故事, 实际上是告诉我们, 人生最重要的是找到自己的目标和方向。

我给大家的建议是:

首先, 你的人生目标和方向怎么选择?

第一, 你要认识自己, 你适合干什么? 你的天赋和兴趣爱好是什么? 第二,你这种兴趣爱好和社会的需求、别人的需求、企业的需求、顾客的需求、国家的需求和社会发展趋势是否能够找到一个结合点。第三，如何把你的天赋特长发挥到极致。如果能够抓住这三点，然后聚焦到一个发力点上，那么恭喜你了，你的人生终于找到了适合自己的一个发展定位。

其次，人生的成功其实是一种互动式的主观和客观的协同的认同。

第一是你自己是否认同你的状态，第二是别人是否认同你。自我认同、自信是经营人生成功标准的1，而别人认同你、社会认同你是0。没有自我认同的1，别人再认同、有再多的0，那都等于0。如果你自我认同，有了这个1，又得到了国家、企业、客户、亲人、朋友的认同，每加一个0，你人生的成功和你的价值就放大十倍。

3. 人生成败的四种模式

人生的成功有一个最简单的坐标：第一，从你的主观角度来讲，你是不是有能力做你喜欢做的事。第二，从客观的标准上来讲，你做你喜欢做的事儿能否得到身边的人或者得到这个世界、客观对象对你的认同。人生最大的失败是什么？活了一辈子，找不到自己喜欢做的事。所以你必须找到自己喜欢做的、让你内心愉悦的事。如果是没有钱赚，没有实际眼前利益的事情，你做不做？如果说没有钱赚，没有实际的利益，你还想去做的事情，那一定是你内心真正喜欢的事情。

以做自己喜欢做的事，以自我认同和别人认同这两者为坐标来评价人生，有哪几种失败的人生？

第一种最失败的人生是被迫做自己不喜欢做的事，而且最终钱权名色什么都没有得到，别人也不认同，这个人生无论从主观来讲，还是从社会标准来讲，都是最失败的。

第二种失败的人生是，做了自己喜欢做的事，没有得到别人的认同，或者活着的时候没有得到认同，死后反而得到认同，这个我觉得算是一半的成功。最经典的人物比如梵高，虽然活着时穷困潦倒，但死后被视为艺术史上的天才。

第三种失败人生是，还有一些人做了自己喜欢做的事，也不愁吃不愁穿，但是他扮演的社会角色是错位的，比如说南唐后主李煜多才多艺、宋徽宗赵佶创瘦金体、明熹宗朱由校喜欢做木工活，这三个人其实都不想当皇帝，都不想当官，但是没有办法，世袭到自己身上得承担家族责任。但是，当了皇帝，最大的官，并不开心，最终亡国了，这也是一种悲哀。

比较成功的是，做了自己喜欢做的事，名也有了，钱也赚了，何其幸运啊。我觉得我这一生倒有点这个意思，喜欢讲课，把生活费也挣了出来，也有点小名。要让我选择来生做什么，我还是想当老师。

最成功的是什么？活着，衣食无忧。死了，名垂青史。这就是歌德，我最羡慕的人。而且他活了83岁，那是在19世纪，不容易啊。所以，怎么掌控自己的人生很重要！

4.你的核心竞争力是什么

经营自己的人生还有一个思想来自生物学家达尔文，他从一个生物学家研究科学进化论，最后上升到一种哲学思想，可以用他的这套理论和工具来看待人生、看待这个社会。达尔文进化论的核心就是三句话：万物竞争、优胜劣汰、适者生存。这三句话其实是用科学的方式证明了中国老子的道家哲学，天道循环、进化。实际上人生最核心的经营自己的能力，从手段能力上来讲，就是适应环境变化的能力，这是一个人的核心竞争力。

生存能力是什么？适应环境变化，在不同的环境里面，看谁能够尽快地适应环境。只有先适应环境生存下来，才有机会去改造环境。从这个意义上来讲，水的智慧才是人生的智慧。水是最能适应环境的，无形，随形，装在杯子里是杯子的形状，装在盆里是盆的形状，常温下是液体，温度超过一百摄氏度，它变成气体，零度以下，它变成固体冰，适应力很强。人往高处走，水往低处流，知道团结，一滴水怎么才能不干？放到大海里。水这种适应环境的能力，并不是随波逐流那么简单。你不要看水温度升高由液体变成了气体，或者温度低变成了固体冰，不管外表怎么变，它的本质分子结构H_2O，一氧二氢的本性没有变。套句俗话说，我们适应这个社会，适应这个环境，那叫装傻。最大的误区是什么？一个人装傻装太久了，最后忘记了自己是谁，忘记了自己真正要的是什么，那就叫真傻了。

同时我觉得，经营自己跟社会的游戏规则制度是相关的。什么叫好的制度？不是要去改变一个人的本性，因为欲望、私心是改变不了的本性，而是要建立一套游戏规则和制度，让每一个人为了满足自己的自私的欲望，必先满足别人，这样的制度才是好的制度。什么叫天堂？一群人围着一个大火锅，筷子一米长，为了自己吃，首先要去喂对方，互相喂对方就叫天堂。什么叫地狱？同样一群人围着一个大火锅，每个人也拿一米长的筷子，都不喂别人，只想喂自己，永远吃不到，守着一锅美食饿死了，这就叫地狱。

5. 人生要处理好哪三种关系

我认为人生主要集中在三种关系的处理：

第一种关系很宏大，是你和自然、和社会、和世界的关系。

用里尔克的诗句说就是："我在这世上太渺小，但渺小得还不够。"每个人都自我膨胀，都要追求伟大，而这种自我膨胀、唯我独尊地追求伟大，往往是灾难。我觉得老子很有智慧，他讲了道家哲学是道和德，道就是天道，自然的规律，不能够违背和改变，你必须去顺应它；德是知道把自然界的天道用到人类的行为方式上，符合天道的事你去做，这就叫有德之人。老子的《道德经》5 000 多个字，我把它评为全世界最有智慧的书。只有有道有德才能够实现人的自由。人的自由是什么？不是你想干什么就干什么，不是想怎么干就怎么干，而是庖丁解牛、游刃有余。先理解了牛身上的骨架纹理结构，烂熟于心，然后闭着眼睛就可以去解牛，细小的缝隙都像宇宙一样宽广，顺着手，不伤刀刃儿。这就叫：随心所欲而不逾矩。孔子的话，矩就是规矩。天道就是自然客观规律，不要去搞永动机，不要去追求长生不老，这是违反天道的创新，不可能成功。

第二个关系就是人跟人的关系。

一是要求同存异，人跟人是完全不一样的，不能要求一个人跟你的想法性格完全一样，没有完全符合你要求的人。所以要找共同点，更重要的是不要把自己的观点、脾气、行为方式强加于人。处理人与人之间的关系，第一要找到双方的利益共同点、合作的共同点、共赢的共同点，绞尽脑汁去创造性地寻找这样的结合点，共赢，这是最好的。第二是对自己没有什么利，但是也没有什么害，却对别人有利的事情，要多做，多行善，顺势帮人一把，多帮助人。第三种比较难，就是对自己有利，但是要伤害和损害别人的利益，这个尽量少做，甚至不做。最后一种损人又不利己的事情，千万不要做。要想不做最后一类事，最重要的是控制自己的嫉妒心。经常有人整别人，损人不利己，为什么？就是嫉妒，没有实际意义。

第三个关系就是灵与肉的关系。

无论我们做什么事情，要把精神上和世俗上、肉体上的事情、物质上的事情达到平衡。所以我一边赚钱，一边写诗，这叫寻求灵肉之间的平衡。

6.朋友分为三六九等

如何处理好人跟人之间的关系，也是经营人生、营销自己的一个根本。为什么？科学家做科学研究时，只需要跟客观对象、自然打交道，而人是社会的动物，大多数时间还是人跟人之间打交道。设备、机器是被动的，机器人除外。人跟人打交道，你聪明，他可能比你还聪明；你有欲望，他也有欲望。所以在人脉当中，交友当中，经常让人感到失望。我年轻的时候就是这样，比如说一起合作做生意，开一个公司，一开始把对方当成自己的朋友亲人，然而到最后，发现对方可能有意占你的便宜，或者背着你做一些不应该做的事情，这时候就非常的伤心和失望。为什么？这叫角色定位的错误。后来就想明白了，刀子就是刀子，叉子就是叉子，筷子就是筷子，勺子就是勺子，你要如何去定位这个工具，或者定位这个人，道理是一样的。人最可怕的是什么？比如说男女之间，我希望我的丈夫，希望我的太太，是一个完美的人，他既是刀子，又是叉子，又是筷子，又是勺子，什么都行。这是不可能的，没有万能的人。

我们交朋友，一等朋友是什么？精神上、价值观上是一致的，性格上、情趣上是一致的，同时还能够在现实生活当中一起互助干事业。你人生如果遇到三五个这样的人，幸运！

二等朋友，精神上是知己，是灵魂相通的，但是在世俗当中我们可能互相帮不了，没有什么太大的实际用处。这也是一种精神平衡的知己，也是很好的朋友。

三等朋友，我们在精神气质上，在境界上未必是一样的，但是在生存、做事情上能够互相结成一种利益共同体，互相帮助、互惠共赢，这也很好。

能找到这三种朋友，我觉得都是幸运的。

至于那些对你没有什么实际的用处，精神上、价值观上、性格上又差异很大的人，那就是泛泛之交。

最后要注意，防止小人。小人就是见不得别人比自己好，又无底线的人。遇到这种人躲着走，实在躲不开，一定要一击必中，一下置他于死地。没有办法，君子斗不过小人是因为你有底线。

人生是遇强越强，遇弱越弱。谁对我好，我对他更好。

7.一个拒领诺贝尔奖的奇人

向大家介绍一个跟人生哲学相关的，对我也影响比较大的法国的哲学家，叫让·萨特。这哥们儿是一个非常异类的人，他提出了一个哲学叫存在主义的哲学。这个哲学的要害是人本身没有什么本质，人生没有什么特定的意义。用行话来讲叫：存在先于本质。人只是存在着，生命本来没有意义，他的行为选择、寻找意义的这个过程构成了他的本质，而不是说人生下来一定是为了某个目标。人的最高境界是追求自由。什么是自由？就是选择权。人权是什么？就是你的选择权。他认为那些害怕做出自我选择的人，盲从于别人的人，没有自我，就跟不存在一样，找不到自我。主动选择，这就是自由、勇气。

既然你做出了选择，那就不能后悔，必须为你所做出的选择负责任。比如你选择了婚姻，选择了这份工作，选择了这个事业，选择了这条道路，无论结果是好还是坏，你必须承担这种后果，承担这种责任。他有一个学生在德国，纳粹希特勒占领巴黎后很痛苦，跑来找他说：老师，现在我很痛苦，我有一个老母亲，眼睛也瞎了，无人照顾，只有我。但是我的很多同学都去参加了法国抵抗运动，就是地下游击队，跟德国人抗争，很容易牺牲。我选择了孝，在家照顾母亲，那我就对祖国不忠，很遗憾。但如果我去参加游击队，万一被打死了，我又觉得对母亲愧疚。我怎么办？萨特说：做出选择。无论选择在家尽孝照顾母亲，还是去尽忠报国都是可以的。你对这种结果负责就行了。

萨特不但有这个理论，自己也是这样做的。他跟女友波伏娃，就是写《第二性》的女哲学家、文学家，同居了几十年，拒绝领结婚证。他认为相爱还需要什么政府发结婚证啊。他还获得了1964年的诺贝尔文学奖，他也拒绝领奖。

引申一步，我觉得人生就是哈姆雷特，你选择生还是死？比如说当你被敌人抓住了，让你叛变，你到底选择叛变还是不叛变呢？人最伟大的自由就是，我不违背自己的信仰和内心，我宁愿选择死亡，那样你就威胁不了我了。我连命都可以选择不要了。我有选择死亡的自由，我就能够成全自我。海明威也是一样的，他在病痛的情况下，用双筒猎枪伸到嘴里把自己打死。当然，病痛之下你也可以坚强地选择生，这也是一种伟大。

8.没有这条，智商情商再高也无法成功

社会上普遍的说法是，一个人要成功，首先要有智商，第二要有情商。所谓智商，就是你要聪明，思维能力强，学得快，处理问题能看到根本。什么叫有智慧？就是能一下看到事情的关键和本质。所谓情商，就是如何跟人打交道，能够将心比心，感同身受，去理解别人，去理解人性，这讲的是人生态度，处理的是人和他人之间的关系。

其实在这两个商背后，还有一点更重要的叫自我管理能力，就是自我控制力。比如说一群幼儿园的小孩子，给他们发一块巧克力，大家都想吃。但是你告诉他们，哪个小朋友能够忍住不吃，老师给你计时，40分钟以后再吃这块巧克力的小朋友，我们追加奖励两块巧克力。这个实验的结果是什么？最多有3%~5%的小朋友能够忍住不吃，大多数人是坚持不了的。这说明什么？普通人没有办法为了更长远的、更大的利益而控制自己眼前的欲望。控制自己，首先是要控制自己的欲望，其次要控制自己的性格，再次要控制自己的情绪。忍耐力、专注力、长久的意志力、毅力，最终才能转化成对自我的控制力。

所谓性格决定命运，就是你没有办法控制自己的情绪，你的性格是完全随意的、情绪化的，那就很难做成大事。比如说让你戒烟，让你坚持跑步、锻炼身体、减肥你都做不到，连控制自己都做不到，连自己都管理不好，你怎么去管理别人，怎么去管理这个世界？这需要磨炼。30多岁就征服欧亚大陆的亚历山大大帝，出席公众场所的时候，成千上万的人高呼他伟大。现在埃及有个城市叫亚历山大，就是他建立的。少年得志的年轻的亚历山大，为了控制自己的虚荣心，知道自己是谁，不要自我膨胀，专门给自己配了一个随从，这个人就负责站在他身边，当他自我膨胀的时候，狂妄的时候，面对群众的欢呼得意忘形的时候，这个人唯一的任务就是凑到他耳边说：陛下，你只是一个凡人，千万记住你只是一个凡人而已。这件事情告诉我们，要永远不断地反省自我，一日三省吾身，知道自己是谁，知道如何控制和管理好自我。

9.人生奋斗十大准则

2017年的高考刚刚结束，我接到了不少电话，亲朋好友和粉丝问我，他们的孩子应该怎么填报志愿选大学。这实际上跟我们讲的如何经营自己的人生、营销自己是相关的。一个人的成长受到很多因素的影响，不应该有一个程序化的流程。因为人跟产品不一样，老师也好，家长也好，不可能像生产产品一样去定一个培养孩子的流程。但是，有些思路是可以供大家借鉴的。我把所谓人生成功的原则庸俗化总结了十条，抛砖引玉，供大家参考。

第一，就是要善于发现自己、发现孩子的天赋。所有的教育归根到底还是要扬长避短，孔子说因材施教。爱迪生说，成功是1%的天赋加99%的汗水。后面还有一句话，没有那1%的天赋，即使有99%的努力，也等于零。所以善于发现自己的天赋，发现自己的才干在哪儿，这是营销自己的第一条。现在有很多方法，什么皮试测试，一直到最先进的DNA测试，比如华大基因的基因检测看天赋特长，是可以参考的。

第二，家长、老师根据孩子的天赋来培养他在这方面的兴趣。比如我的儿子对音乐有一定的天赋，我们就跟他开玩笑，告诉他：你是一个音乐的天才，你看你的出生日期跟天才音乐家莫扎特是同一天。兴趣才是伟大的导师。比如说，喜欢打游戏，那将来也可能从事游戏方面的工作。去做自己感兴趣的事情，未必不是一种成功的可能。

第三，培养他的专注和坚持的毅力。所谓专注于一件事 1 万个小时，就是看你在你的兴趣点上、天赋点上能否坚持十年。

美国畅销书作家丹尼尔·科伊尔的《一万小时天才理论》，与马尔科姆·格拉德韦尔的一本类似"成功学"的书《异数》，其核心都是"一万小时定律"，就是不管你做什么事情，只要坚持一万小时，基本上都可以成为该领域的专家。英国神经学家丹尼尔·列维京认为，人类脑部确实需要一万小时去理解和吸收一种知识或者技能，才能达到大师级水平。顶尖的运动员、音乐家、棋手，需要花一万小时，才能让一项技艺至臻完美。一万个小时是怎么算出来的？格拉德韦尔的研究显示，在任何领域取得成功都需要练习 1 万小时——10 年内，每周练习 20 小时，大概每天 3 小时。

第四，选择和跟随名师。这个名师不一定是老师，也可能是你身边的一个人，可能是你的领导、老板，或者这个行业里面的资深人士。要跟随一个名师，从他身上学到东西，这是一个捷径。

第五，参与这个领域当中能够进入历史的大的事件、事情、项目。比如我对广告有兴趣，如果不跟中央电视台做广告，不跟万达做广告，不跟中国移动做广告，没有参加过有影响力的项目，也无法确立地位。

第六，为这个领域最重要的客户服务，客户越厉害你就越厉害。当然最好是跟着客户一起成长。

第七，总结经验出书，写文章，把自己的经验留下来。只有文字是流传千古、永垂不朽的。老子的《道德经》，揭示天道人欲。司马迁的《史记》，千古之绝唱，无韵之离骚。彼得·德鲁克的《管理的实践》，奠定现代管理之父地位。

第八，到处传播，到最有影响力的媒体去宣传、演讲、接受采访、发表言论，增加曝光、吸引眼球，最后声名鹊起。

第九，培养弟子，传播思想。把思想的种子种到学生的头脑中去，让学生再去传播老师的思想。孔子是最伟大的教育家、思想家，说弟子三千，何止三千，直到今天我们都在学习孔子的思想。

第十，看谁活得长，活到最后就是大师。国学大师季羡林老先生为什么是泰斗？他活了 103 岁，其他人都没有了。季羡林研究印度梵文，他去读梵文的时候，全世界只有 7 个人懂，他是第 8 个。回来后在北大的东方语言文学系，连温家宝总理都来给他过生日。

天赋兴趣，培养发展，坚持十年，拜名师门下，参与重大项目，服务重要客户，著书立说，疯狂曝光，广种桃李，最后，延年益寿，这就是人生成功十部曲。

10. 如何化解人生的冲突

人如何避免冲突，怎样化解冲突？佛家释迦牟尼说，人生的终极痛苦是生、老、病、死，这叫终极的生离死别。我们今天来讲世俗的痛苦是什么。我认为主要是几个冲突：

第一个叫情绪的冲突。

情绪的冲突经常发生，但其实最没有必要。凡是敌人反对的，我们都要拥护；凡是敌人拥护的，我们都要反对。这就是典型的陷入了情绪的冲突。敌人说要吃饭，你说我反对，我就不吃，这是什么现象？每个人都有自尊心，都有面子，当你当着别人的面去指责另一个人，伤了他的面子的时候，就创造出一种矛盾，这时候他的情绪上来了，非理性了，你所说的一切他必须反对，因为他讨厌你这个人。我们跟亲人相处，跟同事相处，跟顾客相处，只要不是原则性的问题，他说这个衣服做成黑白的不是很好，你不要去跟他较真。不要天天指责王立新，重庆人普通话讲不好，N 和 L 发音不对，我又不当中央电视台新闻联播播音员，我讲不了那么标准有什么关系。当你老婆在摔碗，跟你吵架的时候，千万不要去指责她，你骂她，她可能把电视机也摔了。要尽量避免无意义的非原则性的情绪冲突。

第二个叫角色冲突。

人生如戏，人生就像演戏一样。你要演好儿子、丈夫、老师、中国人……这是你不同的社会角色。人生为什么累呢？就是要扮演不同的角色。你是一个中国人，你就不应该说日本人好，那会被中国人打死的。你在外面当再大的官，回到家里在你 80 岁的老妈面前，就不要摆官架子，要扮演好儿子的角色，尽孝道。你在老板面前就不要当众伤了老板的面子，他讲得再不对，你要私下去沟通。针对不同的场景，不同的对象，要扮演好与之匹配的角色，不要发生错位。

第三个叫利益的冲突。

这有一杯水，你也渴，我也渴，都想喝。我喝了你喝不了，这是一个根本性的冲突。这种情况除了竞争获得这杯水以外，还有什么办法？能不能出去打一口井，发现一条河？这就找到了结合点，把对立的利益变成共同的利益，把蛋糕做大。中国电信、中国移动、中国联通虽然是市场竞争对手，但它们完全可以建立一个互联网站来集体采购设备。万达和万科就曾经尝试过在网上共同采购建筑材料，一起砍价。能够化敌为友，跟对手找到共同利益，这是最聪明有智慧的办法。

第四个叫理想和现实的冲突。

我想要什么？现实是什么？有差距怎么办？你首先要顺应这个现实，要面对现实，适应现实，最终才能够实现理想。你有欲望，但是必须要有与之匹配的能力。所谓痛苦就是想要的和自己的能力存在差距所导致的。

11.情怀与生意

经营人生还有一个很重要的主题：理性和非理性。其实传统的古典经济学和营销学理论都是建立在一个基础之上，就是假定每一个人都是理性的人。什么叫理性的人？就是每一个人都会按照趋利避害来选择自己的行为，靠这样一个假设才有了科学的结果和推导。但是实际上我们发现，纯理性的理论是有巨大的缺陷的，人的大脑分两个部分，一个叫左脑，这是理性的逻辑思维；一个叫右脑，这是非理性的艺术思维。凡是用逻辑关系去追求必然的，就叫科学思维、理性思维。凡是追求偶然性的非逻辑的，叫艺术思维。科学加艺术，理性和非理性，构成了一个完整的人的思维方式。英国前国王乔治爱上了一个美国寡妇辛普森夫人，她带着三个小孩，据说还有好几个情人，但是这个英国国王就是要娶她做皇后。英国内阁和王室坚决反对，说你们可以偷偷地相爱，只要不结婚，不要给我们丢脸就行。但这哥们不干，乔治说我宁愿放弃王位，我不当英国国王。最后他做到了，他成为了温莎公爵。这就是典型的为了爱非理性的选择。在人生当中，所有的爱，包括宗教信仰一定是非理性的。人肉炸弹也是非理性的。为了爱奉献自己，直到付出生命。爱的最高境界的奉献就叫牺牲，把你的命都献上去。我们在营销人生的时候，还要考虑到人类非理性的一面。我儿子曾经在评价阿尔法狗（AlphaGo）这个机器人的时候说，阿尔法狗连真正的狗都不如。为什么？因为它没有感情。一条狗养个三年五年，它一定会对你产生感情的。感情因素，冲动消费，品牌爱好，这都属于非理性的范畴。

那么对我们的启示是什么呢？一定不要错位。什么叫错位？该理性地选择的时候，缺乏逻辑思维去推导决策。该非理性的时候，比如面对你的爸爸妈妈，面对你的爱，不要用理性思维去选择。很多人就是做反了。要么是对所有的对象，在所有的情况下，都采用理性的选择。要么是该进行理性选择的时候，却用情感替代理性。我有一句名言，把那些非理性的情怀拿来做生意的都是傻瓜，只有把生意做成了非理性的，让大家爱的情怀，这才叫牛。

12.死亡逼迫你活出精彩

我们谈经营人生就不得不提到一个门槛，这就是死亡。我经常说人生的不平等是常态，因为出生的时候就是不平等的，你出生在什么时代，什么国家，什么家庭……没法选择，一定是不平等的。而开始不平等，最终人生又是平等的。为什么？死亡面前人人平等。不管你当多大的官，多么有名，多么有钱，长得多么美，都得死。从不公平到公平，这就是人生。

死亡，我认为是洞察人性、评价一个人很重要的角度。为什么？因为死亡是终极的恐惧。另外一个角度是金钱，金钱代表了一个人活着时的人生态度和价值观，因为金钱代表他的欲望。一个是欲望，另一个是恐惧。死亡的恐惧来自什么？其实每个人都知道死亡是必然的，那害怕在哪儿？就是不知道死亡什么时候来临，以什么样的方式来临。死亡的来临是意外的和偶然的，它没有一个明确的规律，这才让人产生了恐惧。孔子的学生季路问他：什么是死亡？孔子很巧妙地用一句话就讲明白了：未知生，焉知死？活着，你搞明白了吗？学生说，活着还没搞明白。孔子说，连活着都没有搞明白，你干吗去研究死亡啊？其实孔子讲的是，活着决定了死亡的意义，这才是根本。生和死是生命的硬币的两面，跟白天和黑夜一样，你要真正研究死亡，你必须搞明白活着，死亡的意义体现在活着。我有句话叫：只有死亡迫使我们要活得更精彩。既然知道人都是要死的，干嘛不放手一搏，过一个有创意有独特意义的人生啊！

人的肉体衰老和消失是看得见的死亡。害怕被遗忘才是死亡的本质。被遗忘表示"你从未存在过"。能进入历史成为人类记忆，能挣脱时间进入艺术而被定格就是永恒。其实所有找不到自我的人一直在模仿别人的生活，在精神上就从来没有真的"活过"，这种死亡你自己并没意识到。

死亡又是一个机会，在商业上很多都是跟死亡相关的，比如说保险，就是跟灾难死亡相关的。比如说对人类影响最厉害的宗教，宗教就是解决人对死亡的恐惧的这种需求，然后给你注入希望。从这个意义上来讲，我个人认为，谋事在人，成事在天。我们只要尽人力，不要去管后面的结果，生命在死亡面前是没有意义的。但是，活着的选择和寻找自己生命意义的这个过程和行为，决定了你生命的意义。

如何坦然面对死亡，对每一个人来讲是不一样的。有时候我们讴歌一个人得了绝症坚持活下去，而有的人选择绝对不在疾病和自然面前被动死亡。比如我自己，我要是得了绝症，一定会选择自杀。为什么？不能把我的生命的选择权交给自然，我得留给我自己。这只是一个不同的选择而已。

怎么活着，怎么死，对人生来讲是一个终极的命题。

在 26 岁之前，我受到贫穷的压抑，在内心深处是痛恨金钱与商业的，认为思想和艺术才是人类最崇高的事业。我曾自诩为诗人，十分认同意向派大师埃兹拉·庞德（Ezra Pound）的名言：金钱是一切艺术家的敌人。后来我才领悟到，固然个人精神上的困惑与痛苦是艺术的原料，但如果没有物质财富作为生存的基础，人类也不可能出现伟大的思想与艺术。所谓文明一定是灵与肉、精神与物质之间相互支撑和交融的产物。邓小平先生说"贫穷绝不是社会主义"，反过来也可以说代表欲望的金钱也是推动整个人类社会进步的主要工具和动力。金钱以简单粗暴和自愿公平的量化方式降低了人与人之间的交易成本，实在是人类一个了不起的创举。

最先鼓励我去努力赚钱的是我大学同学、诗人张小波先生，20 世纪 90 年代初的某个冬天，我们坐在他那辆"现代"牌私家车里，从寒冷的十里长街驶过，他指着在风中排队等公共汽车的人群对我说："你会一生都在那里等待一辆未必能挤得上去的车吗？"一下让我无端联想到一出现代派戏剧叫"等待戈多"。"拥有一个词我就可以暴发成百万富翁"，这是张小波的一句诗，他找到了属于自己的这个词，那就是"不"字，通过出版发行《中国可以说不》《求医不如求己》《中国不高兴》等一系列带"不"字的畅销书，他成为了文化产业里的富商。

另一位改变我对金钱态度的人是 1989 年秋天来自英国的老外，叫 Mark de Kock，他利用当时北京邮电大学留学生食堂针对欧美发达国家与亚非拉发展中国家留学生饭菜的价格不同，组织人低价买入，高价卖出，每月就有近千元的获利，让我这个月工资才百元的大学老师敬佩不已。带我和他父母一起吃饭又教会了我什么是西方流行的 AA 制，为什么一家人要在金钱上明算账。只有金钱上的独立才是人格独立的基础。马克后来在澳大利亚定居，创办了 Vocus 网络运营公司并且成功上市。

第三个让我改变对金钱态度的人是我的前女友。在分手时她很坦诚地告诉我，她从小就穷怕了，如果我能有 10 万元存款她会考虑嫁给我。那是 1994 年的秋天。深受刺激的我通过做美术设计的发小李芒介绍，去了北京视新广告公司兼职做广告策划和文案创意，赚到了自己的第一桶金。感谢我当时北邮的同事秦千里先生，他送了我一套友谊出版社出版的广告丛书，里面有《定位》《一个广告人的自白》《台湾成功广告 80 例》，这三本书成为我营销启蒙的经典书籍。

在我的营销策划生涯里，必须向以下帮助过我的亲友表达谢意：

原北京大地广告公司的邓超明先生，北京大学中文系毕业的肖玉洁先生，北京视新广告公司的朱庆辰先生，大连万达集团的董事长王健林先生和他的助理冯雷先生，四川美术学院毕业的李晓明先生，央视的谭湘江先生，英事达的范东阳先生，摩托罗拉的周忆女士和韦青先生，中国电信的殷一平、孙康敏、刘红建先生，中国移动的鲁向东先生，广东联通的乔建葆先生，北京邮电大学的吕廷杰先生，中国传媒大学的孙道军先生。他们对我的信任和欣赏造就了今天的我，也使得这本关于"营销"心得的书得以出版。其实是我服务过的客户和我一起创作了这本书。

最后向自媒体"立新说"的联合创始人、我的助手李为为女士致谢：你让我觉得自己的思考和言论是有价值的。加油！

王立新

2017 年 6 月 23 日夜于枫丹丽舍

因为你们的支持和信任，

这本书得以正式出版，

这是我们共同的作品。

这是"互联网＋"的力量，

更是缘份和求知的力量！

我们将在这书里留下

多么温暖而美好的记忆！

立新谢谢您！

2017年9月1日—12日参与本书众筹的2018位亲人共
预购5509本书（按姓氏拼音排序）：

Eva、Mi女士、TOP、艾米、艾斯卡尔哈斯木、安临生、
安乾隆、安树川、安先生、敖黎明、白风华、白禄军、白女
士、白晓茹、摆志靖、拜玉洁、班黎明、包华明、鲍伟、鲍
羽、毕江、毕强、卞响玲、卜廷川、蔡彬、蔡春强、蔡大维、
蔡德金、蔡国强、蔡海滨、蔡建程、蔡俊、蔡丽春、蔡潘好、
蔡先生、蔡勇、蔡玉平、蔡则尚、曹曹、曹峰光、曹红、曹

骏、曹庆伟、曹荣霞、曹胜勇、曹诗敏、曹姝、曹庭松、曹文孝、曹瑜、曹志刚、柴广宏、柴文剑、苌凤瑞、常佰权、常锋、常磊、常林、常树国、常永青、常玉钦、晁婧昱、陈超（广东）、陈超（四川）、陈朝相、陈陈、陈晨、陈承、陈代清、陈德富、陈定波、陈东、陈光浩、陈闰荆、陈贵永、陈国天、陈海、陈海波、陈航、陈红卫、陈宏（北京）、陈宏（内蒙古）、陈洪、陈洪新、陈虎、陈佳华、陈建波、陈健聪、陈疆坡、陈杰、陈金龙、陈锦秋、陈举仲、陈娟（北京）、陈娟（北京海淀）、陈娟（四川）、陈俊（广东）、陈俊（江苏）、陈俊（四川）、陈俊杰、陈珂、陈可、陈丽萍、陈梁、陈璐、陈孟尝、陈茗、陈鹏、陈强、陈荣娟、陈锐、陈瑞佳、陈睿博、陈纾霏、陈松林、陈素伟、陈涛（北京）、陈涛（四川）、陈天博、陈铁建、陈微、陈伟忠、陈文晶、陈雯文、陈西、陈曦、陈霞、陈肖平、陈小姐、陈小军、陈晓雷、陈晓琼、陈新剑、陈旭、陈学勤、陈艳、陈艳芳、陈燕、陈勇、陈友、陈元德、陈媛媛、陈云、陈泽辉、陈桢干、陈志清、陈智强、陈中、成冬妹、成琦、成蓉、成文珂、成振江、成忠、程宝平、程国伟、程家森、程建江、程琳悦、程伟、程筱玲、褚维鑫、崔恒博、崔军涛、崔君芳、崔亮、崔楠楠、崔睿凌、崔廷、崔文豪、大宝、大狗山娃、代芳、代猛、戴剑峰、戴敏、单景华、单云云、單于、但堂胜、澹台新谱、德芙、邓超、邓春柳、邓寒、邓红玲、邓佳平、邓凯、邓向阳、邓晓蓉、邓燕、邓兆岢、邓植元、狄新、邸向伟、刁月、丁红涛、丁亮文、丁梅、丁荣才、丁淑霞、丁文、丁秀洪、丁雪雷、丁哲、丁治国、董波、董风华、董府林、董慧娟、董顺轩、董巍、董志宝、窦劲松、窦晓儒、嘟嘟、杜红军、杜宏滨、杜金宇、杜锦霞、杜娟、杜晓娟、杜岩、杜映月、杜之礼、段大猫、段凡林、段红钰、段立建、段伟恒、樊路、樊先生、樊鑫、范冬阳、范光宇、范贵海、范桂文、范国富、范国鑫、范女士、范丝思、范晓培、范亚静、范艳龙、范艺缤、范志军、方浩、方家新、方涛、方艳、房怀军、房淑明、房砚、飞扬、费克琴、丰俊皓、封林晶、冯成、冯成军、冯霏、冯健、冯金辉、冯俊亮、冯丽安、冯良才、冯林、冯明惠、冯蔚东、冯霞、冯笑、冯延坤、冯彦栋、冯玉霞、冯志华、奉静、符加林、符列娜、付丁、付金业、付显超、付迎春、付雨桥、傅飘、傅小钟、傅禹润、甘露、甘木、高成义、高峰、高光泽、高汉峰、高虹圆、高家宝、高嘉、高军、高立杰、高丽、高旗、高强、高圣杰、高松婴、高颂革、高铁良、高文军、高新越、高艳、高永江、戈金星、哥有范儿、葛恒、葛松海、耿艳、宫霄九、宫艳卿、龚斌、龚红军、龚娟、龚世强、龚佐林、巩伟娜、苟美汉、苟先林、苟晓梅、谷红勋、谷俊奇、谷鹏程、顾茂、关博、关凤海、关国辉、关先生、官习鹏、广厦网络企业学院：广网学院、贵州省黔东南州黎平县移动公司、桂勇、郭大伟、郭凤兵、郭果、郭海东、郭海江、郭丽荣、郭美、郭敏、郭佩琳、郭蓬红、郭桥、郭清、郭庆民、郭瑞芳、郭世银、郭书光、郭树廷、郭威、郭燕珺、郭杨、郭永革、郭宇、郭宇硕、郭元林、郭泽天、郭占斌、郭志暖、海洋、韩成果、韩城、韩大平、韩法强、韩寒、韩静、韩俊义、韩梅、韩宁、韩瑞玲、韩颂、韩先生、韩晓阳、韩怡冰、韩忠伟、郝佳佳、郝冉、郝思静、郝晓伟、何标隆、何昌健、何超、何超群、何海新、何佳、何娟、何立、何鹏、何鹏程、何铁英、何伟光、何玮、何侠、何向南、何晓敏北、何欣、何玄、何洋、何璋、何志强、和建军、贺先生、贺泽旭、贺志强、贺子桂、洪立勇、侯宾、侯华、侯兰兰、侯润、胡波、胡博淮、胡丹、胡丰品、胡国芳、胡国明、胡汉诚、胡金友、胡静、胡锴喆、胡亮、胡亮青、胡平（四川成都）、胡平（四川广安）、胡强、胡树友、胡涛、胡威、胡伟、胡伟杰、胡文华、胡先生、胡向亮、胡学勤、胡学武、胡一霞、胡长勇、胡振梁、胡中奎、华世春、化宇鹏、黄保平、黄超、黄方平、黄飞、黄飞翔、黄海、黄海笑、黄洪亮、黄华华、黄华军、黄静、黄娟、黄俊（北京）、黄俊（湖北）、黄珂、黄克唯、黄丽君、黄龙、黄槑、黄念、黄攀、黄启镖、黄强、黄若平、黄威、黄伟、黄伟明、黄文娟、黄先生、黄小葵、黄小倩、黄小媛、黄兴、黄兴华、黄雪芬、黄艳璐、黄杨、黄一红、黄颖、黄宇、黄元忠、黄跃刚、黄粤、黄长江、黄征飞、黄志宏、黄志贤、黄智胜、霍彩琴、霍伟、霍馨远、吉欣春、计静怡、计委、纪涌、纪玉水、贾国丽、贾惠、贾磊、贾小平、贾湛、简莹箫、江沣、江汉、江坚、江礼宏、江礼平、江柳虹、江倩、江伟淼、江勇、姜洪伟、姜嘉功、姜谋余、姜以韡、姜宇彤、姜毓蘅、姜柱斌、蒋德明、蒋磊、蒋沛武、蒋庆、蒋水林、蒋文兰、蒋铮、蒋志福、焦珊珊、接浩、杰子、解淳、金波、金刚祥、金洪祥、金洁、金伟、金先生、金晓梦、金勇、晋小帅、靳建平、井辉、阚楠、康连芹、康婷婷、康允、孔德春、孔江峰、孔立繁、孔民秀、孔鹏飞、来光明、赖桂林、赖军益、赖鹏、兰世战、兰洋舟、郎丽艳、老树、雷洪书、雷毅、雷志伟、黎丹、黎嘉怡、黎睿、黎文科、李爱华、李安东、李百灵、李保国、李冰、李波、李博、李彩华、李灿辉、李朝辉、李大雨、李登文、李叮叮、李东平、李凤、李伏、李光曙、李国龙、李国清、李海（甘肃）、李海（四川）、李海峰、李海军、李韩、李罕伟、李浩、李红、李红梅、李泓诺、李虹、李洪、李欢、李焕令、李慧华、李慧姊、李际峰、李季、李佳兵、李家钰、李嘉毅、李建、李建宽、李健、李杰、李晋（北京）、李晋（四川）、李俊（广东）、李俊（浙江）、李俊英、李凯、李克强、李坤坤、李磊、李理、李莉、李莲娣、李玲（河南）、李玲（内蒙古）、李露、李芒、李美华、李梦茹、李梦雨、李明、李鸣、李娜、李培成、李鹏、李启凡、李青、李青蔓、李仁江、李蓉、李锐、李瑞芳、李瑞杰、李瑞欣、李姗妮、李珊珊、李生、李胜富、李世锐、李仕福、李爽、李烁、李松凯、李彤、李为为、李维维、李玮娜、李炜、李文辉、李文嘉、李文明、李希辉、李先生、李县、李祥、李祥明、李享、李小莉、李小云、李晓波、李笑玉、李欣莹、李鑫、李幸、李旭明、李学、李雪、李彦民、李彦庆、李扬、李洋、李耀辉、李毅、李永强、李有、李宇钢、李玉欢、李煜、李运强、李泽峰、李长宝、李钊、李争、李正平、李郑钢、李志杰、李忠旗、李紫薇、李紫钰、李宗祥、栗艳、梁宝忠、梁朝阳、梁川、梁洪易、梁雅晶、梁艳、梁耀和、梁子甲、廖敏、廖先生、廖新兴、廖勇、林、林耿森、林合、林红涛、林丽华、林那、林暖、林女士、林秀莲、林秀玉、林薛凤、林玉辉、林长永、林志良、林宗山、蔺继云、蔺昭元、蔺志青、玲珑、凌金福、凌蔚敏、刘艾军、刘宝昌、刘保国、刘彬、刘兵、刘炳志、刘成勋、刘道远、刘德举、刘东徽、刘飞、刘光恩、刘光森、刘国军、刘国蓉、刘海洋、刘汉龙、刘虎、刘惠军、刘佳男、刘建荣、刘建翔、刘蛟、刘杰、刘杰楠、刘金斌、刘金智、刘京泽、刘靖波、刘静（山东）、刘静（四川）、刘静雯、刘军、刘军诗、刘军霞、刘隽诗、刘克勤、刘丽伟、刘利锋、刘莉、刘满华、刘美荣、刘明恒、刘明华、刘明鑫、刘楠、刘宁、刘朋、刘期菊、刘倩云、刘强、刘钦玉、刘琴、刘勤、刘青、刘若木、刘莎、刘少波、刘世峰、刘书、刘淑杰、刘思妍、刘天彩、刘天铜、刘巍、刘伟、刘伟雄、刘文锦、刘文起、刘文闻、刘希良、刘显武、刘现鹏、刘宪、刘祥辉、刘小庆、刘小帅、刘小晓、刘晓倩、刘晓勇、刘欣（北京）、刘欣（江苏）、刘欣松、刘鑫、刘鑫琳、刘星、刘兴旺、刘学光、刘学亮、刘焱飞、刘燕婷、刘阳、刘杨、刘洋、刘怡雯、刘怡媛、刘宜宪、刘英、刘英姿、刘莹、刘颖、刘影英、刘永波、刘勇（北京）、刘勇（河北）、刘媛婷、刘远征、刘月强、刘张红、刘长虹、刘长征、刘喆、刘志军、刘志奇、刘志强、刘智彬、刘智灵、刘忠良、刘子峰、刘祖兴、柳磊、柳树彬、龙峻、龙立军、卢登兆、卢岗、卢俊邦、卢莎、卢文聪、卢先生、卢志强、陆红宇、陆慧芳、陆劫、陆露、陆石媛、陆玮仑、陆晓伟、路海峰、路老师、路玉勇、栾风华、栾积毅、伦圆、罗聪、罗芳芳、罗飞高、罗枫、罗工、罗海、罗海涛、罗和享、罗红明、罗庆勇、罗石权、罗书博、罗涛、罗天、罗文玉、罗向东、罗新时、罗毅、罗兆广、洛欣征、骆华川、骆欢、骆建华、落落、吕斌、吕达因、吕德玉、吕东波、吕洪涛、吕良琴、吕松海、吕廷杰、吕维栋、吕闫、吕炎廷、马成曦、马栋、马广民、马海波、马红光、马宏源、马洪进、马魁瑞、马荔、马良斌、马女士、马瑞、马晓佳、马学、马艳波、马亦文、马银平、马园园、马哲哲、马治中、马忠威、毛女士、毛汝军、毛涛、毛小燕、梅逢涛、梅荣证、门虹、孟莉、孟娜、孟少锋、孟素琴、苗敏、苗先生、苗雨来、缪平、莫正军、牟冬琴、穆蓉、那文顺、纳小慰、喃茜、倪兆猛、倪智琼、聂菁、聂然、聂文静、聂一知、宁俊林、宁雨、牛传堃、牛莉、牛庆伟、欧成、潘柄文、潘华、潘劲松、潘庆、潘婷、潘雪、潘永存、庞倩、裴晓辉、彭红星、彭秀丽、蒲娟娟、祁菲、祁由园、锜善铨、钱广、钱建国、钱坤、钱倩、钱苏、钱耀祥、钱禹坤、乔兵杰、乔德凯、乔国智、乔胜、乔亚梅、乔占峰、秦红霞、秦宏富、秦文燕、秦玉红、邱飞飞、邱浩天、邱慧敏、邱继红、邱今、邱玲、邱伟、邱先生、邱翔、邱彦昌、秋实、屈江、屈亚星、曲广明、曲作鹏、全俊龙、阙小明、冉娟、冉桃、饶柯、任凯、任力欣、任立娜、任妙蝉、任伟杰、任先生、任晓东、任晓琴、任欣欣、任栩丽、任杨、任永生、任重毅、茹、桑海霞、沙圣宏、闪宝珠、商红平、商建平、商雪梅、商余、邵、邵超、邵铭、邵帅、佘坤、申兵、申宏杰、申佩锋、申有长、沈华、沈菁、沈灵忠、沈少武、沈绍芳、沈堰奇、沈吟、沈长虹、盛鸿、盛亚军、施李琳、施女士、施治芳、十八、石才指、石强、石头、石文华、时代红、时友君、史保磊、史晶洁、史庭雄、史晓磊、史孝斯、史越、舒刚、双鱼公主、司军辉、宋超、宋飞、宋菲、宋光容、宋广利、宋海涛、宋举、宋凯、宋玲小、宋茂升、宋淑杰、宋卫星、宋向阳、宋勇、宋袁、苏爱国、苏红红、苏华政、苏进、苏老师、苏珍珍、孙安、孙奥、孙大胜、孙大长、孙东广、孙福建、孙光美、孙海云、孙宏、孙慧敏、孙嘉、孙剑飞、孙俊、孙兰萍、孙廉、孙茂刚、孙培松、孙朋、孙鹏、孙清华、孙清辉、孙清良、孙清柱、孙晓莉、孙亚清、孙延举、孙洋、孙毅、孙颖飞、孙玉成、孙钰、孙媛、孙云、孙曌、孙志刚、覃辉、谭博、谭沸、谭惠娟、谭娟、谭美玲、谭铁、谭雯元、谭宇轩、谭志刚、汤红梅、汤洪、汤坤、汤小梅、汤长猛、唐家强、唐嘉鸿、唐淼鑫、唐敏、唐乃革、唐闻、唐先生、唐雪梅、唐玉、陶丹、陶宏芝、陶惠敏、陶文革、陶跃庆、滕儒训、田常立、田航、田霁虹、田佳、田景玲、田为、田野、田中良、童卫东、童悦、涂天牧、万彬、万大珂、万峰宏、万里平、万野、汪何根、汪继磊、汪蕾、汪晓春、汪晓钟、汪洋、汪悦、汪照明、王艾青、王邦兰、王保军、王昌成、王成奇、王驰、王崇锋、王传容、王闯、王春艳、王春阳、王聪、王妲、王大勇、王道顺、王德东、王顿广、王丁明、王东（广东）、王东（辽宁）、王东旭、王冬（北京）、王冬（辽宁）、王冬强、王飞、王菲、王霏、王改霞、王革联、王光辉、王贵辰、王桂林、王海东、王海峰、王海林、王海涛、王晗、王豪杰、王浩、王鹤鸣、王恒杰、王红帅、王宏锋、王洪林、王洪熙、王华、王华楠、王欢、王辉宇、王惠、王慧敏、王继秋、王继远、王建波、王建春、王建民、王建英、王建忠、王杰、王金蓉、王进仓、王进娟、王军、王俊峰、王俊国、王凯荣、王科、王蕾、王立彬、王立杰、王立新（吉林）、王丽媛、王荔桥、王烈勇、王龙、王梦洁、王敏、王慕泉、王娜、王南洋、王楠、王培有、王鹏、王鹏程、王璞、王其栋、王其景、王清国、王秋林、王蓉、王少宁、王绍岩、王实、王世刚、王世兰、王世苗、王世文、王帅民、王水晶、王硕、王太煜、王涛、王铁梅、王微微、王巍、王巍杰、王伟（山东临沂）、王伟（山东威海）、王卫东、王雯雯、王先生（北京海淀）、王先生（北京西城）、王先志（重庆）、王宪南、王小虎、王小苹、王晓波（北京昌平）、王晓波（北京海淀）、王晓丹、王晓君、王晓然、王晓宇（河北）、王晓宇（辽宁）、王孝德、王欣、王兴全、王宣、王璇、王雪刚、王雅静、王雅琳、王亚东、王亚鸣、王亚琼、王延顺、王彦德、王燕、王阳明、王尧智、王要垒、王叶东、王轶奇、王奕力、王英、王英姿、王永跃、王勇生、王娱、王宇、王禹、王玉才、王玉莲、王玉琴、王玉润、王玉收、王煜毅、王元福、王圆、王媛媛、王跃春、王云、王云峰、王云和、王泽敏、王正忠、王政、王之凯、王支礼、王志刚、王中阁、王中祥、王子干、王子涵、王子静、王梓昕、王自琼、韦可湛、韦利刚、韦芊姿、卫凯、卫中华、魏红波、魏丽燕、魏楠、魏燕、魏震、温定恒、温宏彦、温舒甜、温秀美、温钟奋、文登科、文慧、文勇、文兆峰、问永民、巫春霞、巫茂、吴兵兵、吴波、吴圭亮、吴国金、吴国君、吴国民、吴昊、吴恒霞、吴洪渊、吴琥、吴华、吴华斌、吴华林、吴化北、吴化亮、吴惠、吴湔环、吴江、吴开金、吴莉萍、吴敏铷、吴女士、吴平英、吴庆龙、吴少琛、吴颐、吴卫、吴文术、吴文涛、吴湘平、吴小钦、吴晓斌、吴旭、吴雅见、吴英斌、吴永杰、吴云飞、吴芸、吴增富、吴战江、吴振田、吴志轶、伍燕、武久飞、武旭阳、郗春萍、锡林托亚、习亮、夏方、夏芳、夏浩源源、夏红灿、夏慧、夏佳秀、夏黎明、夏丽、夏明武、夏宁、夏勤、夏瑞、夏太凤、夏晓岑、夏远玲、相雅楠、向立强、项立刚、肖东平、肖慧、肖剑、肖晶、肖坤、肖力、肖薇、肖小松、肖咏梅、萧健、小魔女、校兵、谢百军、谢飞、谢丰、谢佳、谢姣（北京）、谢姣（四川）、谢婧、谢静、谢老师、谢生、谢世康、谢伟、谢卫琴、谢雄标、谢元良、辛颖、信恒建、邢延刚、邢伊涵、熊入锐、熊卫平、熊珍妮、宿留华、徐斌（福建）、徐斌（广东）、徐超、徐达、徐刚、徐海客、徐海珊、徐贺永、徐红春、徐红梅、徐洪涛、徐黄飞、徐进堂、徐嫚、徐能、徐其权、徐庆、徐秋鹏、徐婷婷、徐桐、徐卫华、徐文达、徐希曦、徐先生、徐颖、徐振阔、徐正文、徐志顶、许昌静、许多、许海涛、许洪山、许楫、许金玉、许静、许立东、许平、许评、许生、许涛、许旭、许旭英、宣章国、薛强、薛素强、薛咸文、薛小慧、薛主任、闫柏义、闫佳、闫筱、闫学艺、闫志金、严海华、严琳、严益冰、严志军、严治茜、阎晨龙、颜怡清、晏子、燕鹏飞、燕子、羊治洁、杨斌（北京朝阳）、杨斌（北京通州）、杨波、杨成蕊、杨驰、杨纯、杨帆、杨飞、杨峰、杨哥、杨国宏、杨国华、杨国辉、杨海龙、杨亨宝、杨红、杨红心、杨华（广东）、杨华（河南）、杨欢、杨健、杨杰、杨洁、杨经强、杨娟（广东）、杨娟（浙江）、杨俊双、杨凯城、杨柯楠、杨立娟、杨丽宏、杨利、杨柳、杨民、杨明哲、杨木旺、杨年平、杨鹏、杨频、杨庆、杨仁溪、杨锐、杨睿、杨尚新、杨世界、杨世宇、杨树宏、杨桃、杨万芝、杨旺、杨微、杨薇、杨为俊、杨伟明、杨亚宁、杨文赫、杨文君、杨潇、杨小华、杨小扬、杨小勇、杨晓芳、杨晓慧、杨新永、杨兴海、杨兴荣、杨秀林、杨雪滢、杨阳（广东）、杨阳（四川）、杨冶、杨怡、杨溢、杨永红、杨勇、杨雨、杨雨晴、杨雨璇、杨育、杨云、杨运玲、杨增生、杨占林、杨哲、杨正东、杨志诚、杨忠、仰小蕾、姚灿、姚富升、姚海鹏、姚佳平、姚宁、姚伟、姚翔飞、姚秀丽、叶峰、叶建中、叶剑宁、叶峻诚、叶林、叶宁、叶鹏、叶青、叶涛、叶天蔚、叶智明、伊勒特、易超、易震、殷方钰、尹静、尹顺茂、游珍群、于滨、于广欣、于归源、于剑生、于竟成、于丽影、于伟华、于晓、于星亮、余晨、余开成、余老师、余明慧、余莎、余生坤、余滔、余廷贵、余先生、余小军、俞东岳、虞虔礼、禹春雨、禹海涛、喻渤梁、喻浩鸿、喻胜、喻腾文、元英梅、袁灿昕、袁京辉、袁婧、袁磊、袁立新、袁培新、袁庆宇、袁松立、袁素、袁晓艳、袁野、袁永义、袁园、袁峥、苑承华、苑华、苑伟、岳明辉、岳璞生、岳玉姗、岳增山、臧龙华、臧松松、曾达峰、曾光权、曾浩、曾华、曾会明、曾陆放、曾文星、曾宪河、曾仪、曾义、曾勇、曾玉婷、曾中鑫、翟广华、翟佳、翟先生、翟玉龙、詹炜财、战云、张蓓蕾、张博、张超、张超越、张成记、张弛、张崇强、张闯、张春林、张丹丹、张枫、张峰、张哥、张冠杰、张光陶、张广迎、张国友、张浩、张宏杰、张宏亮、张洪伟、张纪、张纪伟、张佳钰、张俭、张建章、张京、张景、张婧琳、张静、张军（广东）、张军（四川）、张钧、张俊（北京朝阳）、张俊（北京通州）、张俊伟、张凯、张铠、张科（四川成都）、张科（四川广元）、张坤、张黎、张黎明（广东）、张黎明（山东）、张立川、张立勋、张立业、张丽云、张利（北京）、张利（四川）、张良、张林（北京）、张林（广东）、张林静、张琳、张璐、张敏、张明亮、张明天、张娜、张楠、张女士（北京）、张女士（新疆）、张鹏、张萍、张起华、张钦、张琴花、张琴玲、张庆、张权、张仁芬、张锐（北京）、张锐（广东）、张睿、张胜、张石榴、张世海、张树梅、张思琦、张松、张泰铭、张涛、张维、张伟聪、张文国、张雯慧、张先生、张翔、张小宝、张小飞、张小红、张晓东、张晓华、张晓娟、张晓军、张晓龙、张晓燕、张筱菁、张新、张新原、张星、张兴华、张旭、张学文、张雪峰、张亚超、张亚莉、张亚宁、张艳春、张艳菊、张燕、张耀华、张轶慧、张毅、张英、张赢、张永才、张永富、张永来、张永珍、张宇鹏、张玉新、张玉枝、张元湃、张湲承、张月、张占国、张长江、张真珍、张政、张志光、张志明、张志强、张智广、张中卫、张紫莹、章昊、章细平、赵邦红、赵宝成、赵保国、赵刚、赵国星、赵华春、赵辉、赵佳月、赵建周、赵靖川、赵坤、赵鲲、赵黎颖、赵芦英、赵敏、赵敏航、赵女士、赵庆亮、赵蓉、赵士杰、赵帅、赵天一、赵伟（陕西）、赵伟（天津）、赵夕芳、赵现丰、赵小涛、赵小天、赵辛格、赵岩、赵盈盈、赵永和、赵永晖、赵雨、赵铮、赵智伟、折彦肖、郑海泉、郑亨富、郑冀才、郑建钦、郑李、郑林卿、郑女士、郑培军、郑平、郑山、郑山宝、郑少敏、郑天凯、郑伟、郑文彬、郑小燕、郑烨、郑泽胜、支凤枭、郅广超、钟广宏、钟文、钟小红、钟跃伟、钟智群、周宝珠、周博宇、周承玲、周崇成、周春楠、周德民、周凤、周海帆、周昊、周建成、周建江、周婕、周锦泉、周进波、周静、周俊仁、周礼灿、周民、周明毅、周女士、周琪翔、周巧、周琴、周思蕊、周熙、周霞、周晓运、周亚飞、周耀伟、周正、周智刚、周紫铭、朱翠娥、朱峰、朱虹、朱洪祥、朱桦、朱辉、朱建华、朱江、朱莉、朱莉香、朱亮、朱琳（北京）、朱琳（山东）、朱凌云、朱明庆、朱平飞、朱少波、朱双凤、朱四清、朱卫泉、朱小虹、朱晓缨、朱亚英、朱玉峰、朱占东、朱子杰、朱祚明、诸凡、祝希娟、庄瑞、庄铁宝、宗娴、邹红伟、邹宏杰、邹宏图、邹娇、邹俊、邹平、邹生根、邹太峰、邹享福、邹肖潇、邹元新、邹兆文、左丽华、左灵超、左先生、左奕航。